소수자의 신학

```
국립중앙도서관 출판예정도서목록(CIP)

소수자의 신학 / 지은이: 강응섭, 김명희, 김수연, 김혜경,
박숭인, 박영식, 박일준, 박종현, 손호현, 송용섭, 윤영훈,
이관표, 이찬수, 장윤재, 전철 ; 엮은이: 한국문화신학회. -
- 서울 : 동연, 2017
    p. ;   cm

참고문헌 수록
ISBN 978-89-6447-378-8 93200 : ₩18000

신학[神學]

234.1-KDC6
241-DDC23                              CIP2017024439
```

소수자의 신학

2017년 9월 25일 인쇄
2017년 9월 29일 발행

지은이 | 강응섭 김명희 김수연 김혜경 박숭인 박영식 박일준 박종현
       손호현 송용섭 윤영훈 이관표 이찬수 장윤재 전 철
엮은이 | 한국문화신학회
펴낸이 | 김영호
펴낸곳 | 도서출판 동연
등 록 | 제1-1383호(1992년 6월 12일)
주 소 | 서울시 마포구 월드컵로 163-3
전 화 | (02) 335-2630
팩 스 | (02) 335-2640
이메일 | yh4321@gmail.com

Copyright ⓒ 한국문화신학회, 2017

이 책은 저작권법에 따라 보호받는 저작물이므로, 무단 전재와 복제를 금합니다.
잘못된 책은 바꾸어 드립니다.
책값은 뒤표지에 있습니다.

ISBN 978-89-6447-378-8 93200

소수자의 신학

강응섭 김명희 김수연 김혜경 박숭인 박영식 박일준 박종현
손호현 송용섭 윤영훈 이관표 이찬수 장윤재 전 철 **함께 씀**
한국문화신학회 **엮음**

동연

머 리 말

제1조: 모든 사람은 태어날 때부터 자유롭고, 존엄성과 권리에 있어서 평등하다. 사람은 이성과 양심을 부여받았으며 서로에게 형제의 정신으로 대하여야 한다.
제2조: 모든 사람은 인종, 피부색, 성, 언어, 종교, 정치적 또는 그 밖의 견해, 민족적 또는 사회적 출신, 재산, 출생, 기타의 지위 등에 따른 어떠한 종류의 구별도 없이, 이 선언에 제시된 모든 권리와 자유를 누릴 자격이 있다. 나아가 개인이 속한 나라나 영역이 독립국이든 신탁통치지역이든, 비자치지역이든 또는 그 밖의 다른 주권상의 제한을 받고 있는 지역이든, 그 나라나 영역의 정치적, 사법적, 국제적 지위를 근거로 차별이 행하여져서는 아니 된다.
　　　　_ 세계인권선언문(1948. 12. 10. 국제연합총회 채택)

세계인권선언문에 명시되어 있듯이 모든 사람이 공유해야 할 평등과 자유의 권리는 소수자에게도 동일하게 적용되어야 한다. 그러나 많은 경우 소수자는 이러한 당연한 권리를 박탈당하고 있다. 소수자가 겪는 인권 박탈의 현실을 나와는 상관없는 문제로 외면하지 않고 전체 인간 사회의 문제로 받아들여 해결의 노력을 기울이는 것은 가부간 선택의 문제가 아니라, 우리가 진리를 묻고 정의를 구가하기 위하여 학문을 하는 근본 동기를 묻는 문제이며, 회피할 수 없는 우리 자신의 문제이다. 다시 말해서 소수자의 문제는 나와는 다른, 소수자로 명명된 그들의 이야기가 아니라, 나와 소수자를 포괄하는 우리의 문제라는 것이다.
사회 주류 집단에 의하여 생성되는 다양한 타자의 모습을 우리는 이 시대의 소수자로 만나게 된다. 그들은 중심과 주류에 의하여 변두리로 내몰린 주변 및 비주류이고, 우리와는 다른 타자이며, 정상에서 벗어난 비정상이다. 이러한 차별과 배제의 구조를 인지하고, 그 구조를 혁신하는 일이야말로 바로 이 시대 기독교 신학의 중요한 과제라는 인식을 공유한 한국문화신학회 회원들은 다양한 소수자의 문제를 나누어 맡아 신학적 사유를 시작하였다. 이러한 공동 연구의 결과를 엮어서 하나의 결과물로 엮어낸 책이 『소수자의 신학』(Theology of Minorities)이다.

『소수자의 신학』(Theology of Minorities)은 한국문화신학회가 집단 지성의 결과로 내어놓는 세 번째 작품이다. 2013년에 『한류로 신학하기: 한류와 K-Christianity』를 시작으로 2015년에는 『세월호 이후 신학: 우는 자들과 함께 울라』를 출간하였고, 2017년에는 소수자의 문제를 신학적으로 성찰하는 시도를 결과물로 내어놓는다. 각자의 개인적 연구와 교육에 바쁜 회원들이 한 달에 한 번씩 학술 모임에서 논문 발표와 토론을 하고, 건설적 비판과 새로운 조명을 거쳐, 다양한 주제에 천착하는 과정을 거친 결과가 본 책이며, 그런 점에서 이 책의 공동 저자인 우리들은 부족한 중에도 큰 기쁨으로 이 책을 내어 놓는다. 앞의 두 책과 마찬가지로 이번의 결과물도 서로의 지혜를 모아가는 집단지성의 결과물이다.

『소수자의 신학』(Theology of Minorities)을 집필하기 위하여 우리 저자들은 가능한 한 중복되지 않는 다양한 소수자의 문제를 다루기로 하여 주제를 나누어서 연구하였다. 그 결과 도출된 전체 15개의 주제를 크게 다섯 범주로 구분하여 정리하였다. 다섯 범주는 다음과 같다.

— 낙인찍힌 소수자
— 세대와 문화의 소수자

― 경계에 선 소수자
― 비인간 소수자
― 악의 재순환과 이중 구속을 넘어서기 위한 소수자의 신학

　　한국문화신학회의 정기 연구 모임을 거친 각 연구자의 연구 결과를 다음과 같이 요약하여 소개하고자 한다.
　　김명희의 "노숙자의 하나님: 작은 자의 신학"은 노숙자 담론을 통해 '작은 자의 신학'을 제시한다. 성경에서 예수는 노숙자를 일컬어 '소수자'가 아닌 '작은 자'로 표현한다. 노숙자는 가난하고 굶주리고 헐벗고 병든 '작은 자'다. 예수는 우리에게 '작은 자'에게 자비를 베풀라고 요구한다. 그는 '작은 자의 예수'이자, '작은 자 예수'다. 하나님은 처음부터 작은 자의 하나님이었다. 하늘 집 에덴에서 세상에 던져진 작은 자들의 하나님이었다. 그 하나님은 작은 자 아들 예수를 보내 부자와 작은 자 사이에 '삼투작용'을 일으켰다. 교회도 부자와 노숙자, 부자와 작은 자 사이에 '삼투작용'을 일으켜야 한다. 그리고 신학은 '삼투작용'의 원리를 가르쳐야 한다. 작은 자가 부자가 되고, 부자가 작은 자가 되는 화해의 세상을 만들어야 한다. 이것이 교회와 신학의 사명이다.
　　박숭인의 "장애인 신학 이해하기 ― 온전한 신학을 지향하며"는 장애인의 문제에 접근할 때 중요한 점은 개인적인 장애의 극복만이 문제가 아니라 장애인을 차별하고 배제하는 사회적 태도 및 환경의 문제임을 아는 것이라는 점을 강조한다. 소수자의 문제로서 장애인 문제를 인식한다는 것은 다른 말로 하면 장애인 문제를 전체 사회의 문제로, 바로 우리의 문제로 인식한다는 말이다. 장애인 신학이 집중해야 할 사안은 개개인 장애인들의 장애의 문제와 극복에 머무르는 것이 아니라, 그들의 장애를 수용하지 못하는 신학적 태도, 교회의 모든 구조,

예배의 형식과 예전, 성서 해석의 문제, 교회 교육의 내용과 형식, 장애인의 역사를 감추어 온 교회와 신학의 역사 등 신학 전반의 문제이다. 이러한 태만과 방기의 책임은 장애인 신학자의 몫이 아니라 전체 신학자의 몫이다. 아울러 지금까지 수행되어 온 전체 신학의 역사가 전면적으로 수정, 보완되어야 할 중요한 계기가 바로 소수자로서의 장애인 문제에 연계되어 있다.

손호현의 "동성애와 신학적 인권 — 토마스 아퀴나스의 성(性)의 신학을 중심으로"는 동성애자는 기독교인이 될 수 있는가의 질문은 쉽게 결론짓고 대답할 수 있는 성질의 것이 아니라 생물학적, 심리적, 유전적 연구들과 더불어 추가적인 성서 해석학과 기독교의 교리적 전통에 대한 엄밀한 비판적 성찰을 필요로 하는 신학적 난제 중 하나라는 점을 강조한다. 본 소고는 동성애를 "역리"(逆理) 곧 "자연의 질서에 거스르는"(contrary to nature) 것으로 반대한 중세의 신학자 토마스 아퀴나스의 성의 신학을 자연스러운 목적으로서의 생식, 자연스러운 대상으로서의 배우자, 자연스러운 방식으로서의 이성애라는 세 가지 차원의 주요 주장들과 추가적인 여덟 가지 하위 주장들을 통해 고찰한다. '법률적 인권'이 역사와 문화적 부침을 가지는 상대적 권리라고 한다면, '신학적 인권'은 존재 자체로서의 은총에 기초하는 변하지 않는 절대적 인권이며 동성애자도 이러한 인권의 대상이라고 본 소고는 결론에서 옹호한다. 신학적 인권은 한 인간의 행동이나 죄의 유무를 떠나서, 절대적으로 하나님이 부여하는 존재 자체의 인권이기 때문이다.

박일준의 "외면당한 소수자, 사랑을 파는 아가씨"는 '우리'가 성매매 여성을 대변(represent)할 수는 없다는 말로부터 시작한다. "가장 오래된 직업"이라 일컬어지는 매춘 여성은 어디서나 거의 동일한 정치·경제·사회·문화·권력의 억압의 대상으로 상황에 따라 편리하게 사용되어 왔다. 심지어 그녀들을 위한 정책이나 운동이 제시된다 해도, 그러한 정책과 운동들은 그녀들을 위한 것이 아니라, 바로 일반인의 범주로 간주되는 우리들을 위한 것들이었다. 그렇게 그녀들은 비존재로 간주되어왔고, 역설적으로 이 '세상에서 가장 오래된 직업'은 "역사에서 벗어나는 유일한 직업"이 되었다. 그럼에도 불구하고, 우리는 스스로를 말할 수 없는 존재를 위한 "대변인"(spokesperson)이 되어야 한다는 부르노 라투르의 말을 따라, 그녀들을 대변해야 한다. 물론 이는 그녀들의 삶에 귀 기울이려는 노력을 의미할 것이다. 하지만 우리는 다 못 알아들을 것이다. 실패를 예감함에도 불구하고, 그녀들의 소리를 듣는 일은 다가오는 시대의 과제가 할 것이다. 들리지 않는 목소리를 듣기 위한 노력이 바로 소수자의 신학이기 때문이다.

　　김혜경의 "소수자로 전락한 노년 세대에 대한 사목적 배려"는 2017년은 한국 사회가 고령사회로 나가는 분기점이 될 거라는 예측이 현실로 드러나고 있는 상황에서 자녀 양육과 부모 부양이라는 두 가지 임무를 마치고 이제 막 노인 세대의 대열에 오른 '젊은' 노인들은 오늘날 전통 사회에서 글로벌 사회로의 교차점에서 자기 존재의 의미보다 더 큰 불안감에 시달리기도 한다. 자녀들의 외면과 과학기술의 발달로 인한 '장수 시대'는 불안한 삶의 연속과 함께 노인 세대의 하류화를 재촉한다. 그런 점에서 소수자 신학에서 말하는 노년 세대에 관한 생각은 숫자상 절대 소수자라는 의미가 아니라, 각종 사회문제와 맞물린 상대적 소수자라는 측면에서 접근해야 하는 것이다. 그들에 대한 사목적 배려는 그 세대에만 특정한 것이 아니라 '국민 전체'를 향한 종합적이고 총체적인 행동이 되어야 하는 이유기도 하다. 교회가 결코 외면해서는 안 되는, 목자의 시선이 필요한 까닭이다.

이관표의 "소수자로서의 노년에서 꿈을 꾸는 노년으로 — 노년의 신학적 의미에 대한 연구"는 노년이란 생명 모두가 맞이하게 될 시기이며, 특별히 우리의 고유한 부정성이 극단화되는 시기라는 점을 강조한다. 하지만 노인은 부정성의 극단화를 경험함을 통해서 그 자신이 가진 한계를 뛰어넘어 새로운 종교적 의미를 획득할 수 있다. 부정성의 극단화를 통해 자신을 억압하는 세상으로부터 초월해 나아가고, 그럼으로써 거기로부터 거리를 두며 해방될 수 있는 노년만이 부활을 희망하면서 죽음을 당연시하는 현실의 질서에 거리를 두면서 죽음이 더 이상 존재하지 않고 모든 창조질서가 회복된 하나님 나라를 희망할 수 있다. 노년은 세상으로부터 초월하면서 하나님 나라와 부활희망을 꿈꾸고, 신앙과 신학의 이야기를 새롭게 경험하여 구성해나갈 수 있는 가장 알맞은 시기이다.

윤영훈의 "문화적 소수자로서의 청년: 홍대 인디문화에 대한 신학적 보고서"는 청년을 소수자로 간주할 수 있을까라는 질문으로 시작한다. 본 논문은 오늘날 사회적-문화적 소수자로 전락한 청년문제를 직시하며 청년 하위문화(subculture)로서의 '홍대' 인디문화의 역사와 성격 그리고 그 신학적 의미를 적용하며 오늘날 청년 문화와 기독교문화의 방향성을 제안한다. 이는 곧 변방과 길 위의 삶이며 공동체적 놀이의 삶 속에 피어난 대안(alternative) 문화이다. 하지만 작금의 홍대 인디문화는 그 유통기한을 넘기며 사망 선고 직전에 있다고 해도 과언은 아니다. 엄밀하게 말해서 변방이 공간 개념이 아니듯, '홍대앞' 인디문화는 특정 지역도 특정 문화 현상도 아닌 정신이며 라이프 스타일이다. 기독교문화와 청년 문화의 공통적인 지향점은 변방성을 통한 새로운 대안을 지향하는 것이다.

강웅섭의 "교파 밖의 소수자: '교파'와 '교파 밖의 소수자' 형성 기제에 관한 고찰"은 '교파'와 '교파 밖의 소수자'가 형성되는 기제를 사물에 대한 '말과 뜻', 그러니까 표시하는 말과 표시되는 뜻, 시니피앙과 시니피에, 기표와 기의, 능기와 소기, 말과 말의 끊어짐 등으로 다양하게 표현되는 동서양의 학파 논쟁에서 찾고자 했고, 그것의 사례, 즉 '유대교와 예수', '로마와 서방교회', '중세교회와 종교개혁', '한국개신교파와 교단' 등에 적용함으로 '교파 밖의 소수자'의 의미를 전개했고, 현 한국교회의 개교단주의화와 그에 따른 개교회주의화를 설명하고 비판하는 근거를 마련하고자 했다.

박종현의 "난민: 대한민국 이주 신청 난민에 관한 이해와 기독교적 대응"은 21세기 국제적 문제로 급부상한 것 중에 하나가 난민 문제라고 지적한다. 대한민국은 난민법을 제정하여 난민 심사의 법적 절차를 구체화하였으나 법무부 내의 담당 인력의 부족, 심사 과정에서 여러 가지 장벽 해소의 어려움과 통과하기 어려운 국적법 등으로 인하여 난민 신청자 중 극히 일부만이 난민 신청 허가를 받고 있다. 향후 대한민국의 난민 수용은 점차 증가할 것으로 기대되지만 사회적 인식의 미비, 국적 취득 후 취업 문제, 문화적 적응 등 넘어야 과제들이 많이 남아있다. 난민은 구약성서와 신약성서에서도 그 역사적 근거를 찾을 수 있다. '나그네'로 번역된 구약의 어휘가 현대의 난민의 개념에 부합한다고 할 수 있다. 현재 교회가 직접적으로 난민 문제에 접근할 구체적 방법이 많지 않은 것이 현실이다. 그러나 난민 구호단체와 협력을 통해 언어지원, 법률 지원 그리고 상담 및 구직과 기초생활 지원 등 간접적 지원은 가능한 영역이라 할 수 있다. 난민 문제는 교회의 윤리적 실천의 과제로서 한국 내 소수자의 문제에 참여 가능한 영역 중 하나라고 할 수 있다.

송용섭의 "소수자로서의 이주민: 필리핀 노동자와 이주 여성의 고난의 삶과 한국교회"는 필리핀 노동자들과 다문화 이주 여성들의 고난의 이야기를 통하여, 다문화 한국 사회의 문제와 한계들을 분석하며, 인종차별 방지에 대한 기독교적인 대안을 제시하는데 목적을 두고 있다. 필리핀 노동자들과 결혼이주 여성들은 대부분 경제적 필요와 보다 나은 환경에서의 삶을 꿈꾸며 한국을 방문하거나 이주하였다. 이들의 입국을 허용한 이상, 한국 사회는 인종차별적이고 편견에 사로잡힌 것이 아니라, 보다 상호 이해적이고 문화 존중적인 태도를 견지해야할 것이다. 특별히, 하나님의 공의와 사랑의 상징으로서 한국 교회는 한국 사회의 소수자이자 약자로서 법의 보호에서 배제되고, 차별과 착취를 당하는 필리핀 노동자들과 이주 여성들에 대한 관심을 전 시민사회에 확대시키고 제도적 돌봄과 보호를 정부에 촉구해야 한다.

김수연의 "억압된 타자, 소수자로서의 자연: 물의 위기 상황에서 지구-행성의 신학을 모색하며"는 현재, 땅은 한 해도 거르지 않고 쉼 없이 착취되고 있고, 물은 순환될 여유도 없이 버려지고 있다는 것을 지적한다. 막대한 지구 자원의 개발, 화석연료의 고갈, 화학 비료로 인한 땅의 오염 그리고 땅을 차지하기 위해 개발되는 무기들, 물의 부족, 물의 범람, 등등에 대한 신학적 성찰은 억압된 타자, 즉 약자들의 생명을 돌아보기 위해 이제 꼭 필요한 일이 되었다. 이러한 상황에서 인간에 의해 파괴되고 짓밟히며 착취되고 있는 물, 공기, 흙은 이제 지구 전체의 생명 유지를 위해 해방되어야 할 마지막 식민지로 남아 있다. 인간 이성에 대한 무한한 신뢰, 이성의 합리성, 보편타당성에 대해 의심하며, 지나치게 인간 주체를 강조한 근대 문명에 대한 반성이 절실하다. 이러한 상황에서 소위 인간계에 의해 지배되고 착취되고 있는 자연, 특히 땅과 물에 대한 신학적 성찰은 현재 땅과 물이 겪는 위기의 상황에서 의미 있는 일이 될 것이다.

장윤재의 "동물 소수자의 신학"은 서양사상사에서 소수자로 차별과 박해를 받아 온 동물의 실상을 폭로하며, 그 근저에는 인간 중심의 사고가 자리하고 있음을 지적한다. 그러나 오늘날 과학에서 밝혀지는 것처럼 '인간 동물'과 '비인간 동물' 사이에 존재하는 유전학적인 차이는 그리 크지 않으며, 이런 점에서 볼 때 다른 동물에 대한 인간의 차별적 우월성 주장은 그 근거를 상실한다. 인간과 동물, 즉 '인간 동물'과 '비인간 동물' 사이의 관계에 대한 물음은 결국 우리가 인간이라는 존재를 어떻게 규정할 것인가의 물음이다. 그것은 인문학의 가장 오래된 물음이다. 그리고 그것은 기독교 신학의 핵심적 질문이기도 하다. 이제 우리는 인간과 동물의 경계를 횡단하는 새로운 존재 방식으로서의 포스트휴먼(post- human) 신학을 고민해야 한다.

박일준의 "소수자로서의 여성-되기"는 이 글이 페미니즘을 주장하거나 대변하는 글이 아님을 먼저 밝힌다. 오히려 이 시대 남성들이 왜 페미니즘적 사유를 체현해야 하는지를 성찰해 보고자 하는 글이다. 라캉은 여성을 '전체가 아닌'(Not-All)의 존재로 언표한다. 전체가 아닌 존재 그래서 전체의 구조 속에서 비존재로 재현되는 여성은 약육강식의 승자독식 경쟁 구조 속에서 결국 패배자(loser)로 떨어질 운명의 남성의 실재 혹은 미래가 된다. 바로 이 실재를 깨닫기 위해 페미니즘은 어쩌면 여성보다 남성에게 더 필요한 성찰인지도 모른다. 본고는 바로 이 실재를 공유하고자 한다.

전철의 "케노시스 신학과 소수자 신학"은 케노시스 사유의 재발견은 지난 20세기 종교와 문화적 유산의 중요한 진보 가운데 하나라는 점에 주목한다. 이에 본 연구는 자기생성을 지시하는 '아우토포에시스' 개념과 자기비움을 지시하는 '케노시스' 개념에 대한 신학적-윤리적 검토를 진행하였다. 이는 자기비움 개념이 사회적 가능성과 어떻게 접맥될 수 있는지를 모색하는 중요한 이론적 장치이기도 하다. 이어서 신적 케노시스와 사회적 아우토포에시스가 경합하는 현실에 대한 대안적 모색을 구원과 자유의 관점에서 진행하였다. 마지막으로, 자기비움의 관점이 소수자 신학 담론 형성에 어떠한 함의를 지니는지를 결론으로 제시하였다. 소수자 신학 담론은 생명의 미래를 담지하고 있는 그 주체들의 존재 양식이 자기생존을 넘어 생명 전체의 존속을 촉진하고 모색한다는 점을 핵심적으로 짚어내었다. 그리하여 소수자의 목소리는 현존하는 사회체계를 흔드는 부정성의 환기가 아님을 본 연구는 강조하였다. 오히려 그 목소리를 우리가 '자기비움'의 신성한 가치로 경청하고 우리의 삶에서 체현할 때에 우리의 구원이 임한다는 점을 본 연구는 주목하였다.

이찬수의 "소수자 재생산의 동력과 그 극복에 대하여"는 문화인류학자인 르네 지라르가 말하는 매개적 욕망과 희생양 시스템 이론으로, 우리 사회에서 소수자가 여전히 존재할 뿐더러, 더 강력하게 재생산되는 그 기초를 살펴보고 있다. 이 글에 의하면, 매개적 욕망의 시스템에 적응해온 주류는 그 시스템을 유지하고 강화시켜서, 그 시스템 속으로 들어오지 못할 소수자를 재생산시키는 데 일조한다. 달리 말하면, 희생양 메커니즘이 자유 경쟁을 추동하는 신자유주의적 사회를 고착화시키고, 폭력을 구조화시킨다는 것이다. 이 글에서는 이러한 논리를 살펴보면서, 교회가 도리어 사회의 폭력적 구조를 강화시키고 소수자를 양산하는 역할을 하는 것 아니냐는 엄중한 비판을 던지고 있다.

    이 책이 출판되기까지 함께 참여한 문화신학회 회원들에게 가슴 깊은 곳으로부터 감사의 말씀을 전한다. 우리가 함께 한 시간들이 없었다면 이 책은 빛을 보지 못했을 것이다. 아무런 대가도 주어지지 않는 일에 공동의 노력을 기울인 아름다운 학자적 동지애가 이 결실의 가장 큰 힘이라 생각한다. 모두의 노력을 기획하고, 작품들을 모으고, 그 작품들을 아름답게 편집한 박일준 총무의 노고에는 우리 모두가 감사할 일이다. 서 말의 구슬을 보배로 꿰어낸 총무의 노고에 감사를 드린다. 우리의 노력과 별개의 존재로서가 아니라, 학문적인 노력에도 같이 한 김영호 대표의 노력과 배려에도 감사를 드린다. 우리의 노력을 작품으로 만들어 준 김 대표의 호의와 동반자적인 동지애가 없었다면 우리의 연구는 빛을 보지 못했을 것이다.

2017년 5월
한국문화신학회 회장
박승인

차 례

머리말 박숭인 | 005

|1부| 낙인찍힌 소수자

노숙자
노숙자의 하나님: 작은 자의 신학   김명희 | 023
- I. 들어가기   23
- II. 노숙자   25
- III. 성서 속의 노숙자   30
- IV. 나가는 말: 작은 자의 신학하기   43

장애인
장애인 신학 이해하기 — 온전한 신학을 지향하며   박숭인 | 045
- I. 글을 시작하며   45
- II. 소수자의 신학으로서의 장애인 신학   47
- III. 장애인 신학의 지향점: 온전한 신학   58

동성애
동성애와 신학적 인권 — 토마스 아퀴나스의 성(性)의 신학을 중심으로   손호현 | 061
- I. 들어가기   61
- II. 자연과 동성애   65
- III. 주장과 반론   76
- IV. 나오는 말: 하나님의 은총으로서의 신학적 인권   81

성매매 여성
외면당한 소수자, 사랑을 파는 아가씨: 성매매 여성에 대한 신학적 성찰
    박일준 | 087
- I. 매매춘을 둘러싼 규제와 해방의 이중적 억압구조   90
- II. 규제주의의 규제 대상과 목표   93
- III. 공창제 폐지주의의 대상과 목적   100
- IV. 신규제주의의 대상과 목적   107
- V. '사랑을 파는 아가씨'들의 이중적 억압구조의 극복을 위한 성찰   113

|2부| 세대와 문화의 소수자

노인
소수자로 전락한 노년 세대에 대한 사목적 배려   김혜경 | 123
- I. '부양의무'에 대한 한국적인 이해   125
- II. 고령세대들의 하류화   127
- III. 장수시대, 복(福)인가 화(禍)인가   130
- IV. 노인세대에 대한 사목적 배려   133
- V. 나가는 말   137

노년
소수자로서의 노년에서 꿈을 꾸는 노년으로
— 노년의 신학적 의미에 대한 연구   이관표 | 139
- I. 들어가며   139
- II. 노년에 대한 성서의 이해   142
- III. 부정성에 직면한 노년   146
- IV. "늙은이는 꿈을 꾸며…": 노년의 신학적 의미   149
- V. 나가는 말   154

인디문화
문화적 소수자로서의 청년: 홍대 인디문화에 대한 신학적 보고서   윤영훈 | 157
- I. 서론: 헬조선 시대를 사는 청년들   157
- II. 청년 문화와 '홍대'의 탄생과 성장   160
- III. 홍대 인디문화에 대한 신학적 적용과 평가   167
- IV. 닫는말: '홍대'와 '인디'를 넘어…   179

어린이
우리에게 어린이는 누구인가: 아동학대 시대의 어린이신학   박영식 | 183
- I. 들어가는 말   183
- II. 어린이신학의 가능성과 방법론   186
- III. 어린이의 신학적 본질 규정   193
- IV. 어린이신학의 교의학적 전개   199
- V. 나가는 말   202

|3부| 경계에 선 소수자

종교
교파 밖의 소수자: '교파'와 '교파 밖의 소수자' 형성 기제에 관한 고찰   강응섭 | 209
- I. 들어가는 말   209

II. '교파'와 '교파 밖의 소수자' 형성 기제에 관한 개념　210
　　III. '교파'와 '교파 밖의 소수자' 형성 기제에 관한 사례　217
　　IV. 나가는 말　227

난민

대한민국 이주 신청 난민에 관한 이해와 기독교적 대응　　　박종현 | 229
　　I. 들어가는 말　229
　　II. 국제 난민협약과 한국의 난민법 제정　232
　　III. 대한민국의 난민 현황 개요　242
　　IV. 한국의 난민구호단체 : 피난처와 난민인권센터　244
　　V. 한국 사회의 맥락에서 난민신학　246
　　VI. 나가는 말　249

이주민

소수자로서의 이주민: 필리핀 노동자와 이주 여성의 고난의 삶과
한국교회　　　송용섭 | 251
　　I. 서론　251
　　II. 필리핀 노동자들의 이야기　252
　　III. 필리핀 다문화 결혼 이주 여성들의 이야기　259
　　IV. 결론　265

| 4부 | **비인간 소수자**

자연

억압된 타자, 소수자로서의 자연
　: 물의 위기 상황에서 지구-행성의 신학을 모색하며　　　김수연 | 271
　　I. 들어가는 말　271
　　II. 몸말　275
　　III. 나오는 말　289

동물

동물 소수자의 신학　　　장윤재 | 291
　　I. 들어가는 말　291
　　II. 동물 학대와 기독교　294
　　III. 인간중심주의와 종차별주의　296
　　IV. 푸줏간의 그리스도　306
　　V. 나가는 말　312

|5부| 악의 재순환과 이중 구속을 넘어서기 위한 소수자의 신학

여성
소수자로서 여성-되기   박일준 | 319
- I. 다수(the multiple)로서 여성   320
- II. 남성을 소외시키는 가부장제   335
- III. 성관계를 넘어 사랑으로   343
- IV. 개념의 창조로서 '소수자로서 여성-되기'   347

케노시스
케노시스 신학과 소수자 신학   전 철 | 353
- I. 들어가며   353
- II. 케노시스 개념과 역사적 해석   355
- III. 생성에 관한 근대의 세 이론   358
- IV. 아우토포에시스에서 케노시스로   366
- V. 최초의 신, 최후의 사회   374
- VI. 나가며   380

희생양
소수자 재생산의 동력과 그 극복에 대하여   이찬수 | 383
- I. 모방하는 인간과 모방적 욕망   383
- II. 두 가지 매개   386
- III. 나쁜 상호성과 스캔들   388
- IV. 희생양 시스템   390
- V. 희생양과 소수자   391
- VI. 희생양의 변형   395
- VII. 두 가지 모방과 주변부에 대한 기억   398
- VIII. 작은 차이, 큰 의미   401
- IX. 차이의 소멸과 탈폭력적 폭력   404
- X. 신적 폭력과 하류지향   409
- XI. 지라르 이론의 비판적 계승   412

참고문헌 | 415
지은이/엮은이 알림 | 429

| 1부 |

낙인찍힌 소수자

노 숙 자

노숙자의 하나님
: 작은 자의 신학

김 명 희 *

I. 들어가기

한국문화신학회에서는 2016년 한 해 동안 '소수자 신학'에 대해 여러 방향에서 고찰하기로 했다. 특히 우리사회의 '소수자'가 어떻게 중심에 설 수 있는지 함께 고민해 보기로 했다. 우리 주변에는 다양한 소수자들이 존재한다. 난민, 노숙자, 성소수자, 장애자, 노인, 탈북자, 이민자 등등. 이들 소수자 중에 '노숙자'는 인류의 역사와 함께 했다고 해도 과언이 아니다. 성경은 '에덴 집'에서 쫓겨난 존재가 '인류'라고 말하니, 인간의 실존이 '노숙'이고, 인간의 존재가 '노숙자'인 셈이다. 현실적으로도 세계 어디나 노숙자 없는 나라가 없다.

---

* 성공회대학교 연구교수, 종교학

'집' 없이 길에서 생활하는 사람들을 일컫는 노숙자들은 사회의 소외자들이자 경제적 약자들이다. 이들을 가리켜 '거지'라고도 부른다. 성경에도 '거지'가 종종 등장한다. 특히 예수에게 '거지'는 굶주리고, 헐벗고, 우는 '작은 자'다. 예수는 '작은 자의 예수'였고, 자신 또한 '작은 자 예수'였다. 그래서 그는 "지극히 작은 자에게 한 것이 곧 내게 한 것"(마태 25:40)이라고 강조한다.

본 논문에서는 '노숙자'를 '소수자'보다는 예수가 사용한 '작은 자'로 부른다. 그리고 노숙자 담론을 통해 '작은 자의 신학'을 유추해보고자 한다. 이 탐구를 위해 예수의 말과 행적을 기록한 복음서를 주 자료로 사용할 것이다. 논문의 한정된 지면 때문에 복음서에 나타난 예수의 노숙자에 대한 이해와 태도에만 집중하고자 한다. 이를 통해 세상의 '작은 자'를 위해 교회가, 신학이 무엇을 할 수 있는지 그리고 무엇을 해야 하는지 고민하고자 한다.

먼저, 노숙자에 대한 정의와 노숙자가 되는 원인, 노숙자에 대한 지원에 대해 살펴볼 것이다. 이를 토대로 복음서에 나타난 '노숙자'에 대해서 탐구할 것이다. 예수에게 노숙자가 누구인지 '작은 자' 개념과 연계해 고찰할 것이다. 이어서 행복과 불행선언이 작은 자를 위한 하나님의 선언임을 밝힐 것이다. 결론에서 '노숙자의 하나님'을 통해 '작은 자의 신학'을 제안하고자 한다.

II. 노숙자

1. 노숙자의 정의

'노숙자'(露宿者)란 사전적 의미로 "길이나 공원 등지에서 한뎃잠을 자며 생활하는 사람"[1]을 가리킨다. 조물주가 세상을 창조할 때 '에덴동산'에 사람을 살게 했다고 하니 인류의 시작이 '노숙'이라고 할 수 있겠다. 그마저 에덴에서 쫓겨난 인간은 여전히 '노숙자'로 살고 있지 않은가! 그렇다고 지구인 모두를 '노숙자'로 부를 수 있는가? 그렇지 않다. 그 이유는 '노숙자'에 대한 정의 때문이다.

노숙자 또는 노숙인은 단순히 '거처할 집이 없는 자'라고만 규정할 수 없고, 경제적 빈곤과 연계해 정의되어야 한다. 즉 경제적 빈곤으로 인해 주거가 없는 자로, 주로 공원이나 길거리, 역사 등을 거처로 삼는 자를 '노숙자'라고 정의한다. 이들은 생활환경이 나쁜 빈민계급에 속하며, 거주지가 없다는 뜻의 '홈리스'(the homeless)라고도 불린다.[2]

유엔은 노숙자를 좀 더 폭넓게 정의한다. 즉, 노숙자란, "집이 없는 사람과 옥외나 단기보호시설 또는 여인숙 등에서 잠을 자는 사람, 집이 있으나 유엔의 기준에 충족되지 않는 집에 사는 사람"을 가리킨다.[3] 그러나 노숙자의 정의가 지역마다 다르기 때문에 노숙자의 수를 정확히 파악하기란 쉽지 않다. 다만 전 세계에 1억 명 이상의 노숙자가 있을

---

1 민중서림 편집국 편, 『엣센스 국어사전』(파주: 민중서림, 2007), 484.
2 「홈리스니스」, 『위키백과』 최종수정일: 2017.1.18., 접속일: 2017.3.1.,
https://ko.wikipedia.org/wiki/%EB%85%B8%EC%88%99%EC%9E%90.
3 「[논쟁] 노숙인 문제 어떻게 해결해야 하나?」, 『한겨레』 2011.8.23, 접속일: 2016. 9.30,
http://www.hani.co.kr/arti/opinion/argument/492983.html.

것이라는 추정만 할 뿐이다.4

우리나라에서는 1997년 IMF 경제위기 이후 실직상태에서 노숙을 하는 사람들이 급증하자 그들을 '노숙자'로 부르기 시작했다. 그 이전에 역이나 지하도 주변에서 노숙하는 사람들에 대한 공식적 용어는 '부랑인'이었다.5 이후 2011년 6월 7일 대한민국 국회에서 통과·제정되어 2012년 6월 8일부터 시행되고 있는 '노숙인 등의 복지 및 자립지원에 관한 법률'(법률 제10784호)에 따르면 '노숙자'는 거리에서 노숙을 하는 사람뿐 아니라 피시방이나 만화방, 24시간 사우나, 찜질방, 황토방, 쪽방, 고시원에서 주거를 해결하는 자, 노숙인 보호시설 또는 부랑인시설 이용자, 정신(알코올)병원 수용자 중 무연고자 등 다양한 노숙형태의 사람들을 통칭한다. 정리하자면, '상당한 기간 동안 일정한 주거 없이 생활하는 사람'이거나 '노숙인 시설을 이용하거나 상당한 기간 동안 노숙인 시설에서 생활하는 사람' 혹은 '상당한 기간 동안 주거로서의 적절성이 현저히 낮은 곳에서 생활하는 사람'으로서 보건복지부령으로 정하는 사람을 '노숙자'라고 한다. 이에 따르면 우리나라의 노숙자는 최소 13만 명이 넘을 것으로 추정된다.6

이상에서 살펴본 바, '노숙자'의 핵심이 되는 기준은 '집'이다. 한 개인이 생활공간으로서 '집'이 아닌 '거리'에서 생활할 때 '노숙자'로 분류된다. '노숙'의 동기는 경제적 빈곤에 의한 것으로서 노숙자의 대부분이 사회적 '소외자'나 경제적 '약자'들이다.

---

4 "깨어라! - 2005", 12/8, 4-8, 워치타워온라인 라이브러리,
http://wol.jw.org/ko/wol/d/r8/lp-ko/102005882.
5 "홈리스니스", 「위키백과」.
6 "[논쟁] 노숙인 문제 어떻게 해결해야 하나?", 「한겨레」 2011. 8. 23.

2. 노숙자가 되는 원인

일반적으로 한 개인이 노숙자가 되는 원인은 여러 가지가 있는데, 대체로 질병 및 사고, 가출이나 이혼, 실업과 사업의 실패 등 실직·가정문제·경제적 빈곤을 꼽을 수 있다. 여성 노숙자의 경우는 주로 가정폭력, 가부장적 가족 구조, 가족(주로 남편)에게 예속된 상태에서의 사회-경제적 기능 수행의 부족, 자녀양육문제가 노숙의 원인이 된다. 이렇듯 노숙자가 발생하는 요인에는 여러 가지가 있지만, 자신의 선택에 의해 노숙자가 된 사람은 아무도 없다. 그보다는 살아가면서 여러 가지 실패를 겪고 그로 인해 좌절하고 삶에 대한 의욕을 잃은 결과 노숙자가 된다.7 여러 가지 원인에도 불구하고 노숙인 문제의 핵심은 적절한 주거의 부재라고 할 수 있다. 극심한 '가난'이 이들을 거리로 내 몰은 것이다. 결국 노숙자는 우리 사회의 경제적·사회적 '가난'이 만들어낸 불평등·불의의 산물이다.

한국에서는 노숙자 문제가 1997년 말부터 본격적으로 대두되기 시작했다. 예전부터 성장 환경과 사회적 지지의 부족으로 열악한 환경에서 살았던 약자들이 경제적 위기로 일자리와 거처를 잃으면서 역사와 거리를 배회하는 노숙자로 전락한 것이다. 이들에게 한 끼 식사를 제공한 것은 민간단체들이었다. 민간은 정부의 협조로 급식뿐 아니라 이들이 기거할 수 있는 쉼터를 만들기로 하였고, 1998년에 전국적으로 150여 개소의 쉼터가 만들어졌다.8 그러나 자유를 빼앗기고 싶지 않은 일부

---

7 "깨어라! - 2005", 12/8, 4-8.
8 정은일, "한국의 노숙자 문제 그리고 과제", 「월간 복지동향」 제31호(2001): 29-31.

노숙자들은 공동생활과 공동규칙을 지켜야 하는 쉼터를 찾지 않는다. 이들은 심각한 사회적·경제적 약자로서 거리의 노숙자로 생활한다.

3. 노숙자에 대한 지원

노숙자들이 느끼는 가장 고통스러운 감정은 외로움이다. 그래서 누군가 곁에서 이야기를 들어주는 것처럼 고마운 게 없다. 또한 경제적·사회적으로 '소외자' 혹은 '약자'라고 생각하는 노숙자들은 자신을 무가치한 존재로 여긴다. 그래서 많은 노숙자들이 술에 의존하기도 한다. 희망이 보이지 않는 그들에게 자신의 모습은 가난하고 무력한 '작은 자'일 뿐이다. 이러한 노숙자들에게 필요한 것은 주택, 취업, 의료지원과 같은 외적 도움 뿐 아니라 외로움과 절망으로부터 구해 줄 내적 도움도 필요하다. 외적 도움은 정부나 지자체 혹은 민간단체에서 줄 수 있으나 내적 도움은 상담이나 인문학, 종교가 중요한 역할을 할 수 있다. 교회와 신학이 노숙자에게 내적 지원을 해야 하는 이유다.

1) 외적 지원

거리 노숙자들에게 가장 필요한 것은 숙식이 가능한 개인 공간 확보와 건강문제 해결이다. 노숙자의 숙식과 건강, 사생활 보호를 위해서 무엇보다도 필요한 것이 거주 공간으로서의 '집'이다. 공동 임시거주지인 노숙인 쉼터보다는 궁극적으로 사적인 공간이 노숙자들에게 주어져야 한다. 그래서 많은 지원기관에서는 상담을 통해 자중심을 높이고 동기를 강화하고 온전히 독립하여 자기 집을 갖도록 힘쓴다. 그리고 만성질환에 노출된 노숙자에게 의료 지원도 중요한 과제다. 거처(집) 확보와 의료지원과 함께 노숙자들이 지역사회로 복귀할 수 있도록 돕는 것도 중요한 지원 중 하나다.

외적 도움으로서 '집'은 단지, 거주의 의미만 있는 것은 아니다. '집'이 담고 있는 모든 것을 노숙자는 집을 통해 얻게 된다. 집은 안식과 건강, 안전을 지켜주는 곳이다. 주소지 거주자는 사회 구성원으로서 활동할 수 있게 되고, 그의 꿈을 맘껏 펼칠 수 있게 된다. 나아가 집은 가정을 이루는 곳이기도 하다. 이처럼 노숙자에게 '집'이 주는 의미와 혜택은 무한하다. 이러한 외적 지원은 주로 시나 정부의 책임이다. 현시웅 소장(전국홈리스연대 사무처장·대구노숙인상담지원센터)은 정부에 '노숙인을 위한 사회주택을 제공'할 것을 요청한 바 있다. 그는 최소한의 독립 주거가 지원되면 노숙인들도 거리생활을 청산하고 사회구성원으로 살아갈 수 있다고 주장한다.[9]

주택공급 외에도 노숙자 지원과제로 의료문제, 노숙자 이용시설 확충, 자활지원 확대, 서비스개선을 위한 제반여건 강화, 사회적 합의를 통한 편견극복 등이 있다.[10]

2) 내적 지원

노숙자들을 위한 외적 지원 외에도 내적 지원이 필요하다. 그중에 하나가 인문학이다. 노숙자들은 인문학을 만남으로써 자신이 누구인

---

9 "[논쟁] 노숙인 문제 어떻게 해결해야 하나?" 「한겨레」 2011.8.23.
10 정은일, "한국의 노숙자 문제 그리고 과제", 29-31.

지 생각하게 되고, 삶에 변화를 주게 된다. 그들은 직장을 구하게 되고, 마침내 노숙 생활을 청산하게 된다.11 인문학과 더불어 종교도 노숙자들의 내적 지원자가 될 수 있다. 종교는 노숙자들이 삶에 희망을 찾고 다시 사회 구성원으로 살아갈 용기를 주는 데 좋은 길잡이가 될 수 있다. 실제로 많은 종교단체들이 노숙자의 내적 지원에 동참하고 있다. 기독교 또한 예외는 아니다. 많은 교회와 기독교 단체들이 노숙자 지원에 실질적 도움을 주고 있다.

III. 성서 속의 노숙자

일반적으로 노숙자는 '길이나 공원 등지에서 한뎃잠을 자며 생활하는 사람'을 가리킨다. 노숙자의 가장 큰 특징은 거주할 공간으로서 '집'이 없다는 것이다. 노숙자는 사회적으로 소외되고, 경제적으로 가난한 이들이다. 그렇다면 성경에도 노숙자에 대한 언급이 있는가? 있다면 성경은 노숙자를 어떻게 묘사하고 있는가? 성경은 노숙자들을 위해 무엇을 제시하는가? 이 물음에 대한 답을 얻기 위해 성경 속에 나타난 노숙자 담론을 살펴보고자 한다. 그리고 이것이 어떻게 '작은 자의 신학'으로 발전될 수 있는지 성찰하고자 한다.

본 논문에서는 노숙자 담론을 복음서에 국한해 고찰한다. 먼저, '집'의 의미를 살펴본 후, 예수가 '부자와 거지 나사로'의 예화를 통해 '작은 자'로서 노숙자(거지)를 어떻게 이해하고 있는지 그리고 우리에게 무

---
11 일예로 성남시 〈안나의 집〉에서는 노숙자들을 위해 매월 인문학 강좌를 개최한다.

엇을 요구하는지 탐색한다. 이를 토대로 '작은 자 예수'가 선포하는 '작은 자'를 향한 '무조건적 자비'를 배운다.

1. 예수와 노숙자

성경 속에는 우리말의 '노숙자'라는 직접적 표현은 나타나지 않는다. 신약성경, 특히 복음서에는 종종 노숙자와 같은 뜻의 '거지'라는 표현이 등장한다. '거지'의 사전적 의미는 '남에게 빌어먹고 사는 사람'이다. 거지 역시 집/거주지 없이 길에서 생활하는 노숙자다. 때문에 노숙자를 '경제적 빈곤으로 인해 거주지가 없이 길에서 생활하는 사람'으로 정의할 때 성경의 '거지'($πτωχός$ 프토코스)는 '노숙자'와 의미를 같이 한다. '노숙자'와 '거지', 두 개념의 가장 큰 공통점은 '집($οἶκος$ 오이코스)이 없는 자'라는 것이다. '노숙'(露宿)의 사전적 의미가 '한데서 자는 잠'을 뜻하므로 '거리에서 잠을 자며 생활하는 자'인 '노숙자'와 '거지'는 동일한 의미의 단어라고 할 수 있다. 모두 집이 없는 자들이다. 이들 대부분은 불의(不義)와 불평등(不平等)으로 사회적 약자·경제적 가난한 자가 된 사람들이다. 이들의 궁극적 목표는 '집'에 거주하는 것이다. 그렇다면 노숙자에게 '집'은 어떤 의미를 갖는가? 성경 속에 나오는 '집'의 의미를 살펴보겠다.

1) '집'의 의미

노숙자에게 '집'은 단지 '소유'로서의 집이 아니다. 개인의 생활을 보장해 줄 공간으로서의 집이다. 그리스어로 '집'을 뜻하는 단어는 오이코스(οἶκος)다. '오이코스'는 단순히 '집', '거처'만을 뜻하지 않는다. '성전'과 '하나님의 집'을 뜻하기도 하고, 더 나아가 '평화'와 '구원'을 의미하기도 한다. 이외에도 성경과 유대문헌에서 '집' 개념은 다양하게 사용되었다. 본 논문에서는 공관복음서에서 '집'의 의미를 고찰하기로 한다.

(1) 구원의 집

마태복음의 집짓는 사람들의 비유(7장 24-27절)에서는 예수의 말씀(산상수훈의 가르침)을 듣고 행하는 자가 '집'(οἰκία=οἶκος)을 반석 위에 지을 수 있다고 선포한다.12 이것은 유대교에서 구원의 방편으로 율법 공부와 율법 실천을 강조한 것과는 상반되는 요구다.13 산상수훈(마태 5-7장)의 대미를 장식하는 집짓는 사람들의 비유에서는 예수의 '산상수훈의 가르침을 듣고 행하는 사람은 종말에 구원을 받지만, 그렇지 못한 사람은 멸망을 당한다'고 강조한다.14 따라서 이 비유에서 '집'은 '구원'을 의미한다. '집'은 예수의 산상수훈을 듣고 지킬 때 얻어지는 인간의 '구원방주'다.

반석 위에 세워진 튼튼한 집을 얻기 위해서는 예수가 전한 말을 '행하는 것'이 중요하다. 그렇게 실천하는 사람을 '슬기로운 자'라고 부른다(마태 7,24). 집짓는 사람들의 비유에서는 상반된 두 부류의 사람이 제시된다. 즉 예수의 말을 듣고 '행하는 사람'(24절)과 '행하지 않는 사

---

12 집짓는 사람들의 비유는 누가복음 6,47-49에도 나온다. 이 비유는 원래 예수 어록에 있던 것인데 마태와 루가가 그것을 각각 달리해 옮겨 쓴 것이다(정양모,『마태오 복음 이야기』서울: 성서와 함께, 1999, 92).
13 정양모 역주,『마태오 복음서』(경북 왜관읍: 분도출판사, 1990), 81.
14 정양모,『마태오 복음 이야기』, 91.

람'(26절), 이것을 토대로 '슬기로운 사람'(24절)과 '어리석은 사람'(26절) 그리고 그들이 세운 '반석 위의 집'(24절)과 '모래 위의 집'(26절), 이와 같이 두 개의 평행적 인과관계들이 제시된다. 이 비유에 나오는 '슬기로운 자'는 안전을 위해 그의 집을 반석 위에 세운다.15 그가 세운 집은 큰 비가 와도 무너지지 않는다. 그러나 '어리석은 자'가 세운 모래 위의 집은 비바람에 무너져 버린다. 그 결과 그는 '노숙자'가 되고 만다.

정리하자면, 집짓는 사람들의 비유에 나타난 '집'은 '구원의 방주'와 같다. 튼튼한 이 집은 비가 오고 바람이 불어도 무너지지 않을 뿐 아니라, 사람이 그 안에 있으면 생명이 보존된다. 반석 위에 세운 집은 어떤 환난, 역경 속에서도 사람의 생명을 살리고 지키는 구원의 방주다. 그 방주는 예수의 말을 듣고 행하는 자에게만 주어진다. 반대로, 예수의 말을 듣고 행하지 않는 사람은 모래 위에 집을 짓는 자와 같다. 그 집은 비바람에 쉽게 무너져 버린다. 모래 위의 집은 더 이상 사람의 생명을 지켜주는 '안전한 거처'가 되지 못한다. 집은 영혼과 육체의 안식처다. 그러므로 그 안식처가 무너질 때 사람은 영혼과 육체의 '노숙자'가 되고 만다. 영과 육의 실존이 무너져 버리는 것이다. 그래서 예수는 사람들에게 그의 말(복음)을 듣고 행함으로써 '반석 위에 집'을 세우라고 요청한다.

집이 '구원의 방주'인 것은 사람의 생명을 지켜주기 때문이다. 집은 육체 뿐 아니라 영혼까지 지켜준다. 영혼과 육신의 집을 '반석' 위에 세우지 않는 자는 영육의 노숙자가 되고 말 것이라고 예수는 경고한다. 노숙자가 다시 세울 집은 '반석 위의 집'이다.

---

15 Gnilka, Joachim, *Das Matthäusevangelium 1,1-13,58* (Erster Teil) (Freiburg im Breisgau: Herder, 1986), 279-281 참조.

(2) 평화의 집

누가복음 10장 5절에서는 '집'(οἰκία)을 '평화'(εἰρήνη)가 있는 곳으로 묘사 한다: "어느 집에 들어가든지, 먼저 '이 집에 평화가 있기를 빕니다!' 하고 말 하여라"16 유대인들은 인사할 때 통상 "이 집에 평화를 빕니다"라고 하지만, 5절에서는 일상적 인사말을 넘어서 하나님 나라의 평화를 비는 축원을 한다.17 즉 메시아의 평화와 하나님 나라의 구원을 선포한다. 이런 맥락에서 볼 때 누가복음에서의 '집'은 평화가 있는 곳을 의미한다. 이 평화는 인간이 주는 평화가 아닌 하나님이 주는 구원으로서의 평화다.

'평화의 집'에 대한 내용은 마태복음 10장 12-13절에도 있다: "너희가 그 집에 들어갈 때에, 평화를 빈다고 인사하여라. 그래서 그 집이 평화를 누리기에 알맞으면, 너희가 비는 평화가 그 집에 있게 하고, 알맞지 않으면 그 평화가 너희에게 되돌아오게 하여라."18

예수는 하늘나라가 다가왔음을 전하기 위해 그의 열두 제자를 이스라엘 사람들에게 파견한다. 그리고 그들에게 이스라엘 집집마다 방문하여 메시아의 평화를 전하고 오라고 부탁한다. 이것은 하나님 나라의 구원을 하나님 선민인 이스라엘 민족에게 선포하라는 말씀이다. 그 말씀을 받아들일 때 그 집에는 구원의 평화가 깃들게 된다. 그러므로 모든 집이 메시아의 평화를 누리는 것은 아니다. 평화를 누릴만한 조건이 되어야 한다. 즉 메시아의 평화를 받아들이는 집만이 평화를 누린다. 마태복음의 행복 선언에서는 '평화를 이룩하는 자가 복된 사람'이라고

---

16 새 번역 성경(서울: 대한성서공회, 2006).
17 정양모 역주, 『루가 복음서』 (경북 왜관읍: 분도출판사, 1984), 102.
18 새 번역 성경.

말한다. 그리고 그들을 '하나님의 아들'이라고 칭한다: "복되어라, 평화를 이룩하는 사람들! 그들은 하나님의 아들들이라 일컬어지리니"(마태 5:9).

불행히도 이스라엘 민족은 이 평화의 복음을 저버리고 멸망하여(루가 19:41-44), 2천 년간 '집'을 잃고 유랑하는 '노숙자' 신세가 되었다. 부활한 예수는 "나는 여러분에게 평화를 남겨 두고 갑니다. 여러분에게 내 평화를 줍니다. 내가 여러분에게 주는 것은 세상이 주는 것과 같지 않습니다. 여러분은 마음으로 당황하지도 말고 혼겁하지도 마시오"(요한 14:27)라고 당부한다. 그러나 이스라엘은 부활한 그리스도가 베푸는 평화를 받아들이지 않았다. 그리고 수많은 세월을 생명의 위협을 받으며 노숙자로 지내야 했다. 평화가 없는 집은 생명을 지켜주는 집이 아니었다.

누가복음 10장 5절과 마태복음 10장 12-13절에 나타난 '집'은 하나님의 평화, 현존하는 메시아의 평화가 있는 곳이다. 이 평화가 있는 곳에 구원이 있고, 그 안에 생명이 있다. 그리고 평화의 집에 거하는 사람은 하나님의 아들이 된다.

노숙자에게 집은 육체 뿐 아니라 마음의 평화를 제공하는 안식처다. 집 밖은 위험과 불안, 폭력이 도사린다. 그러므로 노숙자가 다시 돌아가야 할 곳은 '평화의 집'이다.

2) 부자와 거지

복음서에서는 '노숙자'라는 표현은 없지만 그 뜻을 반영하는 '거지'라는 용어가 몇 군데 등장한다. 복음서의 '거지'는 정신적·육체적 질병을 갖고 있는 사람들이다. 예수는 눈먼 거지를 고쳐주기도 했고(누가

18:35-43), 집에서 살지 않고 무덤에서 지내는 귀신 들린 거지를 고쳐 주기도 했다(누가 8:26-39). 예수 주변의 거지들은 경제적으로 가난할 뿐 아니라 육체적으로도 질병과 장애가 있는 병약자들이었고, 그 누구도 돌보지 않는 사회적 소외자들이었다. 예수는 '부자와 거지 나사로'의 예화를 통해 '부자와 거지'가 누구인지, 그들의 결말이 어떠한지를 제시한다.

'부자와 거지 나사로'(누가16,19-31)[19]의 예화에서 부자와 거지의 관계를 살펴보자. '나사로'($Λάζαρος$)는 히브리어 '엘레아자르'(אלעזר, 하나님이 도우시다)의 음역이다. 하나님이 빈자를 도우셨다는 내용 때문에 빈자의 이름을 '나사로'라고 했을 것으로 추정한다.[20] 하나님은 가난한 자의 하나님인 것이다. 빈자 나사로는 부잣집 문간에 거주한 노숙자였고, 종기투성이 환자였다. 그는 부자의 상에서 떨어지는 부스러기들로 배를 채우는 거지였다. 반면에 부자는 자포와 모시옷을 입고 날마다 즐겁고 호화로운 생활을 하였다.

부자와 나사로의 가장 큰 차이점은 거처에 있다. 부자는 집 안에서 거주했고, 나사로는 집 밖에서 노숙했다. 집 문간을 경계로 부자는 모든 것을 가진 자였고, 나사로는 모든 것이 없는 자였다. 나사로는 육체적 건강마저 잃은 불행한 사람이었다. '노숙자'의 모든 조건을 다 가진 자가 나사로였다. 하지만 나사로의 불행은 오래가지 않았다. 이승에서의 신분이 저승에서 완전히 뒤 바뀌게 된 것이다. 가난한 거지였던 나사로는 죽자 천사들이 그를 아브라함 품으로 데려갔다. 그러나 부자는

---

19 '부자와 나사로' 예화의 본문은 헬라어 성서를 직역한 정양모 역주, 『루가 복음서』를 참조한다.
20 정양모 역주, 『루가 복음서』, 157.

지옥 불에서 심한 고통을 받는 불행한 자가 되었다. 이승에서 부자는 저승에서 영원한 거지로, 이승에서 불행했던 거지는 천국의 행복한 부자가 되었다. 지옥에 간 부자는 아브라함에게 나사로가 그의 혀에 물 한 방울 축여주길 간청했지만 거절당했다. 나사로가 생전에 불행을 겪는 동안 부자는 복을 누렸기 때문에 조금의 물도 얻을 수 없었다. 저승에서 나사로는 위안을, 부자는 고통을 받게 되었다.

부자와 거지 나사로 예화에서 거지는 세상에 있는 동안 불행을 겪었다는 이유 하나만으로 천국의 위안을 받게 되었다(23절). 반면에 부자는 생전에 복을 누렸다는 이유로 지옥에서 심한 고통을 받게 되었다(23절). 예화에서는 거지와 부자의 구체적 행동에 대해서 언급하지 않지만, 내용을 통해 그들의 행동을 유추해 볼 수 있다. 20절의 내용을 보면, 가난한 나사로는 부자 집 대문 앞에서 살았고, 부자가 먹다 남은 부스러기로 연명했다. 그의 종기투성이의 몸은 치료 받지 못해 개들이 핥을 정도였다. 부자가 나사로를 돌봤다면, 나사로는 부자네 집 안 어느 방에서 거주했을 것이고, 그 집 식탁에 함께 앉아 식사를 했었을 것이며, 그의 몸의 종기도 치료받을 수 있었을 것이다. 그러나 부자는 거지 나사로를 전혀 돌보지 않았다. 다만, 매일 드나드는 문간에 있던 그의 얼굴만 기억했다. 그래서 저승에 갔을 때 부자는 나사로를 알아보고 마실 물을 청했다.

부자와 거지 나사로 사이엔 둘을 구별 짓는 경계가 있었다. 집 대문($\pi v \lambda \omega \nu$)이었다. 대문을 사이에 두고 부와 가난, 복과 불행, 소유(집, 재산, 음식, 건강, 가족 등)와 무소유의 대립과 차별이 있었다. 이 이분법적 대립은 저승에서도 이어져 천국과 지옥, 물과 불, 위로와 고통으로 나타났다. 하지만 이승에서의 '가난'과 '불행'은 저승에서의 '부'와 '행복'

으로 뒤바뀌었다. 가난한 거지에게는 이승에서의 고통과 불행한 삶이 저승에서는 위로와 행복한 삶이 되었다. 이승의 거지에게는 꿈꾸던 희망이 현실이 된 것이다. 부자는 어떠한가? 그에게는 천국의 행복이 불가능한 것인가? 부자도 행복할 수 있는가? 그렇다면 어떻게?

그것은 대문을 열어 거지를 맞아드릴 때 가능하다. 대문은 소통의 문, 화해의 문, 나눔과 자비의 문이다. 부자와 가난한 자 사이의 경계를 짓는 '문'을 열어야 한다. '집'과 '문'이 부자와 거지, 부와 가난을 나누는 불통의 경계가 되어서는 안 된다. 대문/경계를 넘어 부와 가난 사이에 '삼투작용'이 일어나야 한다. 부자와 가난한 자가 구별되지 않는 화해의 세상이 되어야 한다. 하나님은 가난한 자와 작은 자의 하나님이다. 그래서 예수는 지극히 작은 자에게 한 것이 그에게 한 것이라고 강조한다.

부자와 노숙자 간의 관계도 이와 같다. 둘 사이에 '삼투작용'이 일어나야 한다. 부자는 지극히 작은 자인 노숙자에게 예수에게 하듯 자비를 베풀어야 한다. 그래야 이승에서도 저승에서도 행복한 자가 될 수 있다. 부자의 자비로 노숙자도 이승에서 행복한 삶을 살 수 있다. 이 삼투작용은 부자의 자비가 반투막(半透膜/대문)을 통과해 노숙자에게 흘러갈 때만 가능하다.

3) 작은 자 예수

마태복음 25장 31-46절 '최후의 심판'에서 '작은 자'의 이야기가 나온다. 마태는 예수가 다시 세상에 와서 심판할 때 그의 오른편의 구원받을 자들과 왼편의 저주받을 자들에 대해 어느 임금의 이야기를 들어 설명한다.[21]

하나님의 복을 받을 오른쪽에 있는 자들은 지극히 '작은 자'에게 자비를 베푼 사람들이다. 작은 자가 주릴 때에 먹을 것을 주었고, 목마를 때에 마실 것을 주었고, 나그네였을 때 영접하였고, 헐벗었을 때에 입을 것을 주었고, 감옥에 갇혔을 때에 찾아주었던 사람들이다. 예수는 그 '작은 자'가 예수 자신이라고 말한다. 그래서 작은 자에게 행한 자비는 곧 예수에게 한 것이 된다. 때문에 예수는 작은 자에게 자비를 베푼 자는 하나님의 복을 받아 영원한 삶을 누리게 될 것이라고 선언한다. 여기서 종말심판의 기준은 신앙도, 종파도, 기도도, 예배도 아닌 '자비'다. 즉 불쌍한 사람들, 작은 자들을 돌보는 자비행이다. '작은 자'는 불쌍한 그리스도인들 또는 불쌍한 전도사들로 한정되지 않고, 불쌍한 사람이면 누구나 해당된다.[22] 노숙자도 여기에 속한다. 노숙자는 자비의 대상이 되는 '작은 자'다. 헐벗고 굶주리고 노숙하고, 불의한 일로 옥살이를 하는 작은 자다. 그런 작은 자에게 먹을 것과 입을 것을 주고, 잠자리를 제공하고, 옥에 갇혔을 때 찾아주는 자가 축복의 오른편에 서게 될 자다.

반면에 왼편에 선자는 작은 자가 주렸을 때 먹을 것을 주지 않았고, 목말랐을 때 마실 것을 주지 않았고, 나그네였을 때 영접하지 않았고, 헐벗었을 때에 입을 것을 주지 않았고, 병들었을 때나 감옥에 갇혔을 때에 찾아주지 않았던 자다(마태 25:42-43). '부자와 나사로'의 부자와

---

21 마태복음 25장 31-46절의 '최후 심판'에 등장하는 임금은 본래 하나님을 가리키는 상징적 존칭이다. 여기서는 인자를 뜻하는 것으로 예수를 가리킨다. 예수를 임금으로 받든 그리스도교 신앙의 영향을 받아 본문에서 예수에 대한 상징어로 '임금'을 사용한 것 같다(정양모 역주, 『마태오 복음서』, 219).
22 정양모 역주, 『마태오 복음서』, 218.

같은 자다. 예수는 이들을 향해 '저주받을 자들'이라고, '영원한 불 속으로 들어가라'고 선언한다.

예수는 우리에게 말한다. "내가 진실로 너희에게 이르노니 너희가 여기 내 형제 중에 지극히 작은 자 하나에게 한 것이 곧 내게 한 것이니라"(마태 25:40) 우리가 주변의 노숙자들에게 어떻게 해야 할 것인가에 대한 답이 분명해졌다. 그들에게 먹을 것과 마실 것, 입을 것과 잠잘 곳을 조건 없이 베풀어야 한다. 예수는 우리에게 '작은 자'에게 자비를 베풀라고 요구한다. 그가 작은 자이기 때문이다. 우리는 자비행(慈悲行)을 통해 오른 편에 선자가 되어야 한다. 그럴 때 하나님의 나라를 차지할 수 있다(마태 25:34). 작은 자, 노숙자에게 베푼 자비로 '영원한 집'을 얻는 축복을 받게 된다. 작은 자 예수는 노숙자의 예수인 것이다.

2. 작은 자의 하나님

작은 자의 하나님은 작은 자들을 위로하고 축복한다. 마태복음과 누가복음의 행복선언은 '작은 자'를 향한 희망과 축복의 선언이다. 반면에 불행선언은 부자들을 향한 경고의 선포다. 마태복음의 행복선언(마태 5:3-12)은 누가복음(누가 6:20-23)의 행복선언보다 길다. 그것은 마태복음 저자가 예수가 친히 선포한 세 가지 행복선언(누가 6:20-21)과 박해받던 그리스도인들이 보탠 행복선언 한 가지(마태 5:11-12; 누가 6:22-23) 등 도합 넷을 아홉으로 늘려 작성했기 때문이다.[23] 더욱이 마태는 행복자들의 수효를 확장했을 뿐 아니라 행복선언

---

23 정양모, 『마태오 복음 이야기』, 36.

들을 윤리적으로 각색했다. 즉 '영이 가난한 사람들' 혹은 '의에 주리고 목마른 자들'이 복되다는 표현을 사용하고 있다.[24] 따라서 노숙자와 관련해 본 논문에서는 예수가 친히 선포한 누가복음의 세 가지 행복선언 (6:20-21)을 중심으로 '작은 자'가 받는 축복에 대해서 살펴보고자 한다. 이어 누가복음 6장 24-25절에만 수록된 불행 선언을 통해 부자의 불행이 어떨 때 주어지는지 고찰하고자 한다.

1) 작은 자를 위한 행복선언

누가복음 6장 20-21절에서 예수는 세 부류의 작은 자들에게 행복을 선언한다. 가난한 자와 굶주리는 자 그리고 우는 자가 복이 있다고 선언한다. 가난한 자들은 하나님의 나라를 받는 복을, 굶주리는 자들은 배부르게 되는 복을, 우는 자들은 웃게 되는 복을 받게 된다고 선포한다. 가난하고 굶주리고 우는 사람들이란 '노숙자들'이기도 하다. 작은 자인 노숙자에게 하나님은 그들이 가지고 있지 못한 것들을 충족시켜줌으로써 불행한 자에서 행복한 자로 반전시킨다.

행복 선언은 작은 자에게 주는 희망선언이다. 특히 굶주리는 자와 우는 자에 대해서는 '지금'이라는 표현을 쓴다. '지금' 굶주리고 우는 자가 '배부르게 되고', '웃게 될 것'이라고 선언한다. 여기서 '지금'이란 '현재의 삶', 즉 '현존'을 가리킨다. 작은 자들이 지금 사는 세상에서는 경제적 빈곤과 사회적 소외로 굶주리고 울며 살지만, 하나님의 나라에서는 배부르고 웃게 될 것이라는 희망을 선포한다. 그리고 이들 가난한

---

24 앞의 책, 37.

자들은 영원한 집, 하나님 나라를 소유하게 된다고 알려준다.

노숙자란 누구인가? 집이 없어 거리에서 노숙하는 '가난한 자'다. 노숙자는 굶주리고 헐벗고 울어야 하는 약자이자 소외자다. 예수는 이 작은 자에게 하나님의 나라가 그의 소유임을 일깨워준다. 그리고 세상에서 작은 자가 하나님 나라에서는 더 이상 굶주리고 울어야 하는 불행한 존재가 아닌, 배불리 먹고 마시며 웃을 수 있는 행복한 존재임을 가르쳐준다. 행복선언은 이 땅의 '작은 자'에게 주는 하나님의 희망 메시지인 것이다.

2) 부자를 향한 불행 선언

작은 자를 위한 행복 선언에 이어 부자들에게는 불행선언이 주어진다. 누가복음 6장 24-25절은 6장 20-21절의 행복 선언과 대립되는 선언이다. 24-25절에서는 먼저 부자의 불행을 선언한다. "불행하여라, 부유한 그대들!"(누가 6:24) 부자는 세상에서 이미 위로를 받았기 때문에 하나님 나라에서는 불행한 자가 된다는 것이다. 이는 '부자와 거지 나사로'에 등장하는 부자를 보는 듯하다. 행복선언의 가난한 자가 '지금' 굶주리고 우는 자였다면, 불행선언의 부자는 '지금' 배불리 살고 웃는 자다. 예수는 '지금 배불리 사는 자는 굶주리게 될 것이고, 지금 웃는 자는 슬퍼하며 울게 될 것'이라고 선언한다. '지금'이란 세상의 삶을 가리킨다. 세상에서 부자로 살면서 배부르고 웃는 자는 하나님 나라에서는 굶주리고 슬퍼하는 자가 된다는 경고다.

하나님은 결코 부자의 하나님이 아니다. 그는 작은 자의 하나님이다. 그럼 부자는 행복해 질수 없는가? 모든 부자가 다 불행할 수밖에 없는가? 그렇지 않다. 부자도 행복해 질 수 있다. 그것은 부자가 작은 자가 되는 것이다. 어떻게? 부자가 작은 자를 위해 굶주리고, 작은 자를 위해 우는 것이다. 부자가 작은 자를 위해 가난해질 때 하나님 나라에서 행복한 자가 될 수 있다.25 마침내 세상은 온통 작은 자만 남게 될 것이다. 그리고 하나님은 '작은 자의 하나님'이 된다.

나사로의 예화처럼 부자의 배부름과 웃음을 작은 자에게 나눠줄 때 부자와 가난한 자의 경계가 사라질 수 있다. 그래서 누가복음 저자는 행복과 불행선언 뒤에 '원수를 사랑하라'는 말씀(6:27-28, 32-35절)과 보복하지 말라는 말씀(29-30절), 하나님처럼 자비를 베풀라는 말씀(36절)을 배치했다. 원수를 사랑하고 잘해주며 아무것도 바라지 말고 꾸어주면, 하나님 나라에서 받을 상이 크다고 가르쳐준다. 예수는 하나님의 자비를 사람들에게 베풀 것을 누누이 강조했다. 부자와 가난한 자 간(間)에 삼투작용이 일어나야 한다. 작은 자가 부자가 되고, 부자가 작은 자가 되는 화해의 세상이 되기 위해 '자비의 삼투'가 있어야 한다.

IV. 나가는 말: 작은 자의 신학하기

'노숙자'란 사전적 정의로는 '길이나 공원 등지에서 한뎃잠을 자며

---

25 2016년 9월 23일 경향신문에 다음과 같은 기사가 실렸다. "저커버그 부부 '의학연구' 위해 30억 달러 기부 발표". 이 기사에서는 오늘날 미국의 최고 부자 게이츠의 최고의 기부 덕에 세계적인 부자들의 기부가 '유행'이 되었다고 소개하고 있다. 페이스북 창업자 저커버그는 딸이 태어났을 때 페이스북 지분 99%를 기부하겠다고 약속했다. 게이츠와 저커버그, 버핏, 조지 카이저 등 세계 갑부들이 3650억 달러(약 402조 원)의 기부 서약을 했다고 전한다.

생활하는 사람'을 가리킨다. 하지만 성경에서 예수가 보여준 바대로라면, 노숙자란 '작은 자'를 의미한다. 가난하고 굶주리고 헐벗고 병든 '작은 자들'이다. 예수는 공생애 3년 동안 작은 자들과 함께 했다. 그는 '작은 자의 예수'였고, 동시에 '작은 자 예수'였다. 예수 자신도 '머리 둘 곳조차 없는' 작은 자였던 것이다.

예수는 그를 따르는 작은 자들에게 '무조건적 자비'를 베풀었다. 병든 자를 고쳐주고, 일으켜주고, 죽은 자를 살려주고, 우는 자를 위로해 주었다. 더욱이 예수는 '반전의 행복'을 선언했다. 지금은 가난하고 배고프고 울지만 하나님 나라에서는 배부르고 웃게 될 것이라는 행복 메시지였다. 세상에서 불행한 작은 자들이 하늘 집에서는 행복한 큰 자들이 될 거라는 반전의 희망이었다. 예수는 하나님의 집에서 누리는 평화는 세상이 줄 수 없는 참 평화라고 외쳤다. 반면에 부자들에게는 불행을 선언했다. 이승의 행복이 지옥의 불행이 될 것이라고 경고했다.

하나님은 처음부터 작은 자의 하나님이었다. 하늘 집 에덴에서 세상에 던져진 작은 자들의 하나님이었다. 그 하나님은 작은 자 아들 예수를 보내 '삼투작용'을 일으켰다. 그렇다면 '교회는 작은 자를 위해 무엇을 해야 하는가?' 답은 분명하다. 교회는 부자와 노숙자, 부자와 작은 자 사이에 '삼투작용'을 일으켜야 한다. 예수가 그랬던 것처럼! 부자에게는 삼투할 마음을 주어야 한다. 작은 자에게는 삼투를 통해 영육의 '든든한 집'을 짓도록 해야 한다. '삼투작용'을 일으키는 것이 교회의 사명이라면, '삼투작용'의 원리를 가르치는 것이 '작은 자의 신학'이 아닐까? 이것이 노숙자를 위해 교회와 신학이 할 수 있는 '내적 지원'일 것이다.

장 애 인

장애인 신학 이해하기
— 온전한 신학을 지향하며

박숭인 *

I. 글을 시작하며

장애인 신학은 장애인 없이/장애인의 불행 위에
비장애인의 해방이나 행복을 말하는 것도 아니고,
반대로 비장애인 없이/비장애인의 불행 위에
장애인의 해방이나 행복을 말하는 것도 아니다.
오히려 장애인 신학은 하나님 안에서 장애인과 비장애인 모두의
해방과 모두의 행복을 추구한다.[1]

---

* 협성대학교 교양학부 교수, 조직신학
1 최대열, "모든 사람을 위한 장애인 신학", 대한예수교장로회 총회 사회봉사부 장애인 신학준비위원회 편,『장애인 신학』(서울: 한국장로교출판사, 2015), 26.

타인의 삶의 자리에서만 장애를 경험했지 스스로는 장애 경험이 없는 내가 장애인 신학이라는 주제로 글을 쓰는 것은 장애인 신학이 일차적으로는 장애인들에 의한, 장애인들을 위한 신학이지만, 동시에 그것은 신학 전반의 주제이기도 해야 한다는 생각 때문이다. 장애인 신학은 애초에 장애인이 주체가 되어 문제제기를 하는 신학적 논의이겠으나, 그것이 장애인만의 신학적 논의가 되어서는 안 되고 보편적 신학의 자리에까지 나아가야 한다는 것이 나의 생각이고 본 글을 쓰는 의도이다.

　무엇보다도 먼저 천명할 사항이 있다. 신학은 장애인의 문제를 외면할 수 없다. 아니 외면해서는 안 된다. 그리고 장애인 문제는 장애인만의 문제가 아니라, 더 넓은 차원에서 다루어져야 한다. 여기서 더 넓은 차원이란 이중적 의미를 지닌다. 우선 그것은 장애인 신학의 주체 문제이다. 장애인 신학의 주체는 장애인 신학자에 한정될 수 없다. 장애인의 문제를 실존적으로 겪는 신학자들이 우선 장애인 신학의 주체가 되는 것은 당연한 일이지만, 이제는 장애인 신학이 모든 신학자들의 보편적 과제가 되어야 한다. 이에 관해서는 뒤에 더 자세히 논하기로 한다.

　두 번째로 생각해야 할 넓은 지평은 장애인 신학이라고 하는 주제가 더 넓은 전반적인 소수자라고 하는 주제와 연계되어 연구되어야 한다는 것이다. 장애인은 우리 사회의 소수자로 인식되고 있고, 장애인 문제 또한 전반적인 소수자 문제와 그 궤를 같이 한다. 그러므로 장애인 신학을 올바르게 수행하기 위해서는 장애인의 문제에만 집중할 것이 아니라, 전반적인 소수자의 문제를 다루는 맥락으로 논의의 지평을 넓혀야 할 것이다. 즉 소수자의 신학이라고 하는 큰 틀 안에서 같이 논의하는 주제로 장애인 신학이 자리매김해야 한다는 말이다.

위의 두 가지 방향으로 장애인 신학의 지평을 넓히는 제언을 하는 것이 장애의 경험을 실존적으로 가지고 있지 않은 내가 일차적으로 시도할 수 있는 연구라고 생각한다. 그리하여 본 글은 장애의 당사자로서 구체적인 문제에 대한 각론적 고찰을 하는 글이라기보다는 지금까지 장애인 신학의 국외자로서 지내온 스스로를 고백할 수밖에 없는 스스로에 대한 반성을 담고 있는 글이며, 앞으로 장애인 신학이라는 주제를 보편적 신학의 주제로 천착하고자 하는 스스로의 소신을 다짐하는 글이다. 본 글의 전개는 두 번째 언급한 지평확장, 즉 소수자의 신학이라고 하는 큰 틀에서 스스로를 자리매김할 장애인 신학으로부터 논의를 시작하고자 한다.

II. 소수자의 신학으로서의 장애인 신학

1. 소수자의 문제

소수자의 신학이라는 주제를 다루기 위해서는 우선 주제에 대한 논구가 필요하다. 무엇보다도 소수자에 관한 폭넓은 담론이 전제되어야 한다. 왜냐하면 소수자라고 하는 용어와 그 실체가 신학의 고유한 영역이 아니라, 폭넓은 담론을 요구하는 여러 학문영역을 아우르는 개념이기 때문이다. 이러한 폭넓은 담론을 생략하거나 무시하면 '소수자의 신학'에서 '소수자'의 의미가 신학에 국한된 논의로 그치게 되거나 타학문과의 공동담론을 상실하는 학문적으로 고립된 연구가 될 것이다.

소수자에 관한 신학적 논의 이전에 이미 우리 시대 한국의 소수자 문제에 관한 폭넓은 담론이 형성되어 있었다. 신학은 소수자의 문제를 외면할 수 없다. 아니 외면해서는 안 된다. 뒤에서 밝히겠지만 신학이 온전한 신학으로 바로 서기 위해서 소수자에 관한 논의는 필수불가결한 내용이다. 사실은 신학 영역에서만 아니라, 우리 시대의 모든 학문 영역에서 비켜갈 수 없는 논의가 소수자 담론이다. 소수자 담론은 동시에 실천적 성격을 내포한다. 그러므로 소수자 담론은 학문 상호 간의 대화를 전제하며, 그 실천을 위한 공동 작업을 요청한다.

소수자의 문제를 다룬다고 하는 것은 단순한 이론적 고찰의 영역에 머무를 수 없고, 소수자의 규정 및 그들의 자의식은 물론 그들이 스스로의 정체성을 획득하기 위한 노력 및 투쟁 그리고 이 과정들이 구체적으로 어떠한 사회 정치적 변화를 가져왔는지까지 다루어질 필요가 있다. 그런데 신학이 소수자의 문제를 다룬다고 할 때, 이 모든 요구를 자체적으로 만족시킬 수는 없다. 바로 여기에 간학문적 고찰의 필요성이 대두되기도 하지만 그 이전에 소수자의 신학이 충족시켜야 할 자체 연구과제는 무엇일까 하는 질문이 제기되어야 한다고 본다. 사실 소수자의 문제를 그 어떤 학문보다 먼저 다루었어야만 할 기독교 신학이 소수자의 문제에 둔감했던 것은 어쩌면 신학이 자기 정체성을 상실한 것일 수도 있다.

소수자에 대한 관심과 연구의 근원은 인간의 권리에 대한 비차별적인 이해이다. 이미 세계인권선언문은 모든 인간이 차별 없이 존중받아야 함을 명시한다. 세계인권선언문의 제1조와 제2조는 소수자의 문제가 모든 인간의 권리에 관한 근본적인 사항임을 명백히 드러내어 준다.

제1조 모든 사람은 태어날 때부터 자유롭고, 존엄성과 권리에 있어

서 평등하다. 사람은 이성과 양심을 부여받았으며 서로에게 형제의 정신으로 대하여야 한다.

제2조 모든 사람은 인종, 피부색, 성, 언어, 종교, 정치적 또는 그 밖의 견해, 민족적 또는 사회적 출신, 재산, 출생, 기타의 지위 등에 따른 어떠한 종류의 구별도 없이, 이 선언에 제시된 모든 권리와 자유를 누릴 자격이 있다. 나아가 개인이 속한 나라나 영역이 독립국이든 신탁통치지역이든, 비자치지역이든 또는 그 밖의 다른 주권상의 제한을 받고 있는 지역이든, 그 나라나 영역의 정치적, 사법적, 국제적 지위를 근거로 차별이 행하여져서는 아니 된다.2

세계인권선언문에서 드러나듯이 모든 인간이 공유해야 할 평등과 자유의 권리는 소수자에게도 동일하게 적용되어야 한다. 문제는 많은 경우 소수자는 이러한 당연한 권리를 박탈당하고 있다는 사실에서 발생한다. 이러한 불공정한 인권 박탈의 현실을 외면하지 않고 전체 인간사회의 문제로 받아들여 해결의 노력을 기울이는 것은 해도 좋고 안 해도 좋은 가부간 선택의 문제가 아니라, 우리가 학문을 하고 진리를 묻고 정의를 구가하는 근본 문제와 직결되어 회피할 수 없는 우리 자신의 문제이다. 다시 말해서 소수자의 문제는 나와는 다른, 소수자로 명명된 그들의 이야기가 아니라, 나와 소수자를 포괄하는 우리의 문제라는 것이다. 이 문제는 장애인의 문제를 다루면서 더 명백하게 고찰될 것이다.

---

2 세계인권선언문(1948.12.10. 국제연합총회). 전영평 외, 『한국의 소수자 운동과 인권정책』 (서울: 집문당, 2011), 415-416.

소수자의 문제가 그들의 문제가 아니라, 바로 그들과 우리를 아우르는 우리 전체의 문제임은 소수자가 규정되는 기제를 통해서도 밝혀진다. 유명기(경북대 인류학과)에 의하면 소수자는 인류 역사 속에서 '차별과 배제'의 장치로 작용해왔다. "인간의 사회집단은 '우리'를 존재하게 하기 위하여 다양한 모습의 '타자'를 만들어낸다. '국내'를 경계 짓기 위해 '외국'을, '정상인'의 모습을 그리기 위해 '비정상'을, '중심과 주류'를 이름 짓기 위해 '주변'의 형상을 만들어낸다. 우리는 타자에 의하여 형상화된다. 타자는 우리 아닌 자들이며, 우리는 곧 타자 아닌 사람들이기 때문이다."[3]

그러므로 소수자의 문제는 **소수자의 문제**가 아니다. 그것은 우리의 문제이며, 더 정확히는 소수자를 규정하는 사회적, 경제적, 정치적, 역사적, 철학적, 종교적 범주 모두를 포괄하는 주제이다. 다시 말하여 소수자에 대한 문제제기를 통하여 비로소 우리는 – 의식적으로 혹은 무의식적으로 – 감추어 왔던 우리 자신의 그림자 민낯을 보게 된다는 말이다. 그리고 그러한 과정을 통하여 비로소 우리는 다수자와 소수자 모두를 포괄하는 완전한 상을 도출해낼 수 있다. "우리와 타자는 상대적 개념이다. 절대적인 우리 혹은 타자란 있을 수 없다. […] 어떤 사회집단을 준거로 삼느냐에 따라 개인은 주류에 속한 존재일 수도 있고, 국외자로 배제된 존재일 수도 있다. 따라서 누가 주류이며 누가 소수자인가의 문제는 그들 개개인의 문제가 아니라 그들을 '주류'로 혹은 '소수자'로 규정하는 집단 자체의 문제가 된다. 따라서 소수자를 묻는다는

---

[3] 유명기, "소수자, 그 무적(無籍)의 논리", 한국사회학회 · 한국문화인류학회 공동연구 『한국의 소수자, 실태와 전망』(서울: 도서출판 한울, 2004), 10.

것은, 소수자 자신에 대한 것이 아니라 소수자를 통해 밝혀지는 우리 자신의 모습을 그리고 소수자를 배제하는 집단 그 자체의 성격 또는 사회관계의 존재 방식을 묻는 것이다."4

2. 소수자의 개념 정리

소수자의 신학을 전개하고자 하면 소수자에 대한 개념적 정의를 포함한 일반 학문적 성과가 반영되어야 한다. 소수자라는 말을 단지 숫자적인 개념으로 보아서는 안 된다는 것은 기본적으로 받아들여진 전제이다. 위에서 이미 언급한대로 소수자는 사회 주류 집단에 의하여 배제된 집단으로 이해된다. 그리하여 때로 소수자는 다수자일 수도 있다. 이에 관해서는 별다른 반론을 발견할 수 없다. 문제는 사회적 약자와 소수자와의 구별이다. 박경태는 사회적 약자와 소수자의 차이점을 소수자가 지니는 집단적 정체성에서 찾는다. "소수자와 달리 사회적 약자는 자신이 어느 집단에 속해 있다는 생각을 하지 않는다. 그런데 만약 어떤 사람이 힘겹게 살아오다가 어느 날 자기가 차별받고 있음을 깨닫는다면 그리고 차별받고 있는 이유가 자신의 어떠한 특징(또는 강자들이 '너희는 이런 특징이 있다'고 규정한 것) 때문임을 깨닫는다면 그는 자기가 속한 집단을 발견함으로써 사회적 약자에서 소수자로 변하게 된다."5 좀 더 자세히 소수자 내지 소수자 집단을 특징짓기 위하여 박경태는 소수자의 분류 기준을 다음의 네 가지로 든다: 식별 가능성, 권

---

4 앞의 논문, 20.
5 박경태, 『인권과 소수자이야기. 우리가 되지 못하는 사람들』(서울: 책세상, 2007), 20.

력의 열세, 차별적 대우, 집단의식.6

위의 기본적 전제를 더 발달시켜 정책적 관점에서의 대책을 고려하여 소수자를 유형적으로 분류하는 학자는 전영평이다. 그는 우리 시대의 소수자를 신체적 소수자, 권력적 소수자, 경제적 소수자, 문화적 소수자의 네 가지 유형으로 분류한다.

신체적 소수자는 신체적 결함으로 인한 차별을 경험하는 소수자이다. "이러한 유형의 소수자는 대표적으로 신체장애인, 정신장애인, 기형인, AIDS/한센병환자 등이다. 이들 소수자는 외관상의 결손과 기능의 손상으로 인하여 고용, 이동, 교육 등 모든 분야에 있어 차별 대우와 인권침해의 경험과 역사를 가지고 있으며, 최근에 이르러서야 제도적으로 평등한 대우를 받는 단계에 이르게 되었다."7 이들 유형 분류의 정책적 시사점은 신체적 결함에 근거한 각종 차별에 대한 개선 방안을 들 수 있는 바, "장애인 고용, 장애인 이동, 장애인 교육 정책 등의 분야에 있어 수년간 진행된 획기적인 정책 변화를 들 수 있다."8

두 번째 유형은 권력적 소수자 유형이다. 이들은 "열악한 권력적 지위로 인하여 차별적 대우와 인권침해를 경험하는 소수자이다. 이들은 사회적 주류와 구분되는 신체적 결함이나 문화적 이질성을 가진 것이 아님에도 불구하고 지배 권력에 의해 차별받는 사람들이다."9 이 유형의 소수자로는 권력적 다수에 의해 차별받는 여성이나 특정지역 거주민이 전형적이며, 또한 "외국인 노동자, 양심적 병역거부자, 동성애자

---

6 앞의 책, 21.
7 전영평 외, 『한국의 소수자운동과 인권정책』, 43.
8 앞의 책.
9 앞의 책.

는 물론 대부분의 소수자들"10을 들 수 있다.

셋째로 경제적 소수자 유형을 들 수 있는데, 이들은 열악한 경제적 지위로 인하여 차별과 인권 침해를 받는 자들로서, "비정규직 근로자, 도시 빈민, 외국인노동자 등이 이에 해당한다. 경제적 소수자는 권력적 소수자와 마찬가지로 구성원의 수로는 사회적 다수를 차지하지만 경제력 및 고용은 열악한 지위에 있는 자를 말한다."11

넷째, 문화적 소수자는 문화적 차이로 인한 이질감으로 차별 대우를 받는 사람들이다. "문화적 이질감이란 인종, 종교, 가치관, 도덕률 등의 차이로 인하여 소수자를 위험요소 및 혐오요소로 느끼는 것을 의미한다. 문화적 소수자는 전형적으로 혼혈인, 동성애자, 외국인 배우자, 성매매여성, 미혼모 등이 포함된다. […] 문화적 소수자는 사회적으로 낙인찍히는 상황에 처하기 때문에 권력적 소수자나 경제적 소수자보다 더 열악한 상황에 처하게 되는 경우가 많으며, 경제적·권력적 상황이 나아진다 하더라도 그들에 대한 사회적 차별과 편견이 개선되기 어렵다."12

이상 네 가지 소수자의 유형은 서로 배타적인 것은 아니며, 때로 한 개인에게 중첩된 모습으로 등장하기도 한다. 이러한 것을 염두에 두면서도 각각의 유형을 명백히 구별하기 위하여 그리고 그 각각의 유형에 대한 실천적 접근을 용이하게 하는 데 다음의 도식적 예시가 도움이 되리라 생각한다.13

---

10 앞의 책.
11 앞의 책, 44.
12 앞의 책, 44-45.
13 앞의 책, 46.

		조직화 여부	
		집단화	비집단화
소수자 특징	신체적 소수자	유형1 (장애인)	유형2 (AIDS 감염인)
	권력적 소수자	유형3 (탈북자)	유형4 (양심적 병역거부자)
	경제적 소수자	유형5 (비정규직, 외국인노동자)	유형6 (노숙자)
	문화적 소수자	유형7 (성적 소수자, 일본군위안부)	유형8 (이주배우자, 미혼모)

3. 소수자로서의 장애인 문제

장애인이 소수자에 속한다는 사실에 이의를 제기할 사람은 없을 것이다. 사회적 소수자로서 장애인을 고찰할 때, 장애의 문제를 개인의 정신적, 신체적 손상 문제에만 국한시켜 보는 것을 경계할 필요가 있다. 장애인 신학이 주의를 기울여야 하는 부분도 바로 이 점에 있다고 생각한다. 소수자의 문제에 입각하여 장애인의 문제를 다룰 때 중요한 것은 개인적인 장애의 극복만이 아니라 장애인을 차별하고 배제하는 사회적 태도 및 환경의 문제이다. "장애에 대한 소수자적 접근은 사회적 장애의 관점에 입각하여 장애인에 대한 사회적 편견과 차별에 초점을 두는 것이다."14

소수자로서의 장애인을 논의할 때, 중심 의제는 장애를 사회의 구조에 적응할 수 없는 개인의 무능력으로 이해하는 것이 아니라, 사회적 환경이 장애인의 욕구에 부합하게 설계되지 않았다는 사실에서 출발

---

14 이곤수, "장애인 인권운동의 정치와 정책", 앞의 책, 100.

해야 한다. "즉, 장애란 본질적으로 사회의 요구에 적응할 수 없는 개인의 무능력함 때문이라기보다는 주로 구조화된 사회적 환경이 장애인의 욕구와 열망에 부합되지 않기 때문이라는 것이다."15 장애인의 수월한 이용을 가능하게 하는 에스컬레이터나 승강기 없이 설계된 공공시설이나 이용 불가능한 대중교통체계 등을 생각해보면 위의 말이 뜻하는 바를 이해할 수 있을 것이다.

그런데 장애인이라는 소수자 집단은 집단적 정체성이 쉽게 형성되지 않는다는 문제점을 가지고 있다. 우선 장애인 집단은 하나의 동일한 집단으로 구성되지 않는다는 점이 문제이다. "장애인 소수자 집단은 외부적으로는 집단적 유사성을 지니지만 집단 내적으로는 다양성을 가지고 있기 때문이다. […] 장애를 야기하는 조건과 그것이 생활에 끼치는 영향은 매우 다양하게 전개될 뿐만 아니라, 어떤 장애는 선천적이며 어떤 장애는 후천적이다.[…] 그리고 어떤 장애는 고정적인 반면에, 어떤 것은 진행적으로 그 사람의 건강과 삶에 영향을 미친다."16 큰 틀에서 볼 때 장애인이 겪는 사회적 차별과 배제는 동일하지만, 구체적인 해결 방향을 고려할 때에는 각각의 장애 유형에 따라 다양한 접근 방식이 필요하다는 것이 장애인의 문제를 다룰 때의 어려운 점이다. 그리고 이것이 바로 소수자로서의 장애인의 집단적 정체성이 형성되지 못하는 이유이다.

장애인에 관한 신학적 담론이 지금까지 언급한 타학문 분야에서의 학문적 업적에 대한 고려 없이 진행된다면 그것은 실제적인 해결 방안

---

15 앞의 논문.
16 앞의 논문, 102.

과 괴리된 신학적 독백만을 양산하게 될 것이다. 실제로 장애 내지 장애인의 문제에 관한 신학적 진술이 없지 않았지만, 그러한 노력이 반영되지 못한 전형적인 예를 성경에서 이미 찾아 볼 수 있다. 일반 사회에서 그리고 다른 학문 분야에서 이미 사용하지 않는 장애인에 대한 부정적인 호칭이 성경에서는 빈번하게 사용되는 것이 드러난다. 채은하는 성경에 나타나는 장애인에 대한 부적절한 호칭을 잘 예시했다. 여기서는 그중 가장 최근의 번역 내용만을 소개하고자 한다.17

장애인 공식명칭	개역개정(1998)	공동번역개정(1999)	새번역(2001)
한센인	나병환자	나병환	나병환자
지체장애인	다리 저는 사람/장애인	불구자/절름발이/절뚝발이/곰배팔이	지체장애인(자)/다리 저는 사람
언어/청각장애인	벙어리/귀머거리	벙어리/귀머거리	말 못하는 사람/귀먹은 사람(귀머거리)/듣지 못하는 사람/벙어리
시각장애인	시각장애인	소경	눈먼 사람

채은하에 의하면 우리나라 장애인복지법에서 모든 종류의 장애인들에 대하여 '장애인'이라는 용어를 공식 용어로 사용하게 한 것은 1990년대의 일이다. 그런데 1998년, 1999년, 2001년에 각각 개정된 개역개정, 공동번역개정, 새번역에서 이런 사회적 변화에 부응하지 못

---

17 채은하, "한글 공인 성경들에 나타난 장애인 호칭과 그 의미", 대한예수교장로회총회 사회봉사부, 『장애인 신학』 (서울: 한국장로교출판사, 2015), 61.

하는 번역이 이루어졌다는 사실은 놀라운 일이다.18 위의 표에 나타나는 '불구자', '곰배팔이', '절름발이', '소경', '벙어리', '귀머거리' 등은 "현재 공식적인 표현으로는 부적절하다고 판단되어 거의 통용되고 있지 않은"19 용어들이다. 이 한 가지 예만 보아도 장애인 내지 소수자에 대한 우리나라 신학적 관심이 얼마나 다른 학문들과의 공동 기반을 결여하고 있는지 알 수 있다.

위의 논문은 다음과 같은 저자의 글로 끝맺는다.

요즘 장애인에 대하여 누구도 불구자, 병신, 절름발이, 절뚝발이, 소경, 벙어리, 귀머거리라는 용어를 공적인 상황에서 거의 사용하지 않는다. 이것들은 욕으로 간주될 수 있는 공공연한 비속어들이다. 그런데 최근 개정된 한글 성경에서 비판 의식 없이 하나님의 말씀으로 선포되고 있다는 것은 참으로 놀랍고 부끄러운 일이다. 언어는 그 시대의 정신이자 수준이고 그것은 긍정적이든 부정적이든 사람들 사이에서 막강한 힘을 발휘하고 있다. 그러므로 다양한 언어들과 시대에 따라 이루어져야 하는 성경 번역은 진지하고 조심스럽게 이루어져야 할 막중한 일이다. 그러므로 장애인 신학의 정립을 위해 번역본에 들어 있는 장애인 호칭들의 바른 개정은 중차대한 출발점이 될 것이다.20

---

18 앞의 논문, 60.
19 앞의 논문, 61.
20 앞의 논문, 66-67.

III. 장애인 신학의 지향점: 온전한 신학

소수자의 문제로서 장애인 문제를 인식한다는 것은 다른 말로 하면 장애인 문제를 전체 사회의 문제로, 바로 우리의 문제로 인식한다는 말이다. 이러한 통찰이 신학에도 그대로 적용되어야 한다는 인식이 본 글에서 밝히고자 하는 내용의 핵심이다. 장애인 신학이 집중해야 할 사안은 개개인 장애인들의 장애의 문제와 극복에 머무르는 것이 아니라, 그들의 장애를 수용하지 못하는 신학적 태도, 교회의 모든 구조, 예배의 형식과 예전, 성서 해석의 문제, 교회 교육의 내용과 형식, 장애인의 역사를 감추어 온 교회와 신학의 역사 등 신학 전반의 문제이다. 이러한 태만과 방기의 책임은 장애인 신학자의 몫이 아니라 전체 신학자의 몫이다. 아울러 지금까지 수행되어 온 전체 신학의 역사가 전면적으로 수정, 보완되어야 할 중요한 계기가 바로 소수자로서의 장애인 문제에 연계되어 있다.

소수자로서의 장애인에 대한 신학적 고찰은 무엇보다도 우리가 – 의식적으로든 무의식적으로든 – 외면하고 감추어왔던 우리의 민낯을 드러내는 일로부터 시작된다. 지금까지의 기독교신학의 내용에서 장애인에 대한 고찰은 찾아보기가 어렵다. 예컨대 우리는 하나님의 형상을 어떻게 이해하는가? 지금까지 신학이 하나님의 형상에 장애인을 포함시켜 왔는가? 육체적, 정신적 장애인을 포함한 모든 인간을 하나님의 형상대로 지음 받은 인간으로 고백하여 왔는가? 우리는 장애인을 비롯한 소수자들을 배제한 다수자들의 인간상만을 논의의 대상으로 삼아오지 않았는가? 장애인을 비롯한 소수자를 차별하고 배제한 결과로서의 인간상은 전체로서의 인간상을 대변하지 못한다. 전체로서의 인간상을 대변하지 못하는 기반 위에서 형성된 신학은 이미 그 자체로 불완전한 신학이다. 다수자의 기반 위에 수립된 기독교 전통은 이미 소수자를 외면하고 배제해왔다. 이렇게 왜곡된 기독교 전통과 신학을 바로잡는 일이 이 시대 소수자의 논의를 시작하는 신학자들의 소명이다. 장애인 신학을 비롯한 소수자의 신학이라는 주제에 천착하는 것은 그들을 위한 것이 아니라, 바로 그들을 외면, 차별, 배제함으로써 스스로 왜곡된 모습으로 남게 된 우리를 위한 신학 작업이다. 장애인 신학을 통해서만, 소수자의 문제를 우리의 문제로 인식하는 작업을 통해서만 기독교신학은 온전함을 지향할 수 있다.

온전한 신학을 지향하는 장애인 신학의 과제를 다음 몇 가지로 정리해보고자 한다. 첫째, 장애인 신학은 장애인 신학자, 비장애인 신학자 모두의 공동담론이 되어야 한다. 앞에서 언급한 것처럼 장애인 신학은 우리 모든 신학자들이 눈감음으로써 스스로 보지 못했던 신학의 감추어진 부분을 드러내어준다. 인종, 국적, 피부색, 사회적 신분, 재산, 성, 언어, 정치적 견해, 기타의 지위가 다르다고 해서 차별과 배제가 정당화되지 않듯이, 또한 그 다름들을 포용하기 위해서 제각기 다른 사람들의 의견이 수렴되어야 하듯이, 장애인 신학자와 비장애인 신학자는 온전한 신학을 지향하는 장애인 신학을 위한 공동담론의 장을 형성해야 할 것이다.

둘째, 온전한 신학을 지향하는 장애인 신학은 지금까지 소수자를 외면하는 가운데 왜곡되게 형성된 신학의 내용들을 과감히 수정, 보완하는 작업을 수행해야 할 것이다. 이를 위해서 앞에서 말한 장애인 신학자와 비장애인 신학자의 공동담론은 절실하다. 온전한 신학은 장애인과 비장애인 모두를 아우르는 장애인 신학자와 비장애인 신학자의 공동 작업으로만 달성 가능하며, 이러한 공동 작업은 과거의 왜곡을 청산하는 작업의 기반 위에서만 결실을 맺을 수 있다.

셋째, 온전한 신학을 지향하는 장애인 신학은 현재 장애인을 배제하는 기독교의 현주소에 대하여 구체적이고도 엄밀한 교정 방안을 제시할 필요가 있다. 현재의 기독교 공동체는 기본적으로 장애인을 외면하고 배제하는 방식으로 모든 형식과 내용이 이루어져 있다. 시각장애인은 어떻게 예배에 참석할 수 있을지, 청각장애인은 선포를 어떻게 들을 수 있을지, 지체장애인이 교회에 출석하는데 문제는 없을지, 정신장애인이 공동체의 일원이 어떻게 될 수 있을지 지금까지의 신학과 교회 공동체는 묻지도 않았고, 그 실천 방안을 고민해보지도 않았다. 이러한 등한함이 아무 생각 없이 장애인을 배제하고, 그들의 문제를 도외시하는 기독교 신학과 공동체의 모습을 야기하였다. 구체적인 장애인들의 문제를 전체 기독교 공동체의 문제로 이해하여 같이 공동의 해법을 찾아가는 실천 방안의 모색을 통하여 신학은 온전한 모습으로 발전해가리라 생각한다.

동 성 애

동성애와 신학적 인권
— 토마스 아퀴나스의 성(性)의 신학을 중심으로*

손 호 현**

I. 들어가기

케리 노블(Kerry Noble)에 따르면, 캔서스 시티에 위치한 동성애자들이 모이는 교회와 신도들을 파괴할 임무를 띠고 그가 보내졌다. 회중석에 앉아 폭탄의 타이머를 작동시키고 떠나려는 순간에, 그는 자신이 하려고 의도하는 일을 매우 심각하게 다시 생각해 보았다. "내가 떠올릴 수 있는 것은 찢어진 몸뚱이들과 떨어져 나간 팔다리들뿐이었다"라고 노블은 회상한다. 그는 휘청거리며 일어나서 폭탄이 담긴 서류가방을 아직 자신의 손에 든 채 교회 밖으로 나왔다.[1]

---

* 본 논문은 「신학사상」 2017년 여름호(177집)에 게재되었다.
** 연세대학교 연합신학대학원 교수, 문화신학·조직신학

위의 실화는 기독교 신앙이 편협하게 해석될 때 일종의 종교적 테러리즘으로 전락할 위험성을 가진다는 것을 보여주는 예이다. 동성애자에 대한 두려움은 평신도뿐만 아니라 목회자의 강단에서도 종종 표출되어진다. 2005년 미국에서 카트리나 태풍이 엄청난 인명 피해를 가져왔을 때, 한국의 한 대형교회 목사는 그러한 참사를 동성애자에 대한 하나님의 심판으로 설교하였다.² 잘못된 철학은 웃어버릴 수 있지만, 편협한 신학은 공동체에 치명적인 흉기가 될 수 있다. 이런 면에서 최근 2017년 한국 대통령선거 토론과정에서 후보자들 사이에 동성애 문제에 대한 논의가 시작된 것은 바람직한 변화이다. 우리는 성소수자의 존재를 신학적으로 심도 깊게 성찰하기 시작할 필요가 있으며, 이러한 성찰을 통해 종교적 신앙이 증오의 이유가 아닌 평화의 이유 곧 샬롬의 이유가 되도록 노력해야 한다.

---

1 Mark Juergensmeyer, *Terror in the Mind of God: The Global Rise of Religious Violence* (Berkeley: University of California Press, 2003), 238 재인용. 이 사례는 원래 Kerry Noble, *Tabernacle of Hate: Why They Bombed Oklahoma City* (Prescott, Ontario: Voyageur, 1998), 146에 인용되고 있다.

2 "여러분 놀라지 마세요. 이번에 뉴올리언스에서 몰아닥친 카트리나 허리케인도 수 천 명이 죽고 백조 원 이상 재산 피해를 가져온 것도 바로 동성연애 호모섹스에 대한 심판이라고 합니다. … 뉴올리언스는 해마다 동성연애 축제로 모이는 곳인데 작년에 33번째 동성애 축제가 있었다고 합니다. 미국에는 샌프란시스코, 애틀란타 그리고 뉴올리언스 이렇게 동성연애자들이 모여 사는 데가 있어요. 바로 뉴올리언스에요 그게. 작년에 얼마나 모였냐. 12만 5천 명이 모였다 그래요. 그런데 금년 34번째에는 더 큰 규모로 동성애 축제를 하려고 했는데, 이틀 전에 카트리나 허리케인으로 그 도시를 싹 쓸어버렸어요. 뒤엎어 버렸어요. … 그런데 놀라운 것은 미국과 영국의 이런 동성연애하는 사람들 남자는 '게이'(gay)라고 하고, 여자는 '레즈비언'(lesbian)이라고 하는데, 이 사람들을 목사 안수 받도록 허락한 교단이 숱하게 많아요. 이 가증한 존재들이 목사 노릇을 해. 남자 여자들이, 이거 참. … 이건 하나의 악령의 역사거든요. 그런 사람들은요 금식하면서라도 회개해야 돼요. 마귀를 내쫓아야 돼. 믿으시기 바랍니다."

신학적 해석학과 성서 주석은 동성애와 관련된다고 여겨지는 대표적 성서 구절들에 대한 정확하고 깊은 다원적 논의를 발전시켜야 할 것이다. 창세기 19, 레위기 18:22, 로마서 1:26-27, 고린도전서 6:9, 디모데전서 1:10 등이 여기에 해당한다.3 그렇지 않고 이러한 본문들에 대한 다소 단순한 문자주의의 태도를 견지한다면 성소수자의 문제를 해결하는데 도움이 되지는 못할 것이며, 나아가 여기에 대한 주석적 견해의 다수성과 창조적 발전 가능성이 존재한다는 사실도 주목하지 못할 것이다.4 예를 들어 존 보스웰(John Boswell)은 창세기 19장의 소돔과 고모라 이야기에 대한 여러 해석의 가능성이 공존한다고 지적한다. 지금까지의 성서신학자들의 연구 결과를 정리하여 보스웰은 다음과 같은 4가지 가능한 해석들을 제시한다.

1) "소돔 사람들이 전체적으로 사악하였기 때문에 멸망하였다."
2) "소돔 사람들이 천사들을 강제로 범하려 하였기 때문에 멸망하였다."
3) "소돔 사람들이 천사들과 동성애적 관계를 강제로 범하려 하였기 때문에 멸망하였다."

---

3 창세기 19장은 이른바 소돔과 고모라의 심판 이야기에 관한 것이다. 레위기 18:22는 "너는 여자와 교합함 같이 남자와 교합하지 말라. 이는 가증한 일이니라"라고 기록하고 있다. 로마서 1:26-27에서 바울은 자연스러운 혹은 "순리(順理, *phusiken*, natural)"의 성관계와 자연에 거스르는 "역리(逆理, *para phusin*, contrary to nature)"의 성관계를 대조하고 있다. 고린도전서 6:9는 "탐색(貪色)"과 "남색(男色)"에 대해, 디모데전서 1:10은 "남색(男色)"에 대해 이야기하고 있다.
4 신학적 해석학에 대한 논의로는 손호현, "문화신학의 해석학적 모델을 찾아서: 슐라이어마허, 틸리히, 피오렌자", 「문화와 신학」 vol. 2 (2008): 139-177 그리고 손호현, "지진은 하나님의 심판인가? - 고전적 신정론의 네 가지 대답들", 「신학사상」 154집 (2011): 179-206을 참조하라.

4) "소돔 사람들이 주님이 보낸 손님들을 환대하지 않았기 때문에 멸망하였다."5

소돔이 심판 당한 이유는 일반적 악행, 성폭력의 시도, 동성애적 성폭력의 시도 그리고/혹은 타인에 대한 환대의 거부 때문일 수 있다는 해석이다. 1955년 이후 주석가들이 점증적으로 네 번째 견해의 중요성을 주목하고 있다고 보스웰은 첨언한다. 또한 예수의 견해도 나그네를 환대하지 않은 소돔 사람들의 배타성이 심판의 근원적 원인이라는 이러한 네 번째 해석과 일치한다고 보스웰은 본다. 마태 10장 14-15절에 따르면, 예수는 이렇게 말한다.

> 누구든지 너희를 영접도 아니하고 너희 말을 듣지도 아니하거든 그 집이나 성에서 나가 너희 발의 먼지를 떨어 버리라. 내가 진실로 너희에게 이르노니 심판날에 소돔과 고모라 땅이 그 성보다 견디기 쉬우리라.

여기서 예수가 소돔과 고모라 이야기를 설명하는 해석의 틀은 공동체 외부의 손님에 대한 환대의 여부라는 것이다. 다시 말해 예수의 해석학적 열쇠는 동성애라는 성적인 요소가 아니라 "고대 지중해 세계와 성서 안에서 강조되던 환대의 성스러운 의무"인 것이다.6 그리고 "만약

---

5 John Boswell, *Christianity, Social Tolerance, and Homosexuality: Gay People in Western Europe from the Beginning of the Christian Era to the Fourteenth Century* (Chicago: The University of Chicago Press, 1980), 93.

6 M. Eugene Boring, *Matthew*, in *The New Interpreter's Bible, Volume VIII: Matthew*

성적 요소가 여기에 들어 있다면, 그것은 소돔 사람들이 보여준 환대의 부족함을 구체적으로 표현하려고 의도한 것이다"라고 보스웰은 결론을 내린다.7 만약 성적 지향성의 문제가 창세기의 소돔과 고모라 이야기의 핵심적인 해석학적 프리즘이라고 한다면, 이 심판의 이야기에 연이어 바로 전개되어지는 롯과 두 딸의 근친상간에 대한 이야기는 해석하기에 매우 어색할 것이라고 필자도 생각한다.

이러한 성서 해석학과 주석의 과제와 더불어, 한국 신학계는 동시에 성(性)의 신학 곧 인류의 가장 중요한 삶의 측면 중 하나에 대한 교리적이고 신학적인 기독교 전통을 한국의 문화적 지형 안에서 재발굴하여야 할 책임을 가진다. 필자는 이 글에서 제한적으로 동성애에 대한 반대 견해를 대표하는 토마스 아퀴나스(Thomas Aquinas)만을 중심적으로 살펴보고 그의 논리의 타당성을 성찰하고자 한다.

II. 자연과 동성애

인간의 성행위에 대한 토마스 아퀴나스의 가장 중요한 신학적 원칙은 자연성(自然性, naturalness)과 부자연성(不自然性, unnaturalness)이라는 구분이다. 오직 자연을 따르고 자연스러운 성관계만이 생명의 잉태를 가능케 하기 때문에, 동성애와 같이 자연을 거스르는 부자연적 관계에서는 그러한 생식이 불가능하며 도덕적 혹은 종교적으로 옳지

---

and Mark (Nashville: Abingdon, 1995), 257.
7 Boswell, *Christianity, Social Tolerance, and Homosexuality*, 97.

않은 죄라는 것이 그의 핵심 논리이다. 여기서 성관계의 자연성은 보다 세분하여 적합한 목적(purpose), 대상(partner) 그리고 방식(manner)의 자연스러움으로 나뉠 수 있다. 첫째, 성관계의 자연스러운 목적은 생식과 출산이며, 단지 배우자 사이의 즐거움이나 친밀함이 아니라는 것이다. 둘째, 성관계의 자연스러운 대상은 합법적인 반려자이며 결혼의 관계를 벗어난 대상이어서는 안 된다는 것이다. 셋째, 성관계의 자연스러운 방식은 남성과 여성 사이의 생식을 가능케 하는 방식이라는 것이다. 이러한 자연스러운 목적, 대상, 방식을 벗어나는 모든 성관계는 비정상적이라고 토마스 아퀴나스는 보았다.

　이러한 성의 신학에서 볼 때, 동성애는 성행위의 목적, 대상, 방식에 있어서 자연에 반대되는 성적 죄라고 토마스 아퀴나스는 결론을 내린다. "어떤 구체적 죄들은 자연에 반대되는 것이라 말해진다. 특히 남성들 사이의 성행위는 자연을 거스르는 죄로서, 모든 동물들에 자연스러운 남성과 여성의 결합에 반대되는 것이다."[8] 또한 그는 레위기 18:22-23을 그 성서적 근거로 제시한다. "너는 여자와 교합함 같이 남자와 교합하지 말라. 이는 가증한 일이니라. 너는 짐승과 교합하여 자기를 더럽히지 말며 여자가 된 자는 짐승 앞에 서서 그것과 교접하지 말라. 이는 문란한 일이니라."[9] 필자는 아래에서 토마스 아퀴나스의 동성애에 대한 반대를 목적, 대상, 방식이라는 세 측면에서 각각 나누어 고찰하고, 여기에 대한 질문과 성찰을 제공하고자 한다.

---

8 Thomas Aquinas, *Summa Theologiae*, 1a.2ae.94.3 ad 2.
9 Aquinas, *Summa Contra Gentiles*, Book 3, part 2, chapter 122, article 8.

1. 출산의 목적

오늘날 인류가 인도와 중국 등의 인구 폭발을 잠정적인 지구적 문제로 걱정하고 있는 반면, 고대 사회에서는 반대로 다수의 자녀는 하나님의 축복인 동시에 민족의 생존이 걸린 중요한 문제라고 보았다. "따라서 정액의 방출은 적합한 후손의 생산과 그 후손의 양육을 결과적으로 가져오는 방식으로 질서지어져야 한다"라고 아퀴나스는 생각했다.10 독신이 인류의 생존을 논리적으로 위협하게 될 수밖에 없는 것처럼, 자녀의 생산 없는 성관계도 인류의 생존과 미래에 봉사할 수 없는 반사회적 행동이라는 논리이다. 이러한 후속 세대의 잉태를 가져오지 않는 모든 성행위는 자연에 어긋나고, 자연을 거스르는 죄이다. 그에 따르면, "부자연스러운(unnatural) 죄는 생식(generation)이 가능하지 않는 행동을 가리킨다."11 예를 들어 토마스 아퀴나스는 자위와 같이 생식이라는 목적을 실현시키지 못하는 성행위는 살인 다음으로 심각한 범죄라고 보았다. "정액의 질서 없는 방출은 자연적인 선과 양립될 수 없다. 즉 그것은 인류라는 종의 보존과 양립될 수 없다. 따라서 살인의 죄 다음으로… 이러한 유형의 죄는 두 번째로 심각한 것이다."12 성행위는 오직 생식을 목적으로 하는 것이 자연스럽다고 그는 보았다.

하지만 성행위의 유일한 혹은 가장 중요한 목적이 생식이라는 아퀴나스의 전통적 주장은 우리에게 분명 질문과 깊은 비판적 성찰의 필요성을 제기하는 것도 사실이다. 첫째, 성관계의 유일한 목적이 출산이

---

10 Aquinas, *Summa Contra Gentiles*, Book 3, part 2, chapter 122, article 4.
11 Aquinas, *Summa Theologiae*, 2a2ae. Q. 154, art. 11.
12 Aquinas, *Summa Contra Gentiles*, Book 3, part 2, chapter 122, article 9.

라고 우리는 제한할 수 있을까? 불임자의 예를 생각해보자. 선천적으로 태어나면서부터, 혹은 후천적으로 의학적 수술을 통해 신체가 불임의 상태에 있는 사람에게 출산을 목적으로 하지 않는 성관계는 부적절하다고 금지할 수는 없는 것이다. 잉태할 수 없는 사람은 성관계를 가져서도 안 된다는 것은 신체적 상태와 개인의 미래를 연결시켰던 과거, 곧 독일의 나치정권이 꿈꾸었던 인간 종의 '우생학적 유토피아'(eugenic utopia)를 두렵게 떠올리게 만든다. 토마스 아퀴나스 자신도 불임 상태의 사람이 성관계를 가지는 것이 허용될 경우도 있으며, 반드시 자연을 거스르는 죄가 되는 것은 아니라고 양보하고 있다. 다시 말해, 토마스 아퀴나스도 출산이 성행위의 유일한 목적은 아니며, 출산을 가져오지 않는 성관계 그 자체가 죄는 아니라는 것을 최소한 인정한 것이다.

> 정액의 방출로부터 우연히 생식이 일어나지 않는다면, 그것이 곧 자연을 거스른 상태이거나 죄라고 여길 이유는 없다. 예를 들어, 여성이 불임의 상태일 수도 있는 것이다.[13]

둘째, 성관계의 목적은 생물학적 생식과 출산 외에도, 사회적 측면에서 동반자와의 친밀한 관계의 강화 혹은 외로움의 극복 등을 포함할 수 있는 것이다. 창세기 2장 18절은 하나님이 동반자를 주신 이유가 반드시 출산을 해야 하기 때문이라기보다는 홀로 존재하는 독거의 외로움을 가엾게 여기셨기 때문이라고 한다. 또한 무어(Gareth Moore)의 자연법 논쟁에 대한 반론에 따르면, 성관계가 오직 생식을 위해 허

---

13 Aquinas, *Summa Contra Gentiles*, Book 3, part 2, chapter 122, article 5.

용된다는 견해는 "경험적" 혹은 "합리적" 이유에서 정당화될 수 없다.14 경험적으로 볼 때 모든 성관계가 생식을 가져오지는 않을 뿐 아니라, 합리적으로 볼 때 인간이 자연의 법칙에 단지 항상 순응하여야 한다는 견해도 인간의 자유와 창조성을 과소평가하는 것이라고 무어는 본다. 오직 생식의 목적을 위한 성관계만이 정당하다는 견해는 인간의 삶과 사랑에서 그러한 행동이 지닌 보다 깊고 근원적 차원에서의 동반자성 혹은 관계성의 가치를 강조하지 못하는 한계를 지닌다.

셋째, 생식이 그 자체로 절대선은 아닐 수 있다. 인구폭발이 축복이 아니라 재앙일 수도 있다. 생식과 출산이 반드시 인류를 위한 선이라 할 수 없는 시대 혹은 상황도 존재할 수 있기 때문이다. 오히려 역사적 상황에 따라서는 자연과 사회가 지탱할 수 있는 것보다 지나치게 높은 인구의 증가가 반사회적 현상으로 이해될 수도 있다. 따라서 독신, 피임, 동성애 등이 자연적인 출산을 가져올 수 없기 때문에, 그러한 것은 자연적 과정에 따르지 않는 반사회적 행위라고 반드시 평가될 이유는 없는 것이다.

2. 결혼의 필요성

자연스런 성관계의 두 번째 조건으로, 토마스 아퀴나스는 성관계의 자연스러운 대상은 결혼한 배우자이며, 결혼 관계 바깥의 모든 성관계는 죄라고 보았다. 남성의 입장에서 볼 때, "자신의 아내 이외에, 다른

---

14 Gareth Moore, "homosexuality", Adrian Hastings, Alistair Mason, Hugh Pyper eds., *The Oxford Companion to Christian Thought* (Oxford: Oxford University Press, 2000), 307.

사람과의 간통이나 모든 생식 행위가 불법적이라는 것은 분명하다."15 주목할 것은 토마스 아퀴나스가 이러한 결혼 관계 안의 성관계의 적절성을 강조한 이유가 자녀의 교육을 위한 가족의 중요성, 특히 아버지의 역할 때문이라는 점이다.

> 인류의 종(種)에 있어서 후손은 다른 동물들의 경우에서와 마찬가지로 신체의 양육을 필요로 할 뿐 아니라, 나아가 영혼의 교육도 필요로 한다. … 그러나 여자 혼자서는 이러한 과제에 적합하지 못하고, 오히려 이러한 교육은 남편의 일을 요구한다. 교육적 가르침을 주는데 있어서 남편의 이성이 보다 발달되어 있고, 신체적 체벌을 하는데 있어서 남편의 힘이 보다 강력하기 때문이다. … 따라서 결혼은 인간에게 자연스러운 것이며, 결혼 바깥의 난잡한 성행위는 인간의 선에 반대되는 것이다. 이러한 이유로 그것은 죄가 되는 것이 분명하다.16

토마스 아퀴나스는 결혼이 남성의 보다 발달된 이성과 물리력을 자녀의 양육을 위해 사용되도록 제도적으로 보장하는 자연적인 제도라고 보았다. 여성은 여기에 비해 물리적 근력도 약할 뿐 아니라, 지성적으로도 덜 발달된 존재라고 보는 서구의 여성관을 그는 그대로 따르고 있다. 앞서 플라톤은 이성이 오직 "신들과 매우 소수의 남자들의 속성"이라고 말하였고,(『티마이오스』, 51e) 아리스토텔레스는 여성이 불완전

---

15 Aquinas, *Summa Contra Gentiles*, Book 3, part 2, chapter 122, article 11.
16 Aquinas, *Summa Contra Gentiles*, Book 3, part 2, chapter 122, article 8.

한 남성이라고 생각한 이래로, 남성은 냉철하고 이성적인 반면 여성은 감정적이고 변덕이 심하다는 선입견에 서양의 정신사는 크게 영향을 받았다.17 이러한 여성관과 남성관이 전제될 때에만, 자녀의 정신적 발전을 위해서는 반드시 합리적이고 이성적인 아버지의 존재를 필요로 한다는 견해가 설득력을 가지는 것이다. 그리고 토마스 아퀴나스는 그러한 인간론하에서, 자녀의 영적 교육을 위해서는 아버지의 존재가 필수불가결한 조건이며 이러한 조건은 결혼한 양부모 가정을 통해서만 충분히 성립된다고 본 것이다.

하지만 우리는 결혼과 독신, 자녀 교육 등에 대한 토마스 아퀴나스의 당시로서는 상식적인 견해에 대해 몇몇 비판적 질문을 오늘의 현실에서 제기할 수도 있는 것이다. 첫째, 결혼은 독신보다 반드시 자연스러운 것인가? 결혼이 인간에게 자연스러운 상태라고 보는 편견은 결혼하지 않는 독신을 이러한 자연을 거스르는 상태에 처한 것으로 볼 가능성을 가진다. 하지만 인간은 결혼을 통해서만 자신을 완전하게 실현하는 필연성을 가지는 것은 아니다. 또한 그것은 종교 지도자와 수도자의 독신 상태를 예찬한 토마스 아퀴나스 자신의 견해와도 충돌한다. 그가 기독교 신앙의 최고의 미덕 중 하나라고 보고 있는 자발적 독신은 어떤 인격의 존재 가치가 자녀의 생산이라는 생물학적 기능을 넘어서고 거기에서 독립적인 존엄한 신학적 가치라는 사실을 간접적으로 드러내고 있다.18 자연을 거스르는 죄라는 생물학적 척도보다 존재 자체가 은총이라는 신학적 척도가 수도사의 자발적 독신의 경우 더 궁극적이라

---

17 Genevieve Lloyd, *The Man of Reason: "Male" & "Female" in Western Philosophy* (Minneapolis: University of Minnesota Press, 1993) 참고.

18 Aquinas, *Summa Theologiae*, 2a.2ae.151, 152.

고 토마스 아퀴나스는 본 것이다. 사도 바울도 상황에 따라서는 독신 상태를 긍정적으로 권고한 사실이 있다는 전례는 한 인격의 가치가 반드시 출산과 생산성에 기초하지 않는다는 또 다른 증거이다. 독신 상태가 반드시 결혼 상태보다 더 열등한 것으로 여겨질 필요는 없으며, 그 반대도 마찬가지다. 또한 인격들 사이의 관계가 반드시 생명의 출산을 통해서만 정당화되는 것도 아니다. 나아가 오직 결혼 관계 안의 성관계만이 적절하다는 것은 결혼하지 않고 독신을 선택한 사람들의 성에 대한 권리를 부정하는 것은 아닌지 우리는 생각해 보아야 한다. 결혼의 유무와 성관계의 권리를 동일시하는 것에는 그 적절성과 더불어 나름의 위험성도 가지는 것이다. 한국의 청년 세대가 직면한 사회경제적 현실을 고려할 때, 성직자처럼 자발적 독신을 의식적으로 선택한 이들도 있지만 다양한 사회경제적 이유에서 독신 상태가 일정 정도 강요되는 경우도 있다는 것을 우리는 또한 기억해야 한다. 이럴 경우 독신 상태의 사람에게 성관계의 배제를 요구하는 것이 적절한 것인가에 대해 우리는 비판적 논의를 해야 할 필요성이 있다.

둘째, 결혼관계 안의 성관계만이 적절한 이유가 자녀의 올바른 교육을 위해 양부모가 필요하기 때문이라는 견해도 부분적으로는 편견일 수 있다. 여기에는 최소한 두 가지 전제들이 충족되어져야 한다. 한편으로, 선천적으로 남성이 여성보다 더 합리적이며 이성의 능력이 본질적으로 더 발전되어 있다고 보는 전제이지만, 그것은 지난 시대의 편견에 불과하다. 이른바 "거대한 존재의 사슬"(the great chain of being)이라는 중세의 위계론적 세계관에서 남성이 여성 위에 존재한다는 편견은 더 이상 우리 시대의 것은 아니다.19 우리는 과학적으로 그리고 경험적으로 그렇지 않다는 것을 알고 있다.

다른 한편으로, 남편과 사별한 상태의 한부모 가정은 자녀의 교육을 위해 구조적 결함을 가진다는 편견을 재생산할 위험성이 있다. 양부모 가정이 한부모 가정보다 자녀 교육을 위해 경험적으로 유리한 장점도 있겠지만, 자녀에게 반드시 항상 더 나은 교육을 제공한다는 필연적인 논리적 이유는 없다. 자녀의 정신적 교육에 꼭 아버지가 더 적합한 것은 아니며, 홀어머니가 자연스럽게 자녀를 양육할 능력이 전혀 없는 것도 아니다. 나아가 자녀의 정신적 교육을 위해 양부모가 존재하는 결혼관계 속에서 성장한 자녀가 더 자연스러운 상태에 있는 존재라고 본다면, 그렇지 못한 상황에서 성장한 자녀는 본인의 선택과 무관하게 도덕적으로 혹은 자연적으로 열등한 존재라고 여겨질 위험성이 있다.

3. 임신이 가능하지 않는 방식

성관계의 자연스러운 목적이 생식이고, 자연스러운 대상이 결혼한 배우자라고 한다면, 자연스러운 방식은 이러한 목적과 대상을 모두 충족시키는 방식이라고 토마스 아퀴나스는 보았다. 다시 말해 생식이라는 목적을 이루지 못하는 성관계 방식은 비록 그 대상이 옳더라도 자연스럽지 못하고, 또한 생식이라는 목적이 성취되는 방식이라 하더라도 그 대상이 결혼관계를 벗어났다면 그것도 올바른 방식이 아닌 것이다.

생식이 결과적으로 따라오지 않는 모든 방식의 정액 방출은 인류의

---

19 Arthur O. Lovejoy, *The Great Chain of Being: A Study of the History of an Idea* (Cambridge, MA: Harvard University Press, 1936).

선에 반대되는 것이다. … 나는 그 자체로 생식이 초래되지 않는 성행위 방식에 대해 말하는 것이다. 남성과 여성 사이의 자연스러운 결합이 아닌 모든 정액의 방출이 그러한 방식이다. 그러한 이유에서 이 유형의 죄들을 자연에 반대된다(contrary to nature)고 한다.[20]

성관계의 목적, 대상, 방식은 토마스 아퀴나스에게 중첩적 조건이며 선택적 조건일 수는 없다. 예를 들어 성행위의 대상이 결혼한 배우자라고 생각해 보자. 이러한 결혼 관계 안에서도 "생식이 초래되지 않는 성행위 방식"은 자연을 거스르는 죄가 되는 반면, 생식을 초래하는 방식으로 남성과 여성의 신체기관이 사용된다면 자연스럽다는 것이다. 그렇기에 남성과 여성 사이의 성행위가 아닌 동성애나 수간 등을 통한 정액 방출은 죄이며, 추가적으로 남성과 여성 사이의 성행위라고 하더라도 임신이 가능하지 않으면 그것도 또한 죄이다. 따라서 "적합한 신체 기관에 관련되지 않거나, 짐승 혹은 괴물 같은 방식들 등등, 성관계의 자연스러운 모습이 지켜지지 않는다면" 그러한 성관계는 죄라고 그는 본다.[21]

임신이 가능한 방식의 성관계는 옳은 반면, 임신이 불가능한 방식의 성관계는 죄라는 본 토마스 아퀴나스에게 우리는 몇몇 의문을 제기할 수 있을 것이다. 첫째, 인류는 경우에 따라서는 자연적으로 혹은 인공적으로 임신을 의도적으로 피하는 성관계를 추구해 왔다. 임신을 가능케 하지 않는 방식의 성관계가 불법적 죄라면, 모든 피임의 도구는

---

20 Aquinas, *Summa Contra Gentiles*, Book 3, part 2, chapter 122, article 5.
21 Aquinas, *Summa Theologiae*, 2a2ae, q. 154, art. 11.

금지되어야 하며 인구폭발과 낙태 같은 사회적 문제를 해결하기보다는 더욱 어렵게 만든다. 콘돔 등과 같이 자연적이지 않은 생식의 방지가 죄가 된다면, 동일한 논리로 인공수정 등과 같이 자연적이지 않은 생식의 성공도 죄가 된다고 고집할 위험성도 있다. 자연은 인간의 자유와 행동을 위한 초기적 환경 혹은 조건이며, 하나의 고정불변한 이데올로기로 변질되어서는 안 된다.

둘째, 반드시 생식을 위한 신체의 기관이 성관계에서 사용되어져야 한다는 것도 몸의 자연적 기능에 대한 지나치게 협소한 견해이다. 다른 예로, 장애인 예술가의 경우처럼 손이나 발이 자연적 기능을 할 수 없는 절단의 상태에 있는 경우, 음악 연주나 그림 제작과 같은 창작 활동을 위해 손을 발처럼 사용하거나 발을 손처럼 사용할 수 있는 것이다. "자연에 반대된다"라는 이유에서 그러한 전용을 거부하는 것은 인간의 신체가 지닌 기능적 창조성을 무시하는 것이다. 나아가 이렇게 신체의 자연적 기능을 협소하게 종교적으로 해석한다면, 현대 의학이 가져온 인공심장이나 의료보조 기기 등은 모두 적절하지 않은 부자연스러운 것으로 거부되어져야 할 것이며, 인류의 안녕을 바라는 하나님의 뜻이 실현되어졌다고 할 수는 없을 것이다.

마지막으로, 출산이 가능하지 않다는 이유에서 동성과의 성관계를 동물과의 교합과 동일시하는 것은 논리의 비약이다. 인간 사이의 동반자 관계와 동물과의 관계를 단지 생식이 불가능하다는 이유에서 등치시키는 것은 논리적 폭력을 수반하는 것이다. 생식과 출산을 가져오지 않는다는 결과적 현상에서 동성애를 동물적 관계로 비하하는 것은 옳지 않다.

III. 주장과 반론

자연의 질서는 하나님의 피조물이 보여주는 섭리의 신성한 질서이다. 그리고 종교개혁자들이 이미 오래 전에 지적하였듯, 인간의 인식론적 한계는 섭리의 질서를 총체적으로 한꺼번에 이해할 수는 없게 만든다. 우리는 관찰과 학문을 통해 자연의 질서를 조금씩 더 알아가는 것이다. 그래서 루터는 계시된 하나님(deus revelatus)과 숨어계신 하나님(deus absconditus)을 구분하며 "모든 피조물들은 하나님의 가면들이다"라고 하였고,22 칼빈은 "하나님의 섭리는 그 벗은 형태로 우리를 항상 만나는 것은 아니며, 하나님은 사용하시는 도구들을 가지고 섭리를 옷입히신다"(『기독교강요』 1.17.4)라고도 하였다.23 무엇이 섭리가 설정한 자연의 질서인지를 인간이 이미 온전히 다 이해하였다고 보는 것은 오만한 지적 혹은 종교적 태도이다. 나아가 인간도 하나님의 자연적 질서의 한 일부로서 지성과 창조성과 자유를 통해 점진적이자 능동적으로 이러한 질서의 실현과 발전에 기여하고 있다. 자연의 생태계 안에 존재하는 동물들의 동성애도 이러한 하나님의 숨겨진 질서의 일부일 수도 있는 가능성을 우리는 완전히 배제할 수는 없다. 과학자들은 1999년까지 1500여 종의 동물 종에서 동성애 현상을 발견하였다.24 만약 동성애적 경향을 지닌 인간들이 단지 자연의 질서를 벗

---

22 WA 17II, 192; Paul Althaus, *The Theology of Martin Luther*, trans. Robert C. Schultz (Philadelphia: Fortress, 1966), 107 재인용.
23 John Calvin, *Institutes of the Christian Religion,* trans. Ford Lewis Battles (Philadelphia: Westminster, 1960), 216.
24 Volker Sommer and Paul L. Vasey, *Homosexual Behaviour in Animals: An Evolutionary Perspective* (Cambridge: Cambridge University Press, 2006);

어난 결함의 존재들이라고 평가절하한다면, 동물의 세계에 존재하는 동성애 행위들도 단순한 하나님의 창조에서의 실수라고 평가절하할 위험성을 지닌다. 나아가 인간에 대한 생물학적 지식이 점증함에 따라 우리는 이전에 생각했던 것보다 훨씬 다양한 '자연적 질서'에 대해 인지하게 되었다. 과거에는 성 염색체가 XX와 XY의 두 종류뿐이라고 생각했으나, 추가적으로 XXX, XXY, XYY, XO, XXXX 등의 형태들도 존재하는 것을 알게 되었다. 여성 염색체(XX)를 가진 태아가 남성의 생식기를 가지고 태어나거나, 혹은 남성 염색체(XY)를 가진 태아가 여성의 생식기를 가지고 태어나는 반대의 경우도 산모의 몸에서의 호르몬의 변화 혹은 불균형이 그 원인이라는 것도 알게 되었다.[25]

자연과 은총의 관계, 동성애와 자연적 질서 사이의 관계는 우리가 생각하는 것보다 더 복잡하고 우리는 아직 충분히 거기에 대해 알지 못하고 있을지도 모른다. 다른 예로, 폭식은 죄인지 생각해보자. 단테의 『신곡』 지옥편에 따르면, 여러 유형의 죄를 지은 자들이 여기로 오게 되는데, 음식을 탐욕하고 폭식을 즐긴 자도 지옥에 떨어진다. 하지만 현대의 우리는 폭식의 행동 자체를 죄로 여기기보다 일종의 식이장애로 보고, 폭식증은 다양한 심리적, 생물학적, 유전적 이유를 가지는 질병이라고 생각한다. 마찬가지로, 우리는 동성애의 문제에 있어서도 그 행동 자체 뿐 아니라 그것의 심리적, 생물학적, 유전적 이유 등을

Bruce Bagemihl, *Biological Exuberance: Animal Homosexuality and Natural Diversity* (New York: St. Martin's Press, 1999).

25 Christine E. Gudorf, "The Erosion of Sexual Dimorphism", in Marvin M. Ellison and Kelly Brown Douglas eds., *Sexuality and the Sacred*, 2nd ed. (Louisville: Westminster John Knox Press, 2010), 149-150.

구분하여 깊이 성찰할 필요가 있다.

동성애는 자연의 질서를 벗어나는 것인가? 그렇기에 동성애는 죄인가? 바울의 자연스러운 "순리"와 자연을 거스르는 "역리"의 구분에 기초하여, 중세의 신학자 토마스 아퀴나스는 동성애적 행위를 "자연에 반대된다"(contrary to nature)라고 보았으며,26 그렇기에 죄로 이해할 수 있다는 교리적 틀을 제공하였다. 이 글에서 우리는 토마스 아퀴나스의 신학적 논리를 다음과 같은 목적, 대상, 방식의 세 차원에서 재구성하고, 추가적인 여덟 가지 이유들을 성찰해보았다.

1) '생식과 출산'이라는 성관계의 자연스러운 목적에 맞지 않기에, 동성애는 죄이다.
   ① 성관계의 목적은 생식과 출산이며, 배우자 사이의 친밀함과 즐거움이 아니다.
   ② 살인과 마찬가지로 동성애, 자위 등과 같은 행동은 인류 종의 보존이라는 절대선과 양립할 수 없다.

2) '남편과 아내' 사이의 성관계라는 자연스러운 대상에 맞지 않기에, 동성애는 죄이다.
   ③ 남성과 여성은 남편과 아내라는 결혼관계 안에 존재하는 것이 자연스럽다.
   ④ 결혼관계 바깥의 성관계는 자녀의 교육을 위해 적합하지 않다.
   ⑤ 자녀의 교육을 위해서는 남편의 물리적 힘과 정신적 이성이 필수

---

26 Aquinas, *Summa Contra Gentiles*, Book 3, part 2, chapter 122, article 5.

적이다.

3) '생식이 가능한 성관계'라는 자연스러운 방식에 맞지 않기에, 동성애는 죄이다.
   ⑥ 결혼관계 안이라고 하더라도, 생식이 가능하지 않는 성관계는 죄이다.
   ⑦ 생식이 가능한 성관계라고 하더라도, 결혼관계 바깥의 행동이라면 죄이다.
   ⑧ 이성애는 자연적이며, 동성애는 자연을 거스르는 것이다.

필자는 토마스 아퀴나스의 세 주장과 여덟 가지 하위 주장들에 대한 비판적 질문들을 또한 다음과 같이 이 글에서 다양하게 제기하고 성찰할 것을 제안하였다. 물론 이러한 질문들이 토마스 아퀴나스의 동성애에 대한 신학적 주장을 불가역적으로 반박하지는 않을 수 있지만, 그 타당성에 대한 비판적 재고의 필요성을 보여주는 이유로는 충분하다고 생각한다.

4) '생식과 출산'이 성관계의 유일하게 자연스러운 목적이라고 제한될 수 없다.
   ⑨ 성관계의 자연스러운 목적은 생식과 출산뿐 아니라, 배우자 사이의 친밀함과 즐거움을 포함한다. 그렇지 않다면, 신체가 불임인 상태에 있는 자의 성관계는 자연스럽지 못한 것으로 배제된다.
   ⑩ 생식과 인구증가는 인류 종의 보존을 위해 긍정적 혹은 부정적으로 작용할 수 있다.

5) 결혼관계는 자연스럽지만, 그것만이 유일한 자연스러운 관계는 아니다.
    ⑪ 독신보다 결혼이 자연스러운 상태라고 제한될 수 없다.
    ⑫ 자발적 독신과 사회경제적으로 강요된 독신은 구분되어야 한다.
    ⑬ 양부모의 존재가 자녀의 교육에 항상 더 적절하다고 제한될 수 없다. 남편과 사별한 아내 혼자서는 적절한 자녀교육이 구조적으로 불가능하다는 선입견을 조장할 수 있다.
    ⑭ 남성이 여성보다 물리적, 정신적으로 더 발달하였다고 보는 것은 선입견이다.
    ⑮ 배우자를 잃은 자는 성적 권리가 없는 존재라는 선입견을 조장할 수 있다.

6) 임신이 가능하지 않는 성관계가 항상 부적절하다고 제한될 수 없다.
    ⑯ 자연적 혹은 인공적 출산억제 방식이 자연스럽지 못하다는 선입견을 조장할 수 있다.
    ⑰ 인공수정 등의 방식을 통한 임신이 자연스럽지 못하다는 선입견을 조장할 수 있다.
    ⑱ 신체기관에 대한 협소한 견해는 인간의 몸이 지닌 창조성과 기술적 보조기기의 사용가능성 등에 대한 선입견을 조장할 수 있다.
    ⑲ 동성애의 관계를 동물적 관계라고 보는 것은 인격의 격하를 가져올 수 있다.

IV. 나오는 말: 하나님의 은총으로서의 신학적 인권

4세기의 기독교 교회는 "전차를 모는 자, 검투사, 달리기 주자, 도박꾼, 운동선수, 피리 연주자, 거문고 연주자, 수금 연주자, 무언극 배우, 교활한 행상인" 등과 같은 부류의 직업을 가진 사람들을 종교적으로 볼 때 부정한 죄인으로 여기며, 자신의 직업을 포기하지 않는 한 세례를 받을 수 없다고 교회법에 정하였다.27 또한 이미 앞에서 언급한 『신곡』에서 단테는 지옥으로 가는 죄인의 목록에 이방인들, 세례 받지 못하고 죽은 어린 아이들, 성적으로 활발한 자들, 폭식한 자들, 구두쇠나 낭비벽 있는 자들, 쉽게 화내는 자들, 태만한 자들, 이단자들, 폭력적인 사람들, 자살한 자들, 사기꾼들, 인신매매범들, 아첨쟁이들, 이익만 추구하는 성직자들, 점쟁이들과 기도사들, 뇌물 받은 관리들, 위선자들, 도둑들, 전쟁을 즐기는 정치가들, 골육상쟁을 하는 친척들, 위조화폐를 만든 사기꾼들, 위증죄를 범한 자들, 유언장을 위조한 자들, 배신자들 등을 포함시켰다.28 이제 현대의 우리는 세례 받을 수 없는 혹은 지옥으로 가야하는 죄인의 리스트에 동성애자를 포함시켜야 하는가 묻지 않을 수 없게 되었다. 죄인은 세례 받을 수 없는 존재인가? 죄인이기에 세례를 받아야 하는 것이 아닌가? 바울과 루터가 말한 '죄인이면서 동시에 의인'인 우리 존재의 정체성이 바로 그러한 필요성을 드러내고 있는 것은 아닌가?

---

27 *Apostolic Constitutions* VIII, xxxii, 9; James McKinnon ed., *Music in early Christian literature* (Cambridge: Cambridge University Press, 1987), 111에 재인용. 손호현, "음악과 신정론", 「신학논단」 73집 (2013), 134 참조.
28 손호현, 『인문학으로 읽는 기독교 이야기』 개정판 (서울: 동연, 2015), 356-360 참조.

나아가, 동성애자가 기독교인이 될 수 있다면, 그는 종교 지도자도 될 수 있다. 개신교 신자에게 이 질문은 기독교인의 가능성에 대한 질문과 동일한 지위를 가지기 때문이다. 이미 베드로는 기독교인 모두를 "왕 같은 제사장들"이라고 부르고 있으며(베드로전서 2:9), 바울은 "그리스도의 일군이요 하나님의 비밀을 맡은 자"라고 여기고 있다. 여기에 기초하여 종교개혁을 이끈 루터는 이른바 만인사제설(universal priesthood)을 통해 기독교인들 모두가 세례를 통해 원칙적으로 성직자로서 신성한 의무를 그리스도에게서 위임받았다고 말한다. "세례를 통해 우리 모두는 성직자로 안수를 받은 것이다."[29] "우리가 기독교인인 한에 있어서, 우리 모두는 성직자이다."[30] 성직자의 지위는 인간 개인의 도덕적 혹은 영적 뛰어남과 능력 때문이 아니라, 그리스도라는 유일하고 진정한 성직자의 부름과 위임에 기초하기 때문이다. 그리스도는 세례를 통해 모든 그리스도를 따르는 사람 곧 기독교인을 성직자로 원칙적으로 임명하였다.

이러한 성직자가 된다는 것은 안수를 통해 주어지거나 만들어질 수 없다. 여기서 어떤 누구도 성직자가 되는 것은 아니다. 그는 성직자로 태어나야 하며, 이러한 태어남과 함께 물려받은 것이 성직이다. 내가 여기서 말하는 태어남이란 물과 성령을 통한 태어남을 가리킨다. 이것을 통해 모든 기독교인은 가장 높은 성직의 성직자가 되는 것이며, 그리스도의 자녀가 되는 것이며, 그와 함께 동료 상속자가

---

29 Martin Luther, *Weimar Ausgabe*, 6, 407.
30 앞의 책, 564.

되는 것이다.31

신학적 인권과 법률적 인권은 구분되어야 한다. 법률적 인권은 역사와 문화에 따라 부침(浮沈)이 있고 범위와 정도에 있어 변동할 수 있지만, 신학적 인권은 신성하고 절대적이다. 신학적 인권은 모든 사람을 평등하게 창조한 무조건적인 하나님의 은총에 기초하기 때문이다. 아돌프 하르낙이 말하듯, 기독교의 본질은 어떠한 조건에서든 만인의 "아버지 되신 하나님과 인간 영혼의 무한한 가치"를 사랑의 계명으로 주장하는 것이기 때문이다.32 따라서 동성애자가 법률적으로 한 사회에서 보호받지 못한다고 하더라도, 그러한 현실이 그의 신학적 인권을 또한 부정할 이유는 되지 못한다. 물론 동성애에 대한 질문들은 쉽게 결론짓고 대답할 수 있는 성질의 것이 아니라, 성서와 기독교 전통에 대한 엄밀한 비판적 성찰을 계속적으로 필요로 한다. 또한 모든 대답과 대답의 반론은 잠정적인 것이며 기독교 전통의 발전이라는 여정에 있어 한 쉼터이지 마지막 목적지는 아닌 것이다. 하지만 우리는 인간의 잣대를 하나님의 주권이 부여한 모든 인간의 거룩한 신학적 인권 위에 두어서는 안 된다.

바울은 자연을 따르는 "순리"와 자연을 거스르는 "역리"(*para phusin*, contrary to nature)라는 구분으로 동성애에 대해 경계하고 있는 듯하다(롬 1:26). 하지만 흥미롭게도 바울은 유대인과 이방인이라는 구분

---

31 앞의 책, 17II, 6. Paul Althaus, *The Theology of Martin Luther*, trans. Robert C. Schultz (Philadelphia: Fortress, 1966), 314에 재인용.
32 Adolf von Harnack, *What Is Christianity?* (Philadelphia: Fortress Press, 1957), 51.

이 자연스러운 순리라고 하더라도, 하나님은 이러한 순리를 넘어서 교회 공동체를 이루어 가신다고도 주장한다. 여기서 바울은 동일한 표현 곧 자연을 거스르는 "역리"를 하나님의 행동에 대한 묘사로 사용한다. "네가 원 돌감람나무에서 찍힘을 받고 본성을 거슬러(*para phusin*, contrary to nature) 좋은 감람나무에 접붙임을 받았으니 원 가지인 이 사람들이야 얼마나 더 자기 감람나무에 접붙이심을 받으랴"(로마서 11:24). 하나님의 창조적 행동은 자연을 거슬러 이루어질 수도 있다. 기적에 대한 과거 신학자들의 성찰도 이 점을 주목한 것이다. 자연에서 돌감람나무는 돌감람나무로, 좋은 감람나무는 좋은 감람나무로 따로 존재한다. 그러나 비유에서처럼 하나님의 행동은 돌감람나무와 좋은 감람나무의 접붙임을 통해 유대인과 이방인의 자연적인 차이를 뛰어넘는 인류 공동체를 이룰 수 있는 것이다. "너희는 유대인이나 헬라인이나 종이나 자유인이나 남자나 여자나 다 그리스도 예수 안에서 하나이니라"(갈라디아서 3:28)고 바울은 말한다. 여기에 '동성애자나 이성애자나'를 추가할 수 있지 않을까?[33]

자연은 존재의 조건이지 존재의 한계는 아니다. 오늘날 우리는 자연을 절대적 한계로 보지 않으며, 인간의 자유와 행동을 위한 주어진 조건으로 창조적으로 수용되거나 변형될 수 있다고 생각한다. 자연스러운 성관계라는 오랜 신학적 원칙은 존중되어져야 할 것이지만, 동시

---

33 19세기 중반 노예를 소유한 미국 기독교인들이 노예제도를 백인과 흑인의 자연스러운 인종적 차이에 기초한 "신성한 제도"라고 종교적으로 옹호했던 것을 우리는 기억한다. Eugene F. Rogers, "Sanctification, Homosexuality, and God's Triune Life", idem., ed. *Theology and Sexuality: Classic and Contemporary Readings* (Oxford: Blackwell, 2002), 226-227.

에 그러한 자연에 대한 존중이 고착된 이데올로기적 선입견으로 전락하지 않도록 노력해야 하는 것이다. '자연은 은총에 의해 완성된다'는 오랜 신앙의 격언처럼, 자연은 조건이지 아직 완성은 아니다.

우리는 신학적 인권의 문제를 한 인간의 행위의 문제가 아니라, 그의 존재 자체의 문제로 보아야 한다. 생명의 존엄성은 그 존재 자체에 있는 것이지, 그러한 존재의 재생산이라는 행동이나 기능에 있는 것이 아니다. 인간 생명의 권리는 그 존재 자체로 신학적으로 존엄하다. 재생산의 가능성을 넘어, 생명은 존재하는 것 자체로 존엄하다. 존재는 하나님의 은총이기 때문이다. 따라서 독신상태, 결혼관계, 동성애관계 등에 대해 가지는 우리의 드러나지 않은 편견과 가치론적 위계구조는 그러한 판단의 불가피한 경향성에도 불구하고, 보다 근원적인 신학적 인권의 관점에서 항상 비판적으로 성찰되어야 한다. 우리는 모든 인간이 궁극적으로 죄인이라는 것을 알고 있으며, 모든 이성간의 성관계도 동성간의 성관계와 마찬가지로 항상 폭력과 타락가능성의 위험 아래에 놓여 있다는 것도 알고 있다. 자신은 독신이기 때문에 혹은 자신은 이성애자이기 때문에 혹은 자신은 성직자이기에 죄인이 아니라고 한다면, 그것은 하나님을 거짓말하는 자로 만드는 오만일 뿐이다. 우리는 죄인의 상태를 벗어났기에 의롭게 되는 것이 아니라, 하나님의 은총 안에서 죄인임에도 불구하고 의롭다고 여겨지는 것이다.

만일 우리가 죄 없다하면 스스로 속이고 또 진리가 우리 속에 있지 아니할 것이요, 만일 우리가 우리 죄를 자백하면 저는 미쁘시고 의로우사 우리 죄를 사하시며 모든 불의에서 우리를 깨끗케 하실 것이요 만일 우리가 범죄하지 아니하였다 하면 하나님을 거짓말 하는 자로 만드는 것이니 또한 그의 말씀이 우리 속에 있지 아니하니라(요한1서 8-10).

동성애가 인간 존재의 한 흠집일 수 있다. 이성애도 흠집일 수 있다. 그러나 모든 사람은 이런 저런 흠집을 가진다. 그리고 흠집이 있는 이도 사람이다. 죄인도 신학적 인권을 지닌 인간이다. 우리는 이런 저런 흠집에서 자유로울 수 없다. 인간의 성적 태도가 그의 존재 가치를 결정하는 유일한 척도가 될 수도 없는 것이다. 동성애가 신학적 죄인지 아닌지의 논의는 더욱 심각하고 엄밀하게 이루어져야 할 것이다. 그러한 죄의 여부를 떠나서 근원적인 하나님의 은총은 그런 흠집이 있는 사람에게도 현존한다. 하나님이 세상을 너무도 사랑하셨고, 그의 독생자를 주시기까지 사랑하셨기 때문이다. 미움이 평화를 가져올 수 없는 것이며, 죄인은 사랑에 의해 포기되지 않는다. 자연은 조건이지 아직 완성은 아니다. 자연은 은총으로 완성된다. 동성애자가 신학적 인권을 가진다면, 그것은 법률을 넘어서는 하나님의 은총에 기초한 것이다.

성매매 여성

외면당한 소수자, 사랑을 파는 아가씨
: 성매매 여성에 대한 신학적 성찰

박일준 *

본고의 결론부터 말하자면, '우리'는 성매매 여성을 대변(represent) 할 수 없다. 그녀 자신의 삶을 전혀 경험하지 못한 '우리'가 그녀의 이야기 그리고 그 이야기 속에 담긴 애환을 재현하고 반복하는 것은 불가능하기 때문이다. 더구나 남성/지식인/중산층/유부남에게 그녀는 '돈으로 구입 가능한 환상의 대상'으로 존재하기 때문에 '우리'는 그녀라는 주체에 접근하지 못한다. 환상의 벽은 관통불가하다. "가장 오래된 직업"[1]이라 일컬어지는 매춘 여성은 어디서나 거의 동일한 정치·경제·사회·문화·권력의 억압의 대상으로 상황에 따라 편리하게 사용되어

---

* 감리교신학대학교 강사, 종교철학·철학적 신학
1 알랭 꼬르벵/이종민 옮김, 『창부娼婦』(서울: 동문선, 1995), 29.

왔다. 심지어 그녀들을 위한 정책이나 운동이 제시된다 해도, 그러한 정책과 운동들이 그녀들의 눈으로 이루어지기보다는 그녀들을 바라보는 소위 정상인들의 시각에서 이루어져 왔을 뿐이다. 따라서 그 정책들과 운동들은 그녀들을 위한 것이 아니라, 바로 정상인의 범주로 간주되는 우리들을 위한 것들이었다. 그렇게 그녀들은 비존재로 간주되어왔고, 역설적으로 이 '세상에서 가장 오래된 직업'은 "역사에서 벗어나는 유일한 직업"2이 되었다. 매매춘은 거의 어디서나 '불법'이기 때문에 공식적 통계를 통한 정확한 현황 파악이 어려울 뿐만 아니라, 많은 경우 "조사를 위해 접근하는 것 자체가 불가능"3 하기 때문에 그녀들은 분명 존재하지만, 역설적으로 역사화 되지 않는 존재가 된 것이다.

그래서 본고에서 조명하는 '그녀'는 우리의 성적 환상의 욕망 속에 비치는 그녀의 모습을 그대로 따라갈 수는 없다. 오히려 그녀들에 대한 억압의 기록들이 남긴 그림자들을 보고 '추론'(infer)할 수밖에 없다. '그녀들'을 위한 모든 혹은 거의 모든 해방의 운동은 사실 그녀들을 위한 것이 아니라, 그녀들을 해방시키기 위한다는 미명하에 모두 자기 자신들의 삶과 안정성을 지키기 위한 조처들이었다. 역사적으로 그녀들의 이야기를 전달하고 대변하려는 시도들은 전혀 없었거나 매우 드물었다. 여성주의자들의 대변은 그녀들의 목소리를 되살리고 반복하기 보다는 자신들의 가치관과 이론적 전제가 너무나 많이 반영되기 일쑤였고, 그래서 성적 환상의 벽에 가로막혀 그녀들에게 접근할 수 없었던 남성들보다 더 그녀들의 목소리들을 뒤틀고 왜곡하기 일쑤였다. 예

---

2 꼬르뱅, 『창부』, 29.
3 캐슬린 배리/정금나 · 김은정 옮김, 『섹슈얼리티의 매춘화』 (서울: 도서출판 삼인, 2009), 30.

를 들어, 6-70년대의 여성운동은 "다른 모든 이슈들을 제쳐두고 참정권 쟁취라는 단일 이슈에만 집중하는 너무나도 큰 전략적 실수"[4]를 저질렀다. 그러면서 여성을 참정권을 획득할 수 있는 주체로 한정짓는 착오를 저질렀다. 그래서 "여성이 참정권을 얻은 바로 그때부터 여성운동은 죽어가기 시작했다"[5]라고 평가받기도 한다. 이는 여성주의운동이 무익하다거나 위선적이라는 것을 말하려는 것이 아니다. 여성의 '권리' 문제에 집중한 여성해방운동조차도 이 '사랑을 파는 아가씨' 즉 '성매매 여성'의 목소리를 (적어도 그녀들의 관점에서) 대변하는데 큰 관심을 주지 않았다는 점을 지적하려는 것이다. 본고에서 결론적으로 말하고자 하는 것은 이것이다: 우리들의 학문 담론에는 그녀들을 대변하는 목소리가 존재하지 않는다.

그녀들의 유일한 목소리는 이름뿐이다. 매춘 여성을 가리키는 프랑스어는 les prostituées 혹은 les femmes publiques 혹은 les putains 으로 통상 '창녀'라 불린다. 그런데 "1907년 매춘혐의로 체포된 미성년 매춘부들이 도덕성 교정을 위[해] 갱생원으로 호송될 당시," 그녀들은 "떳떳한 하나의 직업"을 가진 여성으로서 스스로를 'Les filles de noce'로 불렀는데, 번역하자면 "사랑을 파는 아가씨" 혹은 "도락을 즐기는 여성"이라는 뜻이다.[6] 이는 통상적으로 매춘 여성들을 위해 사용되는 용어가 아니다. 하지만 그녀들은 자신들을 지칭하기 위해 다른 사람들이 붙여준 이름들 대신에 이 이름을 선택했다. '사랑을 파는 아가씨'는 적어도 그녀들 스스로 자신을 지칭하는 이름이었다. 그 누구에

---

[4] 배리, 『섹슈얼리티의 매춘화』, 23-34.
[5] 앞의 책, 24.
[6] 이종민, "역자서문", 『창부娼婦』, 21.

게도 온전히 대변되지 못하는 그녀들이 주체적으로 스스로를 그렇게 불렀다. 이러한 명칭에 대한 타인들의 의견이 무엇이든, 현재 내가 알고 있는 그녀의 유일한 이름은 이것뿐이다. 그래서 성매매 여성이라는 부제 대신 '사랑을 파는 아가씨'라고 달아본다.

본고는 필자 개인의 접근성의 한계로 인해 주로 『창부』 속에 기술된 19세기 프랑스의 공창제를 둘러싼 세 시선들 즉 '규제주의', '공창제폐지론' 그리고 '신규제주의'의 사유방식들을 기술하고 왜 그녀들은 대변되지 못하는지를 서술하면서, 이 대변불가능성에 대한 생각들을 공유하고자 한다.

I. 매매춘을 둘러싼 규제와 해방의 이중적 억압구조

매춘을 기술하는 어떤 시선도 그녀들을 온전히 변호하거나 대변해주지 않는다. 기본적으로 매춘을 향한 두 가지 시선들이 존재한다. 1) "매매춘은 사회의 기본 '악'이며 이를 '방기·조장·온존'케 하는 구조적 틀로서 자본주의 생산양식은 이미 그 자체로서 폐기되어야" 한다; 2) "감성이 요구하는 욕정의 분출을 이성의 탓 하나만으로 억제하고 도덕률의 외피로 엄숙이 관리하려는 일체의 이중주의는 비겁과 위선의 논리 바로 그 자체이며, 궁극적으로는 변명할 수 없는 모순과 당착의 이데올로기다."[7] 첫 번째 시선이 담지한 도덕주의 혹은 도덕적 엄숙주의는 권력으로 하여금 감시하고 처벌할 힘의 정당성을 획득하게 한다는

---

7 박종성, 『권력과 매춘: 억압의 음모와 도피의 흉계』 (경기, 고양: 인간사랑, 1996), 93.

점에서 권력의 편이다. 매매춘을 도덕적 일탈로 규정하고 감시하고 처벌하는 동시에 권력은 매매춘을 개인의 도덕적 일탈 문제로 제시함으로써 힘을 획득한다. 두 번째 시선은 사람들 사이에 의견 대립과 갈등을 유발하면서, 권력으로 하여금 힘의 조정자 역할을 감당케 한다. 특별히 두 번째 관점은 "매매춘 옹호론자와 성자유주의자들"로부터 유래하는데, 이러한 관점의 문제는 매춘을 심지어 "생존을 위해 여성이 선택할 수 있는 직업으로 장려"하기까지 할 수 있다는 것이다.8 매매춘을 야기하는 권력의 구조적 문제가 사람들 사이에서 성매매 합법화 논의로 초점이 이동하는 것이다. 여기서 성을 매매하는 구조가 권리의 문제인가를 묻지 않을 수 없다. 적어도 성매매의 구조 속에서는 권리 담론이 작동하지 않는다. 소비자본주의 구조 속에서 소비자의 권리를 말할 수는 있지만, 그 '권리' 개념이 인간에게 기본적으로 보장되어야 할 인권이 말하는 권리의 문제와는 결을 달리한다. 따라서 두 번째 관점은 매매춘을 야기하는 근원적 문제는 도외시한 채, 이전투구를 만들어내는 것이다.

사실 제도란 그 어떤 제도이든 "본질적으로 억압적"9이다. 즉 매춘 여성을 위한 제도는 존재하지 않는다. 이점을 기억하는 것이 중요하다. 매춘 여성을 착취하기 위해서든 아니면 그녀를 해방하기 위해서든 제도 안에서 이루어지는 거의 모든 행위는 결국 그녀들을 억압한다. 이는 19세기부터 20세기 초엽까지 매춘을 다루는 공권력의 태도를 "규제주의"와 "공창제 폐지론" 그리고 "신규제주의"의 맥락에서 다루는 꼬르뱅

---

8 배리, 『섹슈얼리티의 매춘화』, 35.
9 꼬르뱅, 『창부』, 44.

의 작품 속에 적나라하게 드러난다. 규제주의란 "사창가를 공식적으로 인정하는 공인창가제도"[10]를 통해 매춘을 통제하려는 정책의 흐름을 말한다. 이 규제주의는 암묵적으로 성(性)이란 억압되면, 돌파구나 우회로를 찾는다는 것을 전제하며, 그래서 이 성(性)이 잘못된 방향으로 혹은 나쁜 방향으로 분출되기 전에 공식적으로 그러한 성(性)의 분출을 합법적으로 할 수 있는 곳을 지정해서, 그 지정된 공적인 장소에서 매춘을 통제하자는 발상이다. 이렇게 특정하게 한정된 지역에서 매춘을 합법화함으로써, 매춘이 사회 다른 지역으로 불법적으로 되지 못하도록 하고, 더 나아가 사회가 도덕적으로 오염되는 일을 방지하자는 생각을 담고 있다. 결과적으로 규제주의 정책은 실패했다. 한정된 장소에 매춘녀들을 몰아놓고, 통제하려는 정책은 1880년 주류와 음료의 판매가 법적으로 자유로워진 이후 즉각 실패하였다. 일반 유흥음식점에서 비공식적 매춘이 이루어지기 시작하면서, "극장과 카바레·맥주홀·레스토랑을 비롯해 양품점과 모자가게"로 매춘 무대가 확산되어 갔기 때문이다.[11] 1880년대 후반 규제주의의 실패는 "공창제 폐지론" 논쟁을 불러왔고, 이 와중에 "성병, 특히 매독이라는 재앙"은 신규제주의의 필요성을 강조하는 근거가 되었다.[12]

성매매를 규제하겠다는 발상의 이면에는 성매매 여성들을 구조하거나 해방하겠다는 의도가 가장 우선순위이거나 중요한 목적은 아니다. 성적 굶주림에 놓인 이들의 불만을 해소시키기 위한 격리지역을 만들어 규제하겠다는 발상은 처음부터 이들이 아닌 여성들 즉 소위 말

---

10 이종민, "역자 서문", 21.
11 앞의 글, 22.
12 앞의 글, 23.

해 가족의 굴레 내에서 정숙하고 정상적 삶을 유지하는 여성들을 지키기 위한 규제인 것이다. 공창제 폐지 또한 이 여성들의 해방을 도덕적 가족주의의 회복이란 목표하에 둠으로써, 이 여성들을 위한 해방이 아니라, 도덕주의에 기반한 가족주의를 위험과 전염으로부터 해방시키기 위한 운동이었다. 이런 점에서 규제주의나 공창제폐지론이나 똑같은 도덕법의 테두리 안에서 그녀들이 아닌 여성들을 지키고 보호하기 위한 운동이며, 이는 결국 가부장주의적 제도를 지키기 위한 정당성의 근거가 된다. 따라서 해방의 대상과 목표가 어긋난 공창제폐지운동은 실패했고, 이제 급속히 확산되는 성병 문제를 빌미로 의학적 지식을 기반으로 성매매 여성을 규제해야 한다는 신규제주의가 이후 자리를 잡기 시작한다. 도덕적인 정당성을 가지고 성매매를 규제하려던 규제주의와 의학지식의 관점에서 공중보건을 위한다는 명목으로 이루어진 신규제주 모두, 성매매 여성의 구조와 안전은 부차적인 목표였다. 성적 행위와 연관된 행동을 빌미로 이 사회의 도덕적 타락과 방종을 막아야 한다는 사고구조는 매 시대마다 불거진다. 성적으로 방종스런 행위를 도덕적으로 그리고 정치적으로 그리고 이제 법적으로 규제하여 악마화시키는 시도 속에 '성매매 여성'을 위한 배려는 없다. 그들을 해방시켜야 하는 것은 위험한 성병의 확산을 막기 위한 것이지, 결코 그녀들을 위한 해방은 아니었다.

II. 규제주의의 규제 대상과 목표

꼬르벵은 '규제주의'를 다음과 같이 요약한다:

규제주의는, 사회로부터 일탈한 모든 사람들을 배제·소외 그리고 격리시킴으로써 확산되었던 불법행위를 억제하는 총체적인 계획의 일환일 뿐이었다. 공창이 걸인이나 부랑자와 다르게 취급되는 것은, 바로 매춘에 의한 사회적 역할이 묵인된 제도를 강요하고 있었기 때문이다. 이 제도는 생명과 도덕에 악영향을 끼치는 노동자계급의 위협에 대해 불안을 느끼던 지배계급의 불안감에서 분명히 발생한 것이었다. 제 규칙들에 대한 이론적인 보편성에도 불구하고 대중적인 매춘만이 엄중하게 통제되었다.13

규제주의라는 생각의 발단은 19세기말 서구 사회를 이끌어가는 도시화와 산업화 현상으로부터 비롯된다. 산업혁명기 급속하게 도시화가 진행되면서, 농촌 지역으로부터 도시 이주민들이 급격하게 늘어났고, 이는 도심 내 급격한 성적 불균형을 초래했다. 대부분 농촌으로부터 유입된 가난한 "프롤레타리아 남성들"에게 도시는 아는 사람 하나 없는 삭막한 곳이었고, 바로 그곳에서 이성적 존재를 찾아보기 어려운 상황은 이중의 소외로 다가온다. 바로 이 이중적 소외 상황 즉 아는 사람도 없고 그리고 성적 욕망을 표현할 길도 없는 이중의 소외상황은 사회적으로 무척 불안정하고 불만족스런 상황을 초래하고 있었고, 이러한 상황에서 노동자 계급의 폭력적 분출을 두려워한 부르주아 지배층은 이들의 사회적 불만족을 해소시킬 수단으로서 공창이라는 제도를 고안해 내었다. 애초부터 공창이라는 제도가 프롤레타리아 계층의 불만족을 적절한 선에서 분출구를 찾게 하고, 통제하려는 의도에서 시

---

13 꼬르벵, 『창부』, 152.

작되었기 때문에 이 규제주의의 핵심은 감시와 통제에 있었다. 즉 규제주의의 핵심은 지나친 방종을 억제하기 위한 것이지, 매춘을 금지하는 것이 아니다. 오히려 매춘을 금지하는 것은 역효과를 불러일으킨다고 생각했다. 따라서 프랑스식 규제주의의 핵심은 "묵인과 감시"[14]였다. 매매춘 행위를 사회를 유지하는 필수불가결한 기제로서 묵인하지만, 그러나 방임하지 않고 철저히 감시한다는 것이다.

이러한 감시의 이상은 계몽기 시대의 합리주의에 뿌리를 두고 있는데, 철저한 구별을 통해 혼합과 혼란을 방지하는 것이다. 여성들을 구별함으로써, 감시의 대상들을 세별하는 전략을 사용한 것이다. 즉 여성들을 근원적으로 '매춘부'와 '정숙하지만 유혹을 받을 수 있는 사람들'로 나누어 놓고, 매춘부들과 접촉하는 존재를 주시하는 것이다. 그리고 매춘부는 사회적으로 위험한 이들과 접촉이 잦은 이들이었기 때문에 이들 또한 매우 위험한 부류로 (하지만 다른 의미에서) 구별되었다. 매춘부들은 가난한 이들과의 성적 접촉을 통해, 성병과 같은 불결한 것을 전염시킬 수 있는 존재이기 때문이다. 따라서 규제주의의 핵심은 바로 매춘부들을 따로 구별하여 "법률로 용인되는 창가"에서만, 말하자면 "지정된 특정지역에서만 창가 영업을 허가하는 것"이다.[15] 이러한 일을 수행하기 위해, 이 특정지역이 외부에서 보이지 않도록 울타리를 높고 견고하게 세우고 또한 이 사회적으로 유해한 지역을 단번에 그리고 전체적으로 감시하고 관리할 수 있는 원형 형무소 체제를 구상하였다.

---

14 꼬르벵, 『창부』, 40.
15 앞의 책, 41.

이러한 감시의 논리는 당시 형성되고 있던 의학의 기능과 관련이 있는데, 빠랑-뒤샤뜰레에게 의학의 기능은 "우선 통제를 행하는 것"[16]으로 기술된다. 의학 지식과 기술 발전을 위한 토대는 바로 철저하게 통제된 관찰과 실험이다. 이것이 사회라는 현실 속에서 가능하려면, 현실 속에서 철저하게 통제된 격리구역이 필요하다. 그래서 빠랑-뒤샤뜰레는 매춘부 전용 병원을 설치하여, 일반인 성병환자와 뒤섞이지 않아야 한다는 점을 역설했고, 이렇게 격리된 매춘부 전용 병원은 감옥과 같아서, 그 안에서 매춘부들을 세밀하게 분류하여, 예를 들면 "동성연애자들, 하급창녀들, 보통창녀들, 햇병아리 창녀들과 시골에서 올라온 창녀들"[17]을 구분해서 관찰할 수 있는 최적의 환경을 제공했다. 이러한 감시제도가 올바로 작동하도록 하려면, 규제주의의 규칙들을 위반하는 이들을 감옥이나 진료소에 구금하는 징벌제도의 확립이 필수적인데, 명목은 이런 징벌을 통해 그녀들의 참회를 이끌어내는 것이다. 하지만 이런 징벌제도를 통해 참회할 것은 "무질서이지 매춘행위가 아니다."[18] 즉 징벌제도는 "공창의 규칙에 복종하겠다는 동의"를 강화시키는 것이지, 매춘 자체를 없애고자 하는 것이 아니다.

공창제를 실행하는 과정에서 자선 사업과 갱생 사업에 기여했던 상류부인들의 역할은 매춘 여성들을 위한 환경의 개선이나 인권의 향상보다는 오히려 규제주의의 제도를 실행할 수 있는 정당성을 강화시켜주는 주었을 뿐이다. 상류부인들의 매춘여성들을 위한 자선사업은 "규제주의 제도 그 자체에 반드시 필요한"[19] 역할이었다는 말이다. 그들

---

16 꼬르벵, 『창부』, 43.
17 앞의 책, 44.
18 앞의 책, 46.

은 매춘여성들이 참회하고 돌아오면 그들을 보호하는 시설들을 운영하는 역할을 감당했는데, 실상 이 보호시설들은 "극히 소수의 인원만을 효과적으로 수용할" 수 있을 뿐이었고, "실제로 참회를 했다고 해도 규제주의자들이 세워 놓은 격리시설에서 매춘부가 쉽사리 빠져" 나올 수 있었던 것도 아니었다.20 결과적으로 규제주의의 실행은 "오히려 비밀매춘을 보장할 뿐"21이었다.

규제주의는 당시 그다지 성공적으로 시행되고 있지 못했다. 그럼에도 불구하고 보불전쟁의 패배와 빠리 꼬뮨의 학살에 대한 "속죄양"을 찾고 있던 시대적 상황이 규제주의가 "더 가혹하게" 추진될 수밖에 없도록 만들었다22 즉 성적 행동에 대한 가혹한 규제와 억압은 단지 성적 방종과 문란에 대한 반응만이 아니었고, 당시 사회에 만연해가는 불안감에 대한 반응이었다. 즉 정치 사회적 변화가 도덕질서를 무너뜨릴 것이라는 "불안감"의 증대에 대한 사회적 반응이었다.23 이런 불안감을 다스리기 위해서 권력의 제도와 기관은 그 원인을 색출하게 되고, 이 과정에서 권력으로부터 가장 소외된 대상을 억압의 대상으로 삼는다. 성매매 규제의 대상과 목적은 따라서 성매매를 하는 구매자 즉 남성들이 아니라, 성매매 여성이 되고 그리고 그러한 매매춘 행위의 원인은 남성들의 욕망이 아니라 성매매 하는 여성들의 본성이 된다. 그래서 매춘 현상의 심각성을 진단하는 기술들 속에서 불안정한 사회 · 정치 ·

---

19 꼬르벵, 『창부』, 46.
20 앞의 책, 46.
21 앞의 책, 41.
22 앞의 책, 50.
23 앞의 책, 50.

경제적 구조가 미치는 영향력보다는 각 개인의 본능에 의존한 설명 즉 "본능우위설"이 두드러지게 된다. 이는 곧 매춘현상의 결정적인 원인들을 "〈음탕한 체질〉·〈도락에 대한 욕망〉 그리고 타락에 대한 유전적 경향 등"24 개인적 성향 속에서 찾는다는 것을 의미한다. 이와 동시에 빠랑-뒤샤뜰레는 매춘의 위험성을 성병과 매독에 대한 공포심을 의도적으로 강조한다. 매춘부들을 규제하고 통제해야 하는 이유가 발명된 셈이다. 더 나아가 빠랑-뒤샤뜰레는 남자의 성적 욕망이 "당신의 딸들과 가족을 타락시킬 것이며, 가정 내의 불화를 야기"25할 것임을 경고함으로써 근대 시민주의와 인권의식의 성장으로 틀을 잡기 시작한 일부일처제의 가족 개념을 확고히 하는데 이바지한다. 역설적인 것은 매춘을 그렇게 사회 질서와 가족을 위협하는 위험으로 보면서도, 여전히 매춘을 "하나의 필요악"으로서, 즉 "병든 사회의 육신을 지켜주는 필수불가결한 배설현상"으로 이해했다는 점이다.26

이러한 모든 작업들을 가능케 하기 위해서 빠랑-뒤샤뜰레의 작업은 그 시대가 공감하는 매춘부 상을 만들어냈다. 그의 연구와 기술 속에서 매춘부는 "우선 쾌락을 위해서 노동을 거부하는 여자"로서, "게으름과 나태함"을 온 삶으로 체현하며, "침대에 죽치고 틀어박힌 채" 돈 벌 궁리만 하는, 그래서 노동의 필요성을 인식하지 못하고 일정한 거주지에 정착하지 못하는 품성의 사람으로 그려내고 있다.27 그리고 이러한 기술들을 통해 그는 매춘부들의 격리와 그녀들을 위한 감옥의 필요

---

24 꼬르벵, 『창부』, 51.
25 앞의 책, 34.
26 앞의 책, 34.
27 꼬르벵, 『창부』, 37.

성을 강조해 준 셈이다. 사치와 방탕함이 몸에 밴 그녀들은 "질서 있는 생활과 저축을 거부한다."[28] 즉 매춘은 남자들이 아니라, 바로 그녀들의 게으르고 나태한 근성으로 인해 비롯되는 것이다. 더 나아가, 빠랑-뒤샤뜰레는 특별히 매춘부들이 가장 심각한 이유로서 그녀들이 동성연애자가 될 위험이 높다는 점을 거듭 강조한다. 재미있는 점은 빠랑-뒤샤뜰레의 기술 속에서 매춘부들은 사회의 성적 질서의 "가장 확실한 보증"으로 기술되면서, 동시에 역설적으로 "그 성적 질서에 [가장] 심각한 위협"으로 기술되고 있다는 것이다.[29] 말하자면, 매춘의 허용은 이성애적이고 남성중심적인 성욕의 질서를 유지할 수 있도록 하는 핵심적 보충이면서, 바로 그렇기 때문에 매춘부들의 동성애는 바로 남성중심적 이성애의 허구적 권력 질서를 뒤흔드는 어떤 것으로서 심각한 위협이 된다는 말이다. 매춘의 공공화가 담지한 이런 모순적 사실을 은폐하기 위해, 빠랑-뒤샤뜰레는 여성의 동성애를 "치유할 수 없는" 악으로 삼고, 이를 악마화하는데 심혈을 기울이게 된다. 매춘부들의 동성애를 관찰할 수 있는 유일한 장소는 감옥이며, 따라서 그는 투옥중인 매춘부들을 관찰하고 감시하며, 그런 결론들을 만들어 나갔다.

매매춘에 대한 규제는 이중의 여성상을 전제로 하고 있는데, "이상화시켜 동경의 대상"으로서의 여성과 "육체적인 타락"을 탐닉하는 여성으로의 이원화를 말한다.[30] 가족주의적 도덕관은 19세기를 통해 "아내이자 어머니로서의 여성의 개념을 과학적으로 체계화"[31]시키려는

---

28 앞의 책, 38.
29 앞의 책, 38.
30 꼬르벵, 『창부』, 252.
31 앞의 책, 253.

노력으로 나타났고, 이는 역설적으로 남성의 성적 본능을 과학화함으로써 과학적으로 "매춘의 존재를 정당화"[32]시키는 논리로 이어졌다. 정숙한 아내이자 지혜로운 어머니로서 여성은 남편의 성적 환상을 충족시켜주지 않기 때문이다. 이러한 빅토리아 시대의 이중적 여성상은 규제주의를 정당화하는 사회의 심리적 토대가 되었고, 이런 시대적 맥락에서 역설적으로 매춘은 부르주아지 남성들에게 "매춘의 도움을 빌어서 매춘부들에게서 〈남성들 간의 우정〉을 느낄 수 있는 기회"를 제공하기도 했으며, 빅토리아 시대의 억압적인 성 도덕의 질서에 대한 "하나의 항의였던"[33] 측면도 있다. 이러한 과정 속에서 요점은 규제주의가 결코 '사랑을 파는 아가씨'들을 위한 제도적 장치가 결코 아니었다는 것이다.

III. 공창제 폐지주의의 대상과 목적

매춘을 규제를 통해 통제하겠다는 프랑스식 발상은 성공을 거두지 못했고, 이런 규제주의에 대한 반대는 공창제 폐지론으로 나타났다. 프랑스식 공창제에 대한 반대는 영국과 스위스의 개신교인들을 중심으로 일어났다. 이는 단지 '공창제' 매춘에 대한 반대뿐만 아니라 '매춘' 자체에 대한 반대운동으로 일어났다. 공창제 폐지운동을 전개하던 사람들 특별히 개신교 목사들은 "젊은 남성들이나 원기 왕성한 독신남성

---

32 앞의 책, 254.
33 앞의 책, 255.

들이 여성들과 갖는 성적 관계나, 심지어는 혼외정사의 필요성까지를 정상적인 것으로 인정하는 규제주의의 기본적 전제조건을 거부"34하고, 금욕적 생활을 이상화하였다. 이들은 사회적 부정의의 원인이 성적인 방탕에 있다고 봤으며, 이에 대한 대안은 곧 도덕성을 회복하는 것이라고 공감하였다. 이러한 공창제폐지운동의 전제들은, 막스 베버의 『자본주의 정신과 개신교 윤리』가 논구해 주듯이, 근대 개신교의 금욕적 노동윤리와 잘 맞아떨어지는 측면이 있었다.

특별히 1870년 리버풀 중학교 교장의 부인이었던 조세핀 뷔틀레가 전개한 운동을 빼놓을 수 없는데, 그녀는 공창제 폐지운동을 위해 프랑스로 건너와 대중적 캠페인을 벌이며 활약하기도 하였다. 그녀에 따르면, 프랑스식 매춘규제는 "여성의 남성에 대한 예속화를 전제로 하며, 남성의 방탕한 생활을 조장하고, 자유와 도덕의 악영향을 동시에 형성한다는 것"35이다. 규제주의적 매춘관리에 대한 그녀의 투쟁의 근거는 영국 "대헌장과 권리청원 그리고 권리장전 속에 포함되었던 입헌적인 대원칙"이었는데, 역설적으로 그녀의 이런 투쟁은 근대 민주주의에 역행하여 "국가에 대한 맹신과 법의학의 지배"를 조장하는 결과로 나아가고 말았다.36

뷔틀레의 공창반대운동은 "한편으로 공민으로서의 자유, 특히 여성들의 자유를 부르짖었으며, 또 다른 한편으로 도덕과 가정의 보호를 호소하였다."37 뷔틀레는 당시 일어나고 있었던 "노예폐지운동의 일환

---

34 꼬르벵, 『창부』, 279.
35 앞의 책, 278.
36 앞의 책, 278.
37 꼬르벵, 『창부』, 278.

으로"38 자신의 투쟁을 구상했다. 문제는 그녀의 이런 공창제반대운동 속에 '매춘여성' 당사자들의 자유가 포함되어 있느냐이다. 그녀가 말하는 여성들의 자유는 도덕과 가정의 울타리 안에서 보호받고 있고 그래서 도덕과 가정을 지킬 의지를 갖고 있는 여성들로 한정되는 듯이 보이기 때문이다. 그녀가 매춘여성의 해방을 주장하는 것은 매춘여성들을 위한 인권이라기보다는 오히려 매춘으로부터 오염될 위험에 있는 도덕적이고 가정적인 여성들의 자유를 확보하기 위한 것이 아닌지 생각해 보아야 한다. 실제로 뷔틀레는 도덕이 지배하는 사회가 되어야 한다고 확고하게 믿고 있었고, 그래서 "필요하다면 [도덕을] 강제로 주입"39하는 행위도 주저하지 않을 태세였다.

빠리 급진주의자들의 공창제 폐지운동은 뷔틀레의 반대운동과 다른 중점을 갖고 있었다. 이들의 반대운동은 "개인의 자유와 인간의 기본적 제 권리들을 수호하기 위한 전국적 투쟁의 일환"40으로 일어났다. 그래서 이들은 매춘부들의 인권문제와 연관된 "풍속담당 경찰"41 즉 매춘부를 담당하는 경찰관들을 공격 대상으로 삼았다. 뷔틀레의 공창제 폐지운동과 달리 이 급진주의자들의 공창제 폐지 운동의 기본 목표는 "매춘의 금지가 아니라 매춘부의 격리 상태의 해제와, 보통법이 적용되지 않는 소외계층의 생성 원인을 파괴하자는 것"42이었다. 풍속경찰을 공격 대상으로 삼은 이유는 매춘부를 법적으로 규제하는 절차를

---

38 앞의 책, 278.
39 앞의 책, 278.
40 앞의 책, 282.
41 앞의 책, 282.
42 꼬르벵, 『창부』, 288.

시행하는 행정주체로서 경찰이 그녀들의 인권을 억압하는 정도를 넘어서서, 필요한 경우 불법적인 감금과 체포를 서슴지 않았을 뿐만 아니라, 심지어는 경찰이 법적인 권위와 힘으로 그녀들을 "소유물"[43]로 만들어 버리는 사례가 빈번했기 때문이다. 경찰의 자의적인 감금제도는 "매춘부의 갱생에 있어서 극복할 수 없는 장애"[44]를 만든다. 왜냐하면 감금되었던 경찰의 기록이 그녀들을 계속 따라 다녀, 거의 반영구적으로 매춘부로 낙인찍히기 때문이다. 동일한 현상이 여성 성병환자들 전용시설인 "의료 형무소"[45]에도 적용된다. 한번 그곳에 입원했던 이는 사회적으로 매춘부가 되고, 그 낙인을 벗어버리기 어렵다.

하지만 이 자유주의적 공창제 폐지론자들이 뷔틀레의 도덕적 공창제 폐지론자들과 갖는 연속성은 바로 "혼인관계 이외의 성적 관계가 유죄라는 관념"[46]이다. 따라서 이들은, 도덕적 공창제폐지론자들과 마찬가지로, "동성애와 성도착"을 맹렬히 비난하면서, 이러한 패덕에 빠진 그녀들을 그 해악으로부터 해방시켜, "성의 질서"를 회복하고 "결혼과 가정을 보호"하자는 취지를 역설한다.[47]

> 여성을 해방시킬 필요가 있다면 그 여성은 아내의 자리에 있을 수 있어야 하고, 그렇게 함으로써 정숙한 여성으로 거듭날 수 있는 것이다. … 창가가 비난의 대상이 되었던 것은 특히 노동자가 그것으

---

43 앞의 책, 291.
44 앞의 책, 292.
45 앞의 책, 293.
46 앞의 책, 288.
47 앞의 책, 288.

로 인해 결혼에 등을 돌리는 경향을 보였기 때문이다.48

그러나 이들은 도덕적 공창제 폐지론자들과 달리 매춘행위 자체를 죄악으로 보는 대신, "개인의 성관계에 대한 국가의 간섭을 거부"했고, 따라서 "사적인 매춘행위가 공중의 눈에 띄지 않는 한 그것을 인정해야 한다"라고 주장했다는 점에서 달랐다.49 심지어 더 나아가『매춘』을 저술한 이브 귀요는 "남성들이 자유롭게 자신의 두뇌와 신체를 사용하듯이, 여성들도 자신의 육체와 미를 자유롭게 활용할 수 있는 권리를 지녀야 한다고 생각"50하기도 했다. 즉 이 급진주의자들의 공창제 폐지론은 근대 도덕의 기초단위인 가족주의 담론의 굴레를 벗어나지 못한 한계를 지니고 있기는 했어도, 이들은 매춘을 법적으로 규제하는 것은 사태해결에 전혀 도움이 안 된다는 점을 부각시켜 주었다. 오히려 사회를 도덕적으로 정화하고자 한다면, 각자가 자기 스스로를 컨트롤할 수 있는 능력을 교육을 통해 함양할 수 있도록 하고, 이를 통해 성적 질서의 회복을 도모해야 된다고 보았다. 이점에서 공창제폐지론자들은 도덕적 공창제 폐지론자들보다 더 도덕적이었다.

이들의 자유주의적 공창제 폐지론은 "경험적 사회학에 의거한 이론"으로서, "공적 위생기관에 소속된 의사들의 조사결과"나 "경찰간부들의 경험"에 전혀 의존치 않았다.51 즉 이들이 지키고 싶은 인권은 이론적 추상의 산물로서, 매춘부들의 삶을 깊이 들여다보고 그녀들의 인

---

48 꼬르뱅,『창부』, 288.
49 앞의 책, 289.
50 앞의 책, 289.
51 앞의 책, 287.

권을 회복시키고자 하는 열망으로부터 비롯된 것이 아니라, 이론의 보편적 추상의 산물로서 보편 인권 개념을 지키기 위해 예외 없이 매춘부들에게도 인권 개념을 적용한 인상이 짙다.

여권주의자들은 특별히 1989년과 1901년 사이 프랑스의 공창제 폐지운동에 적극적으로 참여하였다. 하지만, 앞서 언급했듯이, 이들의 적극적인 참여가 매춘여성들의 목소리를 듣고 경청하는 데에서부터 시작하기보다는 여성의 권리 신장이라는 크고 거대한 주제 아래 매춘여성의 인권회복이라는 주제를 하나 더 갖고 있었을 뿐이라는 인상이 짙다. 아울러 사회주의자들은 공창제 폐지운동에 다소 소극적이었다. 왜냐하면 매춘의 근본적 원인은 자본주의적 구조의 모순이기 때문에, 자본주의적 구조의 전복과 파괴를 동반하지 않는 어떤 해방 운동도 결국 무의미할 것이기 때문이다. 즉 사회주의자들에게 매춘이라는 문제는 "부차적인 문제"[52]였다. 이러한 유보적 입장에는 "귀족이나 부르주아 출신의 엄격한 신교도들과 진보주의자들 그리고 급진주의자들이 포함"[53]되어 있었다.

매춘여성에 대한 가장 급진적인 입장은 무정부주의자들이었다. 그들은 "매춘 그 자체가 노동"[54]이라는 인식을 갖고 있었다. 말하자면, "저녁이면 고객에게 자신의 몸을 팔아 부족한 급료를 보충하는 양장점의 여공은, 일을 끝낸 후 집에 돌아와서 자신의 가계부에 수입 상태를 기록하는 사무원과 다를 바가 없"[55]다는 것이다. 이들은 자본주의적

---

52 꼬르뱅, 『창부』, 303.
53 앞의 책, 303.
54 앞의 책, 306.
55 꼬르뱅, 『창부』, 307.

구조의 사회 속에서 매춘이 감당하는 삼중의 기능을 잘 파악하고 있었다: 이들에 따르면, 1) 매춘은 "부르주아 가족의 구조를 통해 그리고 부르주아층의 도덕 향상을 위해 필요한 존재"[56]가 된다. 즉 "부르주아층의 부녀자들이 젊은 남성들의 성적 욕구의 대상이 되어서는 아니되기 때문"[57]에 자본주의 사회에서 매춘부의 존재는 필수적이다. 2) 매춘에 대한 규제는 "그 사회에 대해 실업상태에 있는 불안정한 무리들로부터 그 제도의 감시하에 놓일 부녀자들의 일정 몫을 분리해내는 이점"[58]을 갖는다. 즉 누구를 감시하고 규제해야 하는지를 확실하게 만들어준다는 말이다. 3) 따라서 자본주의는 "공리주의적인 매춘, 즉 〈빈약한 남성들의 배수구〉라는 매춘의 확산을 촉진"[59]한다는 점을 무정부주의자들은 잘 파악하고 있었다. 이 무정부주의자들은 "매춘의 기능을 인정하면서 매춘부를 사회에 재통합시키기 위해 참된 노력을 경주했던 유일한 사람들"[60]이었다. 무정부주의자들은 매춘문제의 사회적 해결을 위해 "노동조합의 가입"[61]을 권면했다. 말하자면, 공식적으로 노동조합에 가입해서 집단으로서의 힘을 결성해 낼 수 있을 때, 그녀들은 자신들의 문제에 대해 스스로 말할 수 있고 그리고 대안적 사회구조를 만들어 나가는 일에 (성공하든 실패하든) 참여하고 협력할 수 있는 길이 열리기 때문이다. 이들이 매춘의 규제에 반대하는 이유는 결국

---

56 앞의 책, 307.
57 앞의 책, 307.
58 앞의 책, 307.
59 앞의 책, 307.
60 앞의 책, 309.
61 앞의 책, 310.

온전한 도덕성의 회복이란 "사회 전체의 변혁"[62]을 동반하는 일이며, 이것이 이루어지지 않는 한 매춘 문제의 근원적인 해결책이란 없다고 생각했기 때문이다. 하지만 역설적으로 이 무정부주의자들의 입장은 가장 사회적으로 파급효과가 적었다.

IV. 신규제주의의 대상과 목적

신규제주의는 매춘녀 규제의 정당성을 도덕적인 이유들이 아니라, 의학적이고 보건위생적인 근거에서 찾았다는 점에서, 소위 지식과 권력의 공모관계를 보여주는 샘플이 될 것이다. 하지만 이러한 정당성의 근거가 달라졌음에도 불구하고, 규제의 대상은 전혀 바뀌지 않았다는 점에서 우리는 성매매 여성들을 위한 법적 조치가 무엇을 의미하는지 속 깊이 생각해 볼 필요가 있다. 공창제 폐지운동의 시대가 이내 종말을 고하고 신규제주의의 시대가 열린 계기는 1870년에서 1880년까지의 10년 동안 광범위하게 확산되고 있었던 성병 문제였다. 특별히 19세기 말과 20세기 초엽의 10년간은 "성병의 황금시대"[63]였다. 매독에 대한 치료제가 완전히 개발되지 않은 상황에서 성병 감염은 생물학적 불안감을 야기하는 데에서 더 나아가 인류의 재앙적 종말에 대한 두려움으로까지 이어졌다. 당시 매독은 "전염성이 높"고 "오래 지속되는 병"으로 두려움을 자아내고 있었고, 고대의 천연두처럼 "자손에게 전

---

62 꼬르벵, 『창부』, 310.
63 앞의 책, 331.

염이 되고 무수히 많은 기타 질병들의 원인이 된다는 생각"[64]이 널리 퍼져 있었다. 출산 중에 사산하는 경우가 있으면, 이는 어머니의 매독 감염 때문으로 간주되었다.[65] 더구나 당시의 조사들은 매독이 빠른 속도로 각지에서 증가하고 있음을 나타내고 있었다. 이런 두려움은 사회적으로 '면역적 거부반응' 즉 이질적이고 외래적인 것에 대한 거의 맹목적인 배타심을 자아내고, 아울러 이러한 두려움의 근원이 되는 원인을 지목해 내면서 '마녀사냥'을 시작한다. 이런 상황에서 성병의 원인은 명백했다. 바로 그녀들이었다. 성병의 심각성을 알리는데 큰 역할을 한 사람은 모리악 박사인데, 그는 남프랑스 지방 병원들에서 성병환자의 진료에 입회한 다수 의사들의 의견을 참고해서, "매춘행위의 변동 상황을 측정"[66]하고, 이것이 경기변동과 맺는 상관성을 추출한 다음, 이를 확장하여 성병의 발병률과 연관시켰다. 그의 이 이론을 역추론하면 "경제적 불황이 성병을 억제한다는 결론"[67]을 억측해 낼 수도 있다. 그는 여기서 머물지 않고, 더 나아가 성병의 발병률이 "매춘부의 체포수치나 등록자수치와 반비례한 반면에 행방불명자의 수치와 비례"[68]한다고 주장하였다. 여기서 행방불명자란 공창 등록의 네트워크에서 행방이 사라진 매춘부를 가리킨다. 즉 그들이 실제로 사라졌다는 것이 아니라, 경찰의 관리와 감독의 손아귀에서 사라졌는데, 이런 매춘부들의 숫자가 늘어나면, 성병 발병률이 높아진다는 결론을 자기가

---

64 꼬르뱅, 『창부』, 331.
65 앞의 책, 332.
66 앞의 책, 313.
67 앞의 책, 314.
68 앞의 책, 314.

구성한 데이터에 근거해 주장한 것이다. 모리악의 이 연구는 결국 성병의 발병을 예방하거나 억제하려면, 성병의 원인이 되는 매춘부들을 내버려 둘 것이 아니라 관리 감독해야 한다는 결론으로 나아가고 있다. 하지만 이전에 실패한 규제주의의 모델이 도덕적 정당성에 근거해 규제의 필요성을 역설했던 것과는 달리, 이 신규제주의는 성병에 대한 과학적 관리와 치료를 명분으로 제시되고 있다는 점에서 달랐다.

신규제주의 모델 창출에 기여한 결정적인 계기는 1878년 만국박람회 개최였다. 행사에 즈음하여 파리에는 수많은 외국인들과 지방 사람들이 모여들었는데, 이때는 바로 공창제폐지 캠페인이 "최고조에 달해 있던 시기"[69]였고, 이 캠페인의 분위기 때문에 경찰은 매춘 단속을 완화할 수밖에 없었다. 결과적으로 이 즈음하여 성병 감염률은 "전대미문의 수치"[70]에 도달했고, 이는 곧 매춘을 규제하고 단속해야 하는 확실한 이유를 제공하는 계기가 되었다. 따라서 전문가들은 "사회의 하층부에서 출발한 성병이 당시 빈축을 사고 있던 부르주아층뿐만 아니라, 순진한 사람들에게까지 확산"[71]되면서 성병에 대한 위험성이 증대되고 있다고 역설하고 있었다. 당시 A. 푸르니에의 보고에 따르면, 전체 매독환자들 중 20퍼센트에 해당하는 이들이 "정숙한 부인들"[72]이었다는 사실은 사회의 경종을 울리기에 충분했다. 당시 사람들의 뇌리에는 성병은 매춘과 연관되어 있었고, 따라서 성병에 대한 두려움은 곧 매춘에 대한 두려움과 불안감과 거부감으로 이어졌다. 그리고 이런 두

---

69 꼬르뱅, 『창부』, 314.
70 앞의 책, 314.
71 앞의 책, 316.
72 앞의 책, 316.

려움은 위생에 대한 경각심으로 이어지고 있었다.

신규제주의의 이론과 모델을 구성하는데 가장 결정적인 역할을 한 이는 프랑스 매독학의 선도적 연구자였던 "알프렛 푸르니에 교수"[73]였다. 그는 단지 성병의 위험성만을 고발한 것이 아니라, "그 병의 소멸을 위한 적절한 개혁안을 제안"[74]하는 임무를 짊어지고 있었다. 그는 당시 순진하고 정숙한 사람들의 성병 감염을 염려하면서, 불안감과 거부감을 조장하기보다는 오히려 "성병환자들의 인간적 처우에 필요한 동지애적인 정신"[75]을 요청했다.

푸르니에의 신규제주의 모델 제시가 이전이 규제주의 모델과 극적으로 다른 점은 바로 '규제'의 동기를 더 이상 "도덕적이고 정치적"[76] 내용으로 풀어나가지 않고, 오로지 의학적인 관심 즉 위생의 관점에서 제시하고 있다는 것이다. 따라서 신규제주의의 대상은 이제 매춘이 아니라, "매독의 전염"[77]이 된다. 따라서 성병을 "신의 정벌"이라고 규정하고, 성병환자를 치료와 동시에 체벌해야 한다고 생각했던 종래의 방식을 벗어나, 이제 "과학적 정신"[78]에 의거한 규제를 시도하게 된다.

아울러 신규제주의는 성병의 위험을 극복하기 위해 매춘에 관한 법률 제정의 필요성에 공창체폐지론자들과 의견을 같이 했다. 그리고 성병을 전염시키는 행위를 범죄로 규정하는 법안을 제안했다. 이전에 관

---

73 꼬르벵, 『창부』, 319.
74 앞의 책, 319.
75 앞의 책, 320.
76 앞의 책, 321.
77 앞의 책, 321.
78 앞의 책, 321.

행에 기반하여 이루어지던 단속의 기준들을 사법적으로 고정하여 시행하는 것을 골자로 한다. 이 사법제도는 "즉결재판소"를 의미하는데, 검문에 불응하거나 길거리에서 호객행위를 하다 체포될 경우, 매춘부의 등록을 취소할 수 있는 권한을 경찰에게 부여한다. 결과적으로 이 신규제주의의 이러한 법적 조치들은 "경찰 권력의 남용을 없앤다는 명목으로 근본적으로 억압을 정당화"[79]하는 측면이 더 강했다. 즉 신규제주의는 "청소기로 매춘부를 제거하는 기계적 제거"였고, "동시에 전통적인 규제주의의 재강화"를 의미하는 것이었다.[80] 차이가 있다면, 신규제주의는 과학적 정당성과 법적 근거를 갖추게 되었다는 점이다.

신규제주의 모델을 확립한 것은 1899년 브뤼셀에서 열렸던 회의였다. 성병에 대한 신규제주의적 투쟁은 1901년에 설립된 "의학적·도덕적 성병예방대책 프랑스협의회를 중심으로"[81] 이루어졌다. 이 협의회의 설립 목적은 "공식적으로 도덕향상을 목적으로 하는 의학적 대책마련"이었고, 이는 곧 "성병에 대한 적절한 조치를 강구하고, 이런 목적으로 창립된 국제적 단체들과 연계하여 성병에 대한 투쟁을 벌이는 것"[82]이었다. 이들은 성병예방의 가장 확실한 대책은 "결혼"[83]이라고 단정했고, 이의 전제는 결혼 전의 순결한 상태였다. 따라서 혼전 성관계를 도덕적으로 정죄하는 프로그램을 가동하였다. 신규제주의의 주장은 사실 단순하다:

---

79 꼬르뱅, 『창부』, 324.
80 앞의 책, 324.
81 앞의 책, 334.
82 앞의 책, 335.
83 앞의 책, 335.

성병환자가 증가하고 있다. 그런데 매춘부의 의학적 관리에 의해 공창의 성병 발병률은 감소되고 있으며, 이러한 사실은 성병에 걸린 공창들이 소수에 불과하다는 것과 〈평형의 법칙〉을 증명한다. 이 법칙에 따르면, 특정지역에서의 남성의 성병 발병률은 풍속경찰의 활동이나 권한 강화에 반비례한다는 결론이 나온다. 따라서 공창들에 대한 감시체제를 유지·강화할 필요가 있다는 것이다.[84]

성병 즉 매독에 대한 공포가 확산되면서 성적 쾌락을 추구하는데 커다란 심리적 장애물로 작동하고 있었고, 이는 "기독교적 죄악감"[85]으로 경험되었다. 바로 여기에 신규제주의의 근원적 모순이 자리 잡고 있다. 규제의 정당성을 도덕적 가치관으로부터 부여했던 규제주의를 극복하는 모델로서 제시된 신규제주의는 역설적으로 그러한 규제주의의 이념적 토대를 이제 과학 특별히 의학적 지식을 통해 더욱 더 공고하게 정당화시켜 주고 있었던 것이다. 이 이면에는 근대의 가족주의에 근거한 도덕성의 모델이 자리 잡고 있었다. 따라서 사랑을 파는 아가씨들을 성병의 원인으로 마녀화하고, 그녀들을 규제하는데 과학을 동원하면서도, 이 규제는 결코 성매매 행위의 근절이나 제거를 도모하는 것이 아니라, 쾌락의 방출구를 열어 놓는다. 그리고 그녀들과의 접촉을 기독교적 도덕으로 "죄"로 규정하면서, 성적인 죄악의 이중구속을 강화시켜 나간다. 무언가를 금하는 법은 위반의 욕망을 더욱 더 강하게 자극하기 때문이다. 결국 신규제주의는 그녀들의 목소리를 듣거나 대

---

84 꼬르벵, 『창부』, 343-344.
85 앞의 책, 345.

변하는 데에는 전혀 관심이 없다. 이 죄의 이중구속이 담지한 힘을 통해 시대의 권력을 동반한 감시와 통제의 힘을 강화시키려는 속내만이 있을 뿐이다. 그리고 의학적 지식은 이러한 감시와 통제의 구조를 정당화시켜내는데 기여하고 있었다.

V. '사랑을 파는 아가씨'들의 이중적 억압구조의 극복을 위한 성찰

가장 우선적으로 '우리'가 기억해야 할 것은, '성매매 여성'이란 단어 속에 '우리'와 '그들'이라는 이분법적 구별이 무엇보다 앞서 창출된다는 점이다. 이를 통해 그들을 경멸하건, 동정하건 우리는 속절없이 그들과 구별된 사람이 된다. 따라서 우리의 입장에서 그들을 동정하여 발언하거나 대변하려는 노력이 있을지언정, 그녀들의 이야기를 그들 자신의 목소리로 전달하지는 않는다. 하지만 "개인적인 것이 정치적인 것이라는 급진적인 정치적 페미니즘의 근본 명제에 따라, '창녀'인 그들과 '여성'인 우리를 분리시키는 것이 전적으로 기만적이라는 사실, 가부장제의 거짓말이라는 사실을 알아야 한다."[86] 사실 "가부장제의 거짓말"이라는 배리의 주장은 다소 과장이 있다. 인간이 세계를 인식하는 근원적 시스템 혹은 기제의 문제인지도 모른다. 화이트헤드가 말하는 "잘못 놓인 구체성의 오류"(the fallacy of misplaced concreteness)는 우리의 언어를 매개로하는 세계 인식은 언제나 이 잘못 놓인 구체성

---

86 배리, 『섹슈얼리티의 매춘화』, 28.

의 오류를 범한다고 경고한다. 따라서 그녀들과 우리를 구별하는 장벽은 사실 이 근원적 오류로부터 비롯된다. 우리의 경험은 구체적이고 생생하지만, 그러나 명쾌하고 분명하지 않아서, 우리는 언어를 통한 범주화와 경계 짓기를 시도한다. 그런 가운데 구체성을 담지한 경험이 추상적인 언어로 담겨지게 되면서, 우리는 추상적 언어가 구체적인 경험이라고 잘못 알게 되는 것이다. 즉 우리의 언어적 추상이 그어놓은 경계선을 실재의 경계선으로 간주하는 것이다. 그래서 그녀들은 저기에, 우리는 여기에 있다. 규제주의자들의 발상이 처음 시작될 수 있었던 것은 바로 우리의 "사회적 상상"(social imagery)[87] 속에 그녀들은 우리가 아니라는 당연하고 확고한 사회적 상상이 작동했기 때문이다. 그녀와 우리들 간에 경계가 설정되면, 이제 다음 단계는 그녀들을 대상으로 환원시키는 작업이 작동한다.

살아있는 인간 존재가 소비를 위한 대상으로 환원되어 격하되는 과정을 '대상화'(objectification)라고 말할 수 있으며, 이는 말하자면 '타자에 대한 폭력'이 된다. 말하자면, 매매춘 행위 속에서 "인간이 육체로 환원되고, 동의가 있건 없건 타인의 성적 서비스를 위한 도구로 화할 때, 거기에는 이미 인간에 대한 폭력이 자행된 것"[88]임을 의식할 필요가 있다. 즉 매춘을 하는 여성이 자발적으로 했느냐 강제적으로 했느냐에 따라 '폭력'이 규정되는 것이 아니라, 이미 인간의 몸을 성적 서비스를 위한 소비대상으로 간주하는 것 자체가 폭력이라는 것이다. 성적 대상화는 주/객의 경계를 넘나들며 연결되어 있는 인간의 경험을 파괴

---

[87] 찰스 테일러/이상길 옮김, 『근대의 사회적 상상: 경제, 공론장, 인민주권』 (서울: 이음, 2011), 43.
[88] 배리, 『섹슈얼리티의 매춘화』, 43.

하고, 따라서 관계 자체를 파괴한다. 왜냐하면 섹스는 "인간적 의사소통"[89]이지, 결코 억제되지 않는 (동물적) 욕구나 충동이 아니기 때문이다. 섹스는 "인간, 즉 자아의 핵심적인 차원"[90]이다. 그래서 섹스가 "가질 수 있는 물건"으로 간주될 때, "인간은 사물이 된다."[91]

매매춘의 경우 이러한 인간의 대상화는 대상을 바라보는 주체의 시선에서만 작동하는 것이 아니다. 매춘부는 자신의 행위 속에서 스스로 자발적으로 자신을 대상화시키게 된다. 이를 배리는 네 가지 과정으로 세밀하게 구별해 주고 있다. 즉 "① 거리두기(distancing), ② 이탈하기(disengagement), ③ 분리하기(dissocation), ④ 탈신체화(disembodiment)."[92]

'거리두기'(distancing)란 매춘 여성이 매춘행위를 위해 "자기 자신에 대한 감각, 즉 자신에게 고유한 인간적이고 개인적인 정체성과 자신이 누구인지를 아는 방법"을 자신의 행위로부터 "거리를 두"는 것을 말한다.[93] 자신의 본래적 정체성으로부터 스스로 거리를 두고, 이제 자신을 "폐기 처분된 사람"[94]으로 간주하는 것이다. 이탈이란 "자신들의 몸과 섹슈얼리티가 수반되는 상품의 교환에서 자신을 분리시킴으로써 감정적인 거리를 만"들고, 그래서 그녀들은 자신들이 소비되는 그곳으로부터 "이탈"하는 것을 가리킨다. 이 이탈은 "의식적이고 의도적인 행

---

89 배리,『섹슈얼리티의 매춘화』, 49.
90 앞의 책, 54.
91 앞의 책, 54.
92 앞의 책, 50.
93 앞의 책, 51.
94 앞의 책, 51.

위"[95]이다. 이러한 이탈을 보다 자연스럽게 수행하기 위해 마약류나 술을 흔히 이용하기도 한다. 즉 자신의 몸의 경험으로부터 이탈하여, 몸에서 느껴지는 감각과 경험들을 자기 스스로 타자화시켜 버리는 것이다. 그리고는 '돈'을 위해서라면 무엇이든지 가능하다고 자위한다. 분리하기는 상품으로 소비되는 자신의 몸의 경험을 분리하여, 마치 자기 자신을 몸과 분리된 것으로 간주하는 것이다. 매춘 행위에서 이루어지는 모든 행위를 자기 자신의 몸의 경험으로 받아들이기를 거절하는 것이다. 그래서 그녀는 팔수 있는 상품으로 잘라지고 분리되어 버린다. 이는 최종적으로 탈신체화로 이어진다. 그녀는 성 행위 중에 자신이 이것을 진정으로 좋아하고 욕망하는 듯한 몸짓을 요구받는다. 이를 위해 그녀는 연기를 해야 한다. 마치 자기 자신이 아닌 다른 사람으로 말이다. 이는 자신의 몸으로부터의 완전한 이탈을 요구한다. 내 몸이 나의 의지와 욕구로 움직여지는 것이 아니라, 자신을 상품과 대상으로 간주하는 상대를 위해 움직여지고, 그의 욕망을 위해 사용되어지기 때문이다. 이러한 과정들은 결국 그녀가 자신을 지키기 위한 과정이다:

> 매춘에서 탈신체화하기 위한 방법으로 자신의 자아와 거리를 두는 것은 한계를 설정하고 구매자에 대한 방어벽을 세우기 위한 노력이다. 또한 자신이 만들어 낸 상품으로부터 자신을 구분하기 위한 노력이다. 한계를 설정하는 것이 자신이 상황을 통제하고 있다는 착각을 만들어 내기도 할지라도, 이것은 자아를 지키기 위해 통제를 유지하려는 최소한의 노력이다. 이 한계가 무너지면 자아는 버려진다.[96]

---

95 배리, 『섹슈얼리티의 매춘화』, 52.

사실 매매춘의 경우가 아니더라도, "서로에게 상호적이지 않으며 상대로부터 분리된 섹스"는 여성을 "관계로부터 이탈시키고 분리시키고 탈신체화"시킨다.97 정신분석학자 자크 라캉은 다른 맥락에서 '성관계는 없다'고 주장했지만, 진정한 관계를 이루지 못한다면, 성 관계는 없다. 성적 행위는 그저 한쪽의 환상의 추구 혹은 욕망의 충족으로 환원될 뿐이다. 매춘의 경우는 사회적 구조로부터 강제된 측면들이 그녀의 탈신체화를 더욱 더 소외감 있게 느껴지도록 만든다.

대상으로 환원되어버린 그녀들을 위해 우리는 무엇을 할 수 있을 것인가? 우리의 모든 근대적 혁명은 '주체'를 전제한다. 하지만 '사랑을 파는 아가씨들'은 스스로 대상화되어버린 그래서 주체의 능력을 상실한 이들이다. 이들을 향한 진보 담론의 권면은 공창제 폐지운동에서 언급된 무정부주의자들의 것에 가장 가깝다. 스스로 주체가 되어 말하라는 것이다. 하지만 역사에서 이탈된 혹은 누락된 이들은 주체로 설 수 없는 구조적 불가능성에 놓여있다. 스피박(Gayatri Chakravorty Spivak)은 이런 대상을 "서발턴"(the subaltern)이라고 명명하였다. 그람시의 이론으로부터 유래하는 서발턴은 '하위주체'로 번역되기도 하지만, 스피박이 말하는 서발턴은 그러한 주체가 될 수도 없는 상황에 놓인 이들을 가리킨다. 그래서 그녀는 "서발턴이 말할 수 있는가?"라고 묻는다. 데카르트 이래 서구의 주체를 해체해 온 푸코와 들뢰즈의 이론들 속에서도 여전히 은밀하게 주체가 재구성되면서, 스스로 말하기의 전략이 권면되는 상황이 재연되고 있다. 저항과 탈주를 말하는 들뢰즈

---

96 배리, 『섹슈얼리티의 매춘화』, 62.
97 앞의 책, 88.

의 담론 속에서도 여전히 이전의 근대적 주체들처럼 결국은 자신의 목소리, 자신의 영토를 찾으려는 주체적 노력이 요구된다는 말이다. 하지만 그 어떤 노력들조차 자신들의 영토를 찾아줄 수 없고, 그래서 자신의 목소리조차 잃어버린 서발턴들에게 이러한 푸코와 들뢰즈의 담론은 대안이 아니라고 비판하면서, 스피박은 단호하게 선언했다: "서발턴은 말할 수 없다."[98] 우리들의 그녀들도 스스로 말할 수 없다. 그녀들에 대한 나의 언어는 속절없이 구부러지고 뒤틀리고 왜곡될 수밖에 없다. 아마도 그녀들은 '우리들'이 살아가는 세계의 실재(the Real)를 보여줄 것이다. 하지만 그 실재는 우리들의 세계 구조 속에서 왜곡되고 뒤틀린 형상으로 드러날 수밖에 없고, 그래서 우리는 그 실재를 비뚤게 보아야만 간신히 그 형상을 확인할 수 있을 것이다.

그럼에도 불구하고, 우리는 스스로를 말할 수 없는 존재를 위한 "대변인"(spokesperson)이 되어야 한다는 부르노 라투르의 말을 따라, 그녀들을 대변해야 할 것이다.[99] 우리의 대변이 결코 그녀들을 재현하는 것이 아님을 명심하면서, 우리의 언어가 언제나 잘못 놓인 구체성의 오류를 따라 작동하고 있음을 명심하면서 말이다. 그녀들을 향한 우리의 대변은 그녀들이 상품으로 판매되고 있는 왜곡된 구조의 정화나 개선으로부터 시작되어서는 안 된다. 오히려 우리의 성(sexuality)이 언

---

98 로절린드 모리스 엮음/태혜숙 옮김, 『서발턴은 말할 수 있는가?: 서발턴 개념의 역사에 관한 성찰들』(서울: 그린비, 2016), 490.

99 Bruno Latour, *Politics of Nature: How to Bring the Sciences into Democracy*, trans. Catherine Porter (Cambridge, MA: Harvard University Press, 2004), 62-70; 특별히 라투르는 자신의 목소리를 주체적으로 낼 수 없는 '자연'을 위한 대변인이 되어야 한다고 주장했다는 점에서, 성매매 여성의 대변인 역할에 적용 가능한 이론이라 생각된다.

제나 이성애적 구조로 고착되어, 존재하는 모든 인간을 (욕망의) 남자와 (욕망의 대상으로서) 여자로만 파악하려는 '잘못 놓인 구체성'의 오류를 인식하는 일에서부터 시작해야 할 것이다. 이는 프로이트 이래 서구의 성 이해가 성적 욕망의 권력질서를 통해서만 파악하는 왜곡된 구조로부터 비롯되는 탓이다. 사람은 성적인 남자와 여자로만 존재하지 않는다. 엄마, 아빠, 아들, 딸, 자매, 형제, 선생, 학생, 직장인, 기사, 아저씨, 아줌마 등 반드시 성적인 욕망이 투영되는 것이 아닌 존재로 우리는 더 많이 존재한다.

우리는 '성관계'라는 말을 사용하기도 한다. 이는 사실 성(sexuality)이란 적어도 인간이라는 생물 종의 수준에서는 관계에 이르는 한 길을 의미할 수도 있음을 함축한다. 하지만 성을 생물학적 욕망의 충족기제로만 파악하는 서구적 성 이해 아래서 우리는 라캉이 말한 대로 '성관계는 존재하지 않는' 세계를 살아간다. 즉 성을 통한 관계의 형성은 없다. 관계를 빌미로 성적 욕망을 충족하는 일만 벌어질 뿐이다. 이러한 도착적이고 왜곡된 성 이해가 궁극적으로 비틀고 있는 것은 여성이라는 대상뿐만이 아니라, 보다 근원적으로는, 남성이라는 대상을 잘못 투사한다. 그래서 남성은 이 왜곡된 이해 구조 안에서 결코 남성에 이르지 못한다. 사회적으로 왜곡되게 학습된 남성상에 이르며, 남자다운 남자가 되기 위해 무한경쟁과 적자생존의 이치를 자연의 이치라고 착각하며, 그러한 경쟁의 전리품으로서 여성을 욕망하는 엉뚱한 남자가 된다.[100] 우리의 이 잘못된 자기 이해로부터 그녀들의 대변을 시작해

---

100 토니 포터/김영진 옮김, 『맨박스: 남자다움에 갇힌 남자들』(*Breaking Out of the "Manbox": The Next Generation of Manhood*) (서울: 한빛비즈, 2016), 19-23.

야 할 것이다. 여자는 존재하지 않는다. 이 왜곡된 구조 안에서는 말이다. 오로지 여성(女性)만이 존재할 뿐이다. 욕망의 대상으로서 우리의 환상 속에서 말이다.

| 2부 |

세대와 문화의 소수자

노인

소수자로 전락한 노년 세대에 대한 사목적 배려

김 혜 경 *

　한국 사회에서 50대를 전후한 세대, 어쩌면 그보다 조금 앞선 베이비붐 세대를 두고 "부모를 부양하는 마지막 세대이고, 자식으로부터 외면 받는 첫 세대"라는 말이 회자된 적이 있다. '부양'과 관련하여 세대 간 관계를 단적으로 지적한 말이라고 할 수 있다.

　'부모부양'과 관련하여 최근에 나타나는 형태는 여러 가지 유형이 있다. 며느리나 딸 혹은 가족 중 누군가가 부양에 전담하는 투신형 가정 부양의 경우, 가정에서 모시되 노인 장기요양등급을 받아 하루 4시간씩(박근혜 정부 말기에 관련 법이 바뀌어 하루 3시간으로 조정) 요양사가 방문하여 일정부분 돌봐주는 경우, 요양원에 의탁하여 전문가의 도움을 받는 경우 등이 그것이다. 요양원으로 모시는 경우라도 그 비용을

---

* 전 대구가톨릭대학교 인성교육원 강의전담교수, 선교신학・선교역사

대부분 자녀들이 부담하기 때문에 결국 경제적인 부양을 계속한다고 할 수 있다. 시간, 노동, 비용 등 여러 면에서 자녀들은 부모부양에 대한 의무를 다해야하는 현실에 직면해 있는 것이다. 동시에 부모의 입장에서는 길어진 수명과 함께 고통을 인내해야 하는 시간이 그 만큼 길어져 그 또한 부담으로 다가오는 것이 사실이다. 죽어지지 않는 현실을 받아들이지 못해 노인 자살률이 해마다 증가하는 이유다.

프란치스코 교황은 아르헨티나의 부에노스아이레스 대교구에서 교구장으로 있던 시절부터 사회의 고령화 현상에 관심을 가지고 '노인사목'에 대한 견해를 피력해 왔다. 노인세대는 젊은 세대의 '지팡이'로서, 그들의 풍부한 경험과 삶의 경륜이 사회발전의 밑거름으로 작용할 수 있다는 점을 강조하며, 사회시스템을 고령화 단계로 조정할 것을 꾸준히 제안하였다. 동시에 젊은 세대들이 노인세대들을 어떻게 보아야 하는지에 대한 의견도 수차례 내놓았다.

본고는 자본주의 사회에서 경제활동을 하지 않는 노인세대들의 고충을 들여다보고, 그들의 현실적인 문제와 관련하여 몇 가지 사목적 배려에 대해 생각해 보고자 한다. 이를 위해, 먼저 한국의 유교문화 안에서 강요되는 '부양의무'에 대한 사회적인 이해와 현재 노인세대들이 겪는 가계부채의 현실을 진단해 보려고 한다. 그런 다음, 과학 기술의 발달이 가져온 의학 산업의 혁신으로 도래한 '장수시대'가 행운인지 불행인지에 대한 인문학적인 성찰을 시도한다. 이런 진단과 성찰은 고령화의 세계화 시대에 노인세대들이 겪는 경제적·정신적 빈곤에 나름의 대안을 모색하고, 교회의 사목 방향 설정에 도움이 되리라고 믿는다.

I. '부양의무'에 대한 한국적인 이해

'부양의무'와 관련하여 들여다 볼 것은 우선 '부양의 내용'이다. 기본에 해당하는 정서적 지원 외에도 청소, 식사준비, 세탁 등의 수단을 통한 도움, 수발지원·정기 혹은 비정기적인 현금지원과 현물지원 등 경제적 도움을 대표적으로 들 수 있다.

본고는 효(孝)를 중요한 가치로 간주하는 유교문화 속에서 부양자 상호간의 '경제적 지원'을 중심으로 살펴보기로 한다.

'부양의무'라고 하는 것은 직계혈족 사이에서 발생하는 서로에 대한 '책임'이다. 직계혈족이라 함은 부모와 자녀, 배우자를 포괄한다. 요컨대 부모는 미성년자 자녀에 대해서, 자녀는 혼자 힘으로 생활하기 힘들어진 부모에 대해서, 부부 상호간에 대해서 부양할 의무가 있는 것이다. 성년 자녀라 할지라도 정상적인 경제활동이 불가능할 경우, 예컨대 장애가 있다거나 기타 특정 사유로 인하여 경제활동이 불가능할 경우, 그 부모는 성년자녀를 부양할 의무가 있다고 보기도 한다.[1]

한국 사회는 통념상 고령의 부모에게만큼은 결혼하여 나름의 가정을 꾸리고 있다고 할지라도 지속적인 부양의무를 갖고 있다. 그리고 그 범위는 장남이냐 차남이냐 혹은 딸이냐의 구분의 차이가 과거에 비해 훨씬 줄어들었지만, 부모 부양의무 그 자체는 여전히 자녀의 몫이라는 점은 크게 변함이 없다. 자녀 부양의무에 비해 부모 부양의무가 사회 문화적인 구속력이 크다는 것이다. 자녀는 효(孝)와 불효(不孝) 사

---

[1] 〈부양의무, 도덕의 영역을 대신한 법의 모습〉, BIG ISSUE KOREA에 2015년 11월: http://law-for-you.tistory.com/20에서 인용.

이에서 사회 문화적인 통제를 받는 것이다.

'부모 부양의무'에 대한 헌법(민법 제977조)과 국민기초생활보장법(제46조)을 들여다보면, 한국은 경제협력개발기구(OECD) 회원국들 중 자녀에게 부양의무를 떠넘기는 거의 유일한 나라로 보인다. 자녀 부양 의무도 부모에게 떠넘기는 비율이 다른 OECD 국가들에 비해 훨씬 높다. OECD 대부분의 국가들이 우리의 국민기초생활보장제 같은 정부 차원의 빈곤층 지원제도를 가지고 있으나, 그 지원 대상을 따질 때, 다른 국가들은 신청자와 그 배우자의 소득과 자산만 조사할 뿐 자녀와 손자녀들은 물론 형제들까지 조사하지는 않는다. '핵가족' 개념이 비교적 철저하기 때문에 이혼한 부모가 미성년 자녀에 대한 부양 의무를 안 지키는 경우는 강력히 제재하지만, 기혼 자녀와 부모 간의 부양 의무를 법적으로 강제하지는 않는다.2

부양비는 가족공동체의 경제적 안정성과 연관된 지표로서 삶의 질 수준을 결정하는 중요 변수다. 자녀와 노인 세대 사이에 끼여 두 세대를 한꺼번에 책임지며 양쪽 모두에 대한 부양의무를 완수해야 하는 세대의 경우, 자녀의 교육 문제와 부모에 대한 효(孝)의 실천에서 오는 많은 현실적인 문제들로 그들은 자신의 삶을 제대로 살지 못하기도 한다. 그들에게는 부양의무가 중대한 삶의 무게로 작용하기 때문이다. 이것은 우리사회가 직면한 심각한 저출산, 고령화 현상과 맞물려 점차 더 큰 문제로 다가올 것이라는 예측이 일반적이다. 특히 지속적인 출산

---

2 김정수, "돌보지 않는 빈곤⟨상/하⟩ 극빈층보다 못한 삶", 「중앙일보」 2010.04.22.: 독일·프랑스 등은 민법상 친척에 대한 부양책임을 규정하고 있지만 부양의무를 지우기 위한 소득이나 재산 기준은 없다. 대신 사회복지 전담 공무원이 여러 여건을 감안해 판정한다. 평균적인 생활 이상의 경제적 여유가 있다고 판단될 때만 부양 의무를 지운다.

율 저하와 생산가능 인구비중의 급감, 노인비중의 폭발적 증가로 인한 젊은 세대의 부양비에 대한 부담은 불확실성의 세계화와 맞물려 우리의 미래를 어둡게 예고하고 있다.

이런 상황에서 국가와 사회는 그것을 '가족의 문제'로 돌리며 전통 사회의 관습에 따라 개인에게 강제하고 있다. 개인은 '가족의 문제'라는 이유로, 또는 개인의 '효/불효'의 엄격한 도덕적 잣대 속에서 강제된 부양의무에서 벗어나지 못하고 있는 것이다. 이제는 다양한 사회, 경제, 문화적인 문제들과 얽혀 있어 어느 한 분야에서 접근한다고 해서 해결될 수 있는 문제가 아닌 상황이 되었다. 많은 사회적 요인과 변수들을 고려한 다각적인 접근과 성찰을 요하는 어려운 문제에 직면한 것이다.

그러므로 노인문제와 부양문제는 우리 모두의 과제이지 개인 혹은 특정 세대의 것으로 간주할 수가 없다. 개인의 관심에서부터 종교의 사목적 배려, 시민과 사회단체의 지속적인 관심과 지지가 필요한 이유다.

II. 고령세대들의 하류화

각종 통계자료와 미래를 걱정하는 학계는 21세기에 들어서면서 한국은 '고령화사회'에 진입했고, 2017년에는 '고령사회', 2026년에는 '초고령사회'에 접어들 것임을 예상한 바 있다.3 이미 고령화사회를 넘

---

3 유엔은 65세 이상 노인 인구가 전체 인구의 7%를 차지하면 '고령화사회', 14%를 넘으면 '고령사회', 20%를 넘으면 '초고령사회'로 분류하였다. 최인준, "'인구 지진' 20년 먼저 겪은 日本⋯ 기업 70%가 65세 이상 고용", (2016.09.18.); 홍근표, "노인사목의 실태

어서 고령사회에 진입해 있는 상황에서 생산인구 이후의 세대로 분류되는 고령자의 생활에 대한 관심이 증대될 수밖에 없다.

과거에는 자녀들의 부양을 받아 노후를 보냈지만, 핵가족으로 인해 가족 간의 유대가 느슨해져 아무리 부모의 희생이 크다고 해도 과거처럼 자녀에게 부양의무를 당당하게 요구할 수 있는 시대는 아니다. 또 사실상 의지할 수 있는 자녀가 적은 것도 사실이다. 대부분의 자녀가 계약직이거나 파견직, 무직자가 많은 노동현실에서 효(孝)라는 이름으로 자녀들을 바라보고 살 수도 없다. 사회적으로 빈부의 격차가 커지고, 보편적 복지가 묘연한 상황에서 시간과 함께 돈의 가치는 하락할 것이고, 비정규직 노동자의 하류화와 미혼율의 독거노인화는 충분히 예상되는 바다.

한국의 가구별 생활보호 수급가구 중 노인세대 가정의 수가 수년째 전체 일반세대에 이어 부동의 2위를 차지하고 있는 것은 한국 사회의 고령자 빈곤이 늘고 있다는 것을 의미한다. 일반세대가 2014년에 251,333 가구인데 비해, 노인세대가 236,548 가구로 높은 수치를 기록하고 있는 것이다.[4]

후지타 다카노리는 이런 고령자 빈곤층을 일컬어 '하류노인'[5]이라

와 과제", 「사목정보」 6(8), 미래사목연구소, 2013년 8월, 12.
http://news.chosun.com/site/data/html_dir/2016/09/18/2016091800132.html.

[4] 보건복지부, "국민기초생활보장 수급 현황", (최근 갱신일: 2016-07-27),
http://www.index.go.kr/potal/main/EachDtlPageDetail.do?idx_cd=2760.

[5] 일본에서 하류노인은 현재 700만 명 정도 있는 것으로 파악되지만, 이후에는 크게 늘어날 것으로 예상하고 있다. 이것은 비단 일본만의 문제가 아니라는 것이 후지타의 견해에 공감하는 가장 큰 이유다. 후지타 다카노리/홍성민 옮김, 『2020 하류노인이 온다』 (서울: 청림출판, 2016), 17 참조.

고 정의하였다. '하류노인'은 구체적으로 '생활보호기준 상당으로 살고 있는 고령자 및 그 우려가 있는 고령자'를 가리킨다. 미래 일본 사회 (2020년)를 예상한 것이나, 사실 노후절벽에 매달린 우리의 미래를 말해주기에도 부족함이 없다. 고용의 불안정과 보편적 복지의 부재로 야기되는 빈곤의 그림자는 '국민 전체의 노후 붕괴'를 우려하는 일본사회 못지않게 우리사회의 문제로 떠오르고 있기 때문이다. 한 마디로 '고령자의 빈곤=하류화'는 이미 시작되었고, 누구에게나 일어날 수 있는 현실적인 문제가 되었다. 삼중의 보장체계(국민연금, 기업연금, 개인연금)를 갖춘 일본에서도 이런 우려가 나오는 상황에서 기업연금과 개인연금이 활성화되어 있지 않고 국민연금 또한 믿을만한 것인가에 대한 의구심이 점차 고개를 들고 있는 상황에서 한국의 하류노인 문제는 일본보다 더욱 심각할 것으로 예상된다.

의학의 발달로 노인의 수명은 계속해서 길어지고, 예상대로라면 베이비부머 맏형들은 자신들의 연금이 고갈된 후에도 부모를 부양해야 한다는 계산이 나온다. 게다가 현재 한국에서 노인과 자녀가 함께 사는 비율은 전체의 28.4%다.[6] 1994년 54.7%에 비해 절반 가까이 감소한 수치다. 이 수치는 계속해서 늘어날 것으로 예상된다. 누구나 독거노인이 될 수 있고, 하류노인이 될 수 있다는 말이다.

2020년 하류노인 시대가 오지 않더라도 한국의 노인 절대 다수는 이미 가난하다. OECD 회원국 가운데 65세 이상의 빈곤율은 48.6%로 회원국 중 가장 높다. 2위인 아일랜드(30.6%)와 큰 차이를 보이고

---

6 정경희, 오경회 외 11, "보건복지부 정채보고서 2014-16", 〈2014년 노인 실태 조사〉, 116-120 참조.

있다. 노인 자살률도 한국이 1위다. 현재 한국에서 노인 부부만 함께 생활하는 세대는 44.5%, 독거노인은 23.5%다.7

현재 한국의 가계부채는 1,300조에 육박하는데, 이것은 향후 고령 노인들의 노인부채로 번질 수 있는 확률이 커질 수 있다는 것을 의미한다. 다시 말해서 세계 최고 수준의 고령화 속도와 꺾일 줄 모르는 가계부채 증가세가 결합된 상황에서 구조조정에 따른 조기 은퇴와 캥거루족의 증가 등이 맞물리며 50-60대의 생계형 부채가 눈에 띄게 증가하고 있는 것이다. 실제로 60대 이상의 부채 증가율은 전 연령대에 비해 가장 빠른 성장을 보이고 있다.8 그러므로 고령세대들의 가계부채 현실은 그들의 하류화를 대변한다고 할 수 있다.

III. 장수시대, 복(福)인가 화(禍)인가

'백세시대'를 의미하는 용어로 '호모 헌드레드'(Homo Hundred)라는 신조어가 있다. 오래 사는 인간에 대한 사회 문화적·인류학적인 성찰에서 나온 용어로 보여 진다. 생명공학과 의료기술의 발달은 질병으로 인해 죽음에 이르는 순간을 상당한 수준까지 늦추었고, '병원에만 가면 살린다!'는 말이 유행어처럼 번지고 있다. 죽음까지도 지연시킬 수 있을 만큼, 의학 분야의 기술은 크게 발전해 있다.

---

7 이혜운, "한국 '하류노인' 문제, 일본보다 심각", (2016.07.23.), 2016.11.09.일 검색, http://biz.chosun.com/site/data/html_dir/2016/07/22/2016072201342.html.
8 통계청 보도자료, 2015년 12월 21일자, 〈2015년 가계금융, 복지조사 결과〉, 40 이하 "은퇴연령층가구 빈곤율" 분석.

인간의 역사는 '죽음에 대한 공포'에서부터 시작되었다고 해도 과언이 아닐 정도로 다양한 분야의 업적을 가져왔다. '어떻게 하면 죽지 않을까'를 고민하는 가운데 '인간이란 무엇인가?', '인간은 어디에서 와서 어디로 가는가?', '어떻게 살아야 하는가?' 등의 물음이 시작되었다. 철학적인 이런 물음들에서부터 인간의 사유체계가 발달했고, 그에 대한 답을 찾으며 종교와 신학이 발전했다. 이후 의학, 과학, 심리학 등 많은 학문과 문화와 문명의 발달도 그에 대한 답을 찾는 과정의 하나라고 할 수 있을 것이다.

인간의 삶에서 '죽어감'은 살아 있으면서 느끼는 다양한 '죽음' 현상이라고 할 수 있다. 이별, 상실, 아픔, 질병, 노화 등은 인간의 '죽어감'을 표현하는 현상이고, '죽음'은 그것이 끝나는 지점을 의미한다.

동서양을 막론하고 막대한 부(富)와 권력을 손에 쥐었던 사람들은 하나같이 불로초(不老草)나 불사약(不死藥)을 찾아 헤맸다. 그럼에도 불구하고 인류의 역사는 '늙지 않는 인간', '죽지 않는 인간'에 대한 보고서를 내지 못했다. 현세를 영원히 누리고자 하는 것은 수천 년 된 인간의 꿈에 불과했다.

노화는 인간 육체의 어느 한 부분이 나이가 드는 것이 아니라, 몸의 모든 부분이 총체적으로 쇠락해진다는 의미다. 눈과 귀, 치아와 뼈, 혈관, 관절, 근육, 심장판막과 각종 내장기능이 현저히 떨어지고 감각이 축소된다. 그리고 이 모든 현상이 '정상'이라는 것이다.[9] 이렇게 노화를 견디며 100세까지 살아야 하는 시대에 접어들었다.

고대 로마제국의 신민은 평균 수명이 28세였다는 연구 결과가 있

---

9 아툴 가완디/김희정 옮김, 『어떻게 죽을 것인가』 (서울: 부키, 2015), 50-57 참조.

다. 예수 그리스도가 33세에 사망했다는 이야기도 나이로는 일찍 사망한 것이 아니기 때문에 죽음 현상 자체에 대한 문제보다도 죽음의 동기와 방식을 이야기 한다. 프랑스 계몽주의 사상의 포문을 열었던 몽테뉴(Michel Eyquem de Montaigne, 1533-1592)는 16세기 말엽의 사회상을 관찰하고 이렇게 말했다. "노령으로 죽는 것은 드물고, 특이하고 놀라운 현상이며, 다른 형태의 죽음보다 훨씬 부자연스럽다. 그것은 그야말로 마지막 남은 극단적인 형태의 죽음이다." 이 말은 각종 세균성 질병과 잦은 전쟁으로 대부분의 사람이 일찍 사망하는 사회에서 노화로 인한 죽음이 얼마나 부자연스러운 현상인지를 말해주는 대목이라고 볼 수 있다. 오랜 인류의 역사 중 최근 몇 백 년을 제외하고는 인간의 수명이 평균 30세 이하였다는 것을 입증한다. 평균수명이 80세가 넘는 오늘날의 관점에서 노화는 이제 전혀 다른 의미에서 '부자연스러운 과정'이 되었다.[10] 젊음을 길게 연장하고 싶은 욕망은 기능성 화장품에서부터 성형수술에 이르기까지 '노화 현상의 지연' 산업의 발달로 이어지기 때문이다.

노화는 우리의 운명이고, 죽음은 공평하지만 받아들이기 힘든 현실이다. 의학 분야 기술의 발달로 그것이 늦추어지고, 심리학과 정신의학은 죽어감의 현상을 어떻게 받아들이느냐를 논하고, 사회와 문화는 그것에 대한 공감대를 형성하느라 애쓰고 있다. 길어진 노화 과정을 복으로 받아들일 것인지, 화로 받아들일 것인지가 이제 각자에게 주어진 과제가 되었다. 가족과의 유대를 중요하게 생각하는 가운데 각종 봉사활동과 자선사업, 또는 새로운 취미생활을 모색하거나 그 외, 보

---

10 같은 책, 59-60.

람 있는 계획을 어떻게 세우느냐가 길어진 노후시간을 의미 있게 보내는 변수라고 말하기도 한다. 무기력하고 고집불통인 존재, 꼰대임을 드러내며 곧 사라질 존재로 인식하는 것이 아니라, "노인의 영광은 백발"(잠언 20,29)이 되도록 하려고 애를 쓰는 것이다. 그러면서 말한다. "장수에서 중요한 것은 시간적으로 '오래 사는 것'이 아니라, 길어진 그 시간을 '어떻게 사느냐'하는 것"이라고.

실제로 장수를 복으로 만들지, 화로 만들지는 오로지 개인의 몫이다. 신앙을 가진 사람은 신앙의 깊이를 더 할 수 있는 기회로 삼을 것이고, 바쁘게 살아온 과거의 자신과 주변을 돌아보고 누군가를 위해 '뭔가 하는 것'을 찾을 사람도 있을 것이다. 의존하지 않고 오래 사는 방법과 그 시기를 넘어 '영원'을 사는 방법을 모색해야 하는 것이다. 여기에서 노인세대에 대한 교회의 관심이 크게 요구되는 지점이라고 할 수 있다.

IV. 노인세대에 대한 사목적 배려

노인세대의 문제는 이제 개인의 것이 아니라, 가정과 사회와 국가가 함께 풀어가야 할 종합적이고 현실적인 문제가 되었다. 경제적인 어려움과 신체적인 노화에 따른 건강문제, 역할 상실에 따른 정신적인 소외감과 사회적 고립, 거기에 가족 및 친구와의 갈등과 단절 등으로 10.9%가 자살을 생각해본 적이 있고, 그 중 12.5%가 자살을 시도한 경험이 있다고 한다. 자살을 생각한 이유로는 경제적 어려움이 가장 높은 40.4%이고, 그 다음이 건강문제로 24.4%로 나타났다[11].

그러나 교회 주도의 사목방향이나 배려는 이런 문제에 초점이 맞추어져 있기보다는 다소 추상적이라는 인상을 지울 수가 없다. '노인사목'으로 내놓은 교구 사목계획에는 대개 노인 대상의 교육과 신심활동에 그치고 있기 때문이다. 내용에 있어 다양성과 개방성이 확보되지 못하고, 그에 대한 평가도 구체적으로 나온 바가 없다. 이것은 노인을 둘러싼 가족과 사회에 대한 종합적인 접근이 결여되었기 때문으로 생각된다. 노인세대는 어느 날 갑자기 '노인이 된' 세대가 아니다. 모든 세대가 연결되어 있다는 인식하에서 꼰대, 잔소리, 경로우대, 공원, 노인복지 등 연관 키워드들에서 드러나는 인식을 바꾸는 노력이 전 세대 간에 있어야 할 것이다. 그런 다음에 새로운 문화생활을 제안하거나 흥미 있는 정보를 제공함으로써 스스로 삶의 주체가 될 수 있도록 인도하는 것이다. 곧, 삶의 지평을 열어주는 것이다. 노인 세대들이 사회와 국가의 진정한 지팡이가 되어 '도움을 받아야 하는' 대상이 아니라, '도움을 주는' 대상으로 거듭날 수 있는 방법을 모든 세대가 함께 찾는 것이다.

프란치스코 교황은 자본주의 시대, 경제활동에서 밀려난 노인세대에 대해 특별한 관심을 보이며, 그들에 대한 사목적 관심을 표명한 바 있다. 교회가 문헌을 통해 '노인사목'을 가장 먼저 언급한 1979년 제3차 라틴아메리카 주교회의 정기총회의 후속 문건 『푸에블라 문헌』(1979)과 제5차 라틴아메리카 주교회의 정기총회의 최종 결의문 『아파레시다 문헌』(2007)에 따른 것이기도 했다. 특히 『아파레시다 문헌』(447-450항)은 다음과 같은 4가지 점을 부각시켰다는 데서 노인사목

---

11 한국보건사회연구원, "2014년 노인 실태조사", 〈정책보고서 2014-61〉, 2014, 14.

의 관점을 확대시켰다는 평가를 받고 있다.12

① 아기 예수님을 성전에 봉헌한 사건(루카 2,22-39 참조)에서 드러난 것처럼, 어린이와 노인이라는 두 세대가 만나도록 해야 한다는 것이다. 노인의 경험과 지혜와 기억은 젊은 세대에게 중요한 자산이 되기 때문이다.

② "너희는 백발이 성성한 어른 앞에서 일어서고 노인을 존경해야 한다. 너희는 하느님을 경외해야 한다. 나는 주님이다"(레위 19:32)는 말은 노인을 공경할 줄 아는 사람은 하느님을 경외할 줄도 아는 사람이라는 뜻이다. 이런 덕망을 갖춘 사람이 올바르고 더불어 사는 사회를 만든다.

③ 가정과 공동체의 선(善)을 위해 일생을 바친 '노인들의 노고를 인정'해야 한다. 가정과 사회와 교회는 그들에게 자리를 마련해줌으로써 젊은 세대에게 사도적인 힘과 열정의 모델이 되도록 한다.

④ 교회는 '노인들을 위한 인간적이고 영적인 관심'을 가져야 한다. 그들이 전인격적인 지원을 받고, 그들의 현 조건에 맞게 (그리스도의) '제자의 삶'을 살도록 도와줌으로써 복음화 사명에 합치되도록 한다.

앞서 푸에블라 문헌에서 "노인들은 나날이 늘어나고 생산 능력이 없어 사회에서 사람 취급을 못 받고 소외되고 있습니다"(39항)라며 변화를 거듭하는 사회·경제적인 시스템13 속에서 보수적이고 지역중심

---

12 프란치스코 교황, 김혜경 옮김, 『사랑만이 우리를 구원할 수 있습니다』, 가톨릭출판사, 2014, 131-141.
13 이것을 '유동사회' 혹은 '액체사회'라고 바우만은 정의했다. 아울러 근대 이전의 봉건주

의 공동체적인 사고를 가진 노인들은 힘들어하고 있다고 했다[14]. 푸에블라 문헌은 교회가 처음으로 사회교리의 핵심인 "가난한 이들에 대한 우선적인 선택"을 명시한 문서다. 따라서 여기에서 말하는 '가난한 이들'의 범주 속에 노인세대 역시 포함된다고 할 수 있다. 그것은 사회로부터 밀려난 '잉여인간'에 대한 교회의 관심이 집중되어야 한다는 것을 의미한다. 아파레시다 문헌은 이런 노인세대에 대한 구체적인 해법을 4가지로 정리하여 제시한 것이라고 할 수 있다. "나이 드는 것은 좋은 일이지 불행한 일이 아닙니다"(『아파레시다 문헌』, 450항)라는 말이 공감되는 이유다.

노화와 죽음에 대한 공포는 인간의 삶이 유한하다는 것을 깨닫게 되면 더 이상 상실에 대한 두려움으로 작용하지 못한다. 그보다는 고립이나 소외에 대한 두려움이 더 크게 작용한다고 볼 수 있다. 노인빈곤과 독거노인, 노년층 우울증 환자 등이 노인 세대에서 큰 비중을 차지하는 것은 이 때문이다.

인간은 누구나 한계를 안고 살아가는 존재다. 교회는 이런 인간을 돌보라고 하느님이 세우신 조직이다. 사목자는 인간이 스스로의 한계에 직면하여 분투하는 과정을 도와주는 조력자다. 때로는 함께 아파하기도 하고, 조언을 하기도 하지만, 때로는 아무 것도 안 하기도 한다. 교회가 할 수 있는 것이 무엇이든 인간으로 하여금 감당하도록 하는

의 사회와 이후 지역 중심의 공동체 사회를 '고체사회'로 보았다. 프란치스코 교황은 이런 고체사회에 익숙해진 노인들에게 현대의 유동사회는 분명 존재론적인 위협이 될 수 있다고 보았다. 프란치스코 교황/김혜경 옮김, 『사랑만이 우리를 구원할 수 있습니다』 (서울: 가톨릭출판사, 2014), 133, 각주.

14 『푸에블라 문헌』 1266항 참조.

것이라면, 그에 합당한 의미 또는 가치를 제시할 수 있어야 하고, 그로써 자기존재를 정당화할 수 있어야 한다. 이것이 교회가 병들고 약해져서 더 이상 스스로를 돌볼 수 없게 됐을 때도 인간으로 하여금 삶을 가치 있게 살아가도록 독려하는 이유다.

국가나 사회는 노인의 부양과 보호 정도를 노인문제 해결의 최선책으로 제시하는 반면에, 교회는 물질적인 배려보다는 인간적이고 정신적인 삶을 통하여 삶의 의미를 넓혀주고자 노력한다. 다양한 형태의 노인학교와 노인교실, 각종 신심활동과 정례미사 등은 마지막까지 가치 있는 삶을 제시하는 동시에 현실을 받아들이고 죽음을 잘 준비할 수 있도록 한다. 최후의 성숙을 돕는 것이다.

그러므로 노인사목에 대한 첫걸음은 '치료 혹은 돌봄만이 전부가 아님'을 인식하는 가운데, 늘어나는 노인시설의 유력한 대안으로 다시 한 번 '가족'을 상기시킴으로써 정서적인 안정을 주도록 하는 한편, '나라면 어떻게 할 것인가', '나라면 어떻게 해 주기를 바라는가' 하는 생각을 우선적으로 하는데 있다. 내가 누리고 싶은 노년의 삶을 오늘의 노인들에게 선사하는 것이다. 노인세대에 대한 사목이 '과거사목'이 아니라, '미래사목'이라고 말하는 이유다. 다시 말해서, 우리 모두의 미래이자 인류의 미래인 것이다.

V. 나가는 말

거의 10년째 와상환자로 살고 있는 필자의 모친은 때때로 '죽고 싶다'는 말씀을 하신다. 그럴 때, 안타까운 마음을 금할 길이 없다. 마음처럼 죽어지지 않는 현실을 원망하지만, 자식으로서 '무의미한 연명치료를 거부하는 것' 외에 할 수 있는 것도 사실상 전혀 없다.

2030년에는 한국의 노인 비율이 전체 인구의 23.1%, 곧 국민의 다섯 명 가운데 한 명은 노인이라는 통계가 나와 있다. 2000년까지만 해도 전체 인구 중 14세 이하의 어린이와 65세 이상의 노인 비율이 100대 32.9, 즉 어린이 3명에 노인 1명의 비율이었다. 그런데 점차 역전현상을 보이고 있는 것이다.

국가 차원에서나 교회 차원에서나 이제 노인관련 문제는 특정 세대에 국한된 문제가 아니라, 모두가 함께 고민하며 풀어가야 할 과제가 되었다. 노인은 모두의 부모이고, 할머니 할아버지며, 친인척이기 때문이고, 무엇보다도 그들은 우리의 미래이자, 우리는 그들의 과거이기 때문이다. 프란치스코 교황이 '노인사목'과 관련하여 강조하는 지점은 바로 이것이다. 그들에 대한 '관심'은 결국 우리 자신에 대한 관심이고, 인간의 궁극적이고 근원적인 문제에 대한 관심이다.

노인은 가정과 사회에서 기존의 역할에서 다른 역할로 전환해야 하는 시점에 이른 세대다. 경제활동에서 물러났다는 것 하나로 모든 영역에서 수동적인 존재로 전락하는 것은 바람직하지 않다. 교회는 이런 무기력한 허무주의를 비판하며 결코 현명한 해법이 아니라고 말한다. 끝이 있다는 것을 받아들이는 용기는 촛불이 꺼질 때까지 최선을 다해 타올라야 한다는 당위성을 제공한다. 왜냐하면 누구나 '노인'이 되지만, 아무나 '어른'이 되지는 않기 때문이다!

노년

소수자로서의 노년에서 꿈을 꾸는 노년으로
― 노년의 신학적 의미에 대한 연구

이 관 표 *

Ⅰ. 들어가며

현대의 부정적 경험에 직면해 있는 소수자로서의 노년은 어떠한 신학적 의미를 가지는가? 본 글은 바로 이 질문에 대한 대답을 시도해본다.

"현재 우리나라는 65세 이상 노인인구가 전체의 약 11.4%를 차지하며, 전문가들의 예상에 따르면 2017년에는 전체 인구의 약 14%, 2026년에는 20%에 이르는 초고령화 사회에 진입"[1] 할 것으로 보인다. 뿐만 아니라 이러한 예상은 단순한 노년의 삶으로 제한되지 않고, 현대

---

* 인천대학교 기초교육원 강의교수, 실천철학-윤리학 · 조직신학
1 김두리 · 한은경 · 김상희, "국내 노인윤리에 대한 통합적 문헌고찰", 「한국노년학」 Vol.34 (2014), 한국노년학회, 169.

인의 모습을 예측하고 평가하는데 사용된다. 다시 말해, 노년이 경험해야 하는 삶의 모습과 경제-사회적 전망들은 현대에서 결코 간과할 수 없는 부분이 되어버렸다. 왜냐하면 노년이란 우리 모두가 갖게 될 삶의 시기일 뿐만 아니라, 나아가 상당한 비율의 구성원이 이미 노년에 진입해 있기 때문이다.

이러한 상황에도 불구하고, 현대의 노인들은 부정적 경험에 직면하고 있는 것처럼 보인다. 현대의 노인들은 정치적으로는 영향력을 상실하기 시작했고, 경제적으로는 이른 은퇴 때문에 과거세대보다 빠른 금전적 결핍에 노출되었다. 뿐만 아니라, 핵가족화는 정치적, 경제적 박탈감을 느끼고 있는 노인들의 관계 상실을 만들었다. 게다가 노년에 대한 관심은 노년 자체의 의미가 아니라, 노인들을 돌봐야 하는 사회의 재정적 부담에만 집중되고 있는 형편이다. 국내 65세 이상 노인 중 86.7%는 만성질환을 한 가지 이상 가지고 있다는 분석과 더불어, 이 중 절반은 이것으로 인해 일상생활 수행능력에 제한을 받는다는 보고는 노년이 절대적으로 삶의 중심으로부터 벗어나 불필요한 존재로 인식되는 이유가 되고 있다.[2]

본 글은 바로 이러한 어려움 안에 있는 노년의 삶을 규정해보고, 그럼으로써 그것의 신학적 의미를 발견해보고자 한다. 특별히 우리가 이러한 연구를 수행해야만 하는 이유는 노년이라는 시기가 어쩔 수 없이 극단적인 부정성에 직면하며, 이 상황 안에서 결국 소수자로서의 경험에 노출될 수밖에 없기 때문이다. 다시 말해, 삶의 중심에서 밀려난 이

---

2 이관표, "부정성의 극단화로서의 노년: 노년의 철학적 규정에 대한 연구", 「현대유럽철학연구」 제45집 (2017), 151 참조.

후의 노년은 그들의 상황이 어떻든지 간에 늘 억압받고 고통당할 수밖에 없는 소수자의 가능성 안에 놓여있다. 그리고 이것은 우리 시대가 가지고 있는 자본주의적 효율성 및 재정적 가치에 따른 평가 방식을 통해 더욱 더 분명하게 적용되는 것처럼 보인다.

물론 여기서 언급하는 노년이란 돈 많고 권력을 지닌 일종의 노인 집단을 지시하는 것이 아니다. 그들은 삶의 마지막 순간까지도 자신이 가지고 있는 것을 놓지 않고 삶의 중심에서 모든 것을 영위하려는 부류이다. 그러나 우리가 여기서 다루게 될 노년이란 모든 인간들이 어쩔 수 없이 처하게 되는 삶의 마지막 시기를 의미하며, 그것은 돈이나 권력의 유무와 상관없이 인간이라면 반드시 직면해야 하는 순간이다. 그리고 이러한 노년의 범위제한 때문에 특별히 본 글은 노년이 인간의 근본상황으로서의 부정성의 극단화에 처하게 된다는 사실을 분명하게 전제하게 된다.

노년과 관련한 내용이 부정성에 대한 논의와 연관될 수밖에 없는 이유는 인간은 태어나자마자 근원적으로 부정성의 경험 안에서 살아가야 하는 자이며, 이것은 노년에 이르러 극단화되기 때문이다. 그러나 본 연구를 통해 밝혀질 사항은 부정성의 경험이 강하면 강할수록 노년은 더욱 더 강하게 자신의 삶을 새롭게 개방하고 변혁시킬 수 있다는 점이다. 부정성의 극단화로서의 노년은 결코 현실을 포기하게 만드는 시간이 아니다. 그것은 오히려 자본주의적이고, 효율성을 강조하는 세계로부터 벗어나서 신학적으로 '참다운 종교인의 삶, 즉 참다운 하나님 나라의 이해'와 '부활희망'에 도달할 수 있는 단계(혹은 시기)이다.

신학은 하나님에 대한, 하나님에 의한, 하나님을 위한 학문이어야 한다. 그리고 이처럼 하나님의 학문인 한에서 그가 창조한 피조물들의 어려움은 늘 신학의 주제일 수밖에 없으며, 그래서 신학은 언제나 각 시대의 문제에 답해왔고, 또한 답하려 노력해야 한다. 따라서 우리 시대에 노년들이 경험하게 되는 다양한 어려움의 문제와 더불어 그것을 통해 그들이 마주치게 되는 소수자의 경험은 반드시 우리 시대에 신학이 답해야 하는 부분이다.

본 글은 크게 3가지 단계로 전개된다. 2장에서는 노년에 대한 성서의 이해가 다루어지며, 이 안에서는 노년이 죽음과 관련하여 극단적 부정성에 직면할 수밖에 없음이 밝혀진다. 3장은 노년이 직면하는 이 부정성이 단순한 부정적 어떤 것으로 끝나는 것이 아니라 삶 안에 벌어지는 초월의 사건을 가능하게 만든다는 사실을 언급한다. 4장에서는 앞서 언급했던 두 가지 사실들이 가진 신학적 의미를 다루며, 마지막 5장은 글을 요약한다.

II. 노년에 대한 성서의 이해

노년이란 우리가 가지고 있던 부정성이 극단화되는 시기이며, 이것은 앞서 밝혔던 부정성의 기본적인 요소들, 즉 죽음, 나약함, 노화 등이 증가하여 삶의 마지막 순간까지 지속적으로 상승하는 때임을 의미한다. 물론 노년에서 경험하는 부정적 감정들은 재정적 어려움으로부터만 발생하는 것은 아니다. 노년에 이른 모든 이들은 죽음 앞에 직면함으로써 자신의 존재 상실을 가깝게 체험하고 있으며, 이러한 상황은 결코 재산이 많거나 건강하다고, 또는 사는 집이 편안하다고 면제되지 않는다. 재정적 도움이나 복지의 개선만을 통해서는 결코 해결될 수 없는 극단적 부정성 안에 노년은 들어가 머물러 있으며, 따라서 이 상황에 대한 정확한 분석과 이해가 없다면 노년의 행복한 삶은 불가능하다.

인간은 큰 사고만 없다면 노년을 거쳐 죽음에 이른다. 노년에 이르렀다는 것은 어린 시절과 젊은 시절에 대립되는 독립적인 하나의 단계가 아니라, 앞의 두 시절을 모두 거치고 축적하게 되는 근본상황의 극단화를 의미한다.[3] 여기에서 주목해야만 하는 것은 그러나 인간적인 근본상황의 극단화가 동시에 부정성의 극단화를 의미한다는 점이다. 다시 말해, 아이의 나약함과 의존성, 젊은 시절의 실패와 절망 그리고 노인 시절의 죽음, 노화, 육체의 병 등을 총체적으로 자기 자신 안에 담게 되는 시기가 바로 노년이며, 이것을 우리는 부정성의 극단화라고 이야기 할 수 있다.[4] 그렇다면, 성서는 노년을 어떻게 이야기하고 있는가?

융엘(Eberhard Jüngel)에 따르면, 성서는 우선 노년이 죽음과 직접적으로 연결되어있으며, 이것이 결국에는 삶의 부정성에 직접적으로 연결되는 조건이 된다고 말한다. 왜냐하면 "죽음과의 친화성[과 더불어] 노년은 삶에 대한 즐거움을 억누르는 무거운 짐과 나이의 노고(Alterbeschwerden)를 가지고 있"[5]기 때문이다. 다시 말해, 그는 하나님으로부터 주어진 삶을 다 살았고, 그가 살았던 생이 마쳐가는 시점에서 그는 그 누구보다도 죽음과 가까이 있으며, 이것이 그가 가졌던 삶의 긍정적 활력들을 앗아간다. 그럼으로써 부정성의 극단성은 첫 번째,

---

[3] Thomas Rentsch, *Negativität und praktische Vernunft* (Frankfurt(M): Suhrkamp, 2000), 169 참조.
[4] 이관표, "부정성의 극단화로서의 노년", 157-159 참조.
[5] Eberhard Jüngel, *Tod* (Stuttgart: Kreuz Verlag, 1983), 85.

노년의 생명력이 약해졌고(신명기 34:7), 그래서 몸의 기관들이 시들어가는 것으로 나타난다.

이삭은 나이가 많아져서 눈이 침침해진 관계로 아들을 구분하지 못한다(창세기 27:1). 사무엘을 돌보던 엘리 역시 나이 때문에 눈이 보이지 않았으며(사무엘상 3:2), 그래서 하나님이 어린 사무엘을 부르시는 그 유명한 장면이 가능할 수 있었다. 이 외에도 여로보암의 아내가 실로로 만나러 간 아히야 역시 "나이가 많아 눈이 어두워 보지 못"(열왕기상 14:4)한다. 게다가 노년들은 젊은이들과 다르게 지속적으로 결핍을 느끼고 추위에 떤다. 그 위대하던 왕 다윗도, 늙은 이후에는 자신의 오한과 추위 때문에 잠자리에 늘 젊은 여인이 있어야만 했다(열왕기상 1:1-4). 물론 가끔 모세와 같은 특이한 노인들이 나타나지만, 그 이외에는 늙은 것이 분명히 눈을 안 보이게 만드는 주범이 되며, 이것은 삶의 부정성이 극단화되어 죽음에 가까이 다가갔음을 분명하게 드러낸다.

두 번째로 성서는 노년이 신체적 기관뿐만 아니라, 사회적 역할에서도 배제됨을 보고한다. 노년은 걸음도 걷지 못하는 시기이며, 그래서 그는 더 이상 사회에 도움을 주지 못한다. "더 이상 걸음이 옮겨지지 않"6기에 "길거리에 늙은 남자들과 늙은 여자들이 앉을 것인데, 다 나이가 많기"(스가랴 8:4) 때문이다. 걸음을 옮기지 못하는 것은 남자로서 그리고 한 명의 일꾼으로서 제대로 살아갈 수 없음을 의미한다. 그래서 노년은 전쟁에 나가거나 일할 수 있는 자의 명단에 들어가지 못하고 늙은 여인들은 난리에 수모를 당할 수밖에 없었다.

노년의 인간들은 언제나 경제적으로 낮은 가치를 부여받게 되고,

---

6 앞의 책.

"여인의 가치는 60세에서 줄어들기 시작한다. 늙은 영감은 어디에나 쓸까[…]라고 사람들은 말한다."7 "이것은 곧 곤고한 날이며, '나는 아무 낙이 없다'고 할 해(전도서 12:1)이다. 사람들은 '때가 찼다'라는 표현을 거기에서 이해한다. 그 사람은 준비가 되어있다. 죽음은 그를 놀라게 하지 못한다."8

마지막 세 번째, 성서는 결국 노년이 자신의 경험 안에서 죽음이라는 부정성의 극단화에 이르렀음을 말한다. 결코 그는 이 선고된 죽음과 부정적 요소들로부터 벗어날 수 없다. 왜냐하면 "세상의 모든 사람이 가는 길, 즉 죽음은 명백하기"(열왕기상 2:2)9 때문이다. 늙으면 그는 삶을 다하며, 그래서 죽음으로 들어가게 된다. 아브라함은 나이가 높고 늙어서 기운이 다하여 죽어 열조에게 돌아갔고(창세기 25:8), 이것은 그의 아들인 이삭 역시 마찬가지였다(창세기 35:29). 욥도 늙어서 어쩔 수 없이 죽었고(욥기 42:17), 위대한 이스라엘의 왕 다윗도 늙으매 죽었다(역대상 23:1). 늙음은 늘 죽음을 가지고 오며, 이러한 "죽음의 필연성은 동시에 늙은 인간이 스스로를 마감하는 일종의 가능성이다."10

이처럼 성서가 일반적으로 이야기하는 노년은 부정성이 극단화되어 죽음 안으로 사라지게 되는 시기를 의미한다. 그리고 "죽음은 관계들을 파괴하며, 삶이 오직 그 안에서만 자신을 수행할 수 있는 연관들을 끊어버린다. 죽음의 본질적인 행위는 이러한 의미에서 극단적인 부

---

7 앞의 책, 86-87.
8 앞의 책, 85.
9 앞의 책, 86.
10 앞의 책.

정이다."11 그렇다면, 우리는 이렇게 물어야만 한다. 죽음에 가까이 다가온 노년, 그래서 부정성의 극단화에 이르렀으며, 동시에 극단화 되어 감을 지속적으로 경험하는 노년은 그저 부정적인 의미만을 지니고 있는가? 아니 보다 구체적으로 물어, 노년에게 도대체 무엇인가 남아있기는 한 것인가?

III. 부정성에 직면한 노년

분명히 노년은 단순한 부정성의 고통 안에 머물지는 않는다. 부정성이란 단순하게 부정적이고 허무한 어떤 것으로만 기능하지는 않는다. 아니 보다 정확하게 말한다면, 부정성은 삶을 구성하고 있는 요소이면서 동시에 인간의 삶을 새로운 차원으로 나아가게 하는 단초이다. 그렇다면, 이것은 무엇을 의미하는가?

모든 사람들이 알고 있듯이 인간은 **언젠가 반드시** 죽는다. 그리고 이러한 죽음이 보여주듯이 삶의 구석구석에는 우리를 삶으로부터 서서히 벗어나 죽음에 이르게 하는 부정적인 요소들이 존립하고 있다. 왜냐하면 인간은 이미 태초로부터 죽을 것이라 선고되어있고(창 3:3), 그래서 그 죽음이 있는 한에 있어서 필연적으로 불안, 고통, 나약함, 유한함 등에 노출되어 있기 때문이다. 다시 말해 인간은 가사자(Sterblicher)이기 때문에, 죽음에 노출된 채 상처받을 수밖에 없고, 또

---

11 앞의 책, 101. 성서가 이야기하는 죽음과 관련해서는 다음의 논문을 참조. 이관표, "욥엘의 신학적 죽음 이해",「한국조직신학논총」Vol.24 (2009), 한국조직신학회, 115-119.

한 나약할 수밖에 없으며, 이러한 근본상황 안에서 그는 고통을 겪고, 늙으며, 깨어질 수밖에 없다. "사실, 우리는 끊임없이 끝장나고 있다. 거기로부터 지속적으로 주어지는 상처, 노화, 깨어짐이 나타난다. 이것들은 실존적인 나약함으로 성격 규정될 수 있는 것들이"12며, 우리는 이것들을 '부정성'13이라 명명하게 된다.

전통적으로 볼 때, 앞서 밝힌 부정성 혹은 부정적 요소들은 언제나 허무한 것, 파괴적인 것 혹은 나쁜 어떤 것이라 거론되어왔다. 예를 들어, 불교가 '일체개고'(一切個苦)를 자신들의 출발점으로 두었던 것이 그랬고, 기독교 역시 죽음을 '죄의 삯'(로마서 6:23)으로 간주해왔던 것 역시 이러한 부정성에 대한 부정적 인식에 속한다. 그러나 놀라운 사실은 이 삶의 부정성이라는 것들이 결코 삶과 존재로부터 완전히 사라지거나 혹은 극복될 수 있는 어떤 것이 아니라는 점이다. 오히려 이것은 삶과 존재에 필연적으로 동반되며, 우리의 삶과 존재 안에 아프리오리하게 주어져있는 구성요소이다. 즉, 존재의 시작과 더불어 끊임없이 우리 안에 이미 존립하여서 우리의 삶과 존재의 모양을 바로 지금의 모습 그대로 형성시켜왔던 필수요소이다. "인간적 실존은 부정성에 의해 철저히 침투되어 있으며"14, "부정성은 인간세계를 구성한다."15 이

---

12 Rentsch, *Negativität und praktische Vernunft*, 88.

13 "부정성은 존재론적으로는 거부로서, 무성(무)으로서 그리고 죽음으로서, 인간학적으로는 거절할 수 있음으로서, 논리학적으로는 아님으로서, 부정의 형식으로서 나타난다. […] 인간경험의 일상적인 영역에서는 사실적인 부정성이며, 이것은 인간학적인 연약성과 유한성, 결핍성, 결여성, 고통의 위협, 잘못됨과 가사성으로서 각각의 인간과 인간적인 문화를 총체적으로 포함하는 것이다"(앞의 책, 9). 부정성의 철학적 분석들에 대해, 특별히 헤겔 이후의 부정성에 대해 다루고 있는 문헌들은 다음을 참조: 앞의 책, 9, 10의 각주 1번과 2번.

14 앞의 책.

것은 고통, 죄책, 나약함 등으로 대변되는 부정성이 사실상 우리가 행하는 모든 삶의 운동들을 성격규정하고, 각인한다는 것을 의미하며, 나아가 결국 우리가 한계를 지닌 존재자라는 점을 극명하게 드러낸다.

놀라운 것은 그러나 이 부정성이라는 것이 우리에게 분명 한계이고 두려운 것이지만, 이와 동시에 인간이 이 한계를 넘어설 수 있게 해주는 분명한 가능성의 근거라는 사실이다. 다시 말해, 자기 자신 안에 어쩔 수 없이 들어와 있는 부정성과 한계를 직시함을 통해, 이제 인간은 삶 안의 고착된 것들을 허물고 새로운 실존을 향해 나아감과 동시에 세계 안에 고착되어있는 억압과 착취의 관계를 허물고 새로운 존재의 관계를 향해 '초월'16해 나아갈 수 있다. 왜냐하면 "한계란 한 사태가 끝나거나 멈추는 곳이 아니라, 오히려 거기에서 그것이 본질적으로 시작되며, 비로소 이해되는 곳"17이기 때문이다.

일상적으로 예를 들어본다면, 발명품은 삶의 불편으로서의 부정성

---

15 앞의 책, 92.
16 "초월은 일반적으로 넘음(Überschritt), 넘어섬(Überschreiten) 혹은 넘어감(Übersteigen)을 의미한다." Martin Heidegger, *Metaphysische Anfangsgründe der Logik im Ausgang von Leibniz. Gesamtausgabe Bd.26* (Frankfurt(M): Vittorio Klostermann, 1990), 204. 동양은 초월개념이 약한 편에 속한다. 왜냐하면 서양이 개별성에 익숙하여 거기로부터 넘어서는 것을 초월로 본 반면, 동양은 관계적 사유에 익숙하여 자기 자신을 극복하는 초월개념이 별다르게 사용되지 않았기 때문이다. 예를 들어, 서양에서는 자기 자신을 극복해 나가는 것, 자기를 벗어나 관계적 존재가 되는 것 그리고 신적 존재로서의 절대초월까지 초월의 범주에 속한다. 초월에 대한 사상사적인 의미는 다음을 참조. 윤병렬, "하이데거와 현대의 철학적 사유에서 초월개념에 관한 해석", 「하이데거연구 Vol.18」, 한국하이데거학회 (2008). 부정성을 통한 초월에 대한 논의는 다음을 참조. 이관표, "토마스 렌취의 부정초월과 철학적 신학의 과제", 「신학논단」 Vol. 71 (2013), 연세대학교 신과대학·연합신학대학원.
17 Thomas Rentsch, *Gott* (Berlin: Walter de Gruyter, 2005), 59.

을 극복하기 위해 만들어지며, 사회개혁은 인간들의 삶이 기존질서에 의해 부정적으로 억압될 때 나타난다. 보다 실존적인 예를 들어본다면, 자유는 이전의 부정적 제약들에 극단적으로 직면하게 될 때 비로소 지향되기 시작하며, 우리 안의 참다운 관계는 이전의 억압과 착취의 부정적 관계가 극단에 이를 때 거기로부터 가능해질 수 있다. 부정성은 언제나 극단화될 때 우리에게 새로운 차원을 열어주는 어떤 것이다. 그리고 바로 이러한 부정성을 통한 초월의 사건은 이제 노년에 대한 신학적 의미 안에서 분명하게 나타나게 된다.

IV. "늙은이는 꿈을 꾸며…": 노년의 신학적 의미

우리가 신학적 의미를 이야기하기 이전에 분명히 해야 하는 사항은 노년에 도달한 인간이 결코 세상에서 판단하는 그런 기준으로 그의 존재를 이해할 수 없다는 사실이다. 오히려 노년은 삶의 효용성으로부터 벗어날 수 있으며, 또한 그럼으로써 자신으로 머물면서 쉼을 획득할 자격이 있다는 사실이다. 왜냐하면 부정성의 깨어짐을 경험하는 인간은 일차적으로 사회가 요구하는 노동으로부터 거리를 둘 수밖에 없기 때문이다.

물론 이것은 노년이 사회의 역할에 대해 방임하는 것도 아니며, 사회로부터 버림받는 것도 아니다. 노년은 사회를 위한 충분한 노동의 시간을 '이미' 보내왔고, 이제 육체적 깨어짐, 즉 노화 때문에 더 이상 사회의 효용성을 만족시킬 필요가 없는 단계에 이르렀다. 만족시킬 수도 없고, 만족시킬 필요도 없다. 다시 말해, 그는 이제 노화되었고, 그의 일을 이미 충분히 수행하였으며, 그래서 사회는 그에게 자본주의적 효율성을 따르는 노동을 요구할 수 없고 요구해서도 안 된다. 그는 이미 세상으로부터 충분히 자유로워질 수 있는 때에 도달했으며, 이것이 가능할 수 있는 근거가 바로 우리가 앞서 언급했던 부정성이다. 부정성의 극단화로서의 노년의 의미는 그가 이 경험을 통해 자신의 억압된 삶의 형태를 극복하는 것, 즉 초월하는 것이다. 그렇다면, 이러한 상황에서 발견되는 신학적 의미는 무엇이라 말할 수 있는가?

부정성 앞에 극단적으로 마주하게 되는 노년이 가지게 되는 첫 번째 신학적 의미는 그가 기존의 종교적 자세로부터 벗어나 참다운 종교적 삶으로 자기를 개방하여 들어서게 된다는 점이다. 다시 말해, 노년은 부정성의 극단화 경험 안에서 자신의 유한성을 깨닫고, 그럼으로써 진정한 하나님 나라에로 자신을 개방시킨다. 그의 종교적 경험은 이제 부정성을 통해 또 다른 차원으로 연결되며, 거기로부터 전적으로 다른 해석과 결단 등이 가능해진다. 왜냐하면 "부정성과 한계를 직시함을 통해, 이제 우리는 삶 안의 고착된 것들을 허물고, 새로운 실존을 향해 초월해 나아[갈 수 있고, …] 세계 안에 고착되어있는 억압과 착취의 관계를 허물고 새로운 존재의 관계를 향해 초월해 나아"[18]갈 수 있기 때문이다. 이것은 무엇을 의미하는가?

하나의 예로서 우리는 요엘서를 단초로 논의를 시작해보도록 한다. 요엘 2장 28절[19]에서 나타나는 노년(늙은이)은 마지막 때, 즉 하나님의 영이 만민에게 부어져 하나님의 나라가 도래할 때, 특수한 일을 행

---

18 이관표, "토마스 렌취의 부정초월과 철학적 신학의 과제", 247-248.
19 "그 후에 내가 내 영을 만민에게 부어 주리니 너희 자녀들이 장래 일을 말할 것이며 **너희 늙은이는 꿈을 꾸며** 너희 젊은이는 이상을 볼 것이며."

하게 된다. 그는 꿈을 꾼다. 여기서 말하는 꿈은 자녀들이 장래 일을 말하는 것, 젊은이가 이상을 보는 것과 동일선상에 있다. 즉, 노년은 마지막 때에 하나님의 나라를 꿈꾼다. 그리고 이 나라란 곧 지금까지 우리가 살았던 자연법칙, 상식, 나아가 우리가 자기중심적으로 생각해 왔던 모든 것들의 멸절이며 전복이다. 상식과 법칙의 전제에 도사리고 있는 것은 인과율과 인과응보이며, 이 인과율과 인과응보를 멸절시키고 전복시키는 하나님 나라를 노년은 꿈꾸기 시작한다.

예를 들어, 세상이 정말 인과율에 따라, 자연법칙에 따라 돌아가고 있는지는 그 누구도 100% 확신할 수 없다. 그리고 지젝의 '상징계와 실재계 사이의 간극', 칸트의 '페노메나와 누메나 사이의 간극', 비트겐슈타인의 '말할 수 있는 것과 말할 수 없는 것 사이의 간극', 하이데거의 '존재자와 존재 사이의 차이'는 바로 이것을 지시한다. 다시 말해, 우리는 머리 안에 있는 논리구조 때문에 세상이 인과율과 자연법칙에 따라 흘러가고 있다고 생각하지만, 사실은 하나님이 창조하신 이 세계가 실재 어떤 모습과 본질을 가지고 있는지 결코 알 수 없다. 그러나 이러한 한계에도 불과하고, 우리는 쉽게 이 세상이 우리의 머리 안에 있는 인과율과 논리법칙에 따라 구성되어 있다고 생각하고, 또한 그렇게 판단해버린다. 이것은 인간의 인과응보적 정의관에도 해당된다.

사람들은 눈에는 눈, 이에는 이를 이야기하면서 이것이 인과응보(혹은 사필귀정)이며, 정의라고 이야기한다. 왜냐하면 우리의 논리에 따르면, '1-1=0'이기 때문이다. 그리고 이것을 우리는 상식, 법칙, 필연적 윤리라고 명명하곤 한다. 그러나 생각해보아야 하는 것은 결코 이 인과응보가 실재의 반영은 아니라는 점이다. 오히려 세상의 상식대로, 세상의 법대로 모든 죄악에 대해 내가 나서서 복수를 하고 원한을 갚으면, 그것은 그대로 나에게 또 다른 복수와 원한이 되어 돌아올 뿐이다. 우리가 아니라 사법부가 복수를 해주고 원한을 갚아준다고 말해 보아도 그 결과는 마찬가지이다.

사람을 죽인 한 명을 사형시킨다면, 피해자 가족들의 마음이야 편하겠지만, 결국 죽은 사람이 돌아오는 것이 아니라 또 다른 생명이 사라지게 되는 악순환만이 발생할 뿐이다. 오히려 예수가 이야기한 하나님 나라는 기존에 통용되던 모든 상식과 법칙의 준수를 넘어선 원수 사랑을 이야기한다. 또한, 순교한 이들이 계시록에서 외치는 것 역시 "죽임당한 어린양이 [오히려] 승리자"라는 이 세상의 상식 및 법칙과 다른 사항이다. 그리고 노년은 바로 이러한 하나님 나라의 전적 다름, 전적 초월을 꿈꾼다고 요엘서는 말하고 있는 것이다. 특별히 이것이 가능할 수 있는 이유는 노년의 부정성의 극단화가 세상의 상식, 법칙으로부터 **거리를 둘 수 있는 능력**이기 때문이다.[20] 그리고 여기로부터 이제 부정성의 극단화로서의 노년의 두 번째 신학적 의미가 드러난다. 그것은 바로 **부활희망**이다.

우리는 앞서 하나님 나라가 우리가 일상 안에서 당연하게 생각하던 상식, 법칙의 멸절과 전복이라고 이야기했다. 다시 말해, 우리가 세상을 바라보면서 그 안에서 당연하게 여기던 모든 인과율과 인과응보의 전적인 멸절이며 전복이다. 그리고 이것이 이루어지는 하나님 나라 안에서 우리는 전에 선고되었던 인과율 법칙들 중 가장 기본적인 것의 멸절과 전복을 희망할 수 있다. 그것은 바로 "모든 생명은 태어나면 죽는다!"는 법칙이다.

---

20 이관표, "부정성의 극단화로서의 노년", 157-159 참조.

하나님 나라가 이루어지기 전에 우리가 살고 있는 세계에서는 '태어난 모든 생명이 죽는다!'는 사실을 부정할 수 없었다. 그러나 세상의 상식과 법칙, 즉 인과율, 인과응보 등이 전복되는 하나님 나라에서는 모든 생명이 태어나도 죽지 않으며, 오히려 이미 죽은 자들도 살아난다는 희망이 이야기될 수 있다. 왜냐하면 하나님의 법은 인과율과 인과응보와 전적으로 다르면서 그것들을 넘어서기 때문이다. 그리고 바로 이것이 "부활하신 자 예수가 죽음과 더불어, […] 삶의 **진리를 계시하고 있다는 통찰**"21의 내용이다. 예수 그리스도는 십자가 위에서 모든 세상 법칙을 거부하셨고, 바로 이것이 그의 부활이 일어났던 배경이다. 하나님의 법칙은 우리의 상식을 완전히 넘어서며, 우리는 노년에 도달하여 맞이하게 되는 부정성의 극단화 경험 안에서 비로소 이것을 경험하고 실천하기 시작한다.

바로 이것, 즉 죽음의 법칙으로부터의 거리두기를 꿈꿀 수 있는 자가 노년이라고 요엘서는 이야기한다. 이제 부활의 희망 안에 들어감으로써 노년의 신앙인은 죽음을 조롱하며, 죽음이 주었던 저주의 억압과 오해로부터 거리를 두기 시작한다.22 "강화된 죽음에 대한 불안은 하나의 통증이며, 경고표지[였다면] 이러한 [부활] 희망을 통해 죽음의 탈권력화(Entmächtigung)가 그의 삶 안에서 수행된다. […] **죽음의 영적 조롱**"(Verspottung)23을 노년은 수행해 나간다.

부정성의 극단화를 통해 자신을 억압하는 세상으로부터 초월해 나아가고, 그럼으로써 거기로부터 거리를 두며 해방될 수 있는 노년만이

---

21 Jüngel, *Tod*, 152.
22 이관표, "욜엘의 신학적 죽음이해", 138 참조.
23 Jüngel, *Tod*, 156-157.

부활을 희망할 수 있다. 이러한 노년만이 부활을 희망하면서 죽음을 당연시 하는 현실의 질서에 거리를 두면서 죽음이 더 이상 존재하지 않고 모든 창조질서가 회복된 하나님 나라를 희망할 수 있다. 노년은 세상으로부터 초월하면서 하나님 나라와 부활희망을 꿈꾸고, 신앙과 신학의 이야기를 새롭게 경험하여 구성해나갈 수 있는 가장 알맞은 시기이다.

V. 나가는 말

지금까지 우리는 소수자로서의 노년이 직면하게 되는 부정성의 상황을 살펴보고, 그 결과로부터 신학적 의미를 찾아보았다.

인간은 죽음을 통해 나약하고, 깨어질 수밖에 없는 부정성의 존재이다. 그리고 이러한 부정성은 결국 노년이 되어 극단적으로 경험된다. 왜냐하면 노년은 죽음에 가장 가깝다는 사실뿐만 아니라, 다양한 질병과 신체의 노쇠를 경험하게 되는 시기를 경험할 수밖에 없기 때문이다. 그러나 앞서 살펴보았던 것처럼, 노년이 처한 부정성은 단순히 부정적인 어떤 것을 의미하지 않는다. 부정성이란 적극적으로 말하자면, 극복할 수는 없지만, 이미 우리의 삶에 침투해 있고, 그럼으로써 그 삶 자체를 구성해놓고 있는 어떤 것이다. 그리고 우리는 결국 이 부정성으로부터 획득하게 되는 '아님'을 통해 한계에 부딪침과 동시에 자기 자신을 넘어서며 초월할 수 있다.

물론 이러한 사건은 노년 안에서 더욱 더 분명하게 드러난다. 왜냐하면 노년은 부정성이 극단화되는 시기이기 때문이다. 그리고 이것은 결국 노년으로 하여금 자신의 삶을 보다 개방적으로 극복해나갈 수 있는 계기가 된다. 보다 적극적으로 말하자면, 노년에 이른다는 것은 이제야 비로소 인간이자 자기 자신으로 완성됨으로써 스스로를 성찰하고 행동하게 되었다는 사실을 의미한다. 그는 사회가 요구하는 긍정성, 효율성에 억지로 따를 필요가 없다. 긍정적, 효율적인 것만을 과도하게 요구하는 사회의 통념에 맞서서, 노년은 이제 자신의 상실과 더불어 자기 자신이 되도록 만들어주는 그 부정성을 받아들일 단계이다. 그리고 결국 이것은 신학적으로 이것은 참다운 하나님 나라를 이해함과 동시에 부활의 희망까지 꿈꿀 수 있음으로 확장된다.

노년은 부정성의 극단화 경험 안에서 이전과 다른 삶으로 개방되며, 이것은 요엘서에서 말한 노년이 세상을 넘어서는 하나님 나라를 꿈꾸는 것과 연관된다. 노년은 마지막 때에 하나님의 나라를 꿈꾸며, 이것은 우리를 억압하던 자연법칙, 상식, 이기심의 전복이다. 이것은 인과율의 거절이며, 나아가 가장 먼저 예수 그리스도께서 하나님 자신으로서 증명하셨던 부활의 근거이다. 하나님 나라는 우리가 당연시하며 고통당했던 모든 세상질서의 전복이다. 여기서 우리는 죽지 않을 것이고, 혹시 죽은 자는 다시 살아날 것이다. 노년은 바로 이러한 부활 희망을 시작하는 알맞은 때이며, 바로 이것들이 부정성의 극단화 안에서 노년이 획득하게 될 신학적 의미이다.

이제 우리는 다음과 같은 결론에 도달하게 된다. 인간이 언젠가 직면하게 되는 노년은 단순히 괴롭히고, 사라지게 만드는 허무한 시기가 아니다. 오히려 부정성이 극단화되는 시간 안에서 노년은 기존의 세상이 가지고 있는 상식들로부터 거리를 둠으로써 새롭게 '하나님 나라'와 '부활희망'을 이야기할 수 있다. 더 이상 노년은 사회가 요구하는 삶의 상식과 가치에 무조건적으로 순응할 필요가 없다. 오히려 세상이 강요하는 통념, 상식, 법칙 등에 맞서, 노년은 이미 하나님 나라의 새로운 꿈을 꾸고 하나님이 주신 부활의 은혜를 기대할 수 있는 시간에 들어와 서 있다.

인 디 문 화

문화적 소수자로서의 청년
: 홍대 인디문화에 대한 신학적 보고서

윤영훈[*]

I. 서론: 헬조선 시대를 사는 청년들

잠시 청년들에게 물어주십시오. 줄줄이 늘어선 초록색 빈 병으로 어지럽혀진 대학가 술집 취객에게, 외로움을 둘 공간조차 없이 비좁은 고시원 세입자들에게, 자정의 어둠을 몇 달째 지켜온 무표정한 편의점 알바생에게…

청년들은 더 이상 꿈꾸지 않으며, 불공평한 생존보다 공평한 파멸을 바라기 시작했습니다. 우리는 국호를 망각한 백성들처럼 이 나라를 헬조선이라 부릅니다.[1]

---

[*] 성결대학교 신학부 교수 · 빅퍼즐문화연구소장, 문화신학과 · 문화선교
[1] 조한혜정 · 엄기호, 『노오력의 배신』 (서울: 창비, 2016). 이 책은 오늘날 "노력하면 성공

"청춘, 이는 듣기만 하여도 가슴 뛰는 말이다." 1924년 민태원은 이렇게 청춘을 예찬했건만, 오늘의 청년들은 많이 힘들다. 이 시대의 청춘들은 치열한 경쟁 속에 몇 안 되는 안정된 기회를 얻기 위해 세상이란 거대한 조류에 굽실거리고 있다. 자칫 이 경쟁에 밀려, '루저'가 되어 버릴 것 같은 두려움은 그들의 가슴을 답답하게 만든다. 사회적 소수자로 노인, 여성, 어린이이 언급되는 경우는 많지만 청년을 소수자로 간주할 수 있을까? 철학자 현민은 '소수자'란 그 이름처럼 숫자가 적은 집단이라기보다 "한 사회에서 권력과 자원을 얼마만큼 보유하느냐에 따라 결정된다"라고 주장한다.[2] 그런 의미에서 청년들은 지금 우리 사회에서 '소수자'임에 틀림없다. 그럼에도 청년들은 역사적으로 늘 새로운 문화를 창조하고 사회 변혁을 주도한 주체였다.

청년세대의 소외 문제는 2008년 출간된 『88만원 세대』를 통해 본격화 되었다. 이 책의 저자는 이전에는 가난한 청년들이 자신들의 불우한 현실을 극복하는 탈출구로 소위 "문학소녀"로 연상되는 문예 감수성을 키워갔었지만, 지금의 청년들은 자신들이 키울 수 있는 감수성의 공간을 중독적이고 과시적인 소비심리로 채우게 되었다고 말하며, 이것은 '세대 착취'를 넘어선 '세대 파괴'라고 비판한다.[3]

청년기는 혼란과 모순의 급격한 변화를 겪는 시기이며 자신의 이상

한다"라는 자기개발의 모순을 비판하며 아무리 노력해도, 심지어 더 많은 '노오력'을 해도 나아지는 않는 청년들의 삶의 문제를 날카롭게 지적한 사회학적 보고서이다. 본 인용문은 저자 중 한 명인 조한혜정에게 보내 온 어느 청년의 넋두리로서 본서의 기획 동기가 된 말이다.
2 현민, "소수자와 차이의 정치" 이진경 편,『문화정치학의 영토들』(서울: 그린비, 2007), 380.
3 우석훈·박권일,『88만원 세대』(서울: 레디앙 미디어, 2007), 66-70.

이 점차 무너지며 현실을 받아들이며 성숙기로 접어드는 시기로 이러한 청년기는 자기 고뇌를 통한 예술적 감성이 극대화되는 시기이다. 그 안에는 절망과 희망이 팽팽한 긴장을 이루게 마련이다. 염세와 희망이 교차하는 인생의 길목에서 세상과의 불화로부터 오히려 끊임없이 수혈 받을 수 있는 청년정신은 그들이 만들어낸 문화 콘텐츠 안에 절실하게 녹아있다. 민주화 시대 이후 대중문화의 폭발적 성장은 급속한 상업화의 물결을 타게 된다. 대규모의 연예 제작자들과 기획사 그리고 방송국과 유통업자들은 청중의 예술적 수준을 자신들이 제공하는 컨텐츠에 길들이고 보다 다양한 컨텐츠를 매우 제한적으로 소개함으로 예술가와 청중 모두 소비적 문화 코드 안에 종속되는 결과를 초래하게 되었다.[4]

그런 가운데 1990년대 '홍대앞'을 중심으로 탄생한 새로운 청년 문화는 지난 20년간 매우 중요한 사회문화적 종적과 성과를 보여주었다. '홍대앞'은 단지 홍익대학교와 주변이라는 물리적 공간이 아니라 '새롭고 다양한 문화적 생산과 소비'가 이루어지는 문화공간으로서의 고유명사로 자리 잡고 있다. 홍대 문화에 따라오는 또 다른 중요한 용어는 '인디'란 용어이다. 이는 주류 상업문화와 독립된(independent) 젊은 예술인들의 자율적이며 자생적인 공간과 문화를 창조해 내었기 때문이다. 아무도 기획하지 않은 자생적 문화 공간이며 운동으로 태동한 홍대 인디문화의 지난 발자취는 오늘의 교회와 청년들에게 매우 중요한 영감을 제공한다. 본인은 오늘날 사회적-문화적 소수자로 전락한 청년문제를 직시하며 청년 하위문화(subculture)로서의 '홍대' 인디문

---

4 김창남, 『대중문화의 이해』 (서울: 한울아카데미, 2014), 265.

화의 역사와 성격 그리고 그 신학적 의미를 적용하며 오늘날 대안적인 (alternative) 청년 문화와 기독교문화의 방향성을 제안해 보고자 한다.

II. 청년 문화와 '홍대'의 탄생과 성장

1. 청년하위문화의 발자취

청년 문화는 기성문화의 진부함을 뛰어넘어 늘 새롭고 실험적인 문화의 트랜드를 주도해왔다. 이들의 문화는 상업적 목적보다 자기 내면의 표출하는 아마추어리즘에서 출발하여, 젊음의 마케팅에 몰두하는 문화 기획자들에 의해 상업적으로도 성공하게 되는 과정의 반복이었다. 청년집단들이 다양한 대중문화 수용방식을 통해 자신들의 문화적 공간을 획득하고, 자신들을 기득권을 가진 부모 세대와 구별하고 때로는 저항하는 '하위문화'(subculture) 또는 '반문화'(counterculture)의 개념으로 이해하는 경향이 두드러진다.[5] 청년하위문화는 1960년대 사랑과 평화의 슬로건을 내걸며 공동체 정신을 부르짖던 미국의 히피문화와 반전-인권 운동에서 태동하여 거대한 '반문화'(counterculture)를 형성하였다.[6]

이 운동 안에는 두 가지 주된 경향이 있었다. 하나는 '뉴 레프

---

[5] 윤영훈, "CCM 운동과 청년하위문화", 「대학과 선교」 22 (2012), 161-162. 브라이언 롱허스트/이호준 옮김, 『대중음악과 사회』 (서울: 예영 커뮤니케이션, 1999), 336-337.
[6] 크리스티안 생 장 폴랭, 『히피와 반문화: 60년대 잃어버린 유토피아의 추억』 (서울: 문학과 지성사, 2015), 7.

트'(New Left, *nouvelle gauche*)라 불리는 반체제론자들로 모든 형태의 권위에 맞서 궐기하는 시위를 우선적인 행동 수단으로 삼았다. 두 번째는 1950년대 '비트족'(The Beat)의 개인적 자유주의 가치를 이어 받아 60년대 태동한 히피들의 경향인데, 이들의 비판은 정치적인 문제보다 주로 "중산층의 생활양식"을 겨냥한다. 비주류를 선택한 이 긴 머리 젊은이들은 자신들이 창조한 대안적인 스타일 속에 무엇보다 "자기 자신을 위해" 저항한다. 외부적 행동을 지향하는 신좌파와 내면과 감각을 지향하는 히피 양자 사이에 대립은 없었다. 이들은 "물질주의로 규정되는 주류적 삶의 양식인 노동, 질서, 가족 윤리보다 다양한 형태의 쾌락주의를 선호한다." 약물과 자유연애는 이들의 전복적 삶의 양식의 상징이었다.7

60년대 청년 문화는 미국뿐 아니라 미국 대중음악을 듣고 자라며 절대적인 영향을 받아온 1970년대 이후 한국의 청년 세대와 그들의 음악에서도 분명하게 드러나며, 그들의 사회적 저항성과도 밀접한 연관성을 찾을 수 있을 것이다. 김창남은 '노래운동'은 청년 문화의 상징이었으며, 특히 1970~80년대 대학가를 중심으로 발전한 '통기타' 음악문화는 청년하위문화 형성에 있어 시발점이라고 평가한다.8 반면 90년대 태동한 홍대 문화는 정치-사회적 저항보다는 자유주의적 삶의 양식을 강조한 후자에서 보다 유사한 태동의 기원을 설명할 수 있을 것이다. 청년 하위문화는 대중음악과 함께 자신들만의 '클럽문화'를 통해 상호간의 교류와 정체성을 확인하고 그 문화를 확장하는 기능을 수

---

7 앞의 책, 8-9. 또한 다음 논문을 참조하시오. 윤영훈, "길 위의 시인: 밥 딜런의 노래와 삶 속의 지혜와 신앙",「대학과 선교」32 (2016), 365-366.
8 김창남,『대중음악과 노래운동 그리고 청년 문화』(서울: 한울 아카데미), 17.

행하였다. 문화사회학자 사라 손톤(Sarah Thornton)은 그들에게 클럽 문화는 사운드와 스타일을 끊임없이 제시하고 변화시키는 특정한 장소이며, 그들에게 즐거움의 경험과 정체성을 강화하는 리츄얼(ritual)을 제공한다고 말한다.9

한국 기독교계에서도 이런 청년하위문화는 1980년대에 태동한 소위 CCM(contemporary Christian Music)과 모던워쉽(Modern Worship) 운동을 통해 확장되었다. 초교파적이며 자생적인 이 기독청년운동은 기존의 장년 세대의 '공예배' 시스템과 구별된 '경배와 찬양' 모임을 통해 또래들과의 그룹 정체성을 공유할 수 있었다. 특히 이런 의미에서 '경배와 찬양' 운동은 복음주의 청년들에게 있어 일종의 클럽문화였으며, 1980년대 후반부터 많은 젊은이들은 매주 목요일 또는 화요일 저녁에 자신들이 출석하는 교회가 아닌 다양한 경건한 '클럽'들로 각자의 취향에 따라 모여 들었다.10

2. 홍대 인디문화의 태동과 성장

1990년대 미국의 신세대들은 베이비부머 세대와 상반된 가치관을 표방하는 새로운 문화운동이 발전한다. 이들은 60년대 반문화처럼 사회적 '저항'을 표방하지 않았고 그저 기성세대에 대한 '냉소'를 반영하는 것이 주된 특징이었다. 가장 두드러진 현상은 1991년 록밴드 너바나(Nirvana)의 출현과 함께 증폭된 얼터너티브 록(Alternative Rock)

---

9 Sarah Thornton, *Club Cultures: Music, Media, and Subcultural Capital* (London: Polity Press, 1995), 3.
10 윤영훈, "CCM 운동과 청년하위문화", 170-171.

과 흑인들의 힙합(hiphop) 문화에 있다. 얼터너티브록은 주로 대학가를 중심으로 로컬방송, 언더그라운드 클럽, 인디 레이블을 통해 조금씩 확장되어 갔다. 이들은 기성사회와 상업화된 주류 문화에 대해 적대적이라기보다는 일종의 '대안' 역할을 했기 때문에 자연스럽게 '얼터너티브'라는 형용사가 붙은 것으로 보이며 줄여서 '얼트'(Alt) 문화라고도 불린다.[11]

1990년대 이후 영미 얼트문화는 소위 'X-세대'에 속한 젊은이들이 주도하였으며 그들 가운데 많은 영향을 미쳤다. 종교사회학자 톰 보도인(Tom Beaudoin)은 X-세대는 기존의 '거대담론'에 대한 강한 회의를 표명하며 그들의 부모 세대인 '베이비부머'의 가치관에 도전하였다고 주장하면서, 이들에게 "대중문화는 중요한 의미를 제공하는 수단일 뿐 아니라, 이들 세대를 구축하고 만들어낸 주체였다"라고 분석한다.[12]

홍대 인디문화는 바로 이 영미 얼트문화에 절대적인 영향을 받았다고 해도 과언은 아니다. 초창기 홍대 클럽의 대부분의 밴드는 주로 너바나에 영향을 받았던 모던록을 표방하였다. 한편 힙합은 1980년대 미국의 뒷골목에서 시작되었는데 이들은 거리에서 자신들의 파티문화를 발전시켰다. 한국에서도 비보잉의 진원지는 바로 즉흥적인 길 위의 춤판이었으며, 1990년대 말부터 홍대 문화는 흑인 힙합과 그래피티 문화를 수용하며 보다 확장되었다.

1990년대 중반을 기점으로 일련의 젊은 예술가들은 기존의 상업적 방식과 다른 자기들만의 문화 공간을 주체적으로 만들기 시작했다.

---

11 신현준, 『얼트문화와 록음악 1』 (서울: 한나래, 1996), 20-21.
12 Tom Beaudoin, *Virtual Faith: The Irreverent Spiritual Quest of Generation X* (San Francisco: Jossey-Bass, 1998), 27.

1980년대 청년 문화의 중심지였던 신촌이 상업화로 임대료가 상승하며 많은 문화인들이 이곳에서 내몰리게 되자, '홍대앞'을 중심으로 자기들의 문화공간을 재편해나가기 시작하였다. 왜 홍대 앞일까? 우선 1984년 지하철 2호선이 개통되며 신촌 근처에 위치하며 기존 청년들이 쉽게 접근할 수 있는 교통의 편리성이 있었다. 둘째, '홍대앞'은 1950년대부터 홍익대학교 미대생들의 작업실과 작은 전시장들이 있어서 소박하고 매력적인 분위기가 조성되어 있었다. 지금도 '홍대앞' 미술은 상업 화랑의 틀에서 벗어나 비상업적, 대안적 공간으로 작가가 지닌 스타일과 자율성이 철저히 보장된다.[13]

1992년 〈발전소〉를 시작으로 다양한 클럽들과 카페들, 특색 있는 상점들 그리고 대안 공동체들이 이곳에 모여들기 시작했다. 1990년대 초반의 이 문화적 실험에 인테리어 디자이너 최정화가 있다. 그는 '홍대앞' 클럽을 싸구려 비닐 재질과 파이프, 콘크리트가 그대로 드러내며 창고 같은 분위기를 연출하여 거칠지만 이국적이며, 촌스럽지만 복고적인 독특한 디자인을 구현했다.[14] 이는 홍대 문화를 상징하는 시각적 특징이 되었다.

또한 홍대 거리의 낮과 밤은 확연히 구별된다. 카페와 클럽은 이 양면을 대표하는 공간이다. 낮에는 일상적이며 정적인 작업이 이루어지며 밤이면 자유롭고 화려한 경이로움이 펼쳐진다. 때로는 이곳을 퇴폐적이고 비도덕적인 장소라는 막연한 인상비판을 받기도 했지만 초창기 이곳엔 다른 유흥가와는 달리 룸살롱, 모텔, 퇴폐업소가 없는 청정

---

13 이동준 편, 『홍대앞으로 와』 (서울: 바이북스, 2005), 285.
14 성기완, 『홍대앞 새벽 세시』 (서울: 시문난적, 2009), 36.

지역이라는 것이 이 곳 주민들의 증언이다. '홍대앞'에는 클럽과 공연장뿐 아니라 출판기획과 편집, 방송제작사, 공공미술, 실험예술, 문화기획, 문예교육, 애니메이션과 영화 제작 등의 다양한 개인과 법인들이 "상호 시너지를 발휘하면서 공존하고 있는 문화 생산의 공간이다." 독립영화사 시월 시네마 대표 이채관은 홍대앞 문화의 정체성에 대해 다음과 같이 요약한다.

> 홍대앞 문화의 정체성은 다중적이며 복합적이며 이종교배적이다. 더 이상 하나의 문화로 설명되어질 수 없는 다양한 문화가 존재하는 유기적 공간이다. 홍대 앞 문화는 생산과 소비가 동시에 이루어지는 공간이며 다종의 문화적 자원이 만나고 헤어지는 카오스적 문화이다…. 홍대앞 문화가 하나의 정체성을 지니지 않았기에 보다 새로운 문화를 만들어 낼 수 있는 것이다."15

이처럼 홍대 문화의 가장 중요한 가치는 인디문화의 산실이며 젊은 예술가들의 둥지로 새로운 문화가 실험되어왔다는 점이다. 이는 자본주의적 대량생산의 체계와는 분명히 다른 독특한 방식이다. 소위 '프로슈머'로 설명될 수 없는 다양한 문화 장르들의 상호 융합을 통해 특별한 생산과 소비가 동시에 이루어지며, 개성과 직감에 의존하는 이들의 문화는 일종의 놀이이며 그 결과로 새로운 스타일이 탄생한 것이다."16

이런 홍대 문화는 기독교 대안운동에도 많은 영감을 제공하였다.

---

15 앞의 책, 288.
16 이동준 편, 『홍대앞으로 와』, 290.

현제 홍대 지역에는 다양한 기독 대안운동 단체들이 밀집되어 있다. 이들의 활동은 교단과 교회 중심의 기독교 주류와 자신들을 구별시키며 기독교 세계관에 기초해 다양한 활동들을 확장하고 있다. 이런 차원에서 이들 단체는, 교회 밖에서 청년 세대들이 주도했다는 공통점이 있지만, 기존의 전도와 선교 그리고 제자훈련 등 종교 영역에 국한된 학생선교단체들과 구별된다. 이들은 기독교의 본질이 교회가 아닌 '선교' 및 '운동'에 있음을 강조한다. 이들은 홍대 인디문화인들과 가치와 방법에 많은 부분을 공유한다. 이들 단체들은 주류 교회와 신학교에서 제공되는 프로그램들과 차별화된 공연과 강연 그리고 보다 진보적인 사회 활동들을 통해 그 영향력을 확대해가고 있다.

대표적 사례로 기독교 인문과 공공신학을 강조하며 다양한 강좌와 활동을 주도하는 〈청어람ARMC〉, "한국교회의 재구성"을 목표로 대안적 신학연구와 교육을 추구하는 〈기독연구원 느헤미야〉 그리고 기독교 문화 콘텐츠 개발과 문화비평 활동을 지향하는 〈빅퍼즐문화연구소〉를 꼽을 수 있다. 또한 공연장 운영과 아티스트 양성을 위해 시작된 〈블루라이트 처치〉, 〈수상한거리〉 그리고 〈레드빅 스페이스〉와 같은 교회와 단체들은 이전 CCM과 예배 사역에 집중하던 많은 음악인들이 보다 폭 넓은 교회 밖 기독 노래운동과 세상과 소통하는 무대의 확장을 위해 노력한다. 이들의 공통점은 스스로를 '복음주의자'(evangelical)라고 주장한다는 점이다. 실제로 그들 중 대다수는 보수적인 교회 출신이다. 그럼에도 이들은 기존 교회 활동에 많은 문제의식을 느끼며 매우 진보적인 사회적 가치와 활동에 많은 노력을 기울인다.

나는 기독교 문화 활동은 본질적으로 인디문화의 형태로 발전해야 한다고 본다. 이는 주류 문화와 동떨어져 있지는 않지만 그것에 대해 저항과 실험정신을 통해 기독교 가치관을 예술로 표현해 가는 것이다. 이 문화는 광범위한 다수의 청중을 갖진 못해도 유행에 따라 흔들리지 않는 마니아적 수용자들과 예술적 자유를 얻을 수 있을 것이다.

III. 홍대 인디문화에 대한 신학적 적용과 평가

1. "변방은 창조공간이다": 얼트문화와 변방신학

변방과 중심은 결코 공간적 의미가 아니다. 낡은 것에 대한 냉철한 각성과 그것으로부터 과감한 결별이 변방성의 핵심이다.17

홍대 인디문화는 1990년대 급속도로 진행된 문화 상업주의로 인해 무대를 잃고 내몰린 젊은 예술인들이 주도한 대안적 운동이었다. 앞의 인용문에서 신영복이 주장한 것처럼 '변방성'은 공간적 개념이 아니다. 기득권을 가진 중심은 변화를 꺼리지만 변방은 변화되지 않으면 살아남지 못한다. 그래서 변방은 창조 공간이며 '자기 성찰'의 기회이기도 하다.18

우리 시대는 청년들뿐 아니라 모든 사람들이 치열한 경쟁의 생존 레이스에 매달려있다. 우리를 끌어당기는 중심의 부와 권력과 명예의 환상은 너무나 강력하다. 우리는 열심히 노력해서 성공한 사람들을 선

---

17 신영복,『변방을 찾아서』(파주: 돌베게, 2012), 1, 135.
18 앞의 책, 13.

망한다. 사실 그들의 성실한 노력은 박수 받아 마땅하다. 그러나 그 자리는 제한된 경쟁의 승자만이 오를 수 있기에 그들의 '성공'이란 모델은 결국 체제의 룰에 대한 어떤 문제의식도 없이 "남을 이기는 법"일 뿐이다. 중산층의 삶이란 이데올로기를 규범적으로 받아들이는 한 우리 모두는 이 생존경쟁에서 자유로워지는 것은 불가능하며, 그런 삶 가운데 진정한 행복이나 새로운 변혁과 창조성을 기대하기는 어렵다. 신학자 이정영은 중심이 주변을 구원한다는 허위성을 다음과 같이 말한다.

> 중심 집단 사람들은 주변부 사람들의 구원이 자신들의 뜻에 달려 있으므로 주변부 사람들이 자신들에게 자비와 동정을 요청하리라 기대한다. 중심 집단 사람들은 다른 사람들을 주변화시킴으로 더욱 의존적으로 만든다. 하지만 중심부 사람들을 의존할수록 주변부 사람들은 더욱 자율성을 잃고 중심부적 가치와 규범과 이념에 순응하게 된다.[19]

교회는 '주변부'에서 진정한 교회로 설 수 있다. 왜냐하면 오늘날 교회의 가장 심각한 문제는 사회에서 '중심 자리'를 '축복'이란 이름으로 정당화하고 적극적으로 이를 욕망하며 세속화되었기 때문이다. 그래서 변화와 변혁은 주로 주변부에서 발생하며, 그곳에 창조성의 에너지가 나타난다.[20] 한편 변방성의 창조성이라는 가치는 중요한 전제가 있

---

[19] 이정용/신재식 옮김, 『마지널리티』 (서울: 포이에마, 2014), 234-235.
[20] 앞의 책, 17.

다. "변방이 창조공간이 되기 위해서는 콤플렉스가 없어야 한다는 것이다." 이솝우화의 "여우와 신 포도" 이야기처럼, 끊임없이 중심부를 갈망하다 좌절된 사람들은 새로운 대안을 찾으며 중심을 비판하지만, 마음 속 저변에는 늘 중심부에 대한 열망과 콤플렉스를 가지고 있다. 신영복은 이를 청산하지 못한다면 "변방은 중심부보다 더욱 완고하고 교조적인 틀에 갇히게 된다"라고 경고한다.[21] 중심에서 변방으로 관점을 바꾸는 것은 변방에 새로운 '중심'을 만드는 것이 아니다.

홍대 인디문화의 중요성은 바로 이 중심에 대한 열등감이 아닌 다른 가능성을 실험하고자 했다는 것이다. "얼트문화" 또는 "인디문화"라고 명명된 이 자생 문화 운동은 오늘날 치열한 생존 경쟁에 매몰된 '헝거게임'의 룰을 벗어난 새로운 대안적 삶의 가능성을 보여주었다. 우리는 인생에서 늘 안락하게 머물 곳을 갈망하며 산다. 하지만 하나님은 당신의 사람들에게 먼저 내 욕망이 안주하는 세상을 떠나라고 명령하셨다. 이것은 그저 아무 목적 없이 방랑하는 삶이 아니다. 그리스도인들은 그것을 "부르심"(Calling)이라고 부른다. 성서에서 하나님의 사람들은 주변부 사람이 되도록 부름 받았다. 그래서 이정영은 기독교 신학은 "주변성의 관점에서 다시 해석"되어야 하며 "주변성은 신학의 맥락이자 방업이요 내용"이라고 주장한다.[22] 즉 변방성은 새로운 상상력을 통해 제 3의 가능성이 실험될 수 있는 최선의 환경이 될 수 있다.

---

21 신영복, 『변방을 찾아서』, 27.
22 이정용, 『마지널리티』, 12.

2. '소유'에서 '자유'로: 노마디즘과 탈주의 신학

80년대 레이거노믹스의 희생자로 흑인 청년들이 길거리로 내몰렸듯이, 오늘의 힘없는 청춘들 역시 집을 잃고 '길' 위에 놓여 있다. 힙합은 흑인 게토 지역의 길거리 축제인 '블록파티'에서 태동하였듯이, 홍대 역시 광장이라기 보단 '길'의 문화이다. "주차장길", "걷고 싶은 거리", "잔다리로" "독막길" 등 홍대의 주요 문화 공간은 모두 '길'을 중심으로 형성되어 있다. 또한 홍대의 길거리는 가난한 예술가들에게 최선의 무대를 제공한다. 성기완은 홍대 문화와 길의 의미를 다음과 같이 말한다. "길 위에서 우리 모두는 '이방인'이며 또한 '브라더'가 된다. 그래서 길은 끊임없는 흐름이며 만남과 교류의 거점이 된다."23

홍대 인디 뮤지션들의 노래에는 비정규 노동자로 전락한 청년들의 노곤한 삶 그리고 개인주의적 경쟁사회 속에 동료의식을 배우지 못하고 혼자가 되어버린 그들의 외로움을 묘사하는 가사가 많다. 세상의 어떤 학교에서도, 미디어에서도, 자기개발 강연과 서적들도 그들에게 "길 위에서 사는 법"을 가르쳐주지 않는다. 끊임없는 경쟁과 허영을 주입할 뿐이다.24 오늘날 불투명한 진로로 인해 절망에 빠진 많은 청춘들이 배워야 할 더 중요한 삶의 비결은 "길 위에서 (당당하게) 사는 법"이 아닐까?25

홍대 인디문화의 대표적 밴드인 〈장기하와 얼굴들〉은 데뷔곡 "싸

---

23 성기완, 『홍대앞 새벽 세시』, 201.
24 이원석, 『거대한 사기극: 자기개발서 권하는 사회의 허와 실』 (서울: 북바이북스, 2012), 5-8.
25 고미숙, 『돈의 달인, 호모 코뮤니타스』 (서울: 그린비, 2010), 84.

구려 커피"에서 우리 시대에 화두로 떠오른 '잉여', '루저', '백수', '룸펜'의 정서와 일상을 노래 전체에 노골적으로 녹여내며 동 시대 많은 사람들에게 공감을 형성했다. 〈장기하와 얼굴들〉이 보여준 미학적 감성은 이런 잉여적 삶이 너와 나의 '인간적' 모습으로 승화시킨다는 것에 있다. 이 밴드의 또 다른 노래, "아무 것도 없잖어"의 가사를 들여다보자.

초원에 풀이 없어 소들이 비쩍 마를 때쯤
선지자가 나타나서 지팡이를 들어 "저 쪽으로 석 달을 가라~"
풀이 가득 덮힌 기름진 땅이 나온다길래 죽을 동 살 동 왔는데
여긴 아무것도 없잖어.
푸석한 모래밖에는 없잖어 풀은 한 포기도 없잖어.
이건 뭐 완전히 속았잖어. 되돌아 갈 수도 없잖어.

IMF 사태가 할퀴고 지나간 우리나라 국민들의 심상에는 물질만능주의의 비극적 이념이 새겨지고 말았다. 이렇게 황폐해진 환경 속에 살아남는 법을 알려주는 "광채 나는 눈을 가진" 미디어 속의 '선지자'들은 바로 이것이 성공하기 위한 길이라고 여기저기에서 길을 잃은 사람들에게 예언해준다. 그 말은 마치 사막에서 만난 희망의 빛과 같다. 그 말을 믿고 열심히 노력해서 "죽을 동 살 동" 최선을 다하는 우리들이 발견한 것은 무엇인가? 결국 "여긴 아무 것도 없잖어"란 허무 아닌가? 극히 일부를 제외하고 대다수의 사람들은 그 곳에서 아무 것도 없는 현실의 벽에 부딪히고 만다. "이건 뭐 완전히 속았잖어" 그러나 이미 수많은 노력과 시간을 투자한 사람들은 그 허위에 대해 부정하기보단 "되돌아 갈 수도 없는" 현실 앞에 절망하게 된다. 홍대 인디문화는 이런

생존게임을 벗어나 새로운 삶의 대안적 길과 가치를 여는 것에 우리의 관심을 돌리게 한다.

교회 역시 이런 공허한 울림에 한 몫을 거들었다. 중고등부 캠프, 청년 수련회 때마다 우리의 가슴을 뜨겁게 한 그 거룩한 선지자들의 메시지가 하늘의 음성으로 들리지 않았던가! 희미했던 마음의 소원(욕망)은 확신으로 화하여 이젠 세상과 맞장 뜰 수 있다는 자신감으로 충만했었다. 어려울수록 넘쳐나는 확신과 비전의 수사들에 우리는 더욱 마음이 끌리게 마련이다. 설교자나 찬양 인도자들의 공허한 확신의 멘트들은 결국 "아무 것도 없잖어"라고 현실을 직시하는 순간 그 믿음이 너무나도 손쉽게 무너지는 사례들을 교회에서 자주 목격한다. 더욱이 교회 안에서조차 사회적 성공이 '좋은' 그리스도인의 가장 중요한 척도임을 알게 되는 순간 순수하게 봉사하는 거룩한 '백수'들의 마음엔 어느새 시니컬한 의문과 상처를 남기게 된다.[26]

성서에서 하나님의 사람들은 결코 그런 믿음을 살지도 가르치지도 않았다. 그들에게 믿음은 현실 게임에서 탈주해 새로운 세상을 바라보며 떠나는 순례이며, 그렇게 정착이 아닌 유목의 여정 속에 대안적 삶의 가능성을 실험했다. 구약성서에서 여호와 하나님은 유목민의 하나님이시며, 아벨에서 다윗까지 하나님의 사람들은 모두 유목하는 목자로서의 정체성을 강조하였다. 그리고 다산과 풍요의 가치를 최우선으로 삼는 당대의 애굽과 가나안 정착민들의 농경 부족 신들의 우상을 철저히 경계한다. 바로 우리의 시대가 바로 이런 유목의 삶을 수용하는 믿음의 모험이 필요한 것은 아닐까?

---

26 윤영훈, 『윤영훈의 명곡묵상』 (서울: IVP, 2016), 211-212

질 들뢰즈(Gilles Deleuze)와 펠릭스 가타리(Felix Guattari)가 『천 개의 고원』(Mille Plateaux)에서 강조한 '노마드'의 삶은 새로운 삶을 위한 '탈주-횡단-접합-등가'의 길을 강조한다.27 근대화와 자본주의는 삶의 욕구와 능력을 특정한 형태로 '코드화'하거나 특정한 영역으로 '영토화'한다. 예를 들어, 공부하려는 욕구와 능력은 대학이란 제도 안에서 논문이나 학위 등으로 '코드화'되고, 교수라는 특정 권위와 권력(직업)으로 '영토화'되었다. 그러나 공부는 코드나 영토에 선행하는 원초적인 것이다. 따라서 우리는 성공에 대해서도 코드화된 영토에서 '탈주'해 여러 영역과 사람들을 가로질러 '횡단'하며 새로운 친구들과 '접합'하고 그들과 연대하며 '등가'된 공동체를 이루어 가야 한다. 이것이 바로 들뢰즈와 가타리가 강조하는 '노마드'의 삶이다.28

믿음을 가진 그리스도인들은 이 땅의 가치가 영원할 수 없음을 인정하고 살아가는 사람들이다. 그러나 동시에 이 땅에서 하나님이 내게 주신 것들을 감사하며 누리는 사람들이다. 다만 우리 안에 가치가 '소유'에서 '자유'로 무게중심을 옮긴다면, 우리는 이 광야에서도 굳세게 살아갈 수 있다. 그저 주어진 환경을 감사하며 수용하며 즐기자는 것이 아니라 우리에겐 분명 새로운 길이 필요하다. 우선 우리는 서로가 경쟁자가 아니라는 인식에서 출발해야 한다. 이것은 욕망과 풍요의 가치에 함몰된 이 시대 바알 신앙에서 "떠나" 하나님이 우리에게 "보여줄 땅"을 향해 떠나는 용기 있는 믿음의 모험이며, 그 유목의 삶 가운데 내가 만나는 지체들과 함께 누리는 하나님 나라 공동체의 꿈이다(창 12:1-3).

---

27 질 들뢰즈 · 펠릭스 가타리 외/김재인 옮김, 『천 개의 고원』 (서울: 새물결, 2001).
28 이진경, 『문화정치학의 영토들』, 51-53.

3. "홍대 놀이터": 놀이의 신학

"우리에게 예술은 즐거움입니다. 즐겁지 않으면 의미가 없잖아요." 홍대 지역 "예술벼룩시장"의 기획자 중 한 명인 김중혁의 제안이다. 처음부터 '홍대앞'은 '놀이터'라고 불려 왔다. 하지만 문화특구라 불리는 홍대 지역에서 많은 예술인들은 문화생활은 고사하고 생활하기도 힘들다. 문제는 그들이 돈 안 되는 일을 하고 있기 때문이다. 더 정확하게 말하면 그 작업의 가치가 통용될 수 있는 시장이 없다는 것이다.[29] 홍대는 이 철없는 젊은 어른들에게 대안적 '놀이터'이다. '홍대앞'은 시장을 전제로 하는 생산과 소비가 아니라 자율적 놀이의 결과로 드러난 문화적 산물이다. 문화의 창조성은 기존 문화를 "새로운 의미로 재구성해내는 끊임없는 맥락화 과정의 연속이다." 탈맥락화와 재맥락화, 해체와 재구성이 홍대앞의 새로운 문화를 생성해내는 에너지였다.[30]

홍대 문화는 절대 전투적이지 않다. 부정성보단 긍정성을 강조한다. 기존의 '7080' 청년 문화가 정치적 독재와 자본주의적 질서와 위계에 대한 저항을 강조했다면 '홍대앞' 문화주체들은 자본주의적 가치를 거부하고나 저항하지 않는다. 그저 비켜가며 새로운 스타일을 생성하려고 한다. 이 긍정성이 늘 새로운 방식의 실험과 소비를 가능케 한다.[31] 인간의 모든 대중문화 예술과 활동은 순수한 동기의 놀이에서 시작되었다. 힙합정신이 그렇고 사물놀이가 그랬다. 요한 호이징어

---

29 조윤석 · 김중혁,『놀이터옆 작업실: 홍대 앞 예술벼룩시장』(서울: 월간미술, 2005), 6-7.
30 이동준 편,『홍대앞으로 와』, 292.
31 앞의 책, 295.

(Johan Huizinga)는 자신의 저서『호모 루덴스』(*Homo Ludens*)에서 인간의 존재와 행위 양식의 본질을 '놀이'라고 주장했다.

우리는 우리 종족을 생각하는 인간, '호모 사피엔스'(*Homo Sapiens*)'라 부른 적이 있었다. 시간이 지나면서 인간이 그렇게 이성적이라고 믿을 수는 없게 되면서, 인간을 만드는 인간, '호모 파베르'(*Homo Faber*)'라고 지칭하는 경향이 높아졌다. 그러나 이제는 인간을 지칭하는 더 적절한 제 3의 기능에 주목해야 한다. 그것이 바로 '놀이하는 인간'(*Homo Ludens*)이다. 즉 놀이는 문화의 한 요소가 아니라 문화 그 자체가 놀이의 성격과 기원을 가지고 있다는 것으로, 인간은 놀이를 통해 그들의 인생관과 세계관을 표현한다. 인간 행위의 내용을 인식의 밑바닥까지 캐 들어가면, 결국 놀이 욕구에서 비롯된 것은 아닐까?"[32]

하나님의 창조세계는 "안식일의 영원한 축제"이며[33] 하나님과 함께, 자연과 더불어, 벗었으나 부끄럽지 않고 흉보지 않는 에덴의 공동체이며 놀이터였다. 이 창조 세계 안에서 노동은 함께 동역하며 나누는 놀이의 연장이다. 하지만 인간의 타락은 이기적 경쟁과 소비적 맘몬주의로 인해 모든 놀이를 돈 버는 '노동'이 되게 만들었다. 교회 안에서도 근대 청교도적 금욕주의와 노동가치의 강조는 그리스도인으로서의 제자도와 헌신을 '훈련'과 '사역'이 되게 하였고, 우리는 하나님 나라의 노

---

[32] 요한 호이징어/김윤수 옮김,『호모루덴스』(서울: 까치글방, 1982), 7, 9.
[33] 위르겐 몰트만/김균진 옮김,『창조 안에 계신 하나님』(서울: 대한기독교서회, 1992).

동자요 투사가 되기 위해 양육(사육)되는 느낌이다. 이런 상황 속에 창의성은 존재할 수 없다. 작업 모드에선 감성 안테나가 작동하지 않기 때문이다.34

물론 즐기는 것이 놀이의 본질은 아니다. 한경애는 최고의 놀이는 무엇인가에 자발적으로 "열중"하는 것이며 "순수한 즐거움으로 하는 활동"이라고 정의하고, 이런 의미에서 놀이는 가장 "지적이며 능동적인 활동"이라고 말한다. 그녀는 서로 나누고 공유할 때 문화 미디어는 놀이가 될 것이며, 놀이문화가 세상을 바꾸는 힘이라고 역설한다.35 위르겐 몰트만 역시 자신의 저서 『놀이의 신학』(Theology of Play)에서 지금까지 기독교 신학의 강조점이 주로 "윤리적 요구"의 절대성을 주장해 왔지만, 미래 신학의 방향은 "예술적 환희"의 가치를 더 강조해야 한다고 주장하였다.36 즉 하나님에 대한 우리의 예배는 궁극적으로 하나님의 영광과 아름다움을 바라보는 신비이다.

4. '콜라보레이션': 인디문화와 공동체 신학

'콜라보', '피처링', '밴드', '크루', '레이블' 이런 용어들은 홍대 인디 뮤지션들에게 그 시초부터 자주 쓰였던 말이다. 이제는 주류 문화에서도 보편화되었지만, 이 단어들은 협업과 연대를 강조하는 인디 뮤지션들의 공동체 의식에서 기인하였다. 물론 그 기원은 90년대 미국의 모던록과 힙합 세계의 언어이다. 그저 함께함을 넘어 이 단어들은 내가

---

34 윤영훈, 『문화시대의 창의적 그리스도인』 (서울: 두란노, 2010), 52-53.
35 한경애, 『놀이의 달인, 호모 루덴스』 (서울: 그린비, 2007), 67; 106-107.
36 Jurgen Moltman, *Theology of Play* (New York: Harper and Row, 1972).

갖지 못한 것, 또는 서로 다른 장르들이 상호 연대를 통해 그 효율성을 극대화하는 문화 전략이다.

'홍대앞' 문화가 급부상한 또 다른 중요한 요인은 바로 공동체성을 강조하는 페스티벌을 통해서였다. 홍대 지역에 생겨난 수많은 클럽들은 서로 경쟁하는 것이 아니라 상호 연대를 통해 상생하기 위한 페스티벌을 만들어 왔다. 가장 대표적인 것이 바로 2001년부터 매월 셋째 주 금요일 진행된 '클럽데이'이다. 이날 모든 참여자들은 저녁 7시부터 다음날 오전 5시까지 1만 원짜리 티켓으로 모든 클럽과 라이브 공연을 자유롭게 이용할 수 있다. 이로 인해 '홍대앞'은 "음지에서 양지로 나오게 되는 계기"가 되었고 홍대 클럽영업자들의 연대 모임 및 지역문화운동 기획이 시작되는 계기가 되었다.37 이로 인해 엄청난 인파가 이곳에 모여들게 되었고 '홍대앞'은 입소문을 타고 청춘들의 '핫 플레이스'가 되었다. 소위 '불금'(불타는 금요일)이란 신조어가 시작된 것도 바로 이때부터이다.

이 지역엔 다양한 참여형 페스티벌이 있다. 인디음악인들의 연합 축제인 '잔다리 축제'와 홍대 지역에 밀집된 출판사들이 연합해 이루어지는 '와우 북 페스티벌'이 그 대표적 사례이다. 이들 축제는 네트워크형 축제로서, 뮤지션, 작가, 출판인, 미술가, 디자이너, 문화기획자 등의 다양한 문화주체들과 이 지역의 갤러리, 카페, 공연장 등의 공간들의 자발적 참여가 함께 어우러져 이루어진다. 이처럼 '홍대앞'은 서로 "이질적인 것들이 접합되어 새로운 문화코드가 생성되어 공유되는 코뮌적 공간이다."38 철학자 이진경은 개인주의에 반해 설정할 수 있는

---

37 성기완, 『홍대앞 새벽 세시』, 49.

'코뮌주의'의 진정한 의미는 '생태학적 집산주의'라고 표현한다. 이는 이질적인 요소들이 모여 하나의 집합체를 이루는 것으로, 모든 '선험적 위계'에서 벗어나 인간과 인간, 더 나아가 인간과 자연과의 수평적 "상생 관계"를 추구하는 것이다.39

교회는 지식과 일상이 만나 일상이 다시 축제가 되는 기묘한 실험이 이루어지는 곳이며, 세상의 풍요를 소유하지 않아도 영적으로 행복하게 사는 법을 모색하며 각자의 비전을 찾아가는 곳이다. 또한 이정영이 주장하듯, 교회는 "주변부 백성의 공동체"이다. 교회는 "주변 중의 주변인 예수-그리스도의 현존"을 의식하기 때문이다.40 미디어와 기획사들이 외면한 주체적 젊은 예술인들은 주류 연예산업의 주변인이다. 처음부터 이들이 주류 문화를 거부했던 것은 아니었다. 하지만 자본에 종속된 문화계에 이들이 접근하긴 거의 불가능했고, 설사 요행히 기회를 얻었다고 해도 자신들의 예술적 소신은 묵살되기 일쑤다. 이들이 원하는 것은 그들의 예술적 재능을 공연할 수 있는 무대와 예술적 산물을 제작하고 유통할 수 있는 시스템이다. 1990년대 후반 그들은 거대 문화 산업 이면에서 자신들의 독립된 대안 무대와 레이블 그리고 팬덤을 만들어 냈다.

---

38 이동준 편, 『홍대앞으로 와』, 292-294.
39 이진경, 『문화정치학의 영토들』, 535-546.
40 이정용, 『마지널리티』, 194.

IV. 닫는말: '홍대'와 '인디'를 넘어…

1960년대 미국에서 만개한 히피운동과 그 이상은 1970년대에 접어들면서 그 용도를 다한 채 현실의 벽에 부딪혀 서서히 시들어 갔다. 이후 히피의 주축세력이었던 베이비부머들은 공동체 정신을 완전히 버린 채 자본주의의 총아로 변신했다. 히피의 삶의 방식은 이후 소비주의와 결합하며 '여피'(Yuppie) 또는 '보보스'(Bobos) 등으로 불리는 자유로운 도시 중산층 그룹의 삶의 방식에 왜곡되어 전수된다.[41] 히피가 추구했던 공동체의 삶은 실현 불가능한 '자본주의 사막 속의 신기루'였을 뿐인가?

1990년대 후반 자생적 대안 문화로 발흥한 홍대 인디문화는 이내 젊은이들에게 신선한 자극을 주었고 입소문을 타며 알려지게 되었다. 이런 가운데 새로운 산업적 가능성에 목마른 주류 문화 산업은 '홍대'라는 변방을 주목하게 되었고, 자본의 힘은 홍대 문화가 더욱 급성장하는 계기가 되었다. 하지만 이로 인해 홍대 인디문화는 교묘한 자본의 손에 서서히 잠식되기 시작했다. 오늘날 홍대는 서울에서 가장 임대료가 비싼 지역 중 하나이며, 매일 수많은 사람들이 모이고, 미디어에 가장 자주 노출되는 거대한 상업지구로 성장(?)하였다.

처음 문화를 만들었던 사람들은 비싼 임대료를 감당 못해 대부분 쫓겨났고, 그 자리엔 프랜차이즈 업체와 패션 상점들이 들어서며 거대한 쇼핑몰이 되었다. 자유로운 길거리 버스커들은 주변 상인들의 반대로 점차 설 자리를 잃어간다. 무엇보다 천편일률적으로 복제된 홍대

---

41 이케다 준이치, 『왜 모두 미국에서 탄생했을까』(서울: 메디치, 2011), 8-9; 59.

스타일은 이전의 특색과 개성을 잃어버렸다. 이제 홍대 인디문화는 그 유통기한을 넘기며 사망선고 직전에 있다고 해도 과언은 아니다.

엄밀하게 말해서 변방이 '공간'의 개념이 아니듯, '홍대'도 특정 지역이 아니라 정신이며 라이프스타일이다. '인디'란 개념도 마찬가지이다. 유행이 된 문화현상이 아니라 일종의 철학이다. 이제 홍대는 인디는 사라지고 새로움에 열광하는 소위 '힙스터'들의 동네가 되었다. 어쩌다 홍대가 이 지경이 되었을까? 그 첫째 요인은 이전의 7080 청년 문화에 비해 명확한 노선과 철학이 잘 정립되지 못해 너무나 쉽게 자본에 흡수되었다. 그들이 원한 것은 저항이 아니라 대안이었는데 자본은 이전이나 지금이나 저항의 대상이었어야 했다.

둘째, 이전의 청년 문화가 그 중심지는 신촌이나 종로였지만 한 지역에 머물지 않고 전국적으로 확산된 반면, 홍대 문화는 철저하게 '홍대'라는 공간 안에 게토화된 것이다. 홍대뿐 아니라 전국 곳곳에 라이브 클럽과 인디 문화의 확장이 이루어지지 못한 것이다. 사람들이 '홍대앞'으로만 몰리며 상업적 젠트리피케이션은 피할 수 없는 귀결이었다.

마지막으로 세대적 전수에 실패하였다. 1990년대 문화 자본주의의 주체는 소위 X-세대라 불린 1970년대 출생한 탁월한 젊은 예술가였다. 그들은 80년대 청년 문화의 영향을 받았고 90년대 서태지 신드롬과 함께 주류문화를 점령했다. 오늘의 청춘들은 사실 이들이 장악한 문화 기득권에 철저하게 종속되어 있으며, 치열한 경쟁 체제와 아날로그적 지성과 감성의 결핍으로 앞선 세대가 가졌던 문화적 창의성이 약화된 세대이다. 이는 홍대 문화도 마찬가지이다. 초기 홍대 문화의 창의적 개척자들은 동시대 주류 문화인들과 같은 세대였고, 다음 세대 역시 대안적 문화를 창조할 능력을 키우지 못했다. 자연스럽게 홍대 문화엔 이전의 신선함이 사라져버리고 천편일률적인 특정 스타일로 그 개성을 상실했다.

그렇다면 대안은 무엇일까? 그 가능성은 다름 아닌 홍대가 '지역'이 아니라 '정신'이며 '태도'라는 본래의 모습에 있다. 이제 '홍대'라는 지역과 '인디'라는 용어는 점차적으로 해체될 필요가 있다. 이전에도 청년문화에는 늘 그들만의 하위문화 공간으로서의 '홍대'가 있었고, 주류를 따르지 않는 '인디'는 언제나 그들의 예술적 지향이며 태도였다. 1990년대에 만들어진 '홍대'와 '인디'를 대체할 오늘의 새로운 운동과 용어가 지금의 억눌린 청년세대에 의해 탄생될 것을 기대한다.

홍대 인디문화는 기독교 문화에도 많은 교훈을 전해준다. 지금까지 기독교 문화 사역은 주류 문화가 추구하는 과시적이고 정복적인 블록버스터형 문화를 꿈꾸고 시도하다가 좌절되었다. 기독교문화와 인디문화의 공통적인 지향점은 계속 언더그라운드에 머물러 게토화되는 것이나 주류가 되기 위한 계급투쟁적인 모습도 아니다. 그것은 변방성을 통해 새로운 대안을 지향하여야 한다.

어린이

우리에게 어린이는 누구인가
: 아동학대 시대의 어린이신학*

박영식**

I. 들어가는 말

방정환 선생님을 중심으로 색동회가 1923년 세계 최초의 아동인권 선언을 채택한 이후 제94회 어린이날을 맞아 보건복지부는 2016년 5월 2일 〈아동권리헌장〉을 채택하고 선포하는 행사를 진행했다.1 아동권리헌장은 총 9개 조항으로 되어 있는데, 1) 생명 존중과 가족으로부터의 보살핌을 받을 권리, 2) 모든 형태의 폭력과 착취로부터 보호받

---

* 본 논문은 '아동학대 시대의 어린이신학', 「한국조직신학논총」 46(2016), 215-245에 게재된 것을 약간 수정, 보완했음을 밝힌다.
** 서울신학대학교 교양학부 교수, 조직신학
1 보건복지부 홈페이지(http://www.mohw.go.kr/)에 들어가서 검색창에 '아동권리헌장'을 치면 이 날 행사에 대한 안내와 〈아동권리헌장〉의 배경과 취지, 내용을 볼 수 있다.

을 권리, 3) 인종, 종교, 학력 등의 이유로 차별을 받지 않을 권리, 4) 개인생활이 보호받을 권리, 5) 신체적, 정신적, 사회적 건강을 위해 지원받을 권리, 6) 지식과 정보를 알 권리, 7) 능력과 소질에 따라 교육받을 권리, 8) 휴식과 여가, 문화생활을 누릴 권리, 9) 생각과 느낌을 자유롭게 표현하고 스스로 결정할 권리가 아동에게 있음을 선언하고 있다.

사실 어린이를 존중한다는 의미로 '어린이'라는 단어를 방정환 선생님이 만든 것과 세계 어느 나라에 비교할 수도 없을 정도로 일찍 '어린이 날'과 아동인권선언을 제정한 것은 참으로 놀랍다. 하지만 어린이의 인권에 대한 우리의 인식은 여전히 미숙하고 유치하다. 아동학대는 어제 오늘의 일이 아니며, 아동학대는 보육시설이나 학원에서 아동교육 관련 종사자에 의해 일어날 뿐 아니라 아동학대자의 80% 이상이 부모라는 사실이 놀랍기만 하다.[2]

어린이는 도대체 누구인가? 어린이는 어른에 비해 어리고 미성숙해서 늘 훈계하고 가르쳐야 할 대상일 뿐인가? 아니면 어른들의 돌봄과 보호가 필요하지만 어린이는 어른과 동등한 파트너가 될 수 있는가? 〈아동권리헌장〉에 포괄적으로 명시된 의사표현과 선택의 결정권은 종교 선택과 종교적 의사표현도 포함한다고 할 수 있겠다. 이 글에서 우리는 아동학대의 사례나 유형을 분석하고 이에 대한 일반적인 대책을 제시하고자 하진 않을 것이다. 그것은 다른 전문기관이나 전문가의 몫이다. 다만 우리는 다음의 사안에 관심을 기울여야 할 것이다. 아동학대와 인권 유린의 현실에 직면하여 기독교 신학이 반성해야 할 부분

---

2 2013년에 보건복지부와 중앙아동보호전문기관이 공동으로 발행한「2013 전국아동학대현황보고서」, 28쪽(http://www.welfare24.net/ab-3124-120의 pdf파일 참조).

은 무엇인가? 서구의 전통적인 신학이 여성과 흑인과 제3세계의 사람들에게 그동안 억압의 멍에가 되었듯이, 기존의 '어른들의 신학', 곧 어른들의 시각에서 서술되었던 기독교 신학이 어린이의 인권과는 거리가 멀 뿐 아니라 행여 아동학대를 방조하거나 정당화시키는 도구로서 기능하지는 않았는지 질문해 볼 필요가 있다. 여기서 이와 관련된 사례를 상세히 언급하진 않겠지만, 원죄론에 입각하여 아동의 체벌과 학대가 묵인되거나 징벌하는 하나님 아버지의 이미지를 부각하여 아동의 잘못에 대해 엄격하게 다뤘던 역사적 사례들을 신학사 또는 기독교 사상사에서 찾아볼 수도 있다.3 이 글에서 우리의 근본적인 질문은 바로 이것이다. 아동학대와 아동인권 유린의 시대에 직면하여 오늘날 기독교 신학이 어린이의 인권 보호와 신장을 위해 근원적으로 수행해야 할 작업은 무엇인가? 어린이에 대한 근원적인 사고의 변혁을 위해 기독교 신학은 어린이에 대해 무엇을 말해야하며, 어떻게 어린이를 생각해야 할 것인가? 우리에게 어린이는 도대체 누구인가?

우리는 이러한 물음에 답하고자 기독교 신학에서 각기 다양한 형태로 전개되고 있는 어린이신학을 소개하고자 한다. 어린이신학이 무엇인지에 대한 물음은 사실 어린이를 신학의 '주체'로 수용할 수 있는지에 대한 도발적인 질문과 함께 독일의 종교교육학계에서 이미 전개되었다. 우리는 이러한 신학적 흐름과 논의를 먼저 살펴보면서 어린이신학의 가능성과 어린이신학이 기존의 어른들의 신학에 주는 도전이 무엇인지를 검토하고자 한다. 그런 다음 칼 라너가 일찍이 제안한 어린이

---

3 신학사 또는 기독교 사상사 전반에 관한 포괄적인 연구는 Marcia J. Bunge ed. *The Child in Christian Thought* (Grand Rapids/Cambridge: William B. Eerdmans Publishing Co., 2001)를 참조.

에 관한 신학적 본질규정을 통해 신학적 관점에서 어린이는 누구인지를 살펴보고자 한다. 마지막으로 나름대로 어린이의 관점과 시각에서 어린이를 염두에 두고 신론의 변혁을 시도한 이신건의 교의학적 작업을 소개하고자 한다. 각기 상이한 형태로 전개된 이러한 어린이신학적 작업들은 어린이를 신학적 사유의 주제와 사유의 주체로 참여시킴으로써 그동안 배제되었던[4] 어린이의 목소리를 어린이의 관점에서 경청할 수 있는 기회를 제공한다. 아동학대와 인권 유린의 시대에 기독교 신학은 어린이신학을 통해 어린이에 대한 근원적인 사유의 전환과 신학의 변형을 가져올 수 있지 않을까?

II. 어린이신학의 가능성과 방법론

독일 종교교육학계에서는 90년대부터 '어린이신학'(Kindertheologie)이라는 이름 아래 어린이와 관련하여 신학적 관점의 전환을 요구하는 작업들이 전개되어왔다.[5] 1992년에 독일의 가톨릭 종교교육가인 안톤 부허(Anton Bucher)는 "어린이와 하나님의 의로움 – 어린이신

---

[4] 번지에 따르면, 20세기 들어 어린이와 관련하여 철학, 심리학, 사회학, 그리고 종교심리학 등에서 여러 저술이 출간되었지만 신학분야의 저술은 여전히 드물다. 기껏해야 가정에서 부모에 대한 순종과 가정에서의 어린이 양육에 관한 고답적인 내용을 담은 책들뿐이었다. 앞의 책, 4.

[5] 지난 20년간의 어린이신학의 역사에 관한 간략한 소개는 Holger Dörnemann, "'Kindertheologie'- Ein religionspädagogisches Resümee nach zwei Jahrzehnten eines theologischen Perspektivenwechsels", *Münchener Theologische Zeitschrift* 63 (2012), 84-95 참조.

학"6이란 논문에서 "어린이신학"이라는 개념을 처음으로 사용하여 5-7세, 11-13세, 15-17세 연령의 어린이와 청소년이 신정론의 질문에 대해 어떻게 대답하고 생각하는지를 정리하였다. 부허의 이 논문에 따르면, 아이들도 분명하게 신정론과 관련된 논리적인 핵심문제들을 파악하고 있을 뿐 아니라, 하나님과 고난의 문제와 관련하여 다양한 답변들도 제시했다. 그는 아이들의 대답을 세 유형으로 나눠 정리했다. 첫 번째 유형은 전능하신 하나님이 악을 허용하셨고 문제해결을 위해 작업가설로서 개입하신다는 견해, 둘째는 고난을 인과응보의 관점에서 보는 견해, 그리고 셋째는 청소년 연령대에서 제시된 대답으로 인간의 자유와 책임을 강조하는 견해였다.7

독일 개신교 측에서도 1994년 할레(Halle)에서 있었던 제8차 독일 개신교총회(EKD-Synode)에서 어린이 예배에서 표현된 신학적 사유들을 진지하게 고찰하면서 어른들의 신학과는 독립된 어린이들의 고유한 하나님 생각과 표현에 관심을 기울여야 한다는 의미에서 "관점의 전환"이 요구되었고8 이와 더불어 개신교 측에서도 어린이신학에 관한 작업이 전개되기 시작했다. 그리고 2002년부터 안톤 부허를 비롯한 학자들은 「어린이신학」(Jahrbuch für Kindertheologie)이라

---

6 Anton Bucher, "Kinder und die Rechtfertigung Gottes? - Ein Stück Kindertheologie", *Schweizer Schule* 79(1992), 7-12.

7 Werner H. Ritter/ Helmut Hanisch/ Erich Nestler/ Christoph Gramzow, *Leid und Gott. Aus der Perspektive von Kindern und Jugendlichen* (Göttingen: Vandenhoeck & Ruprecht, 2006), 63-65에서 참조; 또한 신정론의 문제와 관련된 어린이신학적 작업으로는 Rainer Obertür, *Kinder fragen nach Leiden und Gott* (München: Kösel, 7. Aufl., 2011) 참조.

8 Ines Diekmann, *Kindertheologie im Kindergottesdienst. Praxisbezogene Konsequenzen für die Arbeit mit Kindern* (Norderstedt: Grin, 2008), 53.

는 연간 학술지를 만들어 어린이신학과 관련된 많은 글들을 생산하고 있다.

그렇다면 관점의 전환을 요구하는 어린이신학이란 도대체 무엇인가? 신학의 주제로서 어린이를 다루는 신학인가? 아니면 어린이의 흥미를 자아내는 자료들을 만들어 기독교의 가르침을 소개하는 작업인가? 어린이신학이라는 개념을 제일 처음 사용한 안톤 부허에 따르면 어린이신학은 "어린이를 위한 신학이라기보다는 오히려 어린이의 신학"으로, 어린이가 연구의 대상이 아니라 신학의 주제로 자리매김한다.9 이는 어린이를 "무지하고 어리석으며, 충동에 이끌리고, 기분에 좌우되는"10 존재로 여겼던 통념과는 전혀 다른 관점과 방향의 작업이다. 부허에 따르면 이성보다는 충동에 좌우되는 어린이에 관한 기존의 생각은 어린이가 본성적으로 선하다고 보고 아동기의 고유한 가치를 인정했던 루소에 이르러 바뀌게 된다. 하지만 루소는 어린이에게 종교적 교육이 필요하다고 보지는 않았다.11 이와는 달리 부허는 어린이의 종교성에 관심을 두었던 슐라이어마허와 발달심리학의 영향으로 어린

---

9 Anton A. Bucher, "Kindertheologie: Provokation? Romantizismus? Neues Paradigma?", in Anton A. Bucher, Gerhard Büttner, Petra Freundenberger-Lötz, Martin Schreiner(Hrsg.), *Jahrbuch für Kindertheologie Band 1: Mittendrin ist Gott: Kinder denken nach über Gott, Leben und Tod* (Stuttgart: Calwer Verlag, 2002), 9-27, 9.

10 앞의 글, 12.

11 앞의 글; 신학의 역사와 연관해서 보면, 루터와 칼빈은 교리문답서를 통해 부모들이 자녀를 도덕적으로 영적으로 교육하도록 했으며 특히 19세기 신학에서 어린이에 대한 관심이 높았다. 호레이스 부쉬넬(Horace Bushnell)이나 슐라이어마허에게도 목회 사역과 신학적 사유에서 어린이교육을 중요한 주제로 삼았다. Marcia J. Bunge ed. *The Child in Christian Thought*, 11.

이를 주체적인 존재로 인식하게 된 장 피아제와 몬테소리의 관점에 동의하면서 어린이를 신학의 주체로 끌어올린 것이다. 기독교 신학의 작업에서 이제 어린이는 신학이 다뤄야 하는 대상으로서의 신학적 주제가 아니라, 오히려 신학을 수행하는 주체로 설정되고 있다는 점은 상당히 도발적 발상의 전환이라고 할 수 있다.

하지만 정말 어린이는 신학자일 수 있는가? 어린이가 신학의 능동적 주체로서 활동할 수 있는가? 어린이가 하나님에 관해 내뱉은 말들은 그대로 신학이 될 수 있는가? 어린이가 주체가 되는 신학은 과연 어떻게 가능한가? 신학을 정의상 하나님(theols)에 관한 로고스(logos)라고 할 때, 과연 어린이의 로고스가 하나님을 포착하고 드러낼 수가 있는지 의심스러울 뿐 아니라, 어린이의 로고스에는 어른의 로고스가 이미 주입되어 있기에 어린이만의 고유한 로고스가 신학적 표현으로 드러나는 것이 어렵지 않을까 하는 염려도 덧붙여진다.

이와 관련하여 개신교의 종교교육학자인 프리드리히 슈바이처(Friedrich Schweitzer)는 "어린이를 엄연한 주체로 보고 인정"[12]해야 한다는 점에서 전반적으로 안톤 부허의 주장에 동의하지만, "어린이에 의한 신학"이 "어린이와 함께 하는 신학" 그리고 "어린이를 위한 신학"[13]과 결합되어야 한다고 제안함으로써 어린이신학을 방법론적으로 한 단계 더 발전시켰다. "어린이에 의한 신학"은 어린이를 신학적 주체로 수용하는 신학적 성찰과 연관되며, "어린이와 함께 하는 신학"과 "어린이를 위한 신학"은 일종의 교육학적 작업으로 어린이와의 대

---

12 프리드리히 슈바이처, 『어린이와 함께 배우는 신앙의 세계』, 고원석. 손성현 옮김 (서울: 대한기독교서회, 2013), 12.
13 앞의 책, 55.

화를 통해 어린이를 위한 신학프로그램을 구성하고 제시하는 작업이라 할 수 있다. 슈바이처의 어린이신학은 어린이를 늘 어리게만 보고 가르침과 훈계의 대상으로만 보았던 기존의 교육관에 대해 반성하는 한편, 어린이를 신학 수행의 주체로서 인정하는 획기적인 사고의 전환에 동참하지만, 동시에 신학의 주체로서의 어린이가 갖는 문제점도 간과하지 않는다.

어린이도 어른과 마찬가지로 성서를 읽고 이해하고 해석한다. 이때, 어린이는 성서주석가가 생각하고 있는 성서본문의 의미에 이의를 제기하거나 그것과는 전혀 다른 관점의 해석을 제시하기도 한다. 이때, 어린이에게 성서해석의 정당성이 과연 부여될 수 있을까? 아니면 그의 해석은 수정되어야 마땅한가? 이에 대해 슈바이처는 '올바른' 해석을 찾는 것에서 한걸음을 물러나 "어린이신학은 어린이가 자신의 해석을 통해서 무엇을 말하고 있는지, 무엇을 말하고 싶은지"를 우선적으로 경청해야 함을 강조한다.[14] 또한 어린이의 성서해석이나 신앙의 표현이 잘못되거나 미숙한 것으로 판단하기 보다는 기존의 정답과는 '다른' 답을 제시하는 것으로 이해할 필요가 있다.[15]

슈바이처는 소위 아동 낭만주의에 빠져서 어린이가 하는 모든 성서해석이 옳다고 인정하자는 주장에 동조하지는 않는다.[16] 하지만 그는

---

[14] 앞의 책, 19.
[15] 앞의 책, 36.
[16] 앞의 책, 176-177. "어린이신학이 이런 입장을 채택한 것은 충분히 납득할 만한 일이다. 그러나 이 경우에도 개방성과 임의성은 같은 것이 아니라는 사실을 결코 가볍게 여겨서는 안 된다. 텍스트가 '열려 있다'는 말은 무조건 '모든' 해석이 가능하며, '모든' 해석이 합법적이라는 뜻은 아니다. (…) 수용미학이란 이런저런 해석을 그저 무수히 받아들이는 것이 아니다. 수용미학이 말하고자 하는 것은 텍스트가 원래 의도한 것을

어린이가 스스로 성경을 읽고 나름의 논리로 이해할 권리가 있으며, 어린이의 성서해석이 어른의 해석에 의해 무조건 수정될 필요가 없음을 분명히 하면서도, "어른들이 어린이의 생각에 절대 간여해서는 안 된다는 원칙을 세우고, 어린이의 그런 이해 방식을 방치한다면 그것은 문제가 된다."고 말한다. 하지만 또한 어린이의 특이한 성서해석을 통해 "여태껏 어른들에게는 전혀 눈에 띄지 않았던 것을 찾아내고 그것의 의미를 일깨우는 일이 자주 일어난다"는 사실도 부정하지 않는다.17

전통적으로 신학이 성서를 일차적인 자료로 삼고, 그 안에 내포된 하나의 정답을 찾고자 했다면, 어린이신학의 성서해석학은 어린이의 관점에서 성서를 읽고 이해하고 때로는 문제를 제기함으로써 성서와 대화하는 어린이를 또한 신학의 자료로 수용함을 뜻한다. 어린이에 의해 읽혀지는 성서뿐 아니라 성서를 읽고 이해하고 문제를 제기하는 어린이가 어른에 의해 굳어진 신학적 사고에 일종의 균열을 가져다줌으로 신학적 사유를 보다 풍성하게 만드는 자료의 역할을 할 수 있다. 이때, 어린이는 신학의 주체만이 아니라 어른과 함께 신학하는 대화의 파트너로 이해된다.

이처럼 어린이의 성서해석에 대한 자율권과 정당성에 대한 인정은 성서 해석자18 또는 신학자로서의 어린이의 가능성을 열어준다. 슈바

충실하게 반영하면서 해석이 이루어질 수 있는 스펙트럼이다. 그렇지 않다면 결국 아무런 텍스트도 필요치 않을 것이다. 독자는 자기의 상상에 자기를 맡겨버리는 꼴이 될 수도 있다. 그렇다면 그것은 독서 혹은 이해가 아니라 무제한의 판타지라고 해야 할 것이다."

17 프리드리히 슈바이처, 『어린이의 다섯 가지 중대한 질문』, 손성현 옮김 (서울: 샨티, 2008), 184.
18 이에 대해서는 Peter Müller, "Da mussten die Leute erst nachdenken … -

이처에 따르면, 어린이는 그저 무언가를 말하는 자가 아니라 자신이 말하고 있는 종교적 내용에 대해 반성적 사유를 할 수 있는 주체이다.19 동시에 어린이신학이 어린이들이 자신의 생각을 자유롭게 표현할 수 있는 심리적, 교육적 공간을 마련하는 것에 주안점을 둬야 하지만, 그럼에도 어린이신학이 더욱 발전하고 심화하기 위해서는 어린이신학은 어른들과 함께 하는 신학이어야 한다. "바로 이 지점에서 어린이에 의한 신학으로부터 어린이와 함께 하는 신학, 어린이를 위한 신학으로 넘어가는 것이 필요하다. 적어도 종교와 신앙을 주제로 한 배움을 위해서라면, 어린이는 오로지 다른 어린이하고만 이야기하고 생각해야 한다고 주장하는 것은 합당하지 않은 것 같다. 어린이도 분명히 어른과의 대화를 원한다. 어른과의 대화를 통해서 내용적인 면에서 새로운 자극을 받는 것은 누가 뭐래도 꼭 필요한 일이다."20

이제 슈바이처에게 어린이신학은 어린이들의 신앙표현을 그대로 인용하거나 거기에서 직접적으로 연역해 낸 어떤 신학이 아니라, 신앙의 여러 주제들에 대해 어린이 스스로가 사유하고 자신의 고유한 방식으로 표현할 수 있도록 유도하는 신학으로 이해된다. 앞에서 인용한대로 어린이에 '의한' 신학, 곧 어린이가 주체가 되는 신학적 언설이 어린이를 '위한' 신학이 되도록 어린이와 '함께' 대화하는 과정이야말로 어린이신학의 필수적인 과정이라 할 수 있다. 이 과정에서 어린이신학은

Kinder als Exegeten – Kinder als Interpreten biblischer Texte", in Anton A. Bucher, Gerhard Büttner, Petra Freudenberger-Lötz, Martin Schreiner (Hrsg.), *Jahrbuch für Kinderheologie Band 2. Im Himmelreich ist keiner sauer. Kinder als Exegeten* (Stuttgart: Calwer Verlag, 2003), 19-30 참조
19 프리드리히 슈바이처, 『어린이와 함께 배우는 신앙의 세계』, 56.
20 앞의 책, 131-132.

어린이의 목소리에 귀 기울이는 어른들의 신학적 개방성을 요구하며 어린이와 어른이 교학상장의 과정 속에서 상호영향을 주고받으며 형성되는 신학일 수밖에 없다.

III. 어린이의 신학적 본질 규정

어린이신학과 관련된 종교교육학적 접근은 비록 신학자로서의 어린이의 가능성을 강조하고 있지만, 여전히 신학적 관점에서 어린이의 본성을 기술하진 못하고 있다. 신학사적으로 어린이의 본성을 생각할 때, 전통적으로 대다수의 신학자들은 원죄론에 입각하여 어린이의 본성도 죄로 물들어 있다고 보았다. 그렇기 때문에 원죄론에 입각하여 아이들에 대한 신체적인 처벌을 정당하게 보는 사람이 있는가 하면, 원죄와 신체적 처벌을 자동적으로 연결시키지 않았던 사람들도 있다. 예를 들면 아우구스티누스와 칼뱅은 어린이가 원죄에 감염되었다고 보았지만, 어린이에 대한 심한 처벌을 정당화하진 않았다.[21]

아우구스티누스는 어린이가 죄 속에서 태어나지만 실제로 몸으로 죄를 짓기에는 어리다고 보았다. 이 과정에서 신체적 처벌이 아니라 "세례, 다른 이들의 모범사례, 하나님의 은혜와 사랑"을 "타락한 의지를 하나님께 되돌려놓는 수단"으로서 강조하기도 했다. 칼뱅도 아우구스티누스와 마찬가지로 어린이가 원죄 속에 있다고 보았지만, 그럼에도 어린이를 "하나님의 선물이며 어른의 본보기"로 보았다.[22] 하지만

---

21 Marcia J. Bunge ed. *The Child in Christian Thought*, 13.

전적 타락설에 근거하여 어린이의 본성 속에 죄의 씨앗이 깊이 뿌리내리고 있다고 본 칼뱅의 견해는 이후에 칼빈주의자들과 개신교인들에게 영향을 주어 어린이를 혹독하게 처벌할 수 있는 정당성을 부여해 주기도 했다. 구체적인 예로 캐나다 원주민에게 복음을 전했던 선교사들은 죄성에 관한 가르침을 가지고 아이들을 혹독하게 대했기 때문에, 이것을 두고 원주민과 기독교인을 구분하기도 했으며 원주민 중에 기독교로 개종한 부모들도 아이들을 심하게 대하기 시작했다고 한다.23

주지하다시피 기독교 인간론은 죄인으로서의 인간만이 아니라 하나님의 형상으로서의 인간에 대해서도 말한다. 기독교 신학은 도대체 어린이를 어떻게 이해해야 할까? 모순적이고 양가적인 인간의 본성을 무시하지 않으면서도 하나님과 인간의 근원적인 관계성을 은총-존재론적으로24 정초하려는 칼 라너는 "아동기의 신학에 관한 사유"25라는 논문을 통해 신학적 관점에서 어린이의 본질을 규정하고자 한다. 이때, 그는 어린이를 자기고집에 사로잡혀 제멋대로 행동하는 고집불통의 폐쇄적 존재가 아니라 무한성을 향해 무한히 자신을 열어놓는 개방적 존재로 포착한다.

---

22 앞의 책, 본문 인용은 14.
23 앞의 책, 15.
24 라너의 존재론은 단순히 아래에서 위로 올라가는 일방적인 존재론이 아니라, 스스로를 피조세계에 내어주신 하나님의 계시적 은총과 상관적인 관계 속에서 형성되는 신학적 존재론이다. 따라서 라너에게 인간의 본질은 자신을 먼저 내어주신 하나님의 은총에 의해 규정되고 완성된다. 이에 대해서는 이찬수, 『인간은 신의 암호』 (왜관: 분도출판사, 2008), 특히 제2장 참조.
25 Karl Rahner, "Gedanken zu einer Theologie der Kindheit", in *Geist und Leben* 36(1963): 104-114. 이 논문은 나중에 *Schriften zur Theologie* Bd. 7 (Einsiedln, 1966), 313-329에 재수록된다.

사실 안톤 부허도 라너에게서 어린이를 신학의 주체로 볼 수 있는 근거를 발견했다. 라너는 이미 1949년에 "죽음의 신학에 관하여"26라는 논문에서 전문신학자가 아니더라도 자신의 신앙에 대해 반성적인 사유를 할 수 있는 모든 그리스도인들은 신학자라고 했다. 여기서 부허는 "그리스도인으로서 모든 사람은 신학자다. (…) 원래 신학에서는 전문가와 아마추어 사이의 깔끔한 경계란 없다. 모든 사람은 어느 정도 신학자로 호명된다."라는 라너의 문장을 인용하여 어린이신학의 근거로 삼았던 것이다.27 그렇다면 도대체 신학적 관점에서 어린이는 어떻게 규정될 수 있을까?

1962년 10월에 어린이구호단체인 SOS-Kinderdorf의 초청으로 행한 강연에서 라너는 "창조주와 구원자의 의도에 따라 어떤 의미와 과제가 인간의 완성과 구원을 위해 아동기에 주어졌는지"를 밝히고자 한다.28 이처럼 그는 신학적 관점에서 어린이의 본질을 규명하고 이것과 인간 존재의 구원과 완성의 관계를 드러내고자 한다. 라너에게 '아동기'29는 단순히 생물학적인 시기를 뜻하지 않는다. 아동기는 성장 과

---

26 Karl Rahner, "Zur Theologie des Todes"(1949), in A. Jores(Hg.), *Über den Tod* (Hamburg: Park-Verl., 1949), 87-112의 논문은 현재 *Sämtliche Werke* Bd. 9: *Maria, Mutter des Herrn* (Freiburg: Herder, 2004), 395-417에 수록되었다.
27 Anton A. Bucher, "Kindertheologie: Provokation? Romantizismus? Neues Paradigma?", 10에서 재인용.
28 Karl Rahner, "Gedanken zu einer Theologie der Kindheit", 104.
29 독일어 Kindheit는 일차적으로 아동기를 뜻한다. 하지만 라너의 논문에서 아동기는 특정한 시기에 한정되는 시기가 아니라 근원적으로 내재해 있는 인간존재의 본성을 뜻하며 동시에 인간존재가 구현하고 완성해야 하는 미래로 묘사된다. 또한 라너의 논문에는 Kindschaft, Kindlichkeit와 같이 교환가능하게 보이는 개념들이 섞여서 등장한다. 이는 각각 자녀됨과 어린이다움으로 번역했다.

정의 바탕이 되는 삶의 존재론적 시초이며, 동시에 삶이 추구하고 도달해야 할 존재론적 목적으로 이해된다.

물론 라너도 죄와 관련하여 어린이의 죄성을 염두에 두지 않는 것은 아니다. 하지만 그는 예수께서 어린이를 향해 가지셨던 순수 신학적 시각을 어린이에게 적용한다. 어린이는 "어른들과는 달리 허세부리지 않으며, 명예에 무관심하고, 겸손하며, 편향되지 않는 모습의 표본"이다.30

라너에게 어린이는 여타의 인간과 마찬가지로 인생의 심연과 신비 앞에서 하나님의 무한성을 향해 개방될 수 있는 존재이며, 그런 점에서 인간존재의 시초로서의 어린이는 하나님의 자녀로서 자기존재를 완성할 인간존재의 미래이기도 하다. 따라서 아동기는 지나가버린 시간의 한 단위가 아니라, 주체로서의 인간이 자기 자신을 성취하는 시간이며 모든 시간에 앞서 미래로서 머물러 있는 시간이다. 물론 아동기는 인간이 자기존재를 펼쳐나가는 출발선이다. 하지만 떠나면 과거가 되어버리는 그런 생물학적이고 산술적인 시간이 아니라, 앞으로 전개될 가능성을 함축하고 있다는 점에서 "신비 자체이신 하나님의 근원적인 시작에 개방"되어 있는 "신비"로 규정된다.31

따라서 라너는 아동기를 시적인 언어로 다음과 같이 표현한다. 아동기는 단순히 "어른이 되는 출발점"일 뿐 아니라 "그 자체로 오직 그 안에서 일어날 수 있는 것이 일어나는 인격적 역사의 시간"이며, "오직 이 곳이 아니면 어디서도 성장할 수 없는 사랑스런 꽃들과 잘 익은 열

---

30 앞의 글, 109.
31 앞의 글, 109.

매들을 품고 있는 들판이다."32 이를 다시 신학적 개념으로 옮기면 다음과 같다. "아동기는 그 자체로 하나님과 직접성을 갖는다. 아동기는 연령과 성숙과 장래의 한계 때문만이 아니라 그 자체로 인해 하나님의 절대성에 맞닿아 있다."33 따라서 어린이는 어른이 되어가는 과도기에 있는 미성숙한 존재가 아니라 오히려 "하나님과의 절대적 직접성" 안에 놓여 있는 "하나님의 파트너"로 규정된다.34

하나님과의 직접성은 하나님의 무한한 개방성에 자신을 개방함으로써 꽃피게 되는 인간의 종교성에 관한 표현이다. 따라서 이러한 인간의 종교성의 순수한 형태를 우리는 어린이에게서 발견하게 된다. 다시 말하면, 인간이 자기 안에 놓여 있는 "자기 존재의 근원적인 어린이다움을 경험하고 떠안고 올바르게 유지하며, 그리고 그것의 무한한 가치를 인정함으로써" 인간의 종교성은 개화된다.35

라너에게 어린이다움은 하나님과의 직접적 관계성을 가능케 하는 하나님의 은총으로 인간에게 주어진 본성의 순수한 형태로서 존재의 근원되시는 하나님에게 자신을 완전히 개방하는 하나님의 자녀됨 안에서 완성된다. "자녀됨은 개방성이다. 인간의 자녀됨은 무한한 개방성이며, 어른의 성숙한 자녀됨은 삶에 대해 닫혀진 존재경험에 반하여 용감하게 신뢰하는 가운데 열어놓은 무한한 개방성이다."36 따라서 라너에게 '어린이'는 어리숙한 인간의 모습이 아니라 한 평생 구현하고

---

32 앞의 글, 106.
33 앞의 글.
34 앞의 글, 107.
35 앞의 글, 113.
36 앞의 글.

완성해야 할 목적이 되며, 그 궁극적 성취를 하나님의 자녀됨 속에서 발견하게 된다.

어린이와 관련하여 이 논문에서 라너는 실존하는 어린이 개개인에게 초점을 맞추기보다는 하나님의 은총으로 인해 모든 아이들의 아동기에 깊이 뿌리내리고 있는 존재론적 본질로서의 어린이를 신학적인 관점에서 서술하고 있다. 그러나 어린이와 관련된 이러한 본질규정이 현실과 무관한 것은 아니다. 왜냐하면 어린이의 본질적 측면을 보셨던 예수께서도 '어린아이와 같지 않으면 하나님 나라에 들어올 자가 없다'(마태 18:31)고 하셨기 때문이다. 라너에게 어린이는 하나님과 인간의 근원적인 연관성을 깊이 있게 통찰하게끔 하는 중요한 신학적 주제일뿐 아니라 하나님을 향해 자신을 완전히 개방한 어린이야말로 인간의 완성과 구원의 성취임을 알려주고 있다.

만약 우리가 라너의 어린이신학을 수용한다면, 어린이를 보는 우리의 시각은 달라질 수밖에 없다. '어린이는 어른의 아버지'(윌리엄 워즈워드)일 뿐 아니라 '어린이는 인간이 성취해야 할 미래와 목적'이다. 만약 기독교신학이 원죄론의 관점에서가 아니라 하나님의 은총과 구원의 신비의 관점에서 어린이를 바라본다면, 어린이는 버리고 떠나온 생의 뒤안길이 아니라 하나님과의 직접성 속에서 우리가 머물러 있어야 하는 터전이면서도 여전히 도달해야 할 미래라 할 수 있다.

IV. 어린이신학의 교의학적 전개

　만약 우리가 어린이의 관점에서, 그것이 가능할지 모르지만, 철저히 어린이의 관점에서 하나님을 사유한다면, 하나님은 어른들이 흔히 말해왔듯이 전능하신 아버지로 경험될까 아니면 어린이와 함께 놀고 이야기하는 친구 어린이로 경험될까? 90년대 중·후반 독일 학계에서 어린이신학에 관한 논의가 주로 종교교육학 영역에서 진행될 때, 거의 비슷한 시기인 1998년에 이신건은 교육학적 관심이 아니라 이론신학적 사유 속에서 "하나님을 어린이로 생각하기"라는 부제를 단『어린이신학』을 출간했다.37 약자를 대변하는 신학으로 흑인신학, 민중신학, 여성신학이 세상에 등장했지만, 어린이가 무차별적으로 학대받는 시대에 정작 모든 약자 중에 약자인 어린이를 대변하는 신학이 없다는 사실에 그는 주목하면서, "왜 우리가 하나님을 가부장주의적으로 아버지라고 부르거나 여성신학적으로 어머니라고 부르면서, 감히 어린이라고는 부를 수 없는지"를 자문했다. 그리고 이러한 질문 속에서 "하나님이 그 분의 아들 안에서 어린이의 얼굴도 지니고 계시다는 흔하지 않는 결론에 이르게 되었다"는 사실을 그의 스승 몰트만에게 편지로 알린다.38 어린이를 사랑하는 마음과 스승의 독려로 힘을 얻은 그의 어린이신학은 어린이가 학대당하는 구체적인 현실을 염두에 두고서 "학대받는 어린이에게 하나님은 누구신가"라는 신학적 물음을 던지며 세상에 나왔다.39

---

37 이신건,『어린이 신학』(서울: 한들, 1998).
38 앞의 책, 13.
39 앞의 책, 제2장.

이 질문은 사변적인 신정론의 물음이면서도 구체적으로 어린이를 특정화했다는 점에서 중요하다. 하나님의 전능과 무능, 남성성과 여성성에 관한 현대신학자들의 하나님 이해를 비판적으로 검토하면서 기존의 답변 속에서는 학대받는 어린이를 위로하고 해방시킬 수 있는 하나님을 찾을 수 없다고 결론짓는다. 특정화되지 않은 추상적인 신정론의 물음과 이에 상응하는 사변적인 답변에 만족할 수 없었던 그는 스승 몰트만의 저서에서 고난당하는 하나님의 어린이 예수를 발견한다. 하지만 그는 이제 몰트만을 넘어 어린이 예수에게서 삼위일체론의 속성 교류를 따라 하나님을 어린이로 사유할 가능성을 모색한다.40 어린이로서의 예수를 대하는 아버지 하나님의 얼굴은 더 이상 근엄한 가부장적인 남성이 아니라 어린이와 함께 놀고 즐거워하는 어린이의 모습이지 않았을까? 그는 다시 반문한다. "우리가 우리 시대에 하나님에게서 고난당하는 민중의 일그러진 얼굴, 차별받는 여성의 모성적인 얼굴, 억압당하는 흑인의 검은 얼굴, 파괴당하는 여성의 모성적인 얼굴, 억압당하는 흑인의 검은 얼굴, 파괴당하는 자연의 녹색 얼굴 등을 경험할 수 있다면, 왜 우리가 우리 시대에 학대받는 어린이의 얼굴을 경험하지 못한다는 말인가?"41

이신건의 어린이신학은 어린이의 신학적 가능성이나 주체성을 내세우거나 어린이의 본질을 드높이기 보다는 오히려 '학대당하는 어린이

---

40 몰트만에 대한 수용과 비판은 앞의 책, 67. "몰트만은 자신을 하나님의 어린이로 경험하는 예수의 자기 이해가 자비로운 하나님, 어머니와 같은 아버지에게 어떤 의미를 주는지에 관해서는 더 이상 깊이 성찰하지 않는다. (…) 몰트만은 예수의 자기 이해, 자기 경험이 삼위일체 하나님 안에서 어떤 기능을 할 수 있는지에 대해서는 더 이상 진지하게 묻지 않는다."

41 앞의 책, 74.

에게 하나님은 누구인가'라는 질문에 대한 답변으로 제시되었다는 점을 기억할 필요가 있다. 즉, '어린이가 누구냐' 하는 인간론이 아니라 '하나님이 누구냐' 하는 신론과 연관된 교의학적 질문이 제기된 것이다.[42]

그렇다면 힘없고 자격없는 어린이를 무조건적으로 받아주시는 하나님은 아버지로 생각되어야 하지 않을까? 예수께서도 하나님을 아바 아버지로 부르지 않았는가? 그렇다면 하나님을 어린이로 생각한다는 것은 무슨 뜻이며 어떻게 가능한가? 그는 세 가지 관점에서 하나님을 어린이로 생각할 수 있는 가능성과 근거를 제시한다. 첫째는 실존적인 관점에서 그렇다. 우리에게 '어린이가 되라' 하신 하나님에게 우리도 어린이가 되실 것을 요구할 수 있지 않는가 묻는다. 어린이들의 친구가 되신 하나님은 아버지와 어머니가 아니라 어린이의 친구로서 어린이가 되어야 한다는 것이다. 둘째는 그리스도론적 관점에서 가능하다. 우리는 하나님 앞에서 어린이 예수를 볼 수 있으며, 그리스도 안에서 독생하신 하나님을 볼 수 있다. 셋째는 삼위일체론적 관점이다. 하나님의 상호 순환과 상호 침투의 교리(perichoresis)에 따라 어린이 예수에게서 어린이 하나님을 볼 수 있어야 한다.[43]

---

[42] 물론 그도 어린이가 누구인지를 신학적으로 규정한다. 이때, 그도 어린이를 향한 예수의 시선을 수용한다. 그에 따르면, 어린이의 학대원인은 어린이가 단순히 약자일 뿐 아니라 자본주의 사회의 논리에 따라 가치 없고 쓸모없는 존재로 인식되기 때문이다. 하지만 예수는 사회적으로 가치 없는 어린이를 하나님 나라의 중심에 세움으로써 하나님께서 쓸모없는 존재, 무능한 존재, 공적이 없는 존재에게 아무런 조건 없이 은혜 베푸시는 분임을 드러낸다. 예수는 아무것도 내세울 것이 없는 "어린이를 억압하여야 할 유치한 인간상으로 보지 않고, 도리어 모든 인간들이 본받아야 할 성숙의 본래적 표본으로 제시"(앞의 책, 108)함으로써, 하나님이 어린이의 편에 계심을 드러낸다.

[43] 앞의 책, 131-140.

하나님을 어린이로 생각한다면, 어린이를 대하는 우리의 태도와 삶에는 실제로 어떤 변화가 일어날까? 어린이 하나님은 학대당하는 어린이에겐 그의 아픔을 어루만지는 어린이 친구가 될 것이며, 어린이를 학대하는 어른들에게 그들을 한없이 부끄럽게 하는 어린이 심판자가 될 것이다. 우리가 하나님에게서 어린이의 얼굴을 보게 된다면, 우리는 어린이와 더불어 기뻐하고 환대하셨던 어린이 하나님과의 사귐 안에서 우리 자신도 진정 어린이의 친구가 될 수 있지 않을까.44 이처럼 이신건은 자신의 어린이신학을 통해 단순히 "신 개념의 혁명적인 변화"45만이 아니라 진정으로 "어린이 해방을 위한 신학적 토대"를 마련하고자 했다.46

V. 나가는 말

아동학대와 아동의 인권유린이 극심한 시대에 기독교 신학이 어린이를 위해 할 수 있는 작업은 무엇일까? 이것이 우리의 질문이었다. 대답은 어린이에 대한 신학적 인식의 전환이다. 어른의 관점에서 수행된 어른들의 신학이 아니라 어린이의 관점에서 어린이를 대변하는 신학

---

44 앞의 책, 139-140. "어찌하여 우리는 예수처럼 하나님의 얼굴에서 어머니와 같은 아버지의 모습을 보려고 하지 않았으며, 더욱이 어린이 예수처럼, 어린이처럼 그리고 어린이와 같이 된 사람들처럼 어린이의 모습을 보려고 하지 않았을까? 이로써 혹시 우리가 하나님과의 온전한 사귐을 나누는 일에 실패하지 않았으며, 만인을 이 신비한 사귐으로 초대하는 일에도 실패하지 않았을까?"
45 앞의 책, 75.
46 앞의 책, 212.

으로서의 어린이신학이 태동된 이래, 과연 어린이의 종교적 생각과 진술을 직접적으로 신학이라고 명명할 수 있는지에 대한 논의는 여전히 진행 중이지만47, 어린이가 신학자라는 인식을 거부할 이유는 희박해 보인다. 물론 어린이가 전문적인 신학저술을 남기기는 어렵다는 점에서 실제로는 어린이신학은 어린이와 함께, 어린이를 위해 신학 작업을 수행하는 어른들에 의한 신학일 수밖에 없는 한계를 분명 부정할 순 없다. 하지만 어린이신학은 기존의 어른들의 신학과는 달리, 어린이와 함께 대화하는, 어린이를 위한, 어린이의 관점을 가진 신학이어야 할 것이며, 이때 어린이와 함께 대화하는 신학은 어린이의 언어적, 비언어적 신앙적 표현을 주목함으로써 신학자로서 어린이를 전제로 한다. 신학자로서의 어린이는 신앙에 대해 그들만의 관점에서 질문하며 하나님에 대해 상상한다. 그들의 삶의 지평에서 신앙적인 답변을 추구하고 듣고자 한다. 이때 신학은 기존의 문자화된 로고스를 넘어 어쩌면 어린이다운 방식으로, 비언어적이고 감각적인 방식을 수용할 준비도 해야 한다.48 신학자로서의 어린이를 통해 기존의 신학은 그 사유의 착상과 전개, 표현의 과정까지 확장되고 변화될 수 있을 것이다.

아이들의 질문은 우리보다 날카롭고, 우리의 대답은 아이들의 기대

---

47 Wilfried Härle, "Was haben Kinder in der Theologie verloren? Systematisch-theologische Überlegungen zum Projekt einer Kindertheologie", in Anton A. Bucher, Gerhard Büttner, Petra Freudenberger-Lötz, Martin Schreiner (Hrsg.), *Jahrbuch für Kindertheologie Band 3. Zeit ist immer da. Kinder erleben Hoch-Zeiten und Fest-Tage* (Stuttgart: Calwer Verlag, 2003), 11-27.
48 어린이신학의 교육학적 적용에 관해서는 제롬 베리만, 『가들리 플레이』, 양금희, 김은주 옮김 (서울: 한국장로교출판사, 2011) 참조; 남은경, "포스트모더니즘 시대의 어린이와 경건놀이", 『기독교교육 학습공동체』 (서울: 요단, 2014), 241-290 참조.

에 못 미칠 때가 많다. 아이들의 질문을 통해 우리는 더 구체적이고 더 실질적인 대답이 무엇인지 고민하게 된다. 질문에 있어 아이들은 한발 앞서 가고, 대답에 있어 우리는 아이들과 함께 걷는다. 비록 그들의 로고스가 전문신학자들의 로고스만큼 세련되지 않았다고 하더라도, 어쩌면 그렇기 때문에 신학적 사유를 일상의 경험과 직접적으로 연결시켜 줄 수 있는지도 모른다. 이처럼 어린이신학은 현실과는 무관한 사변의 고공비행을 하던 강단신학으로 하여금 어린이와 대화하고 어린이로부터 경청함으로써 어린이의 현실에 적합한 삶의 신학이 될 수 있도록 도전하고 있다.

오늘날 벌어지는 아동학대와 인권 유린의 사건들에 직면하여 어린이에 대한 인식의 전환이 시급하게 요청되는 것과 마찬가지로 이러한 어린이신학의 수행을 위해 먼저 전제되어야 하는 것도 역시 어린이에 대한 인식의 전환이었다. 어린이를 신학자로 생각할 때, 어린이에 대한 우리의 태도에는 어떤 변화가 일어날 수 있는가? 이제 어린이를 사고나 행동에 결함이 있는 어린 아이로만 볼 것이 아니라 〈아동권리헌장〉에 명시된 대로 어른에 의해 보호와 돌봄을 받아야 할 대상이면서도 자신의 의사를 표현하고 결정할 수 있는 당당한 주체로 인정해야 한다. 신학적으로 그렇다는 점을 염두에 둘 필요가 있다. 이때, 어린이는 마냥 가르침을 받아야 할 대상이 아니다. 어린이도 자신을 표현할 수 있는 주체로서 어른과 견해를 나눌 수 있는 대화의 파트너가 된다. 늘상 어른들이 가르치고 아이들은 순종하는 구조가 아니라 아이들이 이야기하고 어른들이 경청하는 구조로 전환되어야 한다.

이처럼 어린이신학은 어린이의 의사표현과 생각을 존중하고 경청함으로써만 가능하다는 점에서 어린이에 관한 '신학적' 인식을 전제로 한다. 이런 점에서 라너의 어린이신학은 일종의 신학적 어린이론을 제시하고 있다. 그에 따르면 '어린이'는 인간존재의 시작이면서 도달해야 할 목표로서 추구되어야 할 인간존재의 이상이라 할 수 있다. 여기서는 어린이만 어린이가 아니라, 모든 인간이 하나님의 어린이로서 자신의 어린이다움을 발견하고 경험하고 보존해야 할 과제를 안고 있다. 라너의 어린이에 대한 신학적 규정은 어린이뿐 아니라 어른까지 포괄하여 인간존재의 시초와 목표를 사유할 수 있도록 돕고 있다.

　어린이신학의 교리적인 구체화 작업과 관련해서 이신건의 어린이신학은 지금까지도 전무후무한 선구적 작업이다. 또한 비록 어린이와의 직접적인 대화를 통해 구성되진 않았지만 적어도 어린이의 관점에서 하나님을 새롭게 사고하려고 한 어린이를 위한 신학이라는 점에서 그 의의가 크다. 힘과 폭력의 구원자에 경도되어 있는 우리시대의 종교적이며 세속적인 환상은 '하나님을 어린이로 생각하기'에 의해 그 허망함과 잔혹함이 폭로되게 하며 구체적으로 학대당하는 어린이의 모습 속에서 세속적 힘과 폭력에 의해 버려진 어린이 하나님을 발견하게 하며 또한 이러한 폭력에 가담한 자신을 되돌아보게 한다. 이제 이신건에게 어린이는 하나님의 자신을 계시하는 자리로서의 역할을 하게 된다. 이는 어린이를 하나님처럼 우상화하자는 말이 아니다. 어린이를 통해 하나님을 생각하자는 이야기다. 하나님은 어린이의 모습 속에서 새롭게 사유될 수 있다. 이런 점에서 신학자로서의 어린이는 이제 하나님의 계시적 매개체 기능을 떠안게 된다.

　아동학대와 인권 유린의 시대에 기독교 신학에 시급하게 요청되는 것은 어린이에 대한 신학적 사유의 전환이며 어린이를 위한, 그리고 어린이와 함께 하는 어린이신학의 형성이다. 어린이에 의한 신학, 어린이와 함께 하는 신학, 어린이를 위한 신학의 가능성을 인지하고 이를 전개해 나가는 과정 속에서 어린이와 어른은 하나님의 어린이로서 서로의 얼굴에서 친구 어린이의 모습을 발견할 수 있을 것이다. 어린이신학의 관점에서 어린이는 더 이상 어리고 미숙한 실수투성이가 아니라 어른들의 기존의 관점을 뒤흔들고 깨뜨리는 하나님의 메신저로서 어른들의 신학에 도전하는 자극적 대화의 파트너이며, 어른들과 함께 하나님의 어린이로서 그 순수함에 도달하기 위한 영적인 성숙을 도모해야 할 친구임에 틀림없다.

| 3부 |

경계에 선 소수자

종 교

교파 밖의 소수자
: '교파'와 '교파 밖의 소수자' 형성 기제에 관한 고찰

강응섭[*]

Ⅰ. 들어가는 말

이 글은 '교파'[1]가 의미하는 바와 소수자로서의 '교파 밖'이 의미하는 바를 신약성서, 초대교회 및 중세교회 그리고 종교개혁의 역사, 한국 개신교의 교파 형성 과정을 통해 서술할 것이다. 이 작업을 위해 '교파'와 '교파 밖'의 전통적인 구분 방식을 검토할 것이다. 그 방식은 흥미롭게도 먼 곳에 있지 않고 신학적 사유에 내포되어 있다. 가령, 초기

---

[*] 예명대학원대학교 교수, 조직신학·정신분석학
[1] 가령, 감리회, 성결회, 장로회, 침례회 등이 교파라면, 장로회는 대한예수교장로회(합동), 대한예수교장로회(통합), 대한예수교장로회(대신), 대한예수교장로회(고신), 대한예수교장로회(합신), 대한예수교장로회(대신), 한국기독교장로회(기장) 등의 교단을 포함한다.

기독교신학과 중세신학에서 전개한 부정-긍정-유비의 길, 유명론과 실재론, 초기 불교에서 다룬 능기와 소기, 난언과 의언, 현대에 와서는 시니피앙과 시니피에, 노에시스와 노에마 등의 개념이다. 이런 개념은 인간 한 개체에 관한 것이지만 이론의 발전과정에서 보편이 추구되었고, 결국 개체와 보편의 관계로 귀착하였다고 볼 수 있다. 인간 개체에 관한 연구에서 얻은 개념을 특정 인간 그룹에 적용하거나 모든 인간으로 보편화시키는 문제는 예나 지금이나 학문이 추구하는 길 위에 있다. 다만 개체와 보편의 연결 방식에 관한 이견이 있을 뿐이다. 보편 개념을 획득하기 위해 개체 개념을 소외시킬 것이냐 포함할 것이냐의 선택과 집중의 문제가 있을 것이다.

II. '교파'와 '교파 밖의 소수자' 형성 기제에 관한 개념

1. 시니피앙과 시니피에

『일반언어학 강의』[2]는 기호를 기의(시니피에, Signifié)와 기표(시니피앙, Signifiant)로 구분하여 설명한다. 즉, 기호는 물 자체(Res)를 기의와 기표로 표현한다. 가령, '인간'이라는 기호는 몸(Corpus)에 대한 뜻(기의)과 소리(기표)이다. 몸 그 자체는 어떻게 알 수 있을까? 몸의 뜻을 통해 인간이라는 기호의 의미를 알 수 있을 텐데, 그 뜻을 모두 설명하려면 어떻게 해야 할까? 지금까지 인간 역사 속에서 언급한 수

---

2 페르디낭 드 소쉬르/최승언 옮김, 『일반언어학 강의』 (서울: 민음사, 2006), 83-97.

많은 것들이 그것을 설명해 왔고, 지금도 그것을 설명하고 있다. 『일반언어학 이론』3은 기표의 이중 고리를 설명한다. 언어활동은 은유의 축과 환유의 축이 교차하면서 이루어지는데, 은유의 축은 무의식적인 기표 고리들이고, 환유의 축은 의식적인 기표 고리들이다. 즉, 하나의 기표는 의식적인 측면과 무의식적인 측면이 동시에 있다는 의미이다. 라캉은 이것을 뫼비우스의 띠로 설명했다.4

『일반언어학 강의』와 『일반언어학 이론』의 두드러진 특징은 전자가 기의를, 후자가 기표를 강조한다는 것이다. 기표의 강조는 기표의 이중 고리를 의미하는데, 기의는 어디론가 사라지고 없다. 그래서 지젝은 이것을 두고 '기의 없는 기표'라고 명했다.5 한국에 언어학이 처음 소개될 때 Signifié(시니피에)를 소기(所起), Signifiant(시니피앙)을 능기(能起)라고 번역했고, 최근에는 기의와 기표, 기호내용과 기호형식으로 번역하고 있다. 번역어에서 보듯이, Signifiant은 능기(能起)로 이해되었다. 이러한 번역어를 취하게 된 것은 『대승기신론』에서 말하는 능기와 소기 개념이 한 몫 한 것으로 볼 수 있다. 소쉬르가 소기에 강조점을 둔 것과 달리 야콥슨과 라캉, 지젝은 기표에 강조점을 둔다.

2. 능기와 소기

『대승기신론』은 대승체(大乘體) 또는 진여체(眞如體)에서 야기되

---

3 로만 야콥슨/권재일 옮김, 『일반언어학 이론』(서울: 민음사, 1989), 45-72.
4 Jacques Lacan, "L'Etourdit", *Scilicet*, 1972, no. 4 (Paris: Seuil, 1973), 27.
5 강응섭, "정신분석의 신학적 해석 - '기의 없는 기표'와 성서 읽기", 『라캉과 지젝』(서울: 글항아리, 2014), 137-166.

는 상대(相大)와 용대(用大)의 기제를 설명하는데, 體는 사물의 내재적 본질-실체-본체-본성이고, 相大는 대승적 현상이고, 用大는 대승적 작용이다. 여기서 相은 진여에 의해 오염된 현상-형상-표상-사상(事相)-상장(相狀)이고, 用은 진여에 의해서 야기된 청정한 기능-공능-작용이다.6 이 과정을 설명하기 위해 능기(能起)와 소기(所起, 또는 所作) 개념이 등장한다. 능기란 주체를 말하고, 소기란 현상과 작용을 말한다. 다시 말해, 능기는 현상과 작용을 야기하는 '진여체=주체'를 말하고, 소기는 '진여체=주체'에 의해 야기되는 현상과 작용을 말한다. 기본이 되는 것은 '능기'고, 능기에서 야기되는 것이 '소기'다. 인식 주체 또는 행위 주체는 '능설'(能說)이고, 인식 대상 또는 행위 대상은 '가설'(可設)이다. 따라서 능념(能念)은 사랑하는 마음, 가념(可念)은 사랑하는 마음의 대상을 지칭한다.7

진여체에서 야기되는 상대(현상)-용대(작용)의 기제는 간단하게 말해 능기와 소기로 설명할 수 있다. 한 개체에 대한 마음 이론은 능기와 소기를 통해 한 개체를 넘어 교파(敎派, 宗派)에도 적용할 수 있다. 진여정법과 진여염법이 그런 예이다. 『대승기신론』은 말하길, 진여염법8에 근거하여 수행한다지만 진여정법9을 따르는 쪽이 없는 것은 아

---

6 釋法性(趙明淑), 『대승기신론』(서울: 운주사, 2010), 77-78.

7 앞의 책, 83.

8 진여염법(眞如染法)은 실로 청정한 업(淨業, 청정한 행동)이 없지만 다만 진여로써 훈습하기 때문에 곧 청정한 작용이 있게 된다. 즉, 무명의 염법이 청정한 작용은 없지만 진여심을 발생해서 진여의 정법으로 훈습하면 청정한 작용이 발생한다는 것을 보여준다. 불교의 수행을 의미한다.

9 진여정법(眞如淨法)은 실로 오염됨이 없지만 무명(無明, 범부)이 훈습하기 때문에 곧 오염된 현상(染相, 염상)이 있게 된다. 즉, 범부들이 진여심을 망각한 무명으로 인하여 훈습되기 때문에 스스로 무명의 세계에서 생활하고 있음을 보여준다.

니다. 다만 권장되지 않을 뿐이다. 이러한 두 개의 수행법은 교파를 나누는 기준이 될 것이다. 여기서 갈등이 유래한다. 현상과 작용을 야기하는 '진여체=주체'는 또한 사찰이 되기도 하고, 종파가 되기도 한다. 각 단체는 수행법에 문제를 제기한다. 능기의 주체는 끊임없이 현상과 작용, 오염과 청정을 야기하고, 현상과 작용 및 오염과 청정의 소기는 오염과 청정이라는 수행을 거듭하여 재촉한다. 이렇게 능기와 소기 간의 현상과 작용 및 오염과 청정 과정을 통해 신앙인 및 종파도 그 과정 속에 있게 된다.

3. 노에시스와 노에마

스위스의 현상학자 스투키(P.-A. Stucki)가 제안하는 "노에티코-노에마티크의 상관법"(corrélation noético-noématique)은 사고의 행위(의식의 작용 측면, noesis)와 사고의 대상(의식의 대상 측면, noema) 간의 관계에서 인식이 생긴다고 말하는데,[10] 이것은 '인식하는 마음'과 '인식되는 대상'의 관계를 논한 관용학파(中觀學派, 空觀學派)와 유식학파(唯識學派)와 비교할 수 있다. 관용학파는 '일체가 명칭'이기에 '실재는 없다'고 주장했고, 유식학파는 '실재가 없다'라기보다 '남아 있는 것이 실재가 아니다'라고 주장했다. 여기서 공(空=허망분별)은 원인이고, '인식하는 마음'(能取)과 '인식되는 대상'(所取)은 결론이 된다. 능취는 주관적 작용 측면을 하는 내입처(內入處)이고, 소취는 객관적 대상 측면을 하는 외입처(外入處)라고 한다. 이 두 계기의 작용에 의해

---

10 P.-A Stucki, *Herméneutique et dialectique* (Genève, Labor et Fides, 1970), 202.

인식이 성립된다.11 이때 두 계기는 문자적인 의미에서 신체 기관으로 보아서는 안 되고, 인간의 "허망한 분별심"12으로 이해하는 것이 좋다. 그러니까 내입처와 외입처 계기 작용에 의해 '분별심'이라는 인식이 생긴다. 노에시스와 노에마, 능취와 소취가 보여 주는 것은 실재와 인식의 다름, 즉 실재와 명사의 간극을 말한다. 이것이 반증하는 것은 실재와 인식의 같음을 말하는 이가 있다는 것인데, 이것을 사견(邪見)이라 말한다. 왜곡된 사견을 시정하고 정견(正見)을 드러내기 위해 공관사상이 대두되었다.13 이는 중세 스콜라학에서 전개한 부정의 길과 유명론에, 긍정의 길과 실재론에 비교할 수 있다.

4. 부정의 길과 긍정의 길을 엮는 유비의 길

부정의 길(via negative)과 긍정의 길(via positive)을 처음 도입한 이는 위-디오니시우스(Pseudo-Dionysius, Dionysius the Areopagite)인데, 『신비신학』14과 『신의 이름들(신명론)』15에서 그것을 전개했다. 부정의 길은 신 안에 유형성, 합성, 한정, 불완전성, 시간 등이 있을 수 없다는 데서 비롯한다. 반면에 긍정의 길은 '신은 선하시거나 살아 계시다'

---

11 5내입처(五內入處) 또는 5근(根)은 안(眼)·이(耳)·비(鼻)·설(舌)·신(身)이다. 의(意)가 더해지면 6내입처(六內入處) 또는 6근이다.
12 이중표, 『불교란 무엇인가』 (서울: 종이거울, 2014), 133.
13 앞의 책, 130-139.
14 위-디오니시우스/엄성옥 옮김, "신비신학", 『위 디오니시우스 전집』 (서울: 은성, 2007).
15 위-디오니시우스/엄성옥 옮김, "신의 이름들", 『위 디오니시우스 전집』 (서울: 은성, 2007).

고 말하는 경우, 신은 선 또는 생명이라는 완전성을 포함하거나 그 완전성 자체라는 것을 의미한다. 물론 이것은 피조물의 모든 불완전성과 제한성을 초월하고 이를 배제한다는 의미에서의 완전성이다. 단정되는 속성(가령 선, 생명)에서 본다면 신의 속성을 단정하는 그 긍정적 술어는 어떠한 결함도 없는 완전성을 의미한다. 그러나 그 속성을 단정하는 방법에서 본다면 그러한 모든 술어는 결함을 갖는다. 그건 우리가 어떤 것을 말로 나타낼 경우, 어떤 그것은 지성이 파악하는 양식에 의해서 표현되기 때문이다. 그래서 어떤 것을 표현한 말은 부정이 되기도 하고 긍정이 되기도 하는데, 명사의 표현 내용에 있어서 긍정되고, 표현 양식에 의해서 부정된다.

부정의 방법과 긍정의 방법이 신과 피조물의 속성을 단정한다면, 토마스 아퀴나스에 따른 유비의 방법은 신과 피조물의 속성을 개방하는 것이라고 말한다.[16] 이것을 표현하기 위해 논리적 구분이 요청된다. 즉, 외적 관계유비와 내적 관계유비로 나누는데, 외적 관계유비는 신의 지적 활동에 대한 신 자신의 관계이다. 이것은 신과 피조물과의 상호 단절 관계를 말한다. 내적 관계유비는 신의 지적 활동과 인간의 지적 활동에 대한 상호 연관 관계를 말한다. 결국 관계유비는 귀속의 유비(analogie d'attribution)인데, '신의 지적 활동에 대한 신 자신의 관계'와 '인간의 지적 활동에 대한 인간 자신의 관계' 간의 유비로서 토마스 아퀴나스가 말하고자 하는 것이다.[17]

---

16 박승찬, "유비 개념 발전에 관한 역사적 고찰 - 토마스 아퀴나스 유비이론 입문",「가톨릭 신학과 사상」제26호 (1998/겨울): 139-165.
17 F. 코플스톤/박영도 옮김,『중세철학사』(서울: 서광사, 1989), 444-463.

이러한 동서양의 논의는 '말과 뜻'의 관계에 대한 학파 간의 논쟁을 보여 주는데, '말과 뜻'의 관계는 표시하는 말과 표시되는 뜻, 시니피앙과 시니피에, 기표와 기의, 능기와 소기, 말과 말의 끊어짐 등으로 다양하게 표현된다. 결국, 한편으로 언어가 실재의 참뜻을 드러낼 수 없다는 난언(亂言) 또는 부정의 길의 관계에 관한 논의이고, 다른 한편으로 언어가 실재의 참뜻을 드러낼 수 없지만 말을 떠나서는 그 어떤 것도 드러낼 수 없기에 말로 표현해야 된다는 의언(依言) 또는 긍정의 길의 관계에 관한 논의라고 볼 수 있다. 즉 亂言依言의 관계, 부정의 길과 긍정의 길은 "말을 떠난 진리를 말로써 나타내는 관계"[18]에서 논의된다고 볼 수 있다. 이 관계는 논쟁의 불씨가 되어 쟁론을 일으키고 급기야는 교파와 교파 안의 소수자, 교파와 교파 밖의 소수자, 교파 안의 다수와 교파 밖의 소수, 교파 안의 소수와 교파 밖의 다수, 교파 안의 소수자와 교파 밖의 소수자 등의 현상과 작용을 발생시켰다. 그럼, '교파와 교파 밖'의 기제에 관한 개념 고찰을 바탕으로 사례를 살펴볼 것이다.

III. '교파'와 '교파 밖의 소수자' 형성 기제에 관한 사례

1. 유대교와 예수

유대교는 모세의 율법에 기반을 둔 종교이기에, 무엇보다도 율법

---

[18] 조효남, "원효의 和諍思想과 윌버의 統合哲學의 相補的 統合에 관한 硏究", 「불교와 심리」 창간호 (2006): 239.

을 중요하게 여긴다. 그래서 십계명에서 시작하여 모세오경, 구약성서 전반에 걸쳐 율법이 세분화된다. 율법학자 시무라이의 연구에 의하면, 토라에 명시된 계율은 613개에 이른다. 그중에 의무 사항이 248항목, 금기 사항이 365항목인데, 그 외에도 미슈나와 탈무드 등이 작성되어 의무 항목과 금기 항목에 대한 해석을 첨가하였다.

예수가 복음서에서 말한 장로의 유전(遺傳)은 유대교에서 정리한 의무 항목과 금기 항목인데, 신의 택함을 받은 선택된 백성이 지켜야 할 항목의 무게가 참 무거운 것이라고 비판했다(마 15:2 등). 이런 예수의 사역은 바리새인과 서기관이 준수하는 유전과 하나님의 계명을 면밀하게 비교한 데서 비롯한다. 종국적으로 예수는 유대교의 유전이 하나님의 계명 위에 놓일 뿐 아니라, 심지어 하나님의 계명을 폐한다고까지 말한다("너희 유전으로 하나님의 말씀을 폐하는도다" 마 15:6). 예수가 제기한 율법으로부터 해방과 예수께 귀속이라는 문제는 유대 공동체에게 불일치를 가져왔는데, 이런 불일치로 인해 세상에 그리스도의 복음을 선포하면서 공동체의 일치점을 모색하게 되었고, 예수의 죽음과 부활에 대한 미심쩍음 또한 이런 선포를 통해 해소되어 유대인 기독교 공동체의 형성의 동력이 되었다.[19] 인지적 부조화 이론에 따른 개종주의는 초기 기독교 공동체를 형성했고, 이 공동체가 전한 것은 예수의 왕 직무, 제사장 직무와 아울러 바리새인과 서기관의 유전을 비판한 예언자 직무였다.[20]

---

19 한스 콘첼만/박창건 옮김, 『초대기독교 역사』 (서울: 성광문화사, 1994), 201.
20 존 G. 게이저/김쾌상 옮김, 『초대기독교 형성과정연구』 (서울: 대한기독교출판사, 1980), 69. 게이저는 인지적 부조화 이론(The Theory of Cognitive Dissonance) 을 통해, 예수의 죽음과 부활을 의심하는 "예수의 추종자들이 이 부조화를 감소시키려

2. 로마의 박해와 서방교회의 대응

로마에 의한 박해는 초대교회를 정립하는 계기가 되었다. 박해가 끝나자 박해 때의 행실에 대한 평가를 원했는데, 신앙을 지킨 사람들은 그렇지 못한 사람들에게 관용을 베풀었다. 그래서 주교공의회는 이교 신들에게 제사한 사람들(sacrificati), 향만 피운 사람(thurificati), 돈을 주고 증서만 받은 사람들(libellatici)에 대하여 각각 속죄 기간을 거친 후, 또는 임종 때 사면 받을 수 있다고 결정했다. 그러나 성직자의 경우는 달랐다. 박해 동안 배교와 같은 죽을죄를 범한 성직자에 대해서 어떻게 할 것인지의 문제가 발생했는데, 로마 쪽의 견해는 복권 가능성이었지만 아프리카의 카르타고 쪽의 견해는 그 반대였다. 또한 그런 사제에게 받은 세례가 유효한가, 그렇지 않은가의 문제도 나왔다. 보편 교회를 지향했던 로마 쪽(스테파누스)은 삼위일체의 이름으로 베푼 모든 세례는 유효하다고 결정했다. 하지만, 카르타고 쪽(키프리아누스)은 더 이상 그러한 사제 안에 성령은 있지 않으며, 그런 사제가 집행하는 성례전은 구원이 아니라 지옥으로 인도한다고 결정하면서도 죄를 지은 평신도들을 포용했고, 그들을 교회로 받아들이려고 노력했다. 왜냐하면 교회 밖에는 구원이 없다(Extra Ecclesiam Nulla Salus)[21]는 견해를 갖고 있었기 때문이다. 이처럼 로마 쪽과 카르타고 쪽은 박해로 인한 평신도와 사제의 배교에 대하여 다른 견해를 가졌고, 그 원리에

는 노력의 일환으로 그 초기에서만이 아니라 그 후에도 상당 기간 동안 선교에 기울인 열심을 이해할 수 있다고 본다"고 말했다(77).

21 치쁘리아누스/이형우 옮김, "가톨릭 교회 일치", 『도나뚜스에게, 가톨릭 교회 일치, 주의 기도문』(왜관: 분도출판사, 1987), 71.

따라 교회를 수습했다.22

서방교회가 배교 문제를 푸는 데 이견을 보이면서도 하나의 교회를 추구하였다면, 한국 불교도 성불에 대한 상이한 견해를 좁히려고 노력했다. 4세기 후반(고려와 백제)과 6세기 전반(신라시대)에 각각 유입된 불교는 통일신라시대 때 당과 교류하면서 새로운 불교 이론을 유입하여 교학(敎學)을 이루었다. 유식학 사상은 성불할 수 없는 중생이 있다는 삼승(三乘, 성문聲聞·연각緣覺·보살菩薩)을 주장했고, 화엄학(華嚴學)은 모든 존재가 본질적으로 원융(圓融)한다는, 즉, 부분과 전체, 순간과 영원, 중생과 부처가 융합된다는 일승(一乘) 사상을 주장했다. 삼승 사상과 일승 사상 간의 논쟁을 극복하기 위한 이론이 기신론(起信論) 사상인데, 모든 중생이 성불하지 못하느냐 성불 하느냐는 논쟁을 중재하기 위한 것이었다. 이 작업을 시도한 원효(617-686)의 사상을 일컬어 화쟁사상(和諍)이라고 하는 이유가 여기에 있다. 기신론의 핵심 사상은 일심(一心)인데, "세간과 출세간의 모든 존재들은 일심의 발현과 다를 바 없으며, 그 일심은 모든 중생들이 가지고 있는 마음"23이라는 것이 대승사상이다. 이러한 이론 중심의 교학(유식학, 화엄학, 기신론)은 통일신라 후기에 침체되었고, 새롭게 수용된 선학(禪學)이 9세기의 신라 불교의 주요 흐름이 되면서, 선학불교가 교학불교를 능가하는 영향력을 갖게 되었다. 이것이 오늘날 한국 불교종파 조계종의 시초가 된다. 고려시대에 접어들어 불교를 숭상하게 되고 국가가 불교교파

---

22 스튜어트 홀/에번스 G. R. 편/박영실 옮김, "3. 초기의 교회개념", 『초대교회의 신학자들』(서울: 그리심, 2008), 96-97.
23 대한불교조계종 포교원 포교연구실 편, 『불교사의 이해』(서울: 조계종출판사, 2011), 163.

와 승려들을 보호 및 통제하게 되었다. 승려를 선발하는 승과 제도는 종파별로 시행되었는데, 처음에는 화엄종, 법상종, 선종(조계종) 3대 종파체제였다가, 12세기 초 대각국사 의천이 천태종을 개창하면서 4대 종파체제로 바뀌었다. 천태종이 지향하는 것은 교학과 선학의 아우름이다. 교학불교가 이론적 탐구만 주로 하고 관행을 등한시하며, 선학불교가 참선만을 중시하고 이론적 탐구를 외면하는데, 천태종을 개창한 대각국사 의천이 강조점을 둔 것은 후자였다. 그래서 천태종 소속 승려들은 모두 선종 출신이었다고 한다.24 이런 종파 특성 상 "교학불교인 화엄종과 법상종의 승려들은 교종의 승계를 받았고, 선종과 천태종의 승려들은 선종의 승계를 받았"25는데, 국가 기구로서의 종파가 형성되면서 여기에 포함되지 않은 밀교 계통의 신인종 등 소규모의 종파들은 국가 기구로서 인정을 받지 못하는 결과를 초래했다.26

3. 중세 교회의 실재론 그리고 유명론에 근거한 종교개혁

서로마가 몰락한 이후 서방교회는 게르만족의 정치와 맞물려 유럽 전역을 선교하기에 이른다. 이때 중추적인 이론은 하나의 교회, 즉 가톨릭교회였다. 이를 위해 보편 개념이 추구되었고 실재론(實在論, Réalisme)이 이를 담당하였다. 실재론은 신플라톤주의에 기반을 두고 있는데, 신플라톤주의는 '위'에서 '중간'을 거쳐 '아래'로의 길과 '아래'서 '중간'을 거쳐 '위'로의 길을 결합한다. 즉, '위'를 '기점'(起點)으로

---

24 앞의 책, 188-189.
25 앞의 책, 179.
26 앞의 책, 181.

하고 '중간'의 매개를 거쳐 '아래'에 이르면서 세계와 관계 맺고, 동시에 '중간' 매개를 거쳐 다시 '위'의 '정점'(頂點)에 이르는 사고이다. '일자→누스→프뉴마'와 '프뉴마→누스→일자'로의 과정은 기독교의 삼위일체적 사고의 틀과 유사하다는 평을 받지만, 내용상으로는 기독교의 삼위일체론과는 "비교할 수 없을 정도로 다른 상상체계이다."27 신플라톤주의에서 '위'는 '일자'(一者, unum)를 의미하는데, 실재론에서 이것은 '신'(神, Deus)에 견주어지고, 군주론적 삼위일체론의 토대로 작용한다고 볼 수 있다.

보편개념은 부분보다 전체를, 사상보다 전통을 우위에 두기 위한 이론인데, 보편실재론이 추구하는 것을 universalia ante rem(devant, 개체를 앞서 있는 보편)으로 정리할 수 있다. 이 이론은 갑 위주의 사고라고 볼 수 있는데, 이것을 좀 조정한 것이 온건실재론이다. 이것은 universalia in rem(dans, avec, 개체 안에 보편)으로 정리할 수 있는데, 전체와 부분의 유기적 관계를 말한다. 즉, 갑과 을의 상통을 의미한다. 이런 흐름을 '고대의 길'(via antiqua)이라고 부르는데, 이것에 반기를 드는 을이 등장한다. '근대의 길'(via moderna)로 불리는 유명론이 그것인데, 사물-이름 간의 포괄적 종합체계인 실재론에 반동하는 것이다.

유명론은 Nominalisme(唯名論)에서 보듯이 Nom(名, 이름, 명사)에 대한 재고인데, 보편이 '사물 안에'(in re) 있는 것이 아니라 '정신 안에'(in mente) 있고, 보편은 단어, '내뱉은 소리'(flatus vocis)에 불과

---

27 이종성, 『삼위일체론을 중심한 신학과 철학의 알력사』 (서울: 장로회신학대학교출판부, 2005), 77.

한 것으로 이해한다. 이것은 universalia post rem(en arrière de, à partir de, 개체 뒤에 보편)으로 정리할 수 있는데, 부분(개체)이 우선이고 전체(보편)는 그다음의 것으로 이해된다. 이렇듯 유명론은 사물-이름에 관한 새로운 연구이고, 그에 따라 사물-이름 개념은 새롭게 형성된다. 종전의 실재론 체계에 따른 세계관과는 다른 세계관이 유명론을 통해 나타나게 된 것이다. 이 흐름을 이끈 윌리엄 오캄은 둔스 스코투스식 실재론에 따른 '개체의 개성원리'와 '개체 내의 공통된 본성'을 연결하는 '수많은 그렇지만 엉성한' 수직대응선을 잘랐다.28 이 뒤를 이은 가브리엘 비엘(또는 빌)은 아래에서 위로의 유명론적 사고 유형에서 보듯, 신이 인간성(humanity)에 악보다는 선을 행할 수 있는 자유, 이성, 도덕적 성향을 부여했다는 점을 부각시켰다.29

이런 사상은 에르푸르트대학교의 학풍이었는데, 1501년 7월, 이 대학교에 입학한 루터도 여기서 유명론에 사로잡힌다. 이런 모습은 청년 루터의 저서에서 보이는데, 특히 1516년에 작성한 『로마서 강의』에 잘 나타난다. 루터는 아리스토텔레스가 말하는 자연의 성장 단계 다섯 가지(결핍, 물질, 형태, 작용, 열정)로 성령에 의한 사람의 변화 단계 다섯 가지(무, 생겨남, 존재, 행함, 다른 사람들에 의해 본받음)를 설명했다.30 그런데 1517년 9월에 작성한 「스콜라신학을 반박한 논제」의 제41-53항에서 신앙의 논리(제한성)를 벗어나는 아리스토텔레스의 논리가 신

---

28 알렉산더 브로우디·G. R. 에번스 편/한성진·오홍명 옮김, "제16장 둔스 스코투스와 윌리엄 오캄-알렉산더 브로우디",『중세신학과 신학자들』(서울: CLC, 2009), 494.
29 G. R. 에번스/이종인 옮김,『중세의 그리스도교-천년 동안 지속된 문화의 뿌리』(서울: 예경, 2006), 43-49.
30 마틴 루터/이재하·강치원 옮김,『루터: 로마서 강의』(서울: 두란노아카데미, 2011), 477.

학에 무용한 것이라고 규정하고, 1518년에 4월에 제시한「하이델베르크 논쟁」의 제31-35항에서도 무한과 필연이 물질에서 나온다고 주장한 아리스토텔레스의 철학을 비판했다. 이와 아울러「스콜라신학을 반박한 논제」에서 스코투스, 오캄, 비엘의 사상이 성경의 주장과 상치된다고 전면 부인하면서 유명론의 사유를 무색하게 했다.

    루터가 가톨릭교회의 부패를 지적하면서 개혁은 좁은 의미의 교회개혁이라기보다 교파개혁이라고 볼 수 있는데, 이것을 단행하는 데 유명론적인 틀이 큰 공헌을 하였다. 당시 하나의 교파임을 자청한 가톨릭교회에서 행했던 면죄부(면벌부)는 실재론의 사유에 근거한 것인데, 이를 볼 수 있는 관점은 유명론에 있었다. 이는 에르푸르트대학교의 유명론자 교수 장 드 비젤(Jean de Wesel)이 이미 1450년에 면죄(벌)부 제도를 공격한 것에서도 볼 수 있다. 그런 면에서 볼 때, 유명론 사유는 루터로 하여금 부패한 교파를 개혁하고자 하는 강력한 동인으로 작용하였다고 볼 수 있다. 루터가 비엘이나 아리스토텔레스의 사유를 반박했다고 해도 그런 사유는 그에게 지속적으로 영향을 끼쳤는데, 실존적 성서 해석이나 문자와 영에 대한 견해, 성령에 대한 강조 등에서 확인할 수 있다. 루터의 이런 행보는 교파 개혁이라는 거대한 흐름을 만들었는데, 가톨릭교회 또한 트렌트종교회의를 통해 수구적인 방어를 꾀하였다. 향후 기독교는 동방교회와 서방교회 양대 산맥에서 개신교가 추가되어 전개되는데, 개신교 내부에서는 다양한 분파가 형성되고, 가톨릭과의 관계뿐 아니라 산업화 및 자본주의화, 세계화의 과정에서 그 모습이 분화되고 다양화된다.

4. 한국 개신교파와 교단 형성

한국 개신교는 기년을 1884년으로 잡고 있는데, 감리회는 맥클레이 선교사의 내한(6월 24일)을, 장로회는 알렌 선교사의 내한(9월 22일)을 기준 삼는다. 이렇게 두 교파는 기년을 정하는 데서부터도 이견을 보였고, 희년 기념식도 1934년에 각기 별도로 진행했다. 미국 선교사가 소속된 교파 성격을 띤 감리회와 장로회 두 개의 교파는 '선교사관'에 의해 지배되었다.31 이 외에도 오스트레일리아의 빅토리아장로교회에서 파송한 데이비스 남매가 1889년 8월에 내한했고, 영국성공회 선교회에서 파송한 코르프 신부가 1889년 9월 29일 내한했다. 이 외에도 미국남장로회(1892년), 캐나다장로회(1898년 9월), 러시아정교회(1898년 1월), 영국 구세군(1908년 10월), 일본조합교회(1909년 4월) 등이 교파적 배경으로 한국에 들어와서 선교활동을 했다. 반면에 교파적 배경 없이 독립 선교사 자격 또는 독립 선교단체의 후원으로 내한한 경우도 있었다.32

이러한 내한 과정을 통해 보듯이, 교파를 뛰어넘는 연합보다는 교파를 중심으로 교단이 형성되었다. 감리회의 경우, 미국 북감리회와 미국남감리회는 1930년 12월에 '기독교조선감리회(총회)'를 구성하여 교단 조직을 이루었다. 이런 과정에서 미국 북감리회는 '한국선교회'(1885년), '한국선교연회'(1905년), '조선연회'(1908년)를 조직하면서 교회정치체제를 갖추었고, 미국남감리회는 중국연회 관할 하에 '한국선교

---

31 신광철, "한국개신교회사 연구사", 「종교와 문화」 2 (1996): 176-180.
32 김인수, 『韓國基督敎會史』 (서울: 한국장로교출판사, 1994), 113-121.

회'(1897년), '조선선교연회'(1914년), '조선연회'(1918년)를 조직하였는데, 이 두 회는 정치적인 연합기구를 갖추기 전, 선교 초기부터 신학교육을 함께 해 왔다. 장로회의 경우, 미국 북장로회, 미국 남장로회, 오스트레일리아장로회, 캐나다장로회 등 4개 장로회가 연합하여 장로교 선교부 연합조직(1889년)을 만드는 등 친목 단체 성격의 선교연합 협의체가 구성되었다. 그러나 1901년에 '조선예수교장로회공의회'가 조직되면서 정치적 기능을 하기 시작했다. 하지만 이때만 해도 한국인 목사가 없었는데, 1907년에 이르러 한국인 7명이 목사 안수를 받아 '대한국예수교장로회노회'(일명 독노회)가 생겼다. 이 독노회는 1912년 7개 노회로 확대되었는데, 비로소 교단 조직을 갖게 되어 '조선예수교장로회총회'가 되었다. 이 외에도 여러 나라에서 내한한 회들도 교단 형태로 이어졌다. 1941년에 조선총독부에 등록한 '22개' 기독교 종파(가톨릭, 외국선교단체 등 포함)33 가운데 감리회와 장로회는 양대 산맥으로 여겨졌는데, 이 두 교파의 신학적 배경은 매우 달랐다. 감리회의 경우, 1900년 성탄절에 신학지 「신학월보」를 출간했는데, 10년 동안 목회자를 위한 신학 계몽지 역할을 했다. 1916년부터는 「신학세계」를 통해 서구 신학을 한국인의 관점에서 조망하고, 1930년대에는 신학논쟁을 일으키는 글을 게재하였다.

    이런 글들의 성격은 당시 근본주의적 신학에 대한 재고였다. 장로회의 경우, 1907년 독노회로 시작하면서 채택한 신경은 영국장로교회가 인도 선교지에서 인도장로교회를 위하여 만든 12개 신조였다. 이 신조의 '서언'에 웨스트민스터신앙고백과 맥을 같이한다고 명기하지

---

33 이덕주, "한국 초대교회의 성립과 교단의 형성", 「기독교사상」 322 (1985): 49-51.

만 이중 예정과 영감설, 죽은 자의 부활 상태에 관한 언급은 없었다. 하지만 1930년대의 신학 논쟁 때, 근본주의신학을 추구하는 신학자들은 오히려 이런 내용을 강조하였고, 신앙의 유일한 규범으로서 웨스트민스터신앙고백을 삼는 지경에 이르게 되었다.34 결국 장로회는 20세기 한국 상황에 부합하는 신앙고백을 마련하기보다 17세기 영국교회가 마련한 "신조 그 자체를 신앙의 대상으로 삼았으며, 그것을 진리의 잣대로 삼아 그 밖의 다른 신앙 자세를 이단시"35하는 쪽으로 기울게 되었고, 자신들의 입장을 정통주의라고 부르게 되었다. 그러나 장로회 내부에서도 정통주의에 만족하지 못한 부류에서 신정통주의를 내세우면서 개방적인 입장을 취하게 되었다.

IV. 나가는 말

이상에서 보았듯이 한국 개신교의 교파 형성 과정은 향후 '교파'와 '교파 밖의 소수자'로 구성될 기제를 안고 있었다. 그 기제는 사물과 이름의 관계가 보여 주는 존재의 근원과 피존재의 관계인데, 단절, 일치, 유비가 그것이다. 기독교에서는 하나님께로 가는 길(즉 구원)이 예수로만 된다는 근본에서 시작하는데, 어떻게 예수께로 가느냐의 문제(물론 개신교에서 이 문제를 다룬다)보다는 하나님에 대한 인식에 관해 논의

---

34 김의환, "한국교회 신학의 역사적 조명(1900~1945) - 장로교회와 감리교회를 중심으로", 「기독교사상연구」 5 (1998): 9-34.
35 황정욱, "한국교회의 신 정통주의와 진보적 신앙 전통", 「기독교사상」 444 (1995): 118.

했다. 그 논의 방식은 부정-긍정-유비의 길이었다. 논의 방식이 다르다고 할지라도 하나의 교파를 주장했고, 이 취지(보편, 하나, 일치)를 담은 단어 '가톨릭' 교파 체제가 만들어졌다. 이 체제 안에서 다양한 이론이 논의되었지만 결국 이 체제를 벗어나는 개신교 체제가 형성되었다. 가톨릭 밖의 개신교 체제는 시작 때부터 다교파 체제로 흘렀다.

처음에는 하나였던 것이 시간이 지나면서 이견이 생기게 됨에 따라 분열되고 분화되었다. 교파는 사물과 이름 간의 관계를 어떻게 다룰 것인가 하는 이론적 차이에서 기인한다고 볼 수 있다. 그 차이로 인해 피라미드식 체제가 형성되었고, 한편으로 '교파'와 '교파 안'의 관계의 역사가, 다른 한편으로 '교파'와 '교파 밖'의 관계의 역사가 진행되었다. 이런 과정에서 '능'(能)이었던 교파가 '소'(所)의 위치로 가고, 또 다른 '능'으로 대체되면서 개혁의 역사가 생성되었다고 볼 수 있다. 이러한 관계는 개신교에서 빈번하게 나타난다. 이러한 역사를 서술함에 있어서, 누가 누구를 교파 '밖의 소수자'라고 규정할지 공론화의 과정이 필요해 보이는데, 이런 관점은 한국 개신교의 교파 현실에서 확인할 수 있다고 생각된다. 한국에 개신교가 들어온 이후 반세기 만인 해방 시점 때 한국기독교는 조선총독부에 22개의 등록된 교파를 포함하고 있었고, 그 이외에도 비등록 단체를 갖고 있었다. 그리고 한국에 개신교가 들어온 이후 한 세기가 지난 시점 때는 장로회, 감리회, 침례회, 성결회, 루터회, 성공회, 구세군, 오순절회(순복음), 복음교회, 정교회 등의 교파에 최소한 150개에 달하는 교단이 있었다. 2013년 한국기독교목회자협의회에서 한국인의 종교생활과 의식조사 보고서를 출간했는데, 이때 18개 교파를 한국개신교의 주요 교파로 규정하고 조사하였다.36 한국 개신교가 예수를 머리로 하는 하나의 지체로서 교파를 지향한다면, 우선 '교파와 교파 밖'이라는 역사 속에서의 여정을 제고해야 할 것이다. 2017년 현재, 종교개혁 500주년이라 한국교회 개혁과 갱신을 말하고 있다. 이를 위해 '교파'와 '교파 밖'의 근본적인 토대 이해는 중요해 보인다. 지금은 더 큰 분열로 치달을지, 조정의 길로 접어들지 선택과 집중을 해야 할 시점이라 사료(思料)된다.

---

36 한목협 글로벌리서치,『한국기독교 분석리포트, 2013 한국인의 종교생활과 의식조사 보고서』(서울: URD, 2013), 474-475. 제시된 18개 주요 교파 리스트는 다음과 같다. 구세군대한본영(구세군), 그리스도의교회한국교역자회, 그리스도의교회협의회, 기독교대한감리회(기감), 기독교대한성결교회(기성), 기독교대한하나님의성회(기하성), 기독교한국루터회(루터회), 기독교한국침례회(기침), 대한기독교나사렛성결회(나사렛), 대한성공회(성공회), 대한예수교장로회(고신, 대신, 백석, 순장, 통합, 합동), 예수교대한성결교회(예성), 한국기독교장로회(기장).

난 민

대한민국 이주 신청 난민에 관한 이해와 기독교적 대응

박 종 현 *

I. 들어가는 말

고대 이스라엘의 역사는 출애굽 사건에서 구체적이고 역사적으로 시작되었다. 셈족의 한 갈래였던 아브라함의 자손들이 하나님의 계명에 근거한 율법의 공동체를 구현하게 된 것은 출애굽 사건을 통해서였다.

그런데 이 출애굽 사건은 난민들의 집단 탈출 사건이다.[1] 이집트의 압제에 시달리던 이스라엘은 집단적 이주자들에서 이집트에서 법적 제도적 권리를 박탈당한 후 집단적으로 이집트를 탈출하여 조상들에

---

* 연세대학교 연구교수, 한국교회사
[1] 난민(難民)에 대한 사전적 정의는 재난이나 곤경으로 어려움에 처한 사람들 이재민을 의미한다. 법률적 정의는 정치 경제 환경 종교적 이유로 거주국을 떠나 타국에서 자신의 보호를 요청하는 사람으로 정의된다.

게 약속되었던 가나안 땅에 정착하기 위한 여정이 이어진다. 그 후 가나안에 정착한 이스라엘에게는 나그네를 압제하지 말라는 주의 명령의 주어졌다.2 그 근거는 이스라엘이 이집트 땅에서 나그네였고 그러므로 나그네의 심정을 알기 때문이다.3

동북아의 격랑의 역사 속에 살아 온 한국은 숱한 난민의 경험을 안고 있다. 고대사의 중원의 침략에 부침을 거듭했던 역사에서 근대에는 일제의 침략에 간도와 일본 그리고 미주와 멕시코의 이주를 겸한 난민의 행렬이 있었고 한국전쟁 중의 피난의 경험과 그 후에 일군의 전쟁포로들은 남도 북도 아닌 제 3국에 몸을 싣기도 하였다. 그런 점에서 난민의 경험은 한국인에게 낯선 것이 아니다.

2012년 대한민국은 아시아 국가 중에는 최초로 난민법을 제정하여 국제 난민에 대한 관심을 보여주었다. 그러나 난민법이 제정되어 발효되고 난 그 후 3년간 한국에서 난민의 법적 지위를 인정받은 사람들의 총 숫자는 2015년 5월 현재 94명이었다.4 2015년 중반까지 대한민국 정부에 난민 신청을 하여 난민으로 인정받는 비율은 3.6%로 극히 미

---

2 출애굽기 22장 21절. "너는 나그네를 괴롭게 하거나 학대하지 말라. 너희가 이집트 땅에서 나그네였느니라." 출애굽기 23장 9절 "너는 또한 나그네를 학대하지 말라. 너희가 이집트 땅에서 나그네였은즉 나그네의 심정을 아느니라." 이들 구절들이 출애굽기, 레위기, 신명기에 반복되어 나타난다.
3 나그네 또는 낯선 이를 의미하는 히브리어 גר(ger)는 출애굽기에 6번, 레위기에 7번 그리고 신명기에 19번 사용되었다. ger는 혼자 또는 가족과 함께 자신의 부족이나 마을을 떠나 방황하는 이를 지칭한다. 기근이나 전쟁 그리고 유혈 사건 등이 자신의 부족과 마을을 떠난 이유가 된다.
이 단어의 용례는 이스라엘의 제사를 지낸 거룩한 제물을 나그네가 동등하게 먹을 수 없다는 유일한 규정을(레위기 22장 10절) 제외하고 그 외에 모든 사회적, 경제적 규정에서 나그네를 이스라엘인과 동등하게 대우하여야 한다는 규정들이다.
4 CGN투데이. 2015년 5월 29일.

미한 실정이다.5 그러나 그 이후 난민에 대한 관심도 지속적으로 증가하였고 특히 시리아 난민사태 이후로 2016년에는 난민 인정율도 가파르게 증가하는 등 난민에 대한 관심과 지원 그리고 법률적 지위도 개선되고 있는 중이다. 한국의 난민 문제의 핵심은 북한 탈주 이주민이라는 지속적이고 현실적인 과제가 항시적으로 존재하며 최근 수년간 국제적 내전과 환경문제 동성애 등 다양한 이유로 난민들이 발생하고 있다. 그런 점에서 기독교적 관점에서 난민문제와 난민 신학의 필요성이 대두되고 있다. 그러나 난민 문제는 난민의 정의 그리고 난민 인정의 절차의 담론의 형성과 공정성 그리고 난민 인정 이후에 나타나는 한국사회 정착의 과제와 그에 따르는 비용 문제 등 어려운 과제들이 포함된 과제라고 할 수 있다. 따라서 난민 문제를 일거에 해소할 수 있는 방안은 현실적으로 지난한 것이라 할 수 있다. 그럼에도 불구하고 기독교는 성서에 제시된 난민에 대한 지속적 관심과 그에 대한 신학적 윤리적 그리고 사회적 처방의 단서를 제공하고 있는 것으로 보인다.

이 글에서는 한국의 난민 현황과 그 사회적 기독교계의 인식의 실태와 대응 방안에 대한 신학적 모색을 시도하려 한다. 2015년 이후 난민문제에 관한 교계의 관심도 늘어나는 추세이며 국내 이주자 문제에 대한 토론의 일환으로 난민 문제가 다루어지고 있다. 난민 신학의 과제는 난민에 대한 현황과 이론적 파악과 더불어 어떤 형식으로 실천이 가능한지 그 가능성의 범위를 가늠하려고 한다.

---

5 「오마이뉴스」. 2015년 9월 11일.

II. 국제 난민협약과 한국의 난민법 제정

대한민국은 2012년 난민법을 제정하여 2013년에 이를 시행하기 시작하였다. 난민법은 국제연합 활동의 하위 범주로 정의되고 협약으로 인정되어 각국에서 실시하고 있다. 난민에 관한 국제법적 기준은 유엔의 난민을 위한 고등판무관 규정(Statues of the Office of United Nations of High Commissioners for Refugees)이 그 근간이 되고 있다. 그리고 이 규정이 형성되기까지는 난민협약과 난민의정서가 난민의 정의와 그에 대한 국제적 인도적 대우의 개념을 제시하였다.

인류사를 통하여 난민은 상존하였지만 난민 보호라는 개념은 20세기에 등장하였다. 1-2차 세계 대전을 경험하면서 전쟁 당사국들에는 다수의 난민들이 나타나게 되었다. 여기에서 처음으로 난민에 대한 개념이 정의 되었고 1950년대 이후 난민은 전쟁으로 인한 난민뿐 아니라 환경적 재앙으로 인한 난민, 종교적 자유로 인한 난민 그리고 더 나아가 동성애로 인한 난민 등 난민의 정의와 그 범위가 확대되어 왔다.6

현대적으로 난민을 정의한 것은 1951년 난민 지위에 관한 협약(Convention Relating to the Status of Refugees)이다. 1951년 발효된 이 협약은 국제난민법에 대한 모든 담론의 시작점이 된다. 난민 지위에 관한 협약은 여러 측면에서 신기원을 이루었는데, 특히 국제법상 최초로 난민에 대한 일반적인 정의를 내렸기 때문이다. 그 중요한 내용은 다음과 같다.

---

6 2016년 한국의 법원은 이슬람 권역인 이집트에서 한국으로 이주한 25세 남성에 대하여 동성애로 인한 사회적 국가적 그리고 종교적 박해로 인한 난민 신청을 인정한 바가 있다. 「연합뉴스」. 2016년 10월 13일. 보도 참조.

조약

1. 보호는 모든 난민에게 차별 없이 제공되어야 한다.
2. 난민에 대한 최소한의 처우기준이 준수되어야 한다. 한편, 난민은 비호국에 대해 특정 의무를 지닌다.
3. 비호국에서 난민의 추방은 매우 심각한 문제로 국가안보나 공공질서에 대한 위험을 근거로 예외적인 상황 하에서만 발생해야 한다.
4. 비호의 제공이 특정 국가에 과중한 부담을 가져올 수 있으므로 만족스러운 해결책은 국제 협력을 통해서만 가능하다.
5. 난민보호는 인도적인 조치이므로 비호 제공이 국가 간 긴장을 야기해서는 안 된다.
6. UNHCR이 주어진 임무를 수행하고, 본 협약의 적절한 이행을 감독하는 역할을 다 할 수 있도록 국가는 UNHCR과 협력해야 한다.[7]

이 난민협약을 토대로 1967년도에 난민의정서(Protocol Relating to the Status of Refugees)가 제정되었다. 그 이유는 난민협약이 1951년 이전에 2차 세계 대전 중에 자국을 떠난 난민들을 중심으로 난민을 정의하였고 그 후 난민의 실재적 성격을 보다 구체적으로 확장적으로 정의하기 위해 의정서가 제정되었다. 또한 1961년도 협약에 동의하지 않았던 다른 국가들도 난민보호국에 참여하게 하였다.

난민의정서는 난민협약에 이어 세 가지 의제가 새로이 강조되었다.

---

[7] UNHCR (난민을 위한 유엔 고등판무관)은 유엔 산하 국제난민기구는 흔히 유엔난민기구 (UN Refugee Agency)로 불리고 기구의 홈페이지에도 그 이름을 사용하고 있으나 원래 명칭은 난민을 위한 고등판무관이다.

난민의 정의를 더욱 포괄적이며 구체적으로 규정하였고 난민이 인종이나 종교 그리고 출신국의 차이에 따라 차별받을 수 없음을 명기하였다. 그리고 난민 신청자에 대한 강제 송환 금지를 명문화하여 난민 신청자들이 우선적으로 인도적 보호를 받을 수 있게 규정하였다. 또한 난민협약이 2차 세계대전 중 발생한 난민에 국한되었던 시간적 제한을 둔 한시적 요건을 요청하였던 것과는 달리 의정서를 통해 난민 발생의 시간제한을 철폐하였다.[8]

난민의 개념이 주로 전쟁으로 인한 이재민을 정의하던 관행에서 난민의 개념도 점차적으로 확대되었다. 외국 또는 당사국 내의 현저한 위험을 피해 타국으로 피신하려는 이들이라는 보다 포괄적 개념이 등장하였고[9] 그 후 경제적 곤경을 피해 타국으로 피신한 경제난민, 인공적 기후재해나 자연적 재해를 피해 국적국을 떠나 피신한 환경난민, 또는 난민과 동등한 위험에 노출되어 있으나 국적국을 떠나지 못하고 자국 내를 유랑하는 실향민 등이 새롭게 대두되는 난민의 유형으로서 국제사회의 대응이 요청되고 있다.[10]

일반적인 난민 보호의 사항은 보호국내에서 이동과 거주를 자유롭게 하는 여행의 자유를 인정하고 추방과 송환을 방지하여야 한다. 또 보호국은 난민에게 내국인과 동등한 기초적 권리를 부여하여야 한다. 종교의 자유, 법률적 보호를 받을 권리, 일반 외국인과 동등한 대우, 식량 배급을 받을 권리, 초등교육을 받을 권리, 노동 권리, 공적 구제에

---

[8] 난민협약은 난민의 대상을 1951년 이전에 발생한 사건으로 인한 난민에 한정하였다. 의정서는 이 시간제한을 철폐하였다.
[9] 이용호, "난민의 개념과 그 보호", 「국제법학회 논총」, 52권 2집 (2007): 315.
[10] 앞의 글, 316-317.

서 자국인과 동등한 대우를 받을 권리를 인정하여야 한다고 규정하고 있다. 난민의 저작권도 보호받으며 임금 노동에 종사하고 노동조합에도 가입할 수 있다. 각종 상행위 및 교육에 있어서 학자금과 장학금을 받을 권리도 인정되어야 한다고 규정하고 있다.

대한민국은 1992년 12월 난민협약과 난민의정서에 동의하여 국제적 난민보호국의 역할에 동참하기로 하였다. 대한민국 정부는 이주자를 관할하는 법무부 산하 출입국관리사무소에서 난민 규정을 신설하여 난민 심사를 실시하기 시작하였다. 그러나 출입국관리법에 의한 이주자 관리는 근본적인 문제점을 안고 있었다. 출입국관리법은 본질적으로 불법체류자를 적발하고 이를 강제 송환하는 법집행이 목적이었으므로 1992년도 이후 난민협약과 난민의정서를 조인하였다 하여도 난민 보호는 사실상 배제되었거나 난민 인정 또는 보호사례는 극히 적었다.[11]

난민 문제에 관심을 가진 활동가들과 법률가들의 노력으로 2006년부터 난민법 제정을 위한 노력이 시작되었고 2009년 서울지방변호사회의 법률 청원과 이를 근거로 2009년 황우여 의원의 입법 발의로 2011년 국회 본회의를 통과 2012년 입법 발효 및 2013년 시행되기 시작하였다.

대한민국의 난민법은 네 부분으로 구성되어 있다. 난민법 개요와 총칙, 난민 인정 절차, 난민 위원회 그리고 난민에 대한 처우를 규정하고 있다. 대한민국의 난민 규정은 국제난민기구의 규정을 그대로 승인하고 있다. 정치적 신분상의 이유로 상주국을 벗어나 제3국에 구호를

---

11 김종철, "난민법 제정의 의미와 향후 과제",「복지동향」, 160호(2012): 29.

요청하는 이들로 규정하고 있다. 그리고 대한민국 정부가 규정한 절차에 따라 난민 인정을 받을 수 있으며 국내법에 의해 난민 인정을 받지 못한 사람들 중에 대한민국에서 안전과 보호를 요청한.이들이 조건부로 거주하게 되는 경우를 인도적 체류허가자로 따로 구분하고 있다.[12]

한국에서 난민 인정 절차는 난민법의 하위 규정으로 대통령령과 법무부 장관령에 의해 규정되고 있다. 난민신청자는 법무부 장관이 서리치한 난민심사관의 심사를 받아야 하며 난민신청자의 모든 개인정보는 보호받으며 신청자는 언어적 법률적 지원을 받을 수 있으며 난민심사관은 국제법과 난민법에 따른 난민의 자격 여부를 심사하여 난민 인정 절차를 수행한다.

대한민국의 난민법 제정과 난민에 대한 처우는 아시아 지역에서는 획기적으로 빠르고 구체적인 대응이라고 할 수 있다. 국제 사회의 일원으로서 대한민국이 인간의 본질적 인권 보호에 적절하고 시기적절하게 대응하고 있다고 평가할 수 있다.

그러나 난민법 제정 이후 한국의 난민 처리 과정에 대한 문제제기도 다양하게 나타났다. 난민인권 운동 비정부 기구인 난민인권센터의 보고에 따르면 아직도 대한민국 정부의 난민 심사 과정의 체계화가 미비한 것으로 평가하고 있다. 난민 수용에 대한 정부의 입장이 난민 신청자 중심이 아니라 정부 중심으로 일정한 인원을 할당하여 수행하는 것으로 보고하고 있다. 그 근거로는 난민 인정이 주로 연말인 12월에 집중적으로 이루어지고 있는데 그 이유는 난민 인정자 수를 계획하였다가 연말인 12월에 통과시킴으로 인하여 이러한 현상이 나타나고 있

---

12 "난민법", [시행 2013.7.1.] (법률 제11298호, 2012. 2. 10, 제정), 참조.

다고 평가하고 있다. 2014년에는 총 인정자 94명 중 35%에 해당하는 33명이 12월에 승인받았고 2015년에는 인정자 105명 중 40%인 42명이 12월에 인정받았다고 보도하였다.13 또한 성하기인 6월과 7월에도 난민 인정 숫자가 급증하는 경향을 보이는데 그 이유는 6월 20일이 국제난민의 날이어서 국제사회의 시선을 의식한 난민 인정이 그 시기에 몰리는 이유라고 보기도 한다.

또 우리나라에서 난민 인정이 1차 심사에서 이루어지는 비율이 현저히 적고 2차 소송을 거치는 경우가 많다는 점이 지적되고 있다. 1차 심사는 법무부에서 이루어지고 1차에서 기각된 난민 신청자는 2차 행정 소송을 통해 자격을 획득하게 된다. 2015년 난민 인정자들 105명 중에서 법무부의 1차 심사에서 인정된 이들은 13명이고 지난 22년간의 통계로 볼 때 법무부의 난민 인정자는 580명 중 176명으로 30%에 머물고 있다. 즉 매년 70-80%의 난민 인정은 법무부의 1차 심사가 아닌 2차 행정소송을 통해 이루어지고 있다는 것이다. 국제 난민 협약이 요구하는 난민 인정은 법정 소송이 아닌 국가의 인정을 우선적인 것으로 본다는 점에서 법무부의 인정 절차를 합리적으로 개방할 필요성이 제기되고 있다.

이러한 상황이 발생하는 첫 번째 이유는 난민 사무를 수행하는 공무원의 수가 절대적으로 부족하다는 점이 지적되고 있다. 2016년 현재 서울출입국관리소에서 난민심사를 맡고 있는 담당자는 14명이고 9개의 전국 출입국 거점사무소에는 난민 담당관이 각 1명씩 배치되어 있어 연간 공무원 1인 당 담당 난민 신청자는 최대 700명에 이르고 있

---

13 http//nancen.org/1542. 2016년 10월 20일.

어 효율적인 난민 업무가 곤란하다고 보인다. 따라서 난민 담당 공무원의 확충과 전문화가 시급히 요청된다고 평가된다.14

유엔난민기구와 대한변호사협회 그리고 한국난민지원네트워크에서 2016년 공동 수행한 연구에서는 난민의 최초 접촉지인 공항에서 난민 신청 사례들을 통해 우리나라의 난민 신청 절차의 구체적 개선책을 제시하였다.

우선 제기된 문제는 국내법 상 난민 신청 과정에서 신청자에게 부과되는 압력이다. 신청자들은 공항이나 항만에 도착하여 출입국관리사무소에서 난민 신청을 하고 신청 후 심사 과정에 송환대기자로 수개월 간 대기하는데 이는 일종의 구금 시설로서 한국정부가 숙식을 제공함과 동시에 일부 비용은 신청자 본인에게 부과되기도 한다. 이 기간 신청자는 본국 송환의 압력에 노출된다는 점이 지적되었다.15 일반적인 신청자들은 심사 및 대기 기간 중에 본국으로 돌아가라는 압력을 받는 것으로 보고되었다.

다음으로는 난민 심사 과정에서 나타나는 문제점들이다. 난민법의 제정에도 불구하고 난민 자격 심사에서 난민 인정 요건을 객관적으로 충족하고 인정하는 과정의 어려움은 상존한다. 신청자 본인이 본국에서 경험한 정치적 사회적 압박의 사실 입증의 어려움과 심사관의 확인 과정도 난관이 상존하게 된다. 더욱이 심사관의 숫자가 극히 부족한 상황에 여러 국적의 신청자들의 의사 표현을 정확하게 전달하기 위한 통역시스템을 갖추는 것도 가중되는 어려움의 요소이다.

---

14 앞의 누리집.
15 〈한국의 공항, 그 경계에 갇힌 난민들〉, 2016, 유엔난민기구 한국지부, 한국난민지원네트워크, 대한변호사협회 2016년도 공동보고서. 14.

이러한 상황 속에서 신청자와 심사관은 가중 되는 압박 속에 놓이게 된다. 심사 과정에서 면접 시간이 부족하거나 발언 기회가 부족 또는 미보장되고, 게다가 불확실한 난민신청 이유는 심사관들이 신청자에 대한 불신을 가중시켜 고압적 태도 및 불법체류자로 송환될 것이라는 압박으로 나타나기도 한다.16

그 외에도 소소한 인권 유린 상황이 재현되는데 소지품에 대한 영장 없는 수색과 압수 및 강제 조사와 성별에 대한 배려의 부족 및 난민 신청자 법무부 심사 판단 결과에 이의신청 제도의 부재도 지적되고 있다.

난민 심사 결과 회부가 거부되면 신청자의 지위는 불법체류자에 준하는 위법 상황으로 하락하게 된다. 그 과정에서 신청자는 송환대기실에 강제 형식으로 구금되고 이 과정에서 외부 조력자의 법적 인도적 조력이 제한되거나 차단된다. 그리고 이 심사 탈락 후 과정에서 발생하는 생활비용은 신청자에게 부과되어 송환 압력으로 작용하게 된다.17

난민 신청 과정에서는 젠더의 문제도 제기 된다. 난민 신청자는 일반적으로 성인 남성이 일반적으로 기준이 된다. 그러나 난민 신청자들 중에는 여성이나 어린이들도 포함되는 경우가 자주 발생한다.18 가족이 난민 신청을 한 경우는 시설 내에 가족 시설의 부재 및 임신부 시설의 부재로 신청자들의 보호에 문제가 발생하고 있다.19

이러한 문제들은 공항과 항만에서 발생하는 문제들로서 다음과 같

---

16 앞의 책, 30 이하.
17 앞의 책, 42-49.
18 필자가 인터뷰한 말리 출신의 마마두와 니요마 부부 가정은 난민 신청 후 15년이 지난 뒤 세 자녀를 한국에서 출생하고 그 후 난민 지위를 인정받았다.
19 앞의 책, 59-62.

은 보완책들이 제기되었다. "난민 신청에 대한 국제적 규범의 인식과 준수, 신청 거부에 대한 객관적 법적 기준 확립과 운용, 신청자에 대한 출입국 당국의 관리 책임과 송환실 환경 개선 및 변호인 접견권 확립과 난민 승인 거부 불복자들의 법적 조력 확보와 이의신청의 제도화 그리고 출입국 관리소 내의 전문가 확충"을 중요한 개선의 과제로 꼽았다.[20]

난민 문제의 범위는 우선 앞서 기술한 출입국장에서 난민 신청이 이루어진 후 난민 심사 기간에 나타나는 문제들이다. 둘째 문제는 법무부 심사에서 난민 신청이 기간된 경우 이의신청이나 소송을 통해 난민 지위를 획득하려는 이들이 처한 문제이다. 이 경우 많은 이들이 인도적 체류허가 난민이라는 상태에서 생활하여야 한다. 이들은 주거 의료 구직 및 법적 조력 외에도 어린이들은 취학 문제로, 여성들은 출산의 문제 등 장기 체류가 시작됨에 나타나는 다양한 문제들을 해결해야 한다.

법적 무중력 지대에 존재하게 된 이들은 인간의 기본권 확보를 확보하는 것이 본인들과 이들을 조력하는 단체들과 국가 인권단체의 가장 중요한 관심사가 된다. 한국의 인도적 체류자는 2015년 9월 30일 현재 889명이다.[21] 2015년 경 인도적 체류허가 난민의 수가 급증한 것은 시리아 내전의 여파로 한국에 체류하였던 시리아인들의 귀환이 불가능하여지면서 그 수가 급증하였기 때문이다.[22]

---

20 앞의 책, 67-72.
21 피난처, 『국내 인도적 체류허가 난민의 실태조사 보고서』, 서울: 피난처, 2015. 7.
22 시리아 내전이 시작되며 2015년 이후 713명의 시리아인들이 한국에서 난민 신청을 하였으나 그중 3명이 난민으로 인정받아 0.42% 인정률을 보였다. 시리아 난민은 60% 이상이 청소년으로 보호의 필요성이 증대되고 있고 이러한 인구구조의 변화로 시리아의 국가 존립에 의문이 제기되고 있다.

한국에서 인도적 체류허가를 받는 기간은 짧아지고 있는 경향을 보이고 있다. 1997년부터 2010년 사이의 난민 신청자들은 인도적 체류허가를 받는데 3-5년이 소요되었다. 같은 유형의 신청자들은 2011년에서 2014년 사이에는 그 기간이 1-2년으로 줄어들었다. 2015년에는 그 기간이 1년 이내에서 6개월 사이로 급격하게 줄어들어 한국의 인도적 체류허가 과정이 신속해지고 있음을 보여주었다.[23]

인도적 체류허가를 받으면 그 사유가 소멸될 때까지 매년 체류허가가 연장될 수 있음에도 그 정보는 체류허가자에게 출입국 관리를 담당하는 공공기관에서 공지하는 경우는 드물고 유엔난민기구나 난민보호기구를 통해 인지하게 되었다는 점에서 인도적 체류자들을 보호하려는 정부의 의지가 강화될 필요가 있다.

인도적 체류허가를 획득한 후에도 신청자들은 생활의 곤란을 겪게 된다. 시리아처럼 장기 내전으로 향후 수십 년간 귀국이 불가능해 보이는 경우는 한국에서 주거 및 생활필수품 구입이 안정화되어야 한다. 그러나 법적 지위가 불법체류자인 인도적 체류허가자들은 구직에 어려움을 겪고 불법 체류자들이 겪는 저임금 노동에 처하게 된다. 의료의 경우 역시 의료보험의 대상자가 아니므로 구호기관이나 종교 기관에서 알선하는 의료 혜택에 의존하는 경우가 많아 의료의 사각지대에 놓이게 된다.

장기의 인도적 체류허가자들은 한국 사회 적응을 위한 한국어 교육이 필수적이나 공적 언어 교육은 이들에게는 적용되지 않는다. 현재 피난처나 난민인권센터에 초기 입주 상태에서 한국어 교육이 이루어

---

23 앞의 책. 11.

지고 있다. 어린이들과 가족 결합의 난민들 경우도 교육 정보 접촉의 어려움 그리고 교육 기회를 법적으로 획득하는 데 어려움을 겪는다.

난민들의 일부는 한국에서 혼인을 하게 되어 한국 사회에 정착하게 되는 경우도 있으나 그 경우도 한국 거주 5년이 경과한 후에야 한국 국적의 취득이 가능하기 때문에 이에 대한 개선이 요구되고 있다. 난민 인정자들은 내국인과 동일한 법적 지위를 획득하지만 인도적 체류허가자들은 극히 제한된 법적 지위를 갖게 되므로 이들에 대한 법적 지위 향상과 인도적 체류허가 목적에 부응하는 생활환경이 제공되는 법적 토대의 개선이 시급한 실정이다.24

III. 대한민국의 난민 현황 개요

국내의 난민 구호 비영리 기구들에서는 난민 현황에 대해 지속적으로 관찰을 하고 있으며 이를 통해 한국의 난민 과제를 진전시키기 위한 방안을 모색하고 있다. 대한민국은 1994년 국제난민협약에 가입하고 2009년 비준을 거쳐 2012년 난민법 입법을 거쳐 아시아에서 빠르게 난민 구호 활동에 적극적인 노력을 기울이는 국가로 변모하고 있다. 그러나 최근 수년을 제외하면 실제 난민 인정 과정은 오랜 시간을 거쳐 이루어졌다.

대한민국이 국제난민협약에 가입하였던 1994년 난민 신청자는 5

---

24 이러한 이유는 이미 인구의 10%가 이주 외국인이라는 사실과 그 비율이 증가하는 추세라는 점에 비추어 국적법에 준하는 이민법의 제정이 검토되어야 할 것이다.

명이었으나 모두 거부되었다. 1995년 2명, 1996년 4명, 1997년 12명, 1998년 26명, 1999년 4명, 2000년 43명, 2001년 37명이 난민 신청을 하였고 두 명이 처음으로 난민 지위를 인정받아 한국은 처음으로 난민을 허용하게 되었다. 2002년도에 34명이 난민 신청하여 그중 2명이 난민 인정, 8명이 인도적 체류허가를 받아 한국은 난민 인권 보호에 한걸음 전진하게 되었다. 2003년 84명이 신청하여 12명이 법무부 난민 인정 및 인도적 체류허가 5명, 2004년에 148명이 신청하여 18명이 난민 인정 인도적 체류허가 1명을 승인 받았다.

난민 신청은 2005년 410명 인정 9명, 2007년 717명 신청에 12명 인정, 2011년 처음으로 난민 신청자가 1,011으로 1천 명을 넘어서고 24명이 인정받았다. 2012년 1,143명 신청 45명 인정, 2013년 1,574명 신청 47명 인정, 2014년 2,896명 신청 91명 인정, 2015년 5,711명 신청에 이르러 폭발적인 증가세를 보이게 된다. 특히 난민법 입법이 진행되는 2010년대에 들어서서 한국에 난민 신청자가 급증하는 경향을 보이게 되었다.

난민 신청 사유는 2012년까지 정치적 사유가 1위를 보이다가 2013년 종교적 사유가 1위가 되기도 하였다. 그 외의 사유로는 인종 갈등, 소수 집단 구성원, 이미 난민 신청을 받은 가족의 일원인 가족 결합 그리고 국적 문제 등이 중요한 난민 신청 사유로 나타났다.[25]

한국에 난민 신청을 하는 국가들은 아시아와 아프리카 그리고 중동 국가들이다. 신청자 순위로 본 한국에 난민 신청자 출신 국가는 파키스탄, 이집트, 중국, 나이지리아, 네팔, 시리아, 스리랑카, 우간다, 방글라

---

25 http//nancen.org/1493. 2016년 10월 20일.

데시, 미얀마, 카메룬, 가나, 라이베리아, 남아공화국, 예멘공화국, 에티오피아, 코트디부아르, 아프가니스탄, 콩고, 이란으로 순위가 나타나고 있다.[26]

IV. 한국의 난민구호단체 : 피난처와 난민인권센터

유엔난민기구는 한국정부의 난민 처리 과정에 대한 국제연합 협약을 촉구하는 단체이다. 한국 내의 난민 문제에 대한 정부의 처리 과정에 대한 국제적 규범 준수는 유엔난민기구의 관찰과 권고를 받는다. 그런데 유엔 난민기구만의 활동으로는 다양하게 발생하는 난민 문제를 처리하는 데 어려움을 겪고 있다. 이러한 상황에 대처하기 위한 난민 구호를 위한 비정부 기구는 한국에 두 개가 존재한다. 하나가 서대문구 불광동에 소재하는 난민인권센터와 동작구 상도동에 소재하는 피난처이다.[27]

난민인권센터는 한국의 난민법에 관심이 고조되기 시작하던 2009년 3월 설립된 난민관련 NGO 이다. 피난처는 난민 구호 활동을 목표로 1999년 6월에 설립되었다. 이들 두 난민 구호 단체는 난민 신청자들 또는 인도적 체류허가자들이 한국 사회에 적응하고 난민 신청 과정에 필요한 법적 조력과 직업 알선 및 다양한 인도적 지원을 시행하고 있다. 출입국 시설에서 난민 신청이 발생하면 그에 발생하는 조력 활동

---

26 〈법무부 난민과 통계〉, 2015년 6월 24일. "난민인권센터 정보공개청구 결과", 앞의 누리집.
27 이 연구를 위해 피난처의 이호택 대표와 이재린 간사의 인터뷰와 자료 제공이 있었다.

을 시행한다. 특히 난민 신청 후 기각되어 소송중이거나 인도적 체류허가자로 인정되었으나 거주 및 생활이 불가능한 난민 신청인들에게 숙소와 식사 제공 그리고 법적 조력과 구직활동을 돕고 있다.28 난민인권센터를 통해 거주하는 신청자들이 약 100여 명 피난처를 통해 거주지를 확보한 이들이 약 100여 명에 이르고 있다.

피난처는 기독교 기반의 난민 구호단체로서 난민 구호 활동과 더불어 난민 선교를 시행하여 소기의 성과를 거두고 있다. 주거와 숙식 제공과 아울러 아동보호 사업, 인정 심사 과정에 통역 및 변호인 조력 등을 실시하여 난민의 정착을 지원한다. 인도적 체류허가자라도 본질적으로는 불법체류자이기 때문에 주거와 의료 그리고 구직 활동이 극히 제한되기 때문에 이들은 반드시 조력이 필요하기에 상응하는 활동을 한다.29

이들 단체들의 활동은 난민 신청이 거부되어 이의신청 또는 인도적 체류허가 상태에 처한 이들의 상황을 개선하는데 초점이 맞추어져 있다. 본질적으로 불법체류자이며 송환 및 강제 출국의 가능성이 상존하는 가운데 경제적 사회적 심리적 불안 상태의 신청자들의 생활 조건을 개선하고 지원하는 것이 필수적이기 때문이다.

---

28 nancen.org. 난민인권센터 누리집 참조.
29 www.pnan.org. 피난처 누리집 참조.

V. 한국 사회의 맥락에서 난민신학

아시아는 가장 많은 난민이 발생하는 지역이며 동시에 가장 많은 난민을 수용하는 지역이기도 하다. 대한민국이 난민법을 제정하여 국제사회의 일원으로서 적극적으로 국제적 인권 향상에 기여하고 있다. 그러나 국가나 비영리기구의 난민 활동과는 달리 교계의 난민 구호에 대한 관심과 활동은 저조한 편이다.

1990년대 이후 탈북자들이 급증하면서 교회의 탈북자 돕기나 탈북자 공동체 구성 및 선교 활동이 활발하게 진행되어 온 것과는 달리 난민에 대한 관심은 증대되지 않았다. 그 이유는 우선 난민 문제가 출입국 장소에서 대부분 일어나며 그 이후에 인도적 체류허가 과정까지도 주로 법률적 판단의 과정으로 이어지기 때문에 일반 구호활동과 달리 법률 전문적 이해를 요구하기 때문이라 할 수 있다. 게다가 난민 심사 과정은 정부의 입장에서도 신청을 무조건 수용할 수 없는 사실 판단 과정의 어려움을 겪고 난민 신청자 역시 전체 과정이 어려움의 연속이다.

그러나 난민 신청자들의 상당수는 언어적 장벽, 경제적 빈곤 그리고 사회적 고립의 상태에서 심사 과정 속에 놓이게 된다. 비록 난민이 아니어도 한국에 이민법이 존재한다면 법적 허가 속에서 경제활동과 사회적 보호의 일정 부분을 획득할 수 있겠으나 아직 그런 제도적 장치를 갖지 못한 한국 사회에서는 난민 신청 과정은 난관의 연속이라 할 수 있다.

사회의 성숙함은 불편함을 감수하는 능력의 증가와 관련된다. 공동체를 구성하는 것 약자를 보살피는 것 낯선 이들을 수용하는 것 선한 의지에서 출발하여 선한 행위의 결실을 맺는 과정은 불편함을 받아들이는 과정이다. 교회는 이를 이해하고 받아들이며 성숙해 가는 장소인 셈이다.

구약성서에는 난민과 유사한 개념의 범주에 나그네라고 불리는 이들을 적시하고 있다. 나그네는 현대사회의 이주자나 이민자에 준하는 폭넓은 개념이지만 그 가운데에는 극한 상황의 이주자 이민자로서 난민이 존재한다. 구약성서의 나그네를 대하는 율법의 규범은 나그네에 대한 압제를 금지하고 이주자들의 이스라엘 내에서 정착을 돕도록 규정하고 있다. 물론 나그네들이 이스라엘 안에서 동등한 재산권을 획득할 수 있는지는 의문으로 남지만 생존권의 보호와 사회적 통합을 추구하고 있다. 이러한 구약성서의 규범은 이주자로서 난민에 대한 기독교회의 관점에 근거로 적용할 수 있다.

신약성서의 교회는 이주자의 성격을 가지고 있다. 초기 기독교인들은 선교사이며 이주자들이며 이동하는 공동체의 성격을 보여주었다. 교회는 어떤 지역의 거점에 있었으나 선교적 이동성을 강조하는 교회의 삶의 성격은 제국 내의 유목적 이동 공동체의 혁명적 역할을 보여주었다. 제국의 박해시기에 교회는 난민공동체였고 제국으로부터 종말론적 전복적 전망의 역동성을 보여 주었다.

난민신학의 가능성은 신학이 그 시대에 제기된 과제를 접하며 자신의 내재된 신학적 개념들의 재개념화를 통해 가능하였다고 보인다. 중세적 질서로부터 종교개혁의 이행이 성서 중심의 재개념화를 토대로 이루어졌고 경건주의의 발현은 루터주의의 재개념화를 통해 나타난 것을 볼 때 난민의 신학적 이해 역시 성서의 텍스트에서 출발하지만 시대의 요청에 따른 신학적 재개념화를 요청한다고 할 수 있다.

난민의 발생이 국가 폭력이나 국가 간, 인종 간 또는 종교 간의 갈등으로 촉발되는 것이 가장 다수를 차지하고 있는 것을 볼 때에 국가의 본질에 대한 신학적 질문은 여전히 진행형이다. 성서의 난민 수용의 맥락은 국가 간의 수용이 아닌 사회적 또는 공동체적 수용의 형식으로 규정되었다. 나그네의 수용이 이스라엘 사회에 수용의 의미하고 교회의 공동체적 수용 또한 사회적 형식이나 기초 공동체의 결속과 확장의 형식을 보여준다.

성서의 공동체는 하나님의 계시에 근거한 국가에 대항하는 사회 또는 공동체라는 것이다. 난민 신학의 기초는 난민이나 이주자의 인권이라는 차원에서 출발하지만 그 근저에는 국가 폭력에 대한 저항과 비폭력 공동체로서 교회의 활동이라는 담론이 출현하게 되는 것이다. 난민은 유동하는 이주자들의 모습에서 지상에 뿌리를 둔 근원적 악의 모습을 보고 교회는 계시에 근거하여 지상의 권력을 해체하는 해방의 공동체로서 자기 이해의 근거를 현실적으로 마련하게 된다. 이 지점에서 교회는 난민 문제를 신학적으로 이해하고 실천적 행동의 근거를 확립할 수 있을 것이다.

현재 한국에서 난민에 대한 교회의 대처는 난민구호 단체들과 협력을 통한 역할의 확대이다. 난민구호 단체들은 난민 신청이 발생하는 즉시 법무부 심사과정부터 인도적 체류허가 또는 제삼국 난민 인정자의 한국 이주 등의 과정을 후원하고 있다. 교회는 이 과정에 합류하여 통역, 주거, 법적 조력, 구직, 교육 및 기타 후원을 통해 난민 구호 활동에 함께 할 수 있다. 한국의 교회가 현재 단계에서 실천할 수 있는 난민 구호 실천이 가능한 범위는 이러한 역할이지만 교회협의체 등을 통해 난민 지의 향상을 통한 법개정 인권활동이 향후 가능한 교회의 역할로 확대될 여지도 있다고 보인다.

VI. 나가는 말

2000년도에 제주에서 개최된 제주 인권학술회의에서는 다양한 한국내의 인권 현황과 그 개선책이 논의되었다. 그러나 그 보고서에 난민 항목은 아직 포함되지 않았다.[30] 그만큼 한국 내에서 난민의 문제는 관심의 대상이 아니다. 난민 문제에 대하여 아시아에서는 한국과 일본이 가장 중요한 역할을 하고 있으나 이 두 나라의 난민 정책 수립과 실천은 미국이나 유럽 국가들과 많은 격차를 보이고 있다. 특히 아시아와 미국 유럽은 난민 인정률에서 많은 차이를 보이고 있으며 그것은 최근 시리아 난민 사태에서 눈에 띠는 결과를 보여 주었다.

한국은 2012년 난민법 제정을 시작으로 난민 문제에 국가적 관심이 시작되었고 난민 신청제도를 실시하고 있다. 그러나 한국의 난민 유입은 아직도 제도적 보완이 요청되는 부분이 많고 사회의 인식 개선도 필요한 상태이다.

한국의 민간 부문의 난민 구호 활동은 주로 난민인권센터나 피난처와 같은 비정부 기구들이 주도하고 있다. 한국 기독교는 성서의 정신에 비추어 볼 때 난민 문제에 관심을 기울이고 실천해야 할 부분이 많이 있지만 난민 문제의 핵심이 법률적 사안이라 교회의 직접적인 활동은 장애가 많다고 할 수 있다.

기독교는 지역 교회들의 차원에서는 재정 후원에서 시작하여 난민들의 생명의 존엄성과 인권 보호의 맥락에서 난민 구호단체들과 협력하는 것이 가장 구체적이고 효율적인 방법이라고 여겨진다. 그 과정에

---

30 한국인권재단, 『일상의 억압과 소수자의 인권』 (서울: 사람생각, 2000).

서 교회는 이주 난민들을 교회로 초청하여 환대하는 가운데 선교의 가능성을 타진 할 수 있을 것이다.31

아직 도래하지 않은 주의 나라를 대망하는 교회는 지상의 권세들을 그에게 복종시키고, 만물이 그에게 복종할 때까지 유랑하는 생명들을 돌보는 책임이 부여되어 있다. 특히 한국교회는 불과 70여 년 전에 전쟁의 참화를 겪었고, 대한민국의 난민의 삶의 기억을 간직하고 있다. 이러한 기억을 토대로 난민 문제에 대해 공감하며 적절한 대응책을 마련하여 나가야 할 것이다.

"너는 나그네를 괴롭게 하거나 학대하지 말라."

---

31 피난처 소속 이재린 간사에 의하면 난민 신청자들의 개종 가능성이 상당히 높다고 한다. 특히 이슬람 지역 출신자들도 난민의 상황에서 교회의 도움으로 개종하는 사례가 제법 많다고 증언한다.

이 주 민

소수자로서의 이주민
: 필리핀 노동자와 이주 여성의 고난의 삶과 한국교회

송용섭*

I. 서론

한국에 거주 중인 필리핀 노동자들과 이주 여성들은 어떠한 삶을 살고 있으며, 이들의 삶을 통해 드러나는 한국 사회의 민낯은 무엇인가? 이 땅에 소수자로 살아가는 필리핀 노동자들과 다문화 여성들을 위하여 한국교회는 어떠한 역할을 감당할 수 있는가?

저자는 서울지역 A교회에서 중국인들과 필리핀인들을 대상으로하는 다문화 사역을 담당하면서, 그들의 예배를 지원하고 홀로 해결할 수 없는 어려움이 발생하는 경우 교회 내외의 자원들과 연결하여 그

---

* 영남신학대학교 조교수, 기독교윤리학

문제를 해결하는 일을 담당하고 있다. 사역의 초기에는, 그들의 예배에 참석하고 교제하는 것 이상을 기대하기 어려웠다. 하지만, 그들과 함께하는 시간 동안 그들을 존중하고 그들의 입장에 서려 노력하는 가운데 그들이 겪는 고통과 한국 사회에 대한 그들의 속마음을 조금이나마 들을 수 있게 되었다.

저자는 다문화 사역을 시작하기 전까지는 한국 사회에 거주하는 필리핀 노동자와 이주 여성들의 삶에 대한 지식이 거의 없었다. 하지만, 수개월 동안 밝게 인사하고 지내던 필리핀 여성이 어느 날 저자에게 찾아와 필리핀 여성들의 고난의 이야기들을 들려주었다. 이후 계속된 사역을 통해 다른 유사 사례들을 알게 되었을 때, 저자는 언젠가 이들의 이야기들을 기록하여 한국 사회에 알려서 소수자 외국인과 다문화 여성들에 대한 한국인들의 차별을 막아보겠노라고 다짐한 적이 있었다. 따라서 본고의 목적은 저자가 그동안의 사역을 통해 인지하게 된 필리핀 노동자들과 다문화 이주 여성들의 고난의 이야기를 일부나마 기록하고, 그 문제들을 해결해나가는 과정에서 성찰하게 된 한국 사회의 문제와 한계들을 분석하며, 한국 사회에 만연한 외국인들과 이주 여성들의 차별 방지에 대한 기독교적인 대안을 제시하는 데 있다.

II. 필리핀 노동자들의 이야기

본 논문은 2013년 1월부터 2016년 12월까지 저자가 다문화 사역 중에 상담과 인터뷰 및 이메일 교환 등을 통해 인지하게 된 필리핀 노동자들 및 이주 여성들의 고난의 삶 이야기를 기록하고 분석하였다.

연구 대상은 주로 한국의 서울에 위치한 A교회의 필리핀 예배에 참석하는 필리핀 노동자들과 다문화 여성들이며, 대화와 상담은 주로 영어로 진행되었다. 다문화 사역을 통해 이들과 자연스러운 만남을 통하여 그들의 고난의 이야기를 듣게 된 저자는 이를 연구하여 사회에 알릴 필요를 느끼게 되었다.

필리핀인들이 저자를 자신들의 신앙 공동체의 일원처럼 받아들여 주기 전까지는 자신들의 속마음을 쉽게 털어놓지 않았다. 한국 생활이 어떠하며 어떤 어려움이 있는지 묻는 저자에게, 이들은 한국 생활이 어려움이 없고 모든 상황이 좋다는 취지로만 대답하였다. 이러한 물음과 대답이 반복되기를 수개월이 지난 후, 어느 주일 오후에 리더로 섬기는 필리핀 여성 M이 저자에게 상담을 요청하였다. 이때, 그녀는 불법 체류를 한 어느 필리핀 여성 이야기를 들려주었는데, 그 여성이 일하는 공장에서 사장이 그녀를 단독으로 불러 그녀 앞에서 성기를 노출하는 성추행을 하였다는 것이다. 놀라서 도망쳤던 그녀를 그 사장은 이후에도 가끔씩 불러 성추행을 하고 성적인 요구를 하였으나, 불법체류 신분이었던 그녀는 사장을 경찰에 고발할 수가 없었다. 또한, 공장에서 다른 한국인 관리자는 그녀에게 욕설을 퍼붓기도 하였는데, 한글을 모르는 그녀였지만 그런 것이 욕설이라는 것만은 알고 있었다. 결국, 더 이상 견디지 못한 그녀는 그 공장을 떠나 다른 곳으로 옮겨야만 했다.

그녀는 이러한 자신의 친구 이야기를 저자에게 들려주면서, "자기들도 같은 인간인데 한국 사람들은 왜 자기들을 이렇게 인간 이하처럼 취급하는지 모르겠어요"라며 울었다. "필리핀에도 한국 사람이 아주 많이 사는데,[1] 자기들은 한국 사람들을 외국인이라고 이렇게 차별하지는 않는데, 피부 색깔이 더 검은 외국인들에게 한국 사람들은 너무 차별하는 것 같다"라고 말하며 그녀는 흐느껴 울었다. 과연 그 이야기가 자신의 친구의 이야기였는지, 아니면 자신의 이야기를 친구라는 이름으로 말하며 울고 있었는지 알 수 없었던 저자는 그 필리핀 여성에게 "한국인으로서 미안하다"라는 말 밖에 할 수가 없었다. 그리고 언젠가 한국에 거주하는 필리핀인들의 고난의 이야기를 기록하여 한국 사회에 널리 알려 인종차별을 방지하도록 노력하겠다는 약속을 하였다.

필리핀 여성 노동자들이 성추행과 인종 차별을 경험하고도 침묵할 수밖에 없는 이유는 주로 그들의 법적 신분 때문이다. 현재 한국의 법규는 "방문취업 비자로 1회 입국 시 계속 체류 할 수 있는 기간이 3년 이내로 제한되어 있기 때문에 3년 이내로 일단 출국하여 재입국하지 않으면 불법체류자"가 된다.[2] 또한, 3년 경과 후 비자 갱신 시 재취득의 여부가 불확실하므로 더 나은 삶과 일자리를 위해 한국을 찾은 필리핀 노동자는 입국 지출 비용과 경제적 필요로 인하여 1회의 체류 기간을 넘겨 불법체류자로 전락하게 되는 경우가 많다. 특히, 필리핀 목사 A에 따르면, 한국 공장의 사주들은 자신들 역시 처벌받을 수 있는 줄 알면서도 비자를 소지한 합법적 체류자들보다 불법체류자들을 선호하는 편이라고 한다. 대한민국 4대 보험료 및 기타 비용을 아낄 수 있을 뿐

---

1 그녀와의 상담 이후, 필리핀 A목사와 이러한 인종차별에 관한 이야기를 나눌 기회가 생겼는데, 그 역시 한국에 필리핀인이 약 5만 명이 거주하지만, 필리핀에는 한국인이 약 10만 명으로 더 많이 거주한다고 했다. A목사는 한국 사람들이 필리핀에 더 많이 거주하는데 한국에 필리핀 사람들이 너무 많이 있다고 말하거나, 자신들에게 외국인이고 피부가 검다고 회사에서 차별하고 길거리에서 따가운 시선으로 자신들을 쳐다보는 것을 이해할 수 없다고 하였다.

2 http://www.moj.go.kr/CACNTC001.do?code=108112.

만 아니라, 불법체류신분을 이용하여 각종 불이익과 차별을 가해도 해당 노동자들이 한국의 실정법에 호소할 수 없기 때문이다.

저자는 지난 2013년 8월 하순에 다음과 같은 도움 요청을 받았다. 필리핀 남성 노동자 G가 C공정이라는 한국 회사에서 일하다가 지난 2013년 5월에는 왼쪽 손가락을 철근에 찍히고 8월에는 왼쪽 눈에 무엇인가 들어가서 의사의 진료가 필요하다는 내용이었다. C 회사에서 G에게 의료보험을 제공하지 않았다는 사실은 그가 불법체류자라는 의미였다. 연락을 받은 후, 주일에 G를 만나보니 왼손은 흉터만 있었고, 왼쪽 눈은 여전히 충혈이 되어 있었다. 교인 한분에게 부탁하여 G를 '라파엘'이라는 외국인 노동자 무료 진료소에 보내어 진찰을 받게 하니, 눈에 금속조각 두 개가 박혀 있어 제거했고 감염의 이유로 항생제 처방을 받았다고 하였다.

또한, 남성노동자 F는 8월에 C공장의 한국인 관리자의 지시로 새로운 한국 노동자와 함께 일하게 되어, 그날 밤 한국인이 자신들의 숙소에서 잠을 잤다고 한다. 그런데, 다음 날 F가 확인해보니 "방안에 두었던 자신의 현금 90만원이 없어졌다"라고 한다. F는 "나는 그 한국인을 의심하지만 어떻게 확인할 방법이 없고, 불법체류자라서 경찰에 신고할 수도 없다"라고 하소연 하였다. 뿐만 아니라, G와 F는 모두 초과근무 수당을 받지 못하였다고 한다. 이런 경우는 도난당한 현금을 되찾기가 매우 어렵다.

불법체류 신분으로 전락한 노동자들은 왜 도난의 위험이 있음에도 현금을 자신의 사적 공간에 보관하는 것일까? 일반적으로, 불법체류자가 된 외국인 노동자들은 은행거래를 잘 하려하지 않는다. 체류 신분이 확실했을 때 만들어 놓았던 은행계좌라 해도, 일단 불법체류 신분으

로 전락하게 나면 외국인 노동자들은 금융거래로 인하여 본인들의 주
거지가 노출되어 만의 하나라도 법무부 출입국 직원이나 경찰 단속반
에게 체포될 것을 두려워하게 된다. 이에, 외국인 노동자들이 받은 임
금을 현금 그대로 자신의 숙소 등에 보관하는 경우가 많다. 이러한 사
실을 잘 아는 일부 사람들이 의도적으로 불법체류자들의 숙소에 들어
가서, 숨겨둔 현금을 훔치는 경우가 종종 있으나,3 대부분의 경우에는
자신의 체류 신분 때문에 경찰에 신고하지 못하고 손실을 감수하는 편
이다.

불법체류자로 전락한 필리핀 노동자들은 보관하던 현금을 주로 필
리핀 현지의 가족들에게 송금한다. 기혼 필리핀 노동자는 아내에게,
미혼 필리핀 노동자는 어머니에게 송금하는 경우가 많다. 필리핀 목사
A에 따르면, 필리핀은 아직도 대가족 제도로 가정이 구성된 경우가 많
으며, 시골로 갈수록 일가친척들이 마을 공동체를 이루어 함께 산다고
한다. 또한, 결혼 후에는 남성들이 무책임하게 아이들과 아내를 버리
고 떠나게 되는 경우도 많아서, 이런 경우에는 여성들이 주로 가장이
되어서 아이들과 일가친척들을 함께 돌보며 살게 된다. 아이들이 자라
노동을 시작하게 되면 그 임금을 어머니에게 보내 함께 거주하는 일가
친척들을 돌보는 것이 일반적이다. 한국에서 송금되는 금액은 현지 물
가를 기준으로 상당한 액수에 해당되기 때문에,4 이들이 송금하는 것

---

3 2014년에 저자에게 상담을 하러 온 조선족 노동자 역시 한 방에 거주하고 있던 한국인
노동자에게 현금을 도난당하여 자살을 생각했던 적도 있었다고 한다.
4 한국 원화의 국내와 필리핀 내의 구매력 차이는 공산품과 생필품의 종류에 따라, 도시와
시골에 따라 다르게 느껴지겠지만, 국내 필리핀인들과의 인터뷰 과정에서 문의한 바에
따르면 약 3배의 구매력 차이가 있는 것 같다고 말했다. 즉, 1천 원을 필리핀에서 사용하
면 3천 원 정도에 해당하는 구매력을 가진다고 볼 수 있다고 한다. 그러나 필리핀 현지의

은 필리핀 현지 가족과 일가친척들의 생계에 큰 도움이 된다.

강동관 외의 연구에 따르면, 조사대상 필리핀 노동자들의 86.7%가 평균 71만 원의 금액을 필리핀으로 송금하였다.5 그런데, 불법체류자로 전락한 노동자들의 필리핀 송금 방식은 은행에서의 외환거래를 이용하지 않고, 주로 불법적으로 외화를 밀반출하는 경우가 많다. 2009년부터 최근까지 약 137억 원의 외화밀반출을 한 필리핀인 검거 사례에서도 알 수 있듯이,6 다수의 필리핀인들은 사설 환전소를 통하여 외환 불법거래를 시도하는 경우가 많다. 이러한 불법 거래가 활성화되는 이유는 상대적으로 낮은 수수료 때문이기도 하지만, 근본적으로는 불법체류자들이 신분과 거주지 노출을 두려워하여 기존 은행을 이용하지 않으려 하기 때문이다. 따라서 필리핀인들의 사회 문화적 전통을 고려할 때, 불법체류자들에 대한 계도뿐만 아니라, 외환 거래에 대한 대안 모색이 필요하다. 또한, 불법체류 및 불법행위를 양산하는 국내 실정법 및 사회구조적 모순 역시 실정에 맞게 개선할 필요가 있다.

김영란의 연구에 따르면, 국내 체류 중인 외국인 노동자들의 90% 이상은 그들의 현지 교육 수준에 큰 상관없이 단순 노동직에 근무하고 있으며, 엔지니어 등 고급 인력은 10%미만으로 소수에 불과하다.7 강

물가는 물품에 따라 국내보다 비싸거나 차이가 없는 물품도 많은 만큼, 이들의 개인적 의견을 일반화할 수는 없을 것이다.

5 강동관 · 강병구 · 성효용, "외국인 근로자 송금요인 분석",「재정정책논집」17, no. 1 (2015): 173.

6 「연합뉴스TV」, "초코파이 봉지에 500 달러…외화 밀반출 필리핀인들 적발", 사회면, 2016년 5월 9일

7 김영란, "다문화사회 한국의 사회통합과 다문화주의 정책",「한국사회」, 제14집 1호 (2013년): 13.

동관 외는 조사대상 "체류외국인의 62.9%가 10인 이상 50인 미만의 사업체에서 종사하고 있으며, 88%가 공장노동자로 취업"하고 있고, "현 직장에서의 월평균 임금은 100만원에서 150만원 미만의 구간에 37.4%가 분포되어 있으며, 150만 원에서 200만 원의 월급을 받는 경우도 27.3%에 달하고" 있음을 밝혔다.[8] 체류 외국인들은 장시간의 노동을 감당해야 했고, "주당 근로시간이 70시간을 초과하는 경우도 18.6%에 달하"였고, 월 평균 근로일수가 "26일을 초과하는 경우도 21.4%에 달하였다."[9]

필리핀 외국인 노동자의 경우도 이와 크게 다르지 않다. A교회의 필리핀 예배에 출석중인 단순 노동자들 가운데에서도 소규모 공장이나 가내 수공업 수준의 열악한 근로환경에 노출되어 있는 경우가 많고, 이들의 경우 대부분의 임금 수준은 월130만원에서 150만원 수준이다. A교회에 출석한 필리핀 여성들의 경우를 볼 때, 필리핀 여성들은 이러한 소규모 공장에 취업하거나, 영어 교사나, 가정부로 근로하는 경우가 대부분이었다.

특히, 필리핀 여성인 M의 사례도 가내 수공업 수준의 3인 이하 작업장에서 단순 노동을 하는 경우에 속한다. 그녀는 소형 트랜지스터의 제조 상태를 확인하는 일을 하였는데, 사장이 도와주는 경우에는 1일 3교대가 가능하지만 그렇지 못한 경우에는 다른 외국인 노동자와 함께 24시간 동안 1일 2교대의 상태로 근무하였다. 이렇게 소규모 공장에서 일하는 필리핀 노동자들은 주 6일 근무를 기본으로 하고 있었다.

---

8 강병관·강병구·성호용, 169.
9 앞의 책.

하지만, 일요일에 근무를 규칙적으로 해야 할 경우도 있다. 이때는 주로 격주일 근무를 하므로 일요일에 일하는 노동자들은 한 달에 이틀 가량을 쉴 수 있게 된다.

M의 경우는 비록 열악한 근무 환경이지만 특별히 바쁜 시기가 아니면 일요일 근무는 하지 않았다. 하지만 가내수공업 노동의 현실상 평일에 휴식을 취하기는 쉽지 않다. M은 환기도 잘 안 되는 좁은 공간에서 소형 트랜지스터를 검수하는 과정에서, 한동안 피부가 빨개지고 좁쌀처럼 일어나는 피부병을 겪었었다. 그러나 M은 1일 2교대의 근무 상황에서 자신의 피부병을 치료받기 위하여 병원에 갈 시간을 내기가 어려워, 피부병 증세를 방치하여 몇 주 동안을 고생해야 했다. 그녀는 방문노동 비자가 있어 신분상 어려움이 없었고 의료보험이 있었음에도 직업의 특성상 기본적인 의료혜택 기회를 박탈당한 셈이다. 따라서 외국인 노동자들이 많이 있는 산업단지를 중심으로 이들의 근무 형태와 시간에 특화된 근거리 1차 의료시설이 운영될 수 있다면, 체류 신분이 보장된 외국인 노동자들이 보다 편리하게 의료혜택에 접근할 수 있을 것이다.

III. 필리핀 다문화 결혼 이주 여성들의 이야기

필리핀 L 여성의 이야기는 한국 남편과의 결혼에서 착취와 성폭력을 경험하고 가출했다가, 결국 결혼 생활에 실패하고 필리핀으로 귀국한 사례이다. L 여성은 자신과 12살 많은 한국 남성과 결혼한 40대 후반의 여성이다. L 여성은 20대 후반에 필리핀으로 원정 결혼을 나온 한국 남성과 필리핀 현지에서 결혼하였고, 이후 남편의 초청으로 한국으로 입국하여 강원도의 외딴 산골 집에 거주하였다. 하지만 낯선 나라에서의 단란한 가정을 꿈꾸던 L 여성은 곧 남편의 성폭력과 함께 거주하는 시어머니의 괄시를 경험해야 했다. 그녀가 그때를 기억할 때 "제가 성노예(sex slave)처럼 살았어요"라고 말하며, 남편은 "자신을 하루 종일 발가벗겨 놓거나 원치 않는 성행위를 강요하거나 폭력을 일삼았다"라고 주장하였다. 또한, 시어머니는 말도 안 통하는 외국 며느리를 구박하며, 폭력을 당하는 것을 보면서도 도움을 주려하지 않았다고 한다.

L여성이 임신을 한 이후에는 폭력이 줄어들었으나 출산을 한 지 얼마 지나지 않아, 한 겨울에도 난방을 해주지 않아 추위로 인해 신생아의 피부가 보랏빛으로 변하는 것을 보고 '아이를 위해 가출 해야겠다'고 결심했다고 한다. 이후, 아이가 돌이 지났을 때, L 여성은 필리핀의 가족을 방문하겠다고 말하고, 필리핀에 아이를 데리고 가서 어머니에게 맡기고 귀국하였다. 귀국한 이후 L 여성은 가출을 하여 경기도 안산과 서울 등지에서 노동과 가사도우미 등으로 생계를 유지하며 필리핀에 송금하여 어머니가 양육중인 아들의 생계를 돌보았다.

아내가 가출한 사실을 알게 된 L 여성의 한국 남편은 아내와 연락이 되지 않는 동안 법원에 이혼을 신청하여 승인을 받았고, 이후, 아들에 대한 친권소송을 내서 승소하였다. 수년의 시간이 흐른 후에도 이들은 전화 연락을 가끔 주고받았는데, 아들을 돌려받기 위해 전 남편은 2014년에 L 여성에게 아동유괴 등의 명목으로 경찰에 신고하여 체포하겠다고 위협하였다. 또한, 지금까지 L 여성의 재정보조로 필리핀에서 양육 중이던 아들의 양육비까지 자신에게 지불하라는 소송을 걸었다. 저자에게 상담을 요청했을 때, L 여인은 경찰에 잡혀갈 것과 강제추방 당할 것 등에 대하여 상당히 염려하고 있었다. 또한, 안산에서 공익 인권 변호사의 도움을 받아 친권자 및 양육자 변경과 그동안의 양육비 소송을 청구하려 준비하던 중이었다. 하지만, 영어에 그다지 능숙하지 못했던 L여성은 통역 도우미를 통한 한국인 변호사와의 의사소통에 어려움을 겪고 있었다. 당시 통역 도우미 역시 한국 남성과 결혼한 필리핀 여성이었는데, 자신이 한국어에 능통하지 않았고 구사하던 영어 역시 법률 용어를 통역할 수준이 되지 못했기 때문이었다고 한다.

남편이 신고하여 체포될 수 있는 가능성 때문에, 소송과정에서 L여인은 법원에 출석하지 못하였고, L 여성이 제기한 소송은 안타깝게도 청구에 대한 기각판결을 받고 패소하게 되었다. 법원의 결정 후에, L여성은 재판과정에서 드러난 거주지 주소와 경찰의 체포에 대한 두려움 등으로 고민하다가, 결국에는 아들과 어머니가 있는 필리핀으로 귀국하였다. L여성은 아들이 성인인 19세가 되기 전까지는 보호자의 자격으로 언제든지 다시 한국에 입국할 수 있다는 것을 알고 있었지만, 폭력적인 "전 남편에게 아들을 빼앗기지 않기 위해서 한국에 재입국은 하지 않을 것"이라고 하였다.

L 여성의 경우 전남편은 이미 중국 한족 여성과 결혼하였다가 합의 이혼한 경력이 있었다. 그가 첫 번째 결혼에 실패하고 찾은 새로운 아내 역시 외국인인 필리핀 여성인 L이었다. 그런데, 전 남편은 외국인 아내인 L을 인격체로 대했다기보다, 물건처럼 대상화하여 '성노예'처럼 취급했다. 남편의 잦은 폭력과 성 착취 그리고 시어머니의 묵인하에서, L여성은 자신과 아이의 생존을 위하여 절박한 심정에 가출을 결심했던 것이다. 그런데 국내 실정법에 무지했던 그녀는 생존을 위한 가출

을 선택할 수밖에 없던 초기 단계에서 법률 지원을 받지 못하여 상황을 악화시키고 말았다. 즉, 그녀는 자신의 법적 현실을 인지하지 못하던 상태에서 강제 이혼을 당하고, 친권을 빼앗겼으며, 노동으로 번 돈을 전 남편에게 양육비로 빼앗길 위기에까지 처했던 것이다.

L 여성의 경우는 다문화 결혼에 대한 법적 요건 강화와 다양한 제도적 차원의 지원 필요성을 드러내준다. 외국인 아내를 초청하는 과정에서의 한국 남성에 대한 자격 조건 강화가 필요하며, 다문화 가정을 이룬 신혼부부를 대상으로 한 인권 및 법률 상식에 대한 제도적 차원의 소양교육의 필요성을 드러내준다. 뿐만 아니라, 다문화 결혼 초기 단계에서 취약 지역 등을 중심으로 사회복지사의 정기적 현장 방문이나 실태 조사도 L여성이 겪어야 했던 것과 같은 인권 침해 사례의 재발 방지에 도움이 되리라 생각한다.

또 다른 필리핀 R 여성의 이야기는 교회의 도움으로 다문화 가정생활의 고난을 극복하게 된 사례이다. 20대 후반인 R 여성은 2012년에 필리핀에서 지금의 한국 남편을 만난 후 2주 만에 결혼하였다. 필리핀에서 2주를 더 보낸 후에 남편은 한국으로 귀국하였고 6개월 뒤에 아내인 R을 초청하여 서울에서 함께 거주중이다. 처음 두 사람의 결혼생활은 평탄했으나, 시간이 지남에 따라 남편이 아내인 R 여성에게 관심을 두지 않아 가정의 불화가 생기기 시작했다. 아내인 R과의 결혼생활에서 남편은 점차 수동적으로 변해갔고 아내에게 무관심하며 아예 대화를 하려 하지 않았다. 인테리어 사업을 하고 있는 남편은 일에만 몰두하고 집에 들어오지 않는 날도 많았다. 공사가 있는 기간이면 때때로 몇 주가 지나서 집에 들어오기도 했기에, 이로 인해 낯선 한국 생활에 홀로 적응해야 했던 R 여성은 오랜 기간 동안 집에 들어오지 않는 남편에 대해 화가 나 있었다. R 여성은 아이를 갖고 싶어 했지만, 남편은 서로 헤어져야할 것 같다는 암시를 하며 아내에게 자꾸 집을 나가라고 말했다. 남편은 그녀에게 "나가~ 너도 남들처럼 나가… 나가서 남들처럼 너네 나라 사람 만나~"라고 말했다고 한다. 남편은 그녀에게 "나는 너랑 이혼할 것"이라고도 말했다. R 여성은 진정한 가정생활을 바랬지만, 남편이 계속 자신과 헤어질 것이라고 말하자 이혼과 추방에 대한 두려움을 가지고 있었다.

다행히도 R 여성은 교회에서 목회 상담을 요청한 이후에, 교회 내의 다문화 전문 상담가에게 연결되어 가정 상담을 받게 되었고 극적인 변화를 경험하게 되었다. 수차례에 걸친 전문 상담과 이후 교회의 지속적인 관심 속에, R 여성은 남편을 조금씩 이해하게 되었다. 남편 역시 점차 아내를 이해하며 평소 부정적이었던 교회 출석도 고려하게 되었다. R 여성은 처음에는 다문화 센터의 가정 상담 서비스를 받으려고 생각했었다. 하지만 R 여성은 일반 가정상담 대신에 목회 상담을 신청하였고, 이후, 교회에 출석 중이던 다문화 전문상담가의 도움을 받아 가정의 회복을 경험하게 된 것이다.

R 여성의 가정 위기와 극복 사례는 필리핀 다문화 가정에 대한 한국교회의 역할과 책임에 대해 시사해주고 있다. 필리핀인들 대부분은 가톨릭과 같은 기독교 문화에 어렸을 때부터 노출되었고, 현대에 들어서는 개신교의 전파도 확산되었다. 따라서 국내에 거주중인 필리핀인들에게 기독교의 역할은 종교적으로나 사회적으로나 상당히 높은 편이다.[10] 20세기 초 미국에서 고난당하는 소수 인종이었던 흑인들이 출

---

10 최영균, "이주 공동체 내 종교문화의 수용과 변형 – 안산 필리핀 이주 공동체를 중심으

석하던 흑인 교회가 종교적 기능뿐만 아니라 다양한 사회적 기능을 담당하고 있다는 점을 최초로 분석한 미국 사회학자 두 보이스(Du Bois)의 주장에서처럼,11 한국에서 소수자로 살아가는 필리핀인들에게 교회는 단순한 예배의 공간일 뿐만 아니라, 만남과 사교의 장소와 결혼식장과 정보 교환과 상담 등의 사회적 모임 공간이 됨을 알 수 있다.

뿐만 아니라, 필리핀 이주 노동자나 이주 여성들의 경우 기독교 중심적이고 공동체 중심적이며 리더 중심적인 문화적 특성에 의하여,12 이들의 삶에 개입하고 중재하는 목회자에 대한 존경과 의존도도 높은 편이며 이에 따라 목회자의 역할이 중요하다. 한국의 문화와 사회 지리적 환경을 잘 모르며 체류 신분으로 불안해하는 필리핀 여성들에게는 정부나 사회기관이 운영하는 상담소보다, 필리핀에서부터 친숙했던 교회 환경이 훨씬 더 우호적으로 느껴질 수 있고 이들을 위한 목회자의 상담과 신앙 지도가 큰 영향력을 발휘하고 있다. 또한, 교회 내의 다문화 상담은 교회 공동체의 정신이 다른 민족들 역시 하나님의 자녀라는 의식을 내포하고 있으므로, 교회 내의 다양한 인적 자원과 상담 및 신

로", 「사회와 역사」 94, (2012): 377, 385.

11 WEB Du Bois는 1889년에 필라델피아 흑인들의 종교생활을 사회학적으로 연구조사하여 1903년에 출판한 서적인 The Negro Church에서, 당시 사회경제적으로 소외당했던 흑인 교회가 흑인집단 내에서 오락과 교육과 기타 사회적 교제와 같은 다양한 사회적 기능을 감당함을 밝혔다. "This institution, therefore, naturally assumed many functions which the other harshly suppressed social organs had to surrender; the Church became the center of amusements, of what little spontaneous economic atcivity remained, of education, and of all social intercourse." WEB Du Bois, *The Negro Church* (Atlanta: The Atlanta University Press, 1903), 5.

12 최영균, 385.

앙 지도는 필리핀 이주 노동자들과 이주 여성들에게 더욱 효과적인 도움을 제공할 수 있다.13 따라서 소수자인 필리핀 노동자들과 이주 여성들에 대한 한국교회의 환대와 배려와 돌봄이 필리핀 다문화 가정의 역기능을 방지하고 건강한 가정으로 성장하는데 효과적이고 실질적인 도움을 줄 수 있다는 인식이 한국교회 내에 확산되어야 할 것이다.

IV. 결론

필리핀 노동자들과 필리핀 결혼이주 여성들은 대부분 경제적 필요와 보다 나은 환경에서의 삶을 꿈꾸며 한국을 방문하거나 이주하였다. 절대적 관점에서 볼 때, 이들이 겪고 있는 한국에서의 고난의 삶이 한국으로 오지 않았다면 겪어야 했을 고국에서의 삶의 질보다 반드시 열악했으리라 판단할 수는 없다. 필리핀이라는 국가 역시 빈부 차이가 극심하며, 대도시와 주변 빈민촌 그리고 도시와 농촌 간의 경제적, 문화적 격차는 한국보다 더 심한 편이기 때문이다. 하지만 이들 필리핀 노동자들과 이주 여성들이 자신들만의 꿈과 희망을 가지고 한국에 입국하는 것을 받아들인 이상, 한국 사회가 이들에 보여주어야 할 태도와 마음가짐은 인종차별적이고 편견에 사로잡힌 것이 아니라, 보다 상호 이해적이고 문화 존중적인 것이 되어야 한다.

본고의 초반에서 밝혔듯이 우리는 우리의 거주 환경 속에서 한국을

---

13 변영인, "한국의 다문화 가정에서의 아동 이해와 교회에서의 기독교 상담에 관한 고찰", 「복음과 상담」 18 (2012): 175-176.

찾은 외국인 노동자들과 다문화 결혼 이주 여성들을 우리와 동등한 인간으로 받아들여야 한다. 우리나라를 찾은 외국인들의 사회, 경제, 문화적 수준이 한국의 기준들보다 다소 열악하다 해도, 한국인들은 한국이라는 사회 내에서 함께 살아가기 위하여 이들을 초대하고 일자리와 가정을 제공하였기 때문이다. 따라서 체류 자격을 유지한 이들에게 한국 사회는 적어도 한국인들의 사회 경제적으로 최소 기준에 부합하는 방식으로 이들을 대해야 하며, 인도적이며 인격적인 배려와 존중을 다해야 할 것이다. 특별히 이러한 태도는 한국 사회가 필리핀 결혼 이주 여성들을 대하는 경우에 더욱 필요하다. 물론 일반화할 수는 없겠지만, 앞의 필리핀 결혼이주여성의 두 경우에, 필리핀 여성들이 경제적 목적과 보다 나은 삶을 추구하기 위하여 한국 남성들과 결혼했지만, 그들의 남편들은 자신의 성적인 욕구 충족을 위해 결혼했다고 밖에 볼 수 없거나 다문화 가정 유지에 적극적이지 못한 무책임한 태도를 보였다. 또한, 필리핀 결혼이주 여성들의 경우, 결혼이란 남편과 아내 두 사람 위주의 독립적인 혼인 계약이 아니라, 필리핀 현지 대가족들과 한국 가족들의 필요와 요구가 혼재된 복합적인 문화 충돌의 장이 되는 경우가 많다. 이에 따라 이들의 결혼의 준비 및 초기 결혼 단계에서부터 문화 차이에 대한 제도적 교육 및 서로에 대한 상호 이해가 필요하리라 생각한다.

마지막으로, 불법체류자가 된 필리핀인들의 인권문제는 한국 사회의 정의 실현을 위하여 반드시 사회적 합의를 통해 인도적 지원과 도움을 제공해야 할 것이다. 무엇보다 한국 사회는 해외 노동자들에게 방문 노동 비자 발급 시기 때부터 입국 심사를 강화하여 가급적 우수 인력들을 확보해야할 뿐만 아니라, 인권 보호의 측면에서 법과 제도를 강화하여 불법 체류자 신분인 외국인 노동자들이라 할지라도 차별과 착취로부터 보호받는 한국 사회를 조성해가야 할 것이다. 캐나다의 정치학자인 킴리카가 지적했듯이 서구의 국가들에게서 "원래는 단지 일시적 거주자들로 간주되었던 '이주 노동자들'(guest workers)은 사실상 이민자가 되어 가고" 있는 것처럼,14 한국 사회에 외국인 노동자로 들어온 많은 사람들 중에는 비록 불법체류자의 신분으로 전락하였다 할지라도 실상은 이민자와 같이 오랜 기간을 국내에 머무르기도 한다. 따라서 한 국가 사회의 구성원들이 비록 소수이며 타문화를 유지하고 있다 할지라도, 한 사회에서 더불어 사는 사람들의 인권과 문화를 존중하는 방식의 하나로서, 불법체류자이지만 오랫동안 한국의 실정법을 위반하지 않고 거주하여 왔으면, 이들 역시 같은 사회의 구성원으로서 받아들이고 기본권과 문화적 차이를 인정하며 함께 살아갈 필요가 있다.

하나님의 공의와 사랑의 상징으로서 한국교회는 한국 사회의 소수자이자 약자로서 법의 보호에서 제외된 이들과 차별과 착취를 당하는 이들에 대한 관심을 전 사회적으로 확대시키고 돌봄과 보호를 촉구해야할 필요가 있다. 특별히, 필리핀 노동자와 이주 여성의 경우 교회와 목회자에 대한 신뢰와 의존도가 높은 편이기에, 정부 제도보다 한국교회와 목회자가 더욱 효율적으로 접근하고 해결할 수 있는 영역이 존재한다. 한국교회가 지속적인 관심을 가지고 사용 가능한 자원들을 동원하여 이들을 환대하고 섬길 때, 다문화 한국 사회에서 소수자로 살아가며 고난을 겪고 있는 필리핀 노동자와 이주 여성들의 돌봄과 치유가

---

14 Will Kymlicka/장동진 책임번역, 『다문화주의 시민권』 (파주 : 東明社, 2010), 33-34.

더욱 효과적으로 이루어질 것이다. 모든 인류를 구원하러 이 세상에 오신 예수 그리스도가 사역 초기에서부터 사회, 경제, 정치적 약자들을 우선적으로 찾아가 그들을 치유하고, 회복하고, 그들의 친구가 되어주었듯이, 구원의 방주로서의 한국교회는 선교적, 사회적 책임 의식을 가지고 사회의 소수자를 찾아가 그들의 친구가 되어야 한다. 한국 사회에서 사회·경제적으로 삶의 경계에 몰리고, 인종차별과 성적 착취와 인권유린을 경험하고 있는 필리핀 노동자들과 이주 여성들에게 우선적으로 다가가 그들을 돌보고, 치유하고, 친구가 되어주는 한국교회에서, 소수자의 목소리를 대변하고 소수자를 위하는 예수 그리스도를 닮은 소수자의 신학이 형성될 수 있을 것이다.

| 4부 |

비인간 소수자

자 연

억압된 타자, 소수자로서의 자연
: 물의 위기 상황에서 지구-행성의 신학을 모색하며

김수연 *

I. 들어가는 말

 기계 알파고와의 바둑 대결에서 인공지능 알파고를 이겼다고 하며, 인간계의 승리라는 기사가 보도된 적이 있었다. 인간계라는 생소한 단어를 사용하며 인간은 인간 자신 스스로를 돌아보고 이제 인간 외의 다른 세계를 의식하게 된 것이다. 알파고와의 대국에서 처음 몇 번 인간이 졌다고 그래서 이제 기계에 의해 지배당할 것이라고 조바심 내고 두려워하며, 뒤늦게 인간은 늘 자신이 전부였던 세계를 돌아보는 기회를 갖게 된 것이다. 그리고 인간계는 기계와의 대결에서 마지막 단 한 번의 승리에도 위로 받고 기뻐하였다. 기계와 인간을 비교하며 감수성

---

* 이화여자대학교 여성신학연구소 연구교수, 여성신학

과 도덕성을 지닌 인간의 가치를 운운했다. 이를 두고 어느 신문 기사는 "딱 한 번 졌다고 약자 코스프레하니, 과연 인간만큼 살벌한 종(種)이 지구상에 존재했을까" 하며 지금도 도축하고 살육하고 땅을 뒤엎고 산을 난도질 하는 '인간계'를 제대로 돌아보라고 비판한다.[1] 이제야 비로소 우월한 존재 알파고를 만나, 인간의 감성, 인간의 품격을 생각하며 인간의 존재 가치를 논하는 것을 두고 한 말이다.

말하자면, 자연계 혹은 생태계, 즉 인간 중심의 세계에서 이제까지 타자로 밀려나 대상화 되었던 자연은 이제 약자 중의 약자로 그리고 새로운 약자로 이해되고 있다. 물론 자연이 약자인가 의문하며, 그러한 질문 자체가 자연을 몰이해한 인간 중심적인 것은 아닌지 생각하게 된다. 자연을 약자 혹은 소수자로 보는 것은 극히 작은 부분, 자연의 일부만을 제어하고 통제하며 마치 자연의 전부를 소유한 듯 착각하는 인간 중심적인 사고일 수 있다는 것이다. 그러나 약자 혹은 소수자라는 것이 수적으로 또는 양적으로 열세에 있다는 것이 아니라, 이제까지 타자화되어 침묵되어 왔다는 의미에서라면 자연은 약자 중에 약자일 것이다. 즉 기독교가 대변해야 할 약자 중의 약자, 즉 작은 자 중의 작은 자가 인간 중심 세계에서 밀려나 있었던 땅이고 물이 될 수 있다는 것이다.

이러한 상황에서, 자연을 식민화하고 약자를 억압하는 현재의 정치-경제 시스템에 저항하는 생태신학, 즉 지구행성을 위한 신학을 모색하는 것은 우리가 어느 정도 공모하고 있는 기독교 제국주의의 깊은 역사적 차원을 반성하는 것에서 시작될 수 있을 것이다.[2] 가야트리 스

---

[1] "잔인한 휴머니즘", 「중앙일보」 2016년 3월 30일.

피박(Gayatri Spivak)의 이미 많이 알려진 표현에 의하면, 침묵되어 있어 소통하는 것이 불가능한, 즉 역사의 기록도 소통의 수단도 없이 침묵된 대상이 최하층, 서발턴(subaltern)이다. 만약 서발턴이 말할 수 있다면 고맙게도 그 서발턴은 더 이상 서발턴이 아닌 것이다. 글로벌한 자본의 국제적 흐름 속에서 침묵되어 억압된 것들, 그러한 것들을 밝혀내며 보다 더 넓은 차원의 사랑이 실천되어야 한다. 특히 착취되고 억압된 땅과 물, 그로 인한 생태계의 위기 앞에서, 스피박이 주장하는 것처럼, 식민주의적 재현 혹은 기입을 되돌리는 진보적인 지구행성의 생태신학, 생태 정치학이 요구된다. 역설적이게도 자원이 풍부하게 있는 곳이 가난하다. 즉 물자원이 풍부한 갈릴리가 로마제국의 착취 대상이 되었고, 아마존이 자리한 브라질에 초국가적 자본이 집중된다. 자연자원이 있는 곳에 제국주의적 권력이 들어서며, 가난하게 되는 것이다.

모든 것이 알게 모르게 얽혀 있는 이러한 존재 구조 속에서 더 이상 인간은 세상의 중심도 아니고, 존재 피라미드 더미의 제일 꼭대기에 있지도 않다. 인간은 그저 상호 관계 속에서만 살아남을 수 있는 의존적인 존재일 뿐이며, 따라서 인간의 멸종 그리고 인간이 존재하지 않는

---

2 Stephen D. Moore, "Situating Spivak", Stephen D. Moore and Mayra Rivera, eds., *Planetary Loves: Spivak, Postcoloniality, and Theology* (*Transdisciplinary theological Colloquia*), New York: Fordham University Press, 2011. 27. 스피박은 지구를 표현하는 말로 지구, 글로브(globe)보다는 지구행성(planet)이라는 단어를 선호하며, 글로브(globe)라는 단어를 플래닛(planet)으로 덮어쓰기를 제안하고, 우주적인 차원에서 여러 행성 중 하나인 지구를 이해하고자 한다. 말하자면, 글로브(globe)는 위도와 경도로 표기된 공 모양의 구로서 인간이 사는 곳이라기보다는 인간이 조절하려는 의도가 들어 있는 개념이라는 것이다. 그에 의하면, 지구에 대한 새로운 이해는 특히 선교사적 습관(missionary habit)에서 벗어나(untrain), 배운 것을 버리는(unlearn) 노력이 요구된다.

세상도 상상 불가능한 것은 아니다. 알파고라는 우월한 존재의 등장으로 인해 이제 인간은 인간 존재가 피지배자의 자리에서 기계에 의해 지배 받을 수 있다는 가능성을 떠올린다. '나는 생각한다고 그래서 존재한다'라고 하는 근대 인간 중심적인 생각 또한 이제 알파고의 등장으로 재고되어야 하는 시점에 이르렀다.[3] 근대를 시작하게 한 데카르트의 인간 주체에 대한 선언이 이제 인공지능 역시 따라할 수 있는 말이 된 상황에서 인간은 겸손하게 지배 피지배의 패러다임을 극복하는 지혜를 얻어야 한다. 인간 이성의 명철한 분석력, 합리적 판단력 등을 신뢰하며 자연을 대상화했던 근대적 혹은 전근대적 사고를 반성하며, 착취되고 억압되었던 자연의 생명을 돌아보아야 한다.

II. 몸말

1. 바다(海, mer), 물 그리고 '깊음-공포증'

오랜 기간 동안 인간 모두가 오만과 편견으로 땅, 물, 등 자연을 함부로 대하고 사용하여 왔다. 데카르트로 시작되는 근대주의 사상이 인

---

[3] "이세돌과 송중기가 보여주는 세상", 김혜숙 2016년 3월 28일 이대학보. 사실, 알파고의 등장은 최근의 일이 아니다. 알파고와 같은 가상 존재에 대한 화두는 이미 60년 전에 시작되었고, 튜링에 의해 인공지능의 지위를 부여하는 기준은 60년 전 마련되었다. 그 후 60년이 넘은 현 시점에서 인공지능은 이제 더욱 현실로 다가와 있다. 인간이 유인원으로부터 진화해온 수백만 년의 세월에 비추어보면 60년이라는 시간은 순간에 지나지 않지만, 그럼에도 그 순간에 발생한 변화는 크고 놀랍다. 그리고 이후 100년간의 변화는 더욱 놀라울 것이라 한다. 이제 더 늦지 않게 인공지능 기술자들은 윤리적 판단 모듈을 만들어 내야하며, 인간 스스로 먼저 그 가치와 윤리를 생각해고 반성해야 한다.

간 주체를 강조한 나머지, 자연을 대상화하게 했기에 혹은 기독교가 청지기로서의 역할을 제대로 하지 못했기에 그럴 수도 있다. 물론 인간 안에 내재한 끊임없는 탐욕, 지칠 줄 모르는 욕망이 제일 큰 원인일 것이다. 여성신학자 캐더린 켈러(Catherine Keller)는 이러한 상황에 대한 신학적 진단을 '테홈-포비아,' 깊음-공포증이라고 정의한다.4 즉, 테홈(Tehom), 흑암, 깊음, 심연, 바다, 혼돈, 신비에 대한 두려움이 현재의 파괴적 문명의 기반이고 원인이라는 것이다.

심층심리학자, 정신분석학자이자 프렌치 페미니스트 이론가인 줄리아 크리스테바(Julia Kristeva)의 표현을 빌려 설명하자면, 바다, 깊음, 신비, 즉 '모성/물질성'(maternity/ materiality)은 끌림과 동시에 혐오를 일으키는 '비체'(abject)로서 의미화의 과정에서 억압된다. 신학 담론에서도 마찬가지로 여성, 어머니, 물질, 혹은 몸은, 정신적인 것 혹은 남성적인 것과 대조되며, 배제되고, 통제된다.5 크리스테바에 의하면, 다행히도 상징계에 의해 끊임없이 억압되면서도 동시에 지속적으로 의식의 표면으로 올라오는, 즉 기호계(the semiotic) 혹은 상상계의 힘이 있다. 루스 이리가레(Luce Irigaray) 역시 기독교의 교리에서 혐오되고 거부되는 어머니, 혹은 바다, 유동성(the fluid)의 이미지에 주목

---

4 Catherine Keller, "No More Sea: The Lost Chaos of the Eschaton", *Christianity and Ecology*, Dieter Hessel and Rosemary Ruether, eds., Boston: Harvard University Press, 2000, 199-200. 켈러는 "깊음-애호적 신학"을 위한 구성적 신학을 제안하며, 구체적으로 묵시적이고 종말론적인 그의 신학적 방법론을 통해 생태신학을 새롭게 구성하고 있다. 전통적 신학 안에 내재하고 있는 "깊음-공포의(tehomophobic)" 성향을 깊이 반성하며, 깊음-애호의 신학(a tehomophilic theology)으로서 구성신학을 제안하고 있는 것이다.

5 *Planetary Loves*, 127.

하며 억압의 무의식적 차원을 연구하고, 주체의 구성방식을 분석한다.6 이리가레에 의하면 '영원한 말씀과 육체 사이에서(between Word and flesh), 남성 동일자(male One)가 타자(the other)를 흡수하는 방식은, 즉 하나가 다른 하나를 배제하고 결국 정복하는 논리로서 기독교 내에서도 암묵적으로 적용되고 있다.7

의식적 차원과 무의식적 차원에서 그리고 동양이나 서양이나 모두, 바다(海, mer, 프랑스어)는 생명을 잉태한 모성, 어머니(母, mere)와 상징적으로 연관되어 이해된다. 동양의 고전 도덕경에서도 우주의 기초가 되는 최고의 선은 물과 같은 것으로 표상될 수 있다고 한다. 서양 철학의 아버지라 일컬어지는 탈레스에게서도 우주의 가장 원초적인 근원적 물질은 물이다. 탈레스는 만물의 근원을 물이라 보며, 만물은 신들로 가득 차 있다고 보았다. 즉 신화적 사고에서 철학적 사고로 넘어가는 과정에서 그는 만물에 깃들여 있는 물을 발견하고 또한 그 속에서 신적 원리를 찾는다. 즉 근원적인 것에서 신적 위력, 혹은 신성을 생각하며, 모든 것이 그 신적 원리에 의해 이루어지고 있고, 또한 그것이 물과 연관이 있다고 본 것이다. 그래서 동서양을 막론하고 고대의 많은 신화들은 공통적으로 우주의 기원으로서의 원시 상태의 물을 암시한다.8 그 근원적인 물, 혹은 바다, 심연은 심층심리학자 크리스테바

---

6 Luce Irigaray, *Marine Lover of Friedrich Nietzsche*, trans., Gillian C. Gill (New York: Columbia University Press, 1991). 169.
7 앞의 책, 166. 이리가레는 '동일성의 논리,' 즉 남성중심적인 논리에서 여성이 바다(ocean), 국(soup), 등의 역할을 맡고, 그 수동적 이미지로 인해 결국 지워지고 사라지게 된다고 분석한다. 예를 들자면, 성육신의 사건에서도 여성은 아기 예수, 혹은 고통 받는 신에게 생명을 주는 역할로 제한되고 있고, 보다 적극적인 주체로서의 역할은 지워져 있다는 것이다.

의 표현으로는 비체(abject) 그리고 쉽게 말하자면 애증의 양가적 의미를 일으키는 대상으로서 침묵된다.

사실, 생명은 물과 연관이 있다. 그래서 물을 곧 생명이라 말하기도 한다. 물을 마셔 생명을 유지하고, 물(양수)에서 생명을 얻고, 물이 스며있어야 생명이 가능하다. 이러한 맥락에서 우주의 근원적 바탕, 원리, 토대는 물로서 그리고 물은 어머니로서 표상되곤 한다. 도덕경에서도 우주의 궁극적 원리이자 근원은 말할 수 없는 도로서 비유적으로는 어머니라고 표상할 수 있고 물과 같다고 한다. 말하자면, 우주 생성을 설명하는 어거스틴의 신학에서 상대적 무에 해당하는 것이 동양 종교인 도교에서는 어머니로 표현되고 있는 것이다. 정리하자면 기원전 5, 6세기, 신화적(*mytos*) 사고에서 철학적(*logos*) 사고로 넘어가는 과정에서 관찰했던 신적원리가 물과 관계가 있다는 통찰은 이제 다시 실체-형이상학의 정체된 사고를 극복하며 신화적 사고의 깊은 의미를 되찾는 과정에서 주목되어야 하는 부분이다.

루스 이리가레에 의하면, 프리드리히 니체는 누구보다도 바다, 혹은 심연에 대한 깊은 애착을 갖고 있었던 철학자다. 니체의 바다에 대한 지나친 무관심은 오히려 바다에 대한 지대한 관심, 지독한 사랑을 은연중에 드러낸다. 그래서 이리가레는 그의 책, "니체, 바다의 연인"(Marine Lover of Friedrich Nietzsche)에서 산의 정상에서 심연 혹은

---

8 고대 신화들은 원시 상태의 물에 대해여 말한다. 즉, 만물 생성의 기원이자 원초적인 흐름으로 대지를 싸고 흐르는 '오케아노스'(그리스 신화), 우주발생 이전의 원시 상태로서 만물의 근원인 원초적인 대양 '누운'(이집트 신화), 잘 알려진 물의 여신 '티아맛'(바벨론 신화), 모두 원시 상태의 물에 대해 말하고 있다. 잘 알려져 있듯이, 우주 기원에 관한 바벨론의 서사시 에누마 엘리쉬는 마르둑 신이 최고신이 되는 과정을 혼돈의 여신인 티아맛, 바닷물의 신을 죽임으로써 우주 질서를 세우는 것으로 묘사하고 있다.

바다를 보는 차라투스트라, 즉 니체를 관찰하며, 삶에 각인되어 있는 심연 그러나 마주 대하길 두려워하는 대상, 바다를 주목한다. 결코 바다를 잊은 적이 없지만 심연으로 가기를 한없이 두려워하는 양가적 감정을 포착하며, 심연, 깊음에 대한 두려움을 설명한다. 비록 다른 방식으로 논의하고 있지만, 여성신학자로서 켈러 역시, 물, 바다, 깊음의 억압과 관련하여 생태 신학적 혹은 정치신학의 의미를 부여하며, '깊음-공포'를 극복하는 신학, 오히려 물과 생명력으로 가득한, '바다의'(oceanic) 생태학을 구성적으로 제안하기도 한다.

오랫동안, 자연, 여성, 몸, 물질은 위계적인 이분법적 가치체계 속에서 통제되고 조절되어야 하는 대상으로 이해되어 왔다. 사실 자연은 말 그대로, 그렇게 있는 그대로의 것이나 인간 문명은 자연을 마치 개발하고 길들이고 통제하지 않으면 안 되는 것처럼 여겨왔다. 자연은 그냥 두고 잘 보존하면 되지만, 인간은 나서서 보호해야 한다며 물을 나누어 가두고 물의 흐름을 바꾸어 생명을 파괴하고 있다. 즉, 개발이라는 이름하에 자연은 훼손되고 생명은 죽어가고 하나님의 창조질서는 파괴된다. 본래 동양 사상에서 말하는 자연의 의미는 동사로서 표현될 수밖에 없으나, 근대 일본을 통해 한자어, 자연(自然)으로서 표기되며 객관화되고 대상화되었다고 한다. 근대의 인간 중심적 사고는 자연을 신적 섭리가 드러나는 곳이라기보다는 오히려 마치 인간의 통제 속에 있어야 하는 대상으로 이해하게 했다. 현재 자연을 대상화하며 진행되고 있는 국가적 차원의 초대형 개발 사업은 그 자체로 폭력이며, 켈러의 표현을 빌리자면, '깊음-혐오의 정치'(tehomophobic politics)이고,9 신적 창조질서를 파괴하는 일이다. 현재의 이러한 생태-파괴적인 상황에서 신학은 '깊음-혐오' 현상에 대해 비판적 견제의 힘이 되어야 한다. 사실 바다, 강, 물은 지구상에서의 생명을 위한 선행 조건이지만, 바다, 물은 실재로 그리고 상징적으로, 통제하고 억압되어야 하는 대상으로 이해되는 경향이 있다. 켈러에 의하면, 태초에 세상이 창조될 때 있었던, 깊음, 심연 그리고 또한 세상의 끝에는 더 이상 존재하지 않을 바다, 이러한 창조와 종말 이해에는 깊음-공포증이 있다고 분석한다.10 그래서 그는 모든 물의 흐름, 짠 물의 거친 생명력, 이 가운데 있는 혼돈과 질서의 상호놀이를 긍정하며 하나님의 신비를 열어둘 것을 비판적으로 제안하는 것이다. 켈러의 여성 신학적 과정신학은, 그래서 현재의 물, 땅, 대기의 오염과 위기 앞에서 보다 구체적인 생태신학으로 변형되고 있다.

이제 자연을 포함한 지구행성 전체를 위한 신학, 즉 인간이 고작 백 년을 산다면 인간 없이도 수십억 년을 살 수 있는 지구 공동체 전체를 위한 생태 신학이 요구된다. 현재 인간이 이루어 놓은 문명은 글로벌한 초국가적 거대 자본과 맞물려 돌아가며 물과 땅을 더럽히고 지구 생명을 파괴하고 있다. 인간이 살 수 있는 생명권은 무자비한 개발과 환경 파괴로 닳아 없어지고 있는 것이다. 물의 고갈, 가뭄, 홍수, 녹아내리는 빙하, 사라지는 섬, 물의 오염, 토질 오염, 땅의 경화 등이 지구 표면에서 현재 일어나고 있다. 땅은 소출을 내기 위해 한 해도 거르지 않고 쉼 없이 착취되고 있고, 물은 순환될 시간도 없이 폐수와 오수로 버려

---

9 Keller, 199.
10 Catherine Keller, "No More Sea: The Lost Chaos of the Eschaton", *Christianity and Ecology*, Dieter Hessel and Rosemary Ruether, eds., Boston: Harvard University Press, 2000. and *The Face of the Deep: A Theology of Becoming*, New York: Routledge, 2002.

진다. 땅도 물도 해방되어야 하는 희년법 정신의 실현이 절실한 상황이다.

2. 어머니 대지(mother earth), 땅의 해방

제국주의적 이분법의 논리는 결국 둘로 나누어 정복하기의 논리로서 그러한 가치 체계 속에서 물을 가두고 흐름을 바꾸어 통제하듯이 땅 또한 갈아엎어 개발하며 착취한다. 대지, 땅은 생명을 품은 곳으로 생명을 길어내며 소출을 내고 그래서 또한 생명을 유지하게 하는 어머니 같은 공간이다. 그러나 현재 땅은 그저 착취의 대상이 되어 메말라 경화되거나 수몰되고 있다. 인간은 더 많은 작물 생산을 위해 기술을 개발하여 화학 비료를 사용하고, 그것으로 인한 환경 파괴를 막기 위해 또 다른 기술을 개발한다. 그 기술이 낳을 수 있는 또 다른 파괴는 또 다른 기술의 개발과 또 다른 개발로 끊임없이 이어지며, 지구는 마치 부작용을 치료하고 또 치료한 일그러진 모습으로 변해가고 있다. 더 많이 개발할수록 더 많이 부유하게 될 것이라 생각하며 단기적인 안목을 가지고 이제까지 땅을 일구고 지구 자원을 개발해 왔다. 이제 조금 남아 있는 화석 연료 역시 이산화탄소 배출이 탄소 예산이라는 이름으로 제한되어 있기에,[11] 매장되어 있더라도 쓸 수 없는 자원이 되었다.

땅의 오염은 또한 강으로 흘러 물을 오염시키며 물은 정화될 시간도 없이 계속 유입되는 폐수와 오수로 회복되기 어려운 지경에 이르고 있다. 공짜로 사용했던 물, 흙, 공기가 이제 돈을 주고도 살 수 없을 만

---

[11] 윤순진, "파리협약 이후 신기후체제와 기독교의 역할", 2016년 4월 14일, 생태세미나, 한국기독교환경운동연대. 57.

큼 귀하게 될 것이라 한다. 불필요한 사용과 잘못된 사용으로 이제 꼭 필요한 때에조차도 쓸 수 없게 되는 것이다. 이러한 상황에서 지구 파괴를 통한 인간 구원이라는 안일한 생각은 모든 생물이 인간을 위해서 존재한다는 오만함에서 기인한다. 지구 자체를 소비하는 현재의 상황에서, 모든 것이 한 생명 안에 연결되어 있다는 관계성에 대한 철저한 인식, 즉 자연이 파괴되면 결국 인간 역시 생명을 부지하기 어려울 것이라는 지구 생명 공동체에 대한 인식이 절실한 상황이다.

구약의 히브리 사상에 의하면, 어느 누구라도 누릴 수 있어야 하고 또한 어느 누구도 독점할 수 없는 것이 땅이고 물이다. 땅은 하나님의 것인데 언제부터인가 인간은 자신의 땅이고 조상의 땅이라고 소유를 주장하며 땅 찾기를 한다. 산과 들이 언제부터 인간 개인의 소유였는지 누구에게서 물려받았다는 것인지 인간은 땅을 사유화하며 독점하고 있다. 더 많은 부를 차지하기 위해 더 많이 소비하기 위해 땅을 소유하려는 것이다. 자연은 하나님의 것이기에 공적인(official) 것이고, 따라서 모두의(public) 것이라는 공공성의 가치가 인식되어야 하는데 사유화되고 착취되고 있는 것이다. 사실 현재의 넘치는 이익과 지나친 편리는 결국 자연과 약자들의 희생을 대가로 해서 얻은 것들이다. 인간은 전체 생명의 역사에서 가장 나중에 등장한 여러 종들 가운데 하나이지만, 마치 만물의 우두머리인 것처럼 자연을 지배하려 한다. 더 늦지 않도록, 이제 그악스럽게 움켜쥐고 있던 것들은 내려놓고 익숙했던 것에서 떠나는 결단이 요구되며, 자연, 생태계에 대한 공공성의 가치 인식이 필요하다.

땅과 물을 포함한 모든 창조 세계를 인간과 반대편에 두고 혹은 인간-중심의 둘레에 두고 이해하는 것은 하나님의 창조 질서에 대한 몰이해에서 비롯된 것이다. 생물과 무생물의 경계가 허물어지고 인간과 기계의 구분이 모호해진 현재에 물질과 정신을 나누고 인간과 자연을 나누는 근대적이고 전근대적인 사고는 기독교에서 말하는 하나님의 몸 된 실재를 담아내지 못한다. 기독교, 그리스도교에서 하나님은 다름 아닌 성육신한 하나님으로, 성육신은 "현재에도 계속되는 하나님의 지속적인 주어짐"(The sustained giving of the original Gift)[12]이며, 하나님의 구원 행위 즉 창조적 구원은 일회적이지 않고, 지금도 점진적 창조 혹은 유신론적 진화를 통해 계속되고 있다. 과거에 일회적 사건으로 이미 끝난 일이 아니라 현재에도 그리고 인간뿐만 아니라 모든 생명에게로, 구원은 확대되어 이해되어야 하는 것이다.

이제까지, 지배와 피지배의 도식 속에서 늘 지배의 자리에 있던 인간은 앞으로 피지배의 자리에 있을 가능성을 절감하며 위기를 의식하고 고민한다. 그러나 이러한 지구 생명의 위기는 이미 오래전에 인간의 자연에 대한 지배 의식과 오만한 태도로부터 있어 왔고, 현재 기후 변화와 땅과 물의 오염은 그 위기가 극에 달했음을 드러내고 있는 것이다. 인간이 경험하는 앞으로의 위기는 기계의 지배로 인한 것이라기보다는 인간의 자연 지배에 의한 것으로 오래 전부터 예견되어 왔고, 이제 임계점에 도달하여 마지막 신호를 보내고 있다. 마지막 심판 때에, 작은 자 중에 작은 자, 즉 약자 혹은 소수자의 편에 서는 것이 하나님의 질서를 따르는 일이라고 비유적으로 성경은 말하며, 세계의 질서 아닌 질서에 대해 저항의 힘이 되라고 촉구한다.

---

12 John Milbank, *The Word Became Strange* (Cambridge: Blackwell Publishers, 1997), 130-134.

제국주의적인 논리 체계로 인해, 관심의 대상이 되지 못했던, 땅, 물, 원주민, 여성 등 억압되고 착취된 것들을 돌아보며, 지구 생명을 지켜내는 것이 하나님의 질서를 회복하는 일이다. 지구의 자원은 제한되어 정해져 있는데 인간의 욕망이 끝없이 계속된다면, 지구 공동체가 파괴되는 것은 당연한 일이다. 모든 것이 알게 모르게 얽혀 있는 존재구조 속에서, 인간은 그저 상호 관계 속에서만 살아남을 수 있는 의존적인 존재이기에 더 늦지 않게 돌이켜 상호 공존, 즉 생존의 길을 택해야 한다. 현재 지구는 그 자체로 빠르게 소모되고 있고, 편리함에 익숙해진 현재 상태에서 미래에 닥쳐올 불편은 더욱 견디기 어려운 일이 될 것이다. 사실 이러한 지구적 위기 앞에서 이 일이 네 탓이라고 이야기할 수 있을 만큼 자유로운 사람은 없기에 모두가 반성하며 귀한 생명을 지켜내야 한다. 즉 세계 질서에 적극적으로 개입하여 파국으로 치닫는 이 세계를 돌이켜 가게 해야 한다.

타자화되어 기입되며 억압되었던 것들을 돌아보며, 거대 자본의 흐름 속에서 구조적으로 희생되게 마련인 약자, 땅과 물을 하나님의 질서 안에서 제자리로 되돌려 놓는 작업이 필요하다. 모든 것이 원래 주인인 하나님에게로 돌아가는, 즉 공공의 소유가 되는, 하나님 나라의 질서, 즉 가족-같은 공동체(kin-dom of God)를 이루어 가야 할 것이다. 참으로 지칠 줄 모르는 것이 인간의 욕망이다. 이러한 끊임없는 욕망은 더 많은 부를 차지하기 위해, 더 많은 자원을 확보하고 땅을 소유하며, 심각한 빈부의 격차 속에 그리고 쓰레기 더미 속에 지구 생명을 방치해 두었다. 어쩌면 마지막 기회가 될지 모르는 현 상황에서, 자연과 더불어 살아야 비로소 살 수 있다는 평범한 진실을 인식하고 지구의 생명 공동체를 지켜내야 한다.

3. 공포 마케팅의 한계와 지구-생명 공동체

자연, 어머니, 물질을 대한 혐외, 즉 '깊음-공포증'으로 인해 야기된, 자연에 대한 억압과 착취 그리고 거기서 비롯된 현재의 위기는 단순한 공포 마케팅에 의해 해결될 리 없다. 앞으로 닥칠 위기를 강조하고 경각심을 불러일으키는 것이 사실 문제 해결을 이끌어 내는데 있어 한계가 있다는 것이다. 자연에 대한 태도 자체가 근본적으로 변해야 하며, 단순한 위기감 강조로는 그 해결이 어렵다는 것이다. 가야트리 스피박이 강조하는 것처럼, 글로벌라이즈 즉 세계화한다는 것이 조작-가능한(manageable) 지구를 상상하게 하기에, 글로브가 아닌 지구행성을 인지하게 해야 한다.13 즉 지구행성에 대한 근본적 태도 변화가 일어나야 하며 지구-생명을 존중하는 사랑이 실천되어야 한다. 교환경제 시스템의 자본주의 토대에 대한 저항과 자연의 생명에 대한 깊은 이해가 선행되어야 한다는 것이다. 따라서 미래에 있을 재앙을 예견하고 문제 해결을 위해 위기를 강조하기보다는 새로운 "지구적 차원의 사랑"(planetary love)이 강조되어야 한다.14

공포를 의식한 위기에 대한 대처는 현재의 생태 문제 해결에 있어서 많은 변화를 일으키지 못했기에, 공포를 조장하는 것이 아니라 우주적 사랑이라는 집단적 노력을 통해 생명 존중을 실천해야 한다. 사실, 현재의 위기에 대한 진단이 과장되었다는 이야기도 있고, 온난화라고 할 만한 기온 상승이 일어나고 있는 건지 기후 변화의 증거가 과장되었

---

13 Stephen D. Moore, "Situating Spivak", Stephen D. Moore and Mayra Rivera, eds., *Planetary Loves: Spivak, Postcoloniality, and Theology*, 27.
14 앞의 책, 62.

다는 말도 있다. 물론 지구 온난화가 현재 기후 변화의 원인인지 아닌지 아직 확인되지 않았다는 것이 앞으로의 미래가 나쁘게 진행되지 않을 것이라고 보장해 주는 말은 아니다. 현재의 위기 상황을 받아들이고 지구 생명에 대한 깊은 이해와 상호 관계성에 대한 인식으로 현재를 변화시켜 나가야 한다. 자연 그리고 땅과 물은 공포의 대상도 혹은 정복의 대상도 아니며, 상호 존중과 사랑의 관계성 속에서 이해되어야 한다.

인간을 사랑한다는 휴머니즘이 인간 중심주의의 이기주의가 되지 않도록 존중과 사랑을 확대하여 탈-인간중심적인(post-anthropocentric) 사랑이 실현되게 해야 한다. 공포 마케팅으로 위기를 겨우 모면하여, 다시 생명을 착취하고, 이익을 보려는 것이 아니라, 맥페이그(Sallie Mcfague)가 강조하는 것처럼, 인간의 책임감과 우주의 장엄함을 일깨우고 축하하는 은유를 계발하여,15 인식의 전환을 해야 한다. 우주적인 진화와 장엄함을 기념하는 것은 복잡한 상호관계 즉 상호의존으로 연결된 지구 공동체에 대한 의식을 갖게 한다. 상호 의존의 관계성에 대한 인식은 지구파괴를 통한 구원이 아니라, 모든 것이 회복되는 하나님의 창조적인 구원을 기대하게 하며 현실 변혁의 힘이 된다. 사실, 자연은 하나님의 질서 안에 있고 이미 발생과 창생을 그 특징으로 하며, 만물의 근원적 바탕을 이루고 있다.16 즉 자연은 인간의 생명 유지를 위

---

15 Sallie Mcfague, *The Body of God: An Ecological Theology* (Minneapolis: Fortress Press, 1993,) 157.
16 한스 큉, 줄리아 칭/이낙선 옮김, 『중국 종교와 그리스도교』 (왜관: 분도출판사, 1994), 195, 김은규, "창세기 1장의 생명과 생태사상", 〈에너지 위기에 대한 생태신학 세미나〉, 2014. 재인용.

해 존재하는 배경이나 환경이 아니라 그 자체로 의미가 있으며, 인간은 자연과 위계적 주종 관계가 아니라, 상호 의존과 사랑의 관계 속에 있는 것이다.

창조 질서를 파괴하는 지나치게 인간-중심적인, 즉 인간이 중심이 되는 잔인한 휴머니즘적 사고는 극복되어야 하며, 신비와 깊음의 하나님의 존재가 드러나야 한다. 사실, '깊음'(테홈)은 상징적으로 생명을 간직한 하나님의 신비를 함의하며, 모든 것이 열려 있는 태초의 상태를 설명하는 것으로 유동성과 개방성을 표현하는 말이다.17 그래서 창세기와 나란히 비교되는 바벨론 신화에서 등장하는 피비린내 나는 전쟁과 투쟁을 통한 제국의 건설은 바로 기독교의 창조 이야기에서 제거되어야만 하는 것이었다. 인간의 논리에 제한되어 하나님의 모습이 자기-충족적, 자기-폐쇄적으로 이해된다면, 우주와 자연의 생명 또한 제대로 이해될 수 없을 것이다. 끊임없는 창조를 통해 현재에도 계속해서 구원의 역사를 이루며, 현실을 향해 개방성과 관계성을 표현해 나가는 하나님의 모습이 인간-중심적인 사고로 제한되어서는 안 된다. 대립, 투쟁, 갈등이 아닌 상호 의존과 조화의 삶으로 현재를 변화시키며, 그러한 가운데 자연은 억압되어야 할 정복의 대상이 아니라 존중의 대상으로 변화되어 이해될 수 있을 것이다. 근원적인 바탕, 물질적, 모성적

---

17 어거스틴이 오래 전 무로부터의 창조를 강조하며 흑암 혹은 깊음을 무로 고백한 것은 당시 마니교를 통해 갖고 있었던 악의 실체가 실은 아무 것도 아님을 선언하는 신앙에 기초한 것으로, 깊음, 흑암을 악의 실체로 본 것은 아니다. 오히려 그는 악을 선의 결핍으로 이해하며, 당시 신플라톤주의에 대항해서 하나님과 인간 사이에 존재에 차이가 있음을 강조하고, 전능한 하나님을 주장하기 위해 무로부터의 창조를 고백한다. 사실, 창세기 1장의 저자는 무로부터의 창조 혹은 '무'라는 철학적인 개념을 염두에 두지 않았겠지만, 어거스틴은 흑암, '깊음'을 무로 처리하며 하나님의 전능을 강조한다.

토대가 억압되는 것은 하나님의 창조에서 신비를 제거하는 것이며, 심층심리학에서 말하는 비체(abjection)에 대한 두려움과 혐오라고 할 수 있다.

현재 사회계 그리고 생태계 전반에 걸쳐 만연해 있는 생명 파괴적 문화에 대항하며, 인간-중심적인 근대주의의 휴머니즘을 넘어 지구 행성 위의 모든 존재로 사랑을 확대해야 한다. 모든 것이 알게 모르게 얽혀 있는 이러한 존재 구조 속에서 인간은 더 이상 존재의 피라미드 더미에 제일 꼭대기에 있지 않고, 그저 상호 관계 속에서만 살아남을 수 있는 존재로서, 따라서 인간의 멸종 그리고 인간이 존재하지 않는 세상도 상상 불가능한 것이 아니다. 알파고라는 우월한 존재의 등장으로 이제야 기고만장했던 인간 존재가 지배 받을 수도 있다는 가능성을 떠올리며 두려움을 갖게 되었다. 생각한다고 그래서 존재한다고 하는 근대의 인간중심적 자기-이해가 알파고의 등장으로 재고해야 하는 시점에 이른 것이다.[18] 지배 피지배의 패러다임을 넘어 인간은 생각하는 존재 그 이상의 존재 의미를 드러내며 더불어 사는 지혜로 지구 생명을 지켜내야 할 것이다.

현재 지구 위에 한정되어 있는 자원은 회복될 여유도 없이 빠르게 다 소모되고 있고, 앞으로 모자라게 될 자원을 확보하기 위해, 인간은 전체 지구 생명을 해치고 있다. 알파고는 인간처럼 사고하고 판단하며, 인간이란 존재의 가치에 대해 진지하게 묻게 한다. 우주와 자연의 창조 후에 하나님이 보시기에 좋았다고 하는 것은 동양 사상의 입장에서 보면 서로 더불어 존재하는 모든 것들에 대한 존중을 담고 있는 표현이

---

18 김혜숙, "이세돌과 송중기가 보여주는 세상", 「이대학보」 2016년 3월 28일.

다. 모든 생물이 자기의 종류대로 인정받으며, 서로 간에 크고 작음, 길고 짧음의 차이에도 불구하고 평등한 관계를 이루며 조화하는 세상을 표현한다.[19] 자연이란 본래부터 있는 그대로 존재하는 것이며, 쉬지 않고 활동하고, 자기 활동의 법을 지니고 있고, 모든 대립을 초월해 있으며, 동시에 모든 것 속에 내재하고 그리고 모든 것들은 각각의 특성대로 존재하고 활동하게 한다.[20] 즉 자연이 바탕이고 모든 것이 이러한 근원적 본성을 통해 조화하며 생명을 이루고, 그것이 하나님이 보시기에 좋았던 모습이라는 것이다. 자연 상태에서 피조물은 모두 나름대로의 의미를 갖고 지구 공동체의 생명을 이루고 있다. 이러한 자연에 대한 근본적인 이해와 더불어 우주와 자연의 생명 그리고 인간과의 상호 공존에 대한 깊은 인식이 이루어질 때, 모든 개체는 그 생명 자체로 존중되며, 현재의 반생명적 구조에 비판적 힘이 될 수 있을 것이다.

III. 나오는 말

20세기 식민지 시대가 종료된 이후에도 식민주의적 상황, 즉 사상적, 정치적, 경제적 헤게모니는 제거되지 않고 여전히 지속되고 있다. 이러한 상황에서 인간에 의해 파괴되고 짓밟히며 착취되고 있는 물, 공기, 흙 역시 이제 지구 전체의 생명 유지를 위해 해방되어야 할 마지막 식민지로 남아 있다. 글로벌한 지배 체제 속에서 약자 중의 약자, 작은

---

[19] 김은규, 34.
[20] 앞의 책, 35.

자 중의 작은 자, 소외된 최하층, 즉 인간-중심의 세계에서 밀려난, 땅, 물, 공기는 아직 피식민 상태에 있다. 인간 이성에 대한 무한한 신뢰, 이성의 합리성, 보편타당성에 대한 의심은 이미 시작되었고, 지나치게 인간 주체를 강조한 근대 문명에 대한 반성이 이어지고 있다. 이러한 상황에서 소위 인간계에 의해 지배되고 착취되고 있는 자연, 특히 땅과 물에 대해 신학적으로 성찰하며, 현재 땅과 물이 겪는 위기의 상황을 검토하는 것은 의미 있는 일이다. 막대한 지구자원의 개발, 화석연료의 고갈, 화학 비료로 인한 땅의 오염 그리고 땅을 차지하기 위해 개발되는 무기들, 물의 부족, 물의 범람, 등등에 대한 신학적 성찰은 기독교의 살림문화 정착을 위해 그리고 억압된 약자들의 생명을 돌아보기 위해 꼭 필요한 일이다.

현재, 땅은 한 해도 거르지 않고 쉼 없이 착취되고 있고, 물은 순환될 여유도 없이 버려지고 있다. 물 부족 국가지만 전혀 피부로 느끼지 못하고, 물의 하루 소비량은, 식당에서 먹는 물조차 아끼는 독일에 비해 그 사용량이 3배에 달한다고 한다. 명철한 분석과 합리적 판단이라는 이성의 능력에 대해 차분하게 반성하며 이제 타자화되어 억압되고 있는 자연을 돌아보아야 한다. 이제 인간이 지배당할 수 있다는 위기의식을 가지게 되었고, 땅, 물, 대기를 포함한 생태계 전체를 돌아볼 기회가 주어졌다. 우월한 기계, 알파고의 등장으로 지배자가 아닌 피지배의 자리에 처할 수 있다는 위기감이 이제 겸손하게 인간의 자연에 대한 지배행위를 반성하게 하고 있다. 또한 오염된 대기와 기후 변화의 위기는 땅과 물의 생명이 파괴되고 있음을 알리며, 지구 파괴의 심각함을 경고하고 있다. 공기, 물, 흙의 오염과 그리고 그로 인한 지구 생명 공동체의 위기가 임계점에 이르렀음을 알리고 있는 것이다. 이제야 뒤늦게 인간중심의 세계를 돌아보고 지금까지 갖고 있었던 기득권을 잃을까 두려워하며 지배와 피지배의 관계를 반성하게 되었다. 이에 대한 근본적 해결은 위기에 대한 공포를 통해서가 아니라 자연에 대한 존중과 사랑으로 가능할 것이다.

인류가 세상에 등장한 시기는 지구 전체 생명의 역사를 두 팔의 뻗은 길이로 볼 때 그저 손톱의 길이 정도에 해당하는 아주 짧은 기간이라고 한다. 역사의 끝에 등장했지만 빠르게 진화하며 현재는 기계와 결합하여 새로운 종으로 스스로를 변화시키고 있다. 약 60년 전에 이미 등장한 인공지능은 이제 자본과 기술이 합쳐져 더욱 급속하게 변화 발전하며 현실에 적용된다. 사실, 알파고의 등장으로 지구의 위기가 시작된 것이 아니라, 오래 전 인간 존재의 등장으로 위기는 이미 시작되었다. 즉 현재 지구가 당면한 위기는 40억 년 전 지구 생명체가 등장한 이후 고작 4만 년 전에 탄생한 현생 인류에 의해 행성이 파괴되며 일어난 것이라 할 수 있다. 늦지 않게 모두 함께 반성하며, 지금 겪는 위기야말로 이러한 잘못된 삶에서 돌이킬 수 있는 마지막 기회라는 것을 인식하며 돌이켜 가야 한다. 인간이 생각하는 존재 그 이상의 존재임을 드러내며 기꺼이 희생하고 불편을 감수하며 지구 공동체의 위기를 극복해야 할 것이다.

동 물

동물 소수자의 신학*

장 윤 재**

인간들이여, 당신들이 동물보다 우월하다고 뽐내지 마십시오. 동물들은 죄를 짓지 않지만, 인간들은 자신의 위대함을 가지고 땅을 더럽히기 때문입니다. - 도스토예프스키

I. 들어가는 말

현재 우리나라에서 반려견을 키우는 사람의 수는 1,200만 명이나 된다. 국민 4명당 1명꼴이다. 하지만 해마다 휴가철이 되면 전국적으

---

* 이 글은 필자가 번역해 출간한 앤드류 린지, 『(같은 하나님의 피조물) 동물 신학의 탐구』(대장간, 2014)의 역자 서문과 필자의 졸고, "무지개의 하나님, 푸줏간의 그리스도 그리고 동물신학의 탐구", 「신학사상」 171 (2015.12)을 기초로 작성한 글이다.
** 이화여자대학교 기독교학부 교수, 조직신학

로 수만 마리의 반려견들이 버려진다. 한 해 평균 약 10만 마리가 버려진다. 대개 늙고 병든 강아지들이다. 우리나라는 OECD 국가 중 고아수출 1위일 뿐만 아니라 유기견 수출도 1위다. 부끄럽게도 OECD 국가 중 버려진 개를 해외로 입양 보내는 나라는 우리나라밖에 없다. 몇 년 전 캐나다로 입양 간 유기견 '티파니' 이야기는 잘 알려진 이야기다. 티파니는 주둥이가 없다. 누군가 티파니를 잡아먹으려고 철사로 입을 묶은 채 몽둥이로 때렸기 때문이다. 가까스로 탈출에 성공했지만 철사에 묶여 있던 입이 몽땅 잘려나갔다. 이 사연은 인터넷을 통해 해외까지 알려졌고 캐나다의 한 대학병원이 데려가 수술을 했다. 캐나다 전역에서 입양 신청이 쇄도했다. 간디는 이렇게 말했다. "한 국가의 위대함과 도덕적 진보는 그 나라의 동물이 받는 대우로 가늠할 수 있다." 우리나라는 도덕적으로 얼마나 진보했는가? 고양이가 사람을 보고 도망가는 나라는 한국밖에 없다는 보도가 과연 사실일까.1

동물에 대한 학대와 폭력은 한국만의 문제가 아니다. 해마다 500억 마리의 동물이 인간에 의해 죽임을 당한다.2 물고기를 빼면 매년 250억 마리의 동물이 인간의 음식이 되기 위해 죽고, 매년 4천만 마리의 동물이 모피가 되기 위해 죽는다. 먹고 입는 것만이 아니다. 우리가 일상적으로 사용하는 수많은 상품들은 대부분 동물을 이용한 독성 실험을 거친 것들이다. '토끼눈 실험'이라는 게 있다. 1940년대에 드레이즈(J.H. Draize)라는 사람에 의해 처음 시행되었기 때문에 '드레이즈 테스트'(Draize Test)라고도 불린다. 토끼들은 머리만 내밀고 꽁꽁 묶인

---

1 나영춘, "고양이가 사람을 보고 도망가는 나라는 한국뿐", 「오마이뉴스」 2011.11.05.
2 이하 Catharine Grant, *The No-nonsense Guide to Animal Rights* (Oxford, UK: New Internationalist Publications Ltd., 2006)를 참조하였다.

다. 그리고 표백제나 샴푸 혹은 잉크를 한쪽 눈에 투입한다. 토끼는 비명을 지르며 움직여 도망가려 한다. 하지만 단단한 조임 장치 때문에 아무 것도 할 수 없다. 이 실험에 토끼가 사용되는 이유는 토끼 눈이 커서 관찰하기 쉽고, 무엇보다 토끼의 눈에는 누관(淚管)이 없어 투여된 물질이 빠져나갈 곳이 없기 때문이다. 크고 예쁜 눈이 토끼에게는 오히려 화(禍)가 됐다.3

"동물을 대하는 태도에 관한 한 모든 인간은 나치다"라고 세계적인 동물윤리학자 피터 싱어(Peter Singer)는 말했다. 또 간디는 이렇게 물었다. "왜 사람들은 건물이나 예술작품과 같은 인간의 창조물을 파괴하면 '야만행위'라고 비난하면서 신의 창조물을 파괴하면 '진보'라고 치부하는가?" 실로 '문명의 진보'와 '동물의 고통' 사이에 깊고도 분명한 함수관계가 있다. 인간의 '진보'는 동물에 대한 '잔인성'과 정비례한다. 21세기 말에 가면 지구상에 존재하는 모든 동물의 3분의 2가 인간에 의해 멸종될 것으로 예상된다. 그런데 여기서 우리가 주목해야 할 사실은 동물에 대한 폭력과 학대는 어쩌다 일어나는 사적(私的)인 일이 아니라 조직적이고 제도적인 폭력이라는 사실이다. 동물 학대는 몇몇 개인의 병리적 현상이 아니다. 그것은 사회적으로 합법화되고 제도화된

---

3 어느 정도의 동물실험은 인간을 위해 불가피하다고 생각하는 사람이 있다면 다음과 같이 세계의 유수한 대학들과 기관들에서 이루어지는 동물실험의 이름을 살펴보라. 쥐를 33일간 잠재우지 않기(시카고대학), 갓 태어난 생쥐의 앞다리를 잘라 그럼에도 자기 몸을 단장하는지 관찰하기(오레곤대학), 10일 된 새끼고양이 양 눈을 꿰매 시력상실의 영향에 대해 관찰하기(옥스퍼드대학), 생쥐의 두뇌에 헤르페스 바이러스 주사하기(케임브리지대학), 원숭이에게 신경가스, 청산가리, 방사능, 총알 혹은 미사일 쏘기(미 국방부), 자동차 충돌실험에 돼지나 원숭이 이용하기(GM), 어미 뱃속에 있는 새끼 돼지 태아의 목을 자르고 그것이 임신한 암퇘지의 인체 화학에 어떤 영향을 주는지 관찰하기(미 농무부), 비글이라는 사냥개에 플루토늄 주사하기(하버드대학) 등.

폭력이다.

'학대'(虐待, cruelty)란 '지각이 있는 생명체에 의도적으로 가한 고통'이다. 모든 학대는 죄다. 게다가 그것은 신성모독이다. 왜냐하면 모든 생명을 사랑으로 지으시고 생육하고 번성하라며 복을 내린 신의 섭리와 주권에 대한 침해이기 때문이다. 필자는 세계적인 동물신학자 앤드류 린지(Andrew Linzey)를 따라 모든 피조물은 하나님과의 관계에 있어서 나름의 본유적 가치를 가지며, 따라서 모든 살아있는 존재의 권리는 하나님의 가치 부여하심에 근거한 권리, 곧 '신적 권리(theos-rights)'를 가진다고 생각한다. 동물에 대한 학대는 바로 이런 하나님의 권리에 대한 침해다.[4]

II. 동물 학대와 기독교

동물 학대의 뿌리는 서구의 이성 중심적이고 이분법적 세계관이다. 피터 싱어의 지적처럼 동물에 대한 서구의 태도는 두 개의 전통에 뿌리내리고 있다.[5] 하나는 유대교이고 다른 하나는 고대 그리스 전통이다 (후에 이 둘이 기독교에 의해 통합된다. 그래서 동물 학대의 문제는 곧 기독교의 문제다). 유대교의 경전인 히브리성서(기독교의 구약성서)는 인간이 신의 형상에 따라 만들어졌으며 세상을 다스리고 정복할 지배권(dominion)이 주어졌다고 말한다(창세기 1:28). 고대 그리스 사상가

---

[4] 앤드류 린지/장윤재 옮김, 『(같은 하나님의 피조물) 동물 신학의 탐구』(대장간, 2014)를 참조하라.
[5] 이하 피터 싱어/김성한 옮김, 『동물해방』(인간사랑, 1999)을 참조하였다.

들 역시 동물에 대한 인간의 지배권을 당연한 것으로 여겼다. 피타고라스와 같은 채식주의자들이 있었지만, 고대 그리스에서는 플라톤과 아리스토텔레스가 더 큰 영향력을 발휘했다. 특히 아리스토텔레스는 인간이 가진 이성적 사고의 능력 때문에 인간이 동물을 지배하는 것이 당연하다고 가르쳤다. 이와 같은 두 사상을 결합한 것이 바로 기독교다.

물론 서구 기독교의 초대 교부들 가운데에는 성 바실(St. Basil)이나 성 크리소스톰(St. Chrysostom)과 같이 동물에 대해 깊은 애정을 표명한 사람들도 있었다. 하지만 그들은 소수였다. 중세 교회와 신학의 기초를 놓은 아우구스티누스(Augustinus)도 그리고 중세 신학의 정점을 이룬 아퀴나스(Thomas Aquinas)도 인간의 선(善)을 위해서 동물을 사용하는 것은 옳은 일이라고 주장했고, 심지어 이성을 가진 인간이 이성을 갖지 못한 동물에게 자애로울 필요가 없다고 가르쳤다. 특히 아퀴나스의 견해가 중요한데, 그는 동물은 정신과 이성을 소유하지 않았고, 그들은 인간의 목적을 위해 존재하며, 따라서 동물은 그 자체로 어떤 도덕적 지위도 갖지 못한다고 주장했다. 불행히도 그의 이러한 생각이 13세기 이래 서구의 지배적인 사상으로 굳어졌다.[6]

하지만 서구에서는 기독교만이 동물에 대해 잔인한 것이 아니었다. 근대 르네상스 휴머니즘 역시 인간을 우주의 중심에 놓았다. 다빈치나 루소와 같은 채식주의자들은 동물에 대한 학대를 반대했다. 하지만 "나는 생각한다, 고로 존재한다"라고 선언한 데카르트는 동물이 한낱

---

6 그런 점에서 동물 학대에 관한한 "A"로 시작하는 세 명이 문제의 뿌리라고 말하기도 한다. 그들은 Aristotle, Augustinus 그리고 Aquinas이다. 가톨릭교회는 1988년에 이르러서야 교황 요한 바오로 2세에 의해 신은 인간에게 지배권을 부여했으나 절대적 권력을 부여한 것이 아니며 인간은 다른 생물을 임의로 죽일 자유가 없다고 선언했다.

'사고하지 않는 기계'(unthinking automata)에 불과하다고 주장했다. 그리고 "모든 인간을 수단이 아니라 목적으로 대하라"라고 가르친 칸트 역시 동물은 '자의식'을 갖지 못하며 따라서 인간이라는 목적을 위한 수단으로 존재한다고 말했다.

이렇게 동물 학대의 뿌리는 서구의 이성 중심적이고 이분법적 신학과 철학이다. 오늘날 이 땅에서 그리고 세계 전역에서 아무 도덕적 제약도 받지 않고 버젓이 자행되고 있는 동물에 대한 학대와 폭력은 바로 이렇게 2천 년 이상 지속되어 온 서구의 주류 사상과 신학을 타파하지 않고는 근본적으로 바뀌지 않을 것이다. 어떻게 우리가 거기로부터 환골탈태(換骨奪胎)할 것인가가 사안의 핵심이다.

III. 인간중심주의와 종차별주의

이런 이성 중심적이고 이분법적인 사상이 기독교 신학사상 안에 '인간중심주의'를 낳았다. 인간중심주의는 '종(種)우월주의' 혹은 '종(種)차별주의'(species-ism)라고도 부를 수 있다. 종우월주의란 동물을 '하등 동물'과 '고등 동물'로 분류하고 이 위계적 질서의 맨 꼭대기에 인간이 자리 잡는 것을 당연하게 여기는 사고를 가리킨다.[7] 이것이 바로 동물을 '소수자'로 위치하게 하는 사고다. 실로 우리는 '우리(us) vs 그들(them)'이라는 이항 대립적 도식 안에서 인간을 다른 동물로부터

---

[7] 옥스퍼드 영어사전 역시 "인간이 자신의 우월성을 전제로 특정한 동물 종을 차별하거나 착취하는 것"을 종우월주의 혹은 종차별주의라 정의내리고 있다.

분리시키려 한다. 하지만 만약 우리가 인간과 동물, 즉 '인간 동물'(human animal)과 '비인간 동물'(non-human animal) 사이에 존재하는 수많은 유사성에 주목한다면 이러한 이항 대립적 경계는 그렇게 쉽게 유지되지 못할 것이다.

사실 인간과 동물 사이의 경계는 모호하다. 인간과 동물의 차이점은 대부분 본질적이라기보다 정도의 차이라는 것이 과학자들의 한결같은 견해다. 인문학과 신학도 이제 이들의 목소리를 진지하게 경청할 때가 됐다. 최재천 교수의 말대로 지구상의 모든 생물 종들은 하나의 DNA에서 출발해 오늘 여기까지 왔다.[8] 그 가운데 어떤 DNA는 단세포생물 안에 들어가 있고, 어떤 DNA는 거대한 고래 속에, 또한 어떤 DNA는 우리 몸 안에 들어와 있다. 우리는 우리가 다른 생물 종(種)들과 그다지 가깝지 않은 사이라고 생각할지 모르지만, 지금 은행나무 속에, 벚나무 속에, 고래 속에 그리고 사람 몸속에 들어와 있는 모든 DNA는 거슬러 올라가면 모두 '한 조상'에게서 갈려 나온 것이다.

그래서 제인 구달(Jane Goodall)은 우리 인간이 경이로운 동물계의 일원이며 또한 자연의 일부임을 '기쁘게' 인정하자고 제안한다.[9] 그녀도 우리 인간이 특별한 존재임을 부정하지 않는다. 그것은 우리의 크고 복잡한 두뇌 때문만이 아니라, 우리 인간이 발달시킨 복잡한 구어 체계 때문이기도 하다. 하지만 우리는 침팬지와 유전자의 98.7%를, 고릴라와는 97.7%를, 오랑우탄과는 96.4%를 공유한다. 그리고 인간처럼 말을 하는 데 결정적으로 필요한 '브로카령'(Broca's area)이라 불

---

[8] 이하 최재천, 『인간과 동물』(궁리출판사, 2007)을 참조하였다.
[9] 이하 제인 구달, 『생명사랑 십계명』(바다출판사, 2003)을 참조하였다.

리는 두뇌 부분의 비대칭적 특징은 인간만이 아니라 침팬지, 보노보 그리고 고릴라에게도 나타난다, 그래서 그녀는 이렇게 말한다.

모든 생명체는 고유의 빛깔을 가지고 있다. 우리 인간은 주위의 다양한 생명의 형태들을 분류하고 단순화하려고 한다. 우리는 놀라우리만치 이성적이고 추상적인 사고를 할 수 있는 크고 잘 발달된 두뇌를 갖고 있으며, 아주 복잡한 의사소통체계를 지니고 있다. 서양 사람들은 이러한 사실로부터 인간이 다른 동물과는 엄연히 구분되는 지위를 갖고 있다고 믿었다. 우리 바로 밑에 유인원, 그 다음에 원숭이, 고래, 개 그리고 쭉 내려가 곤충, 연체동물 그리고 해면동물 등이 있다고 생각한다. 이러한 사고방식에서 가장 잘못된 것은 우리가 다른 동물들보다 우수하다는 믿음이다. 큰 두뇌와 발달된 기술로 우리는 다른 생명체를 지배할 수 있게 되었다. 그리고 기독교의 교리에 근거하여 지구와 동물들을 포함한 모든 생명체들이 우리 인간을 위해 창조되었다고 믿게 되었다.[10]

구달은 동물이 우리의 '친척'임을 강조한다. 그리고 우리가 동물사회의 일원이라는 사실을 맘껏 기뻐하자고 제안한다. 기독교의 신학자 프란츠 알트(Franz Alt)도 이에 화답한다.[11] "생명체는 모두 친척뻘이다. 인간이건 동물이건 식물이건 아버지는 한 분인데 곧 하나님이며, 모두 한 어머니인 물질로부터 나왔다. 그러나 창조의 월계관을 자임하

---

10 위의 책.
11 이하 프란츠 알트/손성현 옮김, 『생태주의자 예수』(나무심는사람, 2013)를 참조하였다.

는 인간은 예나 지금이나 이런 친척관계를 인정하려 들지 않는다." 하나님의 창조세계에서 동물과 인간은 친척관계(kinship)이다. 그럼에도 교회와 신학자들은 이에 대해 침묵해왔다. '불편한 주제'로 금기시해왔다. 하지만 알트는 이 문제에 대한 더 이상의 침묵은 이제 수치스러운 침묵으로 간주되어야 하며, 피조세계 전체를 자유롭게 하려는 하나님의 뜻을 거부하는 것일 수 있다고 비판한다.

1970년에 「사이언스」지에는 한 세기적 실험이 발표되었다. "침팬지: 자의식"이라는 제목으로 발표된 이 실험은 '동물 거울실험' 보고서로서, 이후 동물을 바라보는 우리의 패러다임을 근본적으로 바꿨으며, 동물은 감정과 의식과 마음이 없는 단순한 기계에 불과하다는 데카르트의 주장을 여지없이 무너뜨렸다.12 보통 두 살 즈음의 인간 아기는 거울 속의 이미지를 자신으로 인식하는데, 동물 거울실험에서 침팬지는 거울을 보고 자기 이빨에 낀 먹이찌꺼기를 찾아보거나, 자신의 몸을 다듬는 등 분명한 '자기인식 행동'을 보였다. 침팬지는 거울을 도구로 이용할 줄 알았고, 그러므로 자신을 타자(거울)의 눈으로 인식할 수 있다는 사실, 즉 '자의식'이 있다는 사실을 확증하였다. 물론 인간의 '의식'과 침팬지의 '의식'이 동일한 구조와 형태를 갖고 있지는 않다. 하지만 거울실험은 침팬지가 가장 기초적인 형태의 자의식을 인간과 공유하고 있다는 사실을 분명히 보여주었다.

침팬지 실험이 성공한 이후 동물행동학과 심리학계에서는 실험을 계속 진행해 침팬지에 이어 오랑우탄이 그리고 돌고래가, 나아가 조류

---

12 이하 「한겨레신문」, 2015년 10월 24일, 제16면, "거울 앞에 선 오랑우탄, 인간우월주의를 깬다"에서 인용했다. 이 논문은 지금까지 1,380여회 인용되면서 세상을 바꾼 '세기의 실험' 중 하나로 꼽힌다.

(鳥類)인 유럽 까치도 자기인식 행동을 한다는 것을 증명했다. 이로써 인간만이 자의식을 가진 존재라는 선입견은 깨졌다. 그런데 만약 동물에게 '자의식'이 있다면 동물은 데카르트의 주장대로 더 이상 즉자적으로 세계에 반응하며 세상을 경험하는 자동기계가 아니게 된다. 또한 동물은 자의식을 갖지 못해서 인간이라는 목적을 위한 수단으로 다루어져야 한다는 칸트의 주장도 설자리를 잃게 된다. 그리고 동물에게도 자의식이 있다면 이제 우리는 동물을 '비인간 인격체'(nonhuman person)로 볼 수 있어야 한다. 비인간 인격체란 생물학적으로는 인간이 아니지만(비인간, nonhuman), 인간만이 가졌다고 알려진 태도, 성격 그리고 윤리 등의 인격성(인격체, personhood)을 일부 동물이 지녔다는 개념이다.

하지만 서구사상의 역사, 특히 근대사상의 역사는 동물에 대해 인간의 우월성을 주장하고 그 특권을 정당화해 온 역사였다고 말할 수 있다. 여태껏 인문사회과학의 많은 논의들은 종 차별주의라는 큰 틀 안에서 맴돌았으며, 휴머니즘을 비판한다는 관점도 근본적으로 그 한계를 벗어나지 못했다. 인간 주체의 본질주의적 시각을 비판하는 사람들 역시 비인간 존재를 주변화하면서 인간 주체를 특권화하는 관점은 포기하지 못한 듯하다. 하지만 이제는 이런 관점에 내재해있는 폭력성과 편협성이 철학적으로도 심각한 도전을 받고 있다.

자크 데리다(Jacques Derrida)가 이 문제제기의 선봉에 있다.[13] 그는 인간이 자신의 정체성을 규정해 온 바탕에 언제나 동물이라는 단어

---

13 Jacques Derrida, *The Animal That Therefore I Am* (New Yok: Fordham University Press, 2008)을 참조하라. 박상언 엮음, 『종교와 동물 그리고 윤리적 성찰』(모시는사람들, 2014), 23-25; 67-68에서 재인용했다.

가 자리 잡고 있었음을 간파했다. 그리고 인간과 동물의 구분 자체에 의문을 제기한다. 그는 아리스토텔레스 이후, 특히 데카르트에서 칸트, 하이데거, 레비나스 그리고 라캉에 이르기까지 서구의 거의 모든 사상가들이 어떻게 인간과 동물의 차별성을 드러내기 위해 동물의 '능력 결핍'을 주장했는지를 보여준다. 그들은 갖가지 이유 즉, '동물은 언어 능력이 없다, 이성적 능력이 없다, 죽음 의식이 없다. 매장 능력이 없다, 기술 발명의 능력이 없다. 혹은 얼굴이 없다' 등의 이유를 들어 동물이 '할 수 없는 것들'을 부각시키면서 인간의 우월성을 주장했다. 하지만 데리다가 보기에 우리가 정작 물었어야 할 질문은 동물이 '무엇을 할 수 있는가?'가 아니라 동물도 '고통을 느낄 수 있는가?'(Can they suffer?)였다.

데리다에게 있어서 인간 이외의 모든 살아 있는 존재를 '동물'이라고 하는 단일하고 일반적인 범주에 집어넣어 버리는 것은 엄밀하고 명확한 사고에 장애가 된다. 뿐만 아니라 이것은 동물에 대한 범죄이기도 하다. 이런 식의 명명법(命名法)은 인간이 자신에게 스스로 권리와 권위가 있음을 자처하면서 생명체의 다양성을 무시하는 것에 불과하다. 데리다에게 문제는 인간이 동물이란 이름을 통해 자신을 '저절로' 규정하고, '저절로' 파악하며, '저절로' 자신의 일생을 써 내려 왔다는 점이다. 그래서 그는 이제 우리가 이 '저절로'의 자서전(auto-biography) 쓰기를 중단해야 한다고 주장한다. 사실 데리다의 이러한 시도는 '타자의 윤리학'에서 레비나스가 표방하는 타자에 대한 책임과도 좋은 대조를 이룬다. 레비나스의 타자의 윤리학은 주체가 세계에 가하는 폭력은 제한하지만, 그에게 있어서 윤리적 가치의 대상이 되기 위해 필수적인 '얼굴'(face)은 오직 인간에게만 부여되어 있다. 하지만 데리다는 샤워를 마치고 나온 자신의 벌거벗은 모습을 바라보는 고양이의 시선을 통해 인간 주체가 어떻게 동물의 시선을 의식하는지 고찰하면서, 타자와의 새로운 인간 주체 형성뿐 아니라 인간중심적인 윤리 자체를 뛰어넘어 생태주의와의 연대의 가능성을 열어젖혔다.

과학과 철학은 이미 이렇게 인간과 동물 사이의 전통적 경계 짓기에 의문을 표하며 새로운 세계상을 창출하는 데 노력하고 있다. 그럼에도 불구하고 아직도 많은 신학자들 사이에는 인간과 동물 사이에 여전히 뛰어넘을 수 없는 경계가 존재하며, 설사 인간과 동물 사이에 여러 유사성이 발견된다 하더라도 인간은 독특한 존재이며 수위적(首位的) 가치를 지니고 있음을 부정할 수 없다는 견해가 지배적이다. 심지어 동물의 권리를 인정하자는 신학자들조차도 동물이 인간과 동등한 인격체로 대우받을 수는 없으며, 따라서 동물과 인간의 이해가 상충할 때에는 인간에게 우선성이 주어져야 한다고 주장한다. 김형민 교수는 동물이 "탄식하며 몸의 구속(救贖)을 기다리는 우리의 이웃"(로마서 8:22)이자 "생명의 친구"라고 말한다.14 하지만 동물에 대한 인간의 책임과 동물을 인격체로 인정하는 것은 별개의 문제라고 선을 긋는다. 동물이 인간과 공유하는 몇 가지 경험론적 특징을 가졌다고 해서 인격

---

14 이하 김형민 교수의 주장은 한국교회환경연구소, 「동물과 육식에 대한 생태신학적 성찰: "그리스도의 고난, 피조물의 탄식"(로마서 8:22)」 (2011년 지구의 날 기념 생태신학 세미나 자료집)에서 인용한다. 이 세미나는 필자가 한국교회환경연구소 소장으로 있을 당시 구제역 파동을 계기로 조직한 세미나로서, 우리나라에서 동물권을 놓고 연 최초의 신학 세미나가 된다. 이 세미나는 '지구의 날'(4월 22일)을 기념하여 2011년 4월 20일에 열렸는데, 이 해 4월 22일은 마침 예수께서 십자가에 달린 성금요일이어서 그리스도의 고난과 동물의 수난이 겹치기도 했다. 이 날 발제자와 토론자로는 김준권(농업인), 박병상(인하대), 노영상(장신대), 이영미(한신대), 민경식(연세대), 김형민(호신대) 그리고 장윤재(이화여대)가 참여했다.

체라고 할 수는 없다는 것이다. 비록 이것이 종(種)이기주의에서 근본적으로 벗어나지 못한 입장이라 비판을 받더라도 그는 환생(還生)을 믿는 다른 종교에서 동물이 고유한 권리를 갖는다는 가르침과 달리, 또한 동물은 "영혼 없는 기계"에 불과하다는 데카르트의 전통과도 달리, 기독교 신앙은 동물을 인격으로나 기계로 보지 않으며 다만 하나님의 창조세계의 한 부분으로 자신의 고유한 생명권을 가지고 있다고 볼 뿐이라고 강조했다. 결국 이런 입장에서 동물은 '구원의 대상'은 될 수 없고 오직 하나님과 인간의 '사랑의 대상'이 될 수 있을 뿐이다. 왜냐하면 결국 "동물에게는 영성[영혼]과 믿음이 결여되어 있기 때문"이라는 것이다.15 하지만 그의 이러한 주장은 "오늘날 인간과 자연을 포괄하는 총체적인 구원이 요청되고 있다"라는 김 교수 자신의 주장이나, 그가 빌립보서 2장 10절을 인용하면서 말한 바대로 그리스도의 십자가는 "인간만이 아니라 다른 피조물을 위한 고난이기도 하다"라는 주장과 스스로 모순되는 주장은 아닌가하는 비판이 제기될 수 있다. 김교수는 기독교의 사랑을 오직 인간과 인간 사이로 한정하는 것은 창조신앙에서 볼 때 종(種)이기적 발로라고 인정하면서도 기독교의 구원을 인간으로 한정하는 것은 '어쩔 수 없다'는 입장을 취하는 것 같다. 왜냐하

---

15 김형민 교수는 신학적으로 영은 네 가지 차원의 의미를 가지고 있다고 말했다. 첫째는 '활성'(*anima*)으로 생명력을 뜻하며 식물, 동물, 인간 모두가 이를 공유하고 있다. 둘째는 '감성(*sensus*)'으로 감각, 정서를 뜻하며 동물, 인간이 소유하고 있다. 셋째는 '이성'(*ratio*)으로 이성과 사고 능력을 의미하며 인간만이 가지고 있는데 중세사회에서는 천사도 포함된다. 넷째는 '영성'(*fides*)으로 신앙을 의미하며 그리스도인만 소유하고 있다는 것이다. 그렇다면 그에게 결국 구원은 ―동물은 차치하고― 그리스도인에게만 가능한 것이다. (박상언 엮음, 『종교와 동물 그리고 윤리적 성찰』에서 김형민 교수의 글, 161.)

면 김교수에게 인간은 "의식 있는 영적 존재"로서 자신의 자연환경을 체계적으로 변형해나갈 뿐만 아니라 환경파괴의 문제도 책임을 질 수 있는, 윤리적으로 구별된 존재여야하기 때문이다. 하지만 여기서 자연은 여전히 객체이고 타자이며 대상으로 남는다. 윤리학자로서 김교수가 인간의 책임성을 강조하고자 하는 취지는 이해할 수 있으나 동물의 권리에 대한 그의 입장은 전체적으로 온정주의적 입장에서 벗어나 있지 않으며, 무엇보다 기독교의 뿌리 깊은 인간중심주의, 이성 중심주의 그리고 이분법적 세계관으로부터 근본적으로 벗어나 있지 못한 것으로 보인다.

하지만, 알트의 말대로, 기독교가 가지고 있는 고질적인 인간중심주의 교리는 예수 그리스도의 생명사상과 양립하기 어렵다.16 기독교의 구원자가 오직 인간만을 위해서 죽었다고 주장하는 기독교의 교리는 예수 그리스도의 보편적 사랑의 정신과 거리가 멀다. 진정한 사랑은 경계가 없을 수 없다. 왜냐하면 진정한 사랑은 모든 생명을 포용하기 때문이다. 실로 예수 그리스도의 십자가는 인간에게 생명을 주는 구원이었을 뿐만 아니라, 구약제사에 의해 희생되어 왔던 동물의 기나긴 고통을 그치게 한 혁명적인 사건이기도 했다. 예수 그리스도의 속죄(贖罪)의 피로 이제 동물은 더 이상 피를 흘릴 필요가 없게 되었기 때문이다. 따라서 예수 그리스도의 대속(代贖)의 죽음은 인간을 죄로부터 구속할 뿐만 아니라 동물을 '인간의 죄를 위한 속죄양'의 역할로부터도 해방한 사건으로 이해되어야 한다.

토마스 베리(Thomas Barry)는 지금껏 기독교가 인간의 초월성(우

---

16 알트, 『생태주의자 예수』를 참조하라.

월성)을 지나치게 강조한 나머지 내재성(관계성)의 중요성을 간과했다고 비판하면서, 식물은 '생혼'(生魂, 식물이 생활해 나가는 근본적인 힘), 동물은 '각혼'(覺魂, 동물의 감각하는 힘) 그리고 인간은 '영혼'(靈魂, 육체 속에 깃들어 생명을 부여하고 마음을 움직인다고 여겨지는 무형의 실체)을 지녔다는 중세 이래 서양의 차별적 혼 이해를 문제 삼았다. 대신에 만물에게서 발견되는 자생성(自生性), 곧 야성(野性)을 신성한 것으로 보자고 그는 제안한다. 인간을 포함한 모든 생명체가 먹이를 찾고, 은신처를 만들며, 새끼를 낳아 키우고, 또 희로애락을 느끼는 한, 그것은 우주의 야성, 곧 창조적 신성의 표현들로 볼 수 있어야 우리가 인간중심주의적인 편협한 구원관에서 벗어날 수 있다는 것이다.17

샐리 맥페이그(Sallie McFague)는 인간이 가진 수학적 이성과 동물이 가진 실천적 이성을 구분하면서 전자가 후자보다 우월하다고 할 필연적 근거는 없다고 논박한다. 이런 인간중심적 주장은 이성/감정, 정신/몸, 인간/다른 동물 사이의 위계적 이원론을 전제로 한다. 하지만 맥페이그는 동물, 특히 고등동물에게서 발견되는 감정에 기초한 실천적 이성(친절, 용감, 우정, 인내, 관대함 등)을 인간의 수학적 이성보다 더 열등하다고 주장할 수는 없다고 반박한다. 그리고 한걸음 더 나아가 전 창조세계를 '하나님의 몸'(Body of God)으로 보자고 제안한다. 그리고 하나님의 창조(Creation) 자체를 하나님의 성육신(成肉身, in-carnation)으로 보자고 제안한다. 그렇다면 창조란 하나님이 육신/물질이 된 사건이 되는 것이다. 만약 우리가 세계를 그렇게 이해한다면

---

17 한국교회환경연구소, 「동물과 육식에 대한 생태신학적 성찰」에서 이정배 교수의 글을 참조했다.

지난 2010년 11월 구제역 참사 현장에서 산채로 매장당하는 모든 가축들의 고통은 곧 하나님의 고통이 된다. 그리고 만약 우리가 이러한 신학적 안목을 가진다면 구제역 파동과 조류독감 사태 때 이른바 '살처분' 되어 생매장되는 수 천 만 동물의 고통 속에서 십자가에 달린 예수 그리스도의 수난을 겹쳐 볼 수 있게 된다.18

IV. 푸줏간의 그리스도

아일랜드 태생의 영국화가 프란시스 베이컨(Francis Bacon)은 회화를 통해 서구의 이성 중심적이고 이분법적인 시각에 정면으로 도전한다. 그는 무신론자였지만 유독 성서의 십자가 책형(磔刑)에 집착했다.19 거기서 현대인의 비극을 보았기 때문이다. 그가 화가로서 세상에 맨 처음 내놓은 작품도 1933년 작 '십자가 책형'[그림 1]이다. 사실 베이컨은 피카소를 가장 존경했다. 특히 피카소의 자유로운 구성과 해체된 형태의 재구성, 열정에 깊은 존경심을 가지고 있었는데, 그가 십자가 책형이라는 주제에 대한

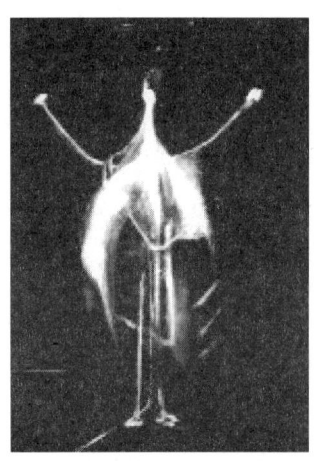

〈그림 1〉 베이컨, '십자가 책형' (1933)

---

18 위의 책에서 전현식 교수의 글을 참조했다.
19 베이컨의 그림에 관해서는 김현화, 『성서, 미술을 만나다』(한길사, 2008), 313-333을 참조했다.

〈그림 2〉 피카소, '십자가 책형' (1930)

아이디어를 얻은 것도 피카소의 1930년 작 '십자가 책형'[그림 2]일 것으로 추정된다. 그런데 베이컨의 그림이 무언가 심상찮다. 십자가에 달린 인물은 인간이라기보다 앙상한 뼈만 남은 까마귀처럼 보인다. 1950년 작 '십자가 책형 습작'에서 이제 사건의 배경은 이제 골고다 언덕이 아니라 우리의 일상생활 공간 안으로 파고든다. 급기야 그의 1962년 작 '십자가 책형 습작'[그림 3]에서 예수는 도살당해 정육점에 걸려 있는 벌건 고깃덩어리가 된다. 이 그림은 십자가 책형이라기보다 차라리 푸줏간의 풍경을 그려놓은 것 같다. 충격적이다.

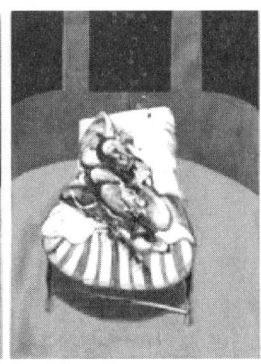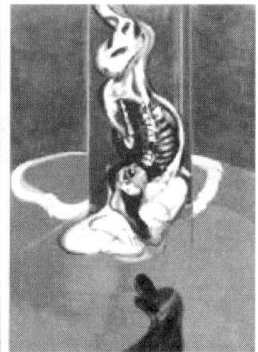

〈그림 3〉 베이컨, '십자가 책형 습작' (1962)

〈그림 4〉 베이컨, '존 디킨' (1954)

베이컨은 '시각적' 아름다움을 포기하고 '촉각적' 충격을 노리고 있다. 왜일까? 플라톤 이후 서양철학은 감각(sense)을 이성(reason)에 비해 열등한 것으로서 배제했다. 데카르트와 같은 합리주의자들도 감각을 오류와 타락의 원천으로 여기며 철학의 밖으로 추방했다. 그리고 인간의 감각(시각-청각-후각-미각-촉각) 중에서도 정신에 가깝다고 여겨지는 시각과 청각만이 중시됐다. 하지만 베이컨은 지금 이성을 향해 상승하기 위해서가 아니라 육체를 향해 하강하기 위해 '촉각의 예술'을 펼치

〈그림 5〉 베이컨, '인간의 머리에 관한 세 개의 습작' (1953)

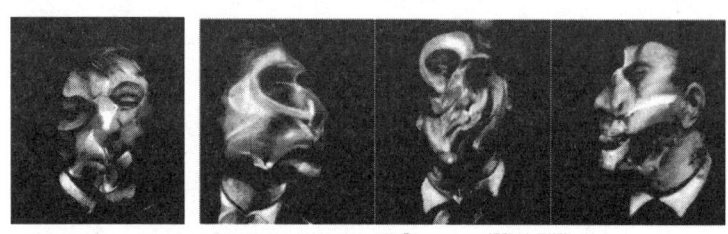

〈그림 6〉 베이컨, 각종 얼굴들 그림

고 있는 것이다. 그리스인들은 인간의 몸을 이상화하여 그 아름다움의 극치에서 신의 형상을 포착하려 했다. 하지만 베이컨은 오히려 그 몸뚱이를 난도질하여 푸줏간의 고깃덩어리로 끌어내린다[그림 4]. 이른바 '회화의 폭력'이다. 끔찍하기까지 하다. 하지만 이를 통해 그는 지금 소위 합리적인 몸 아래 웅크리고 있는 원초적인 신체, 즉 들뢰즈(Gilles Deleuze)가 말하는 '기관 없는 신체'(Le Corps sans Organes)를 일깨우고 있는 것이다.

그래서 베이컨의 그림에는 얼굴이 없다[그림 5, 6]. 얼굴은 인간의 오감기관들이 다 모여 있는 곳이다. 그래서 그 기관들을 지워버린다. 기관들을 지운 얼굴은 그냥 '머리'가 된다. 지각이 아니라 촉각이 된다. 모든 감각의 시작인 촉각이 된다. 사실 얼굴은 주체다. 레비나스의 '타자의 윤리학'에서도 이 얼굴이 중심이다. 그런데 베이컨이 자기의 그림에서 얼굴을 지워버린다. 그가 이렇게 얼굴을 지울 때 그는 근대의 이성적이고 합리적인 모든 주체를 지우고 있는 것이다. 근대적 인간에게서 이성을 빼면 감각이 남는다. 감각의 주체로서 인간은 동물과 다를 게 없다. 그래서 베이컨의 작품에서 인간은 종종 동물과 하나가 된다. 아이는 개처럼 기어 다니고[그림 7], 여인의 입에서는 멧돼지의 어금니가 자라며[그림 8], 투우사는 소와 한 몸이 되어버린다[그림 9].

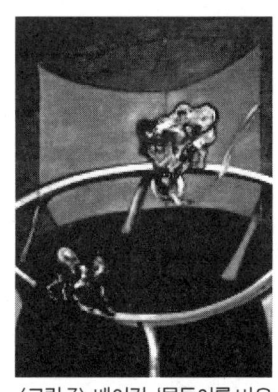

〈그림 7〉 베이컨, '물동이를 비우는 여인과 사지로 기어가는 아이' (1965)

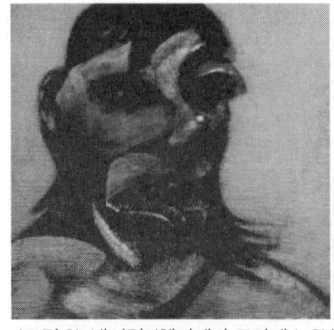 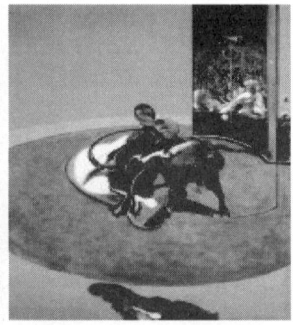

〈그림 8〉 베이컨, '헨리에타 모라에스 2' (1969)과 〈그림 9〉 베이컨, '투우습작 1번' (1969)

인간이 경험하는 가장 동물적인 순간은 비명을 지르는 순간이라고 한다. 비명소리는 정신의 소리가 아니라 동물적인 몸이 내지르는 소리이기 때문이다. 그래서 베이컨이 그린 교황은 비명을 지르고 있다[그림 10, 11].

이렇게 베이컨의 회화에서는 인간을 동물 위에 올려놓던 근대 인간 중심주의가 무너진다. 고전 예술은 미의 완성을 통해 신에게 다가가려, 혹은 신이 되려 했다. 하지만 베이컨은 거꾸로 짐승으로 돌아가려 한다.

[그림 10] 베이컨, '벨라스케스가 그린 교황 인노캔티우스 10 세 추상의 습작' (1953)   [그림 11] 베이컨, '고기와 형상' (1954)

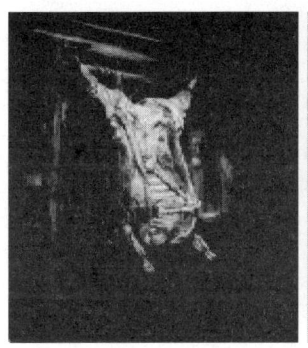 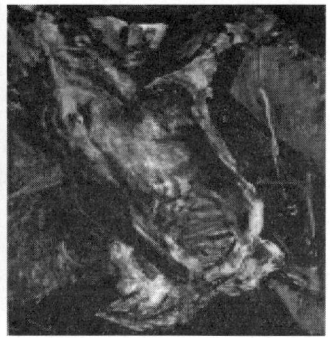

[그림 12] 렘브란트, '도살된 소' (1655)와 [그림 13] 수틴, '고깃덩어리' (1925)

이것을 들뢰즈는 퇴행(退行)으로 보지 않는다. 이렇게 이성을 해체시켜 인간을 동물로 되돌리는 것을 그는 퇴행이기는커녕 오히려 '창조적이며 동시적인 역행(逆行)'이라고 말한다. 보라. 인간중심주의는 오늘날 이렇게 과학에서, 철학에서 그리고 예술에서 무너지고 있다.

사실 도살당한 동물그림은 베이컨 이전에도 있었다. 렘브란트의 '도살된 소'[그림 12]와 수틴의 '고깃덩어리'[그림 13] 등이 그것이다. 하지만 아무도 베이컨처럼 명시적으로 푸줏간에 달린 고깃덩어리와 십자가에 달린 그리스도를 동일시한 사람은 없었다. 더구나 베이컨의 그림이 치마부에(Cimabue, 1272~1302)의 '십자가 책형'[그림 14]을 변형하여 그린 것이라니 한바탕 신성모독 시비가 날만도 하다. 베이컨은 노골적으로 자신의 그 짐승 형체를 전형적인 종교예술 형식인 삼단제단화에 담음으로써 자신의

[그림 14] 치마부에 '십자가 책형'

의도를 분명히 했다. 우리는 그의 이 '불경스럽기' 짝이 없는 시도에 마음이 불편해진다. 하지만 이제는 왜, 무엇이 우리를 불편하게 하는지를 물어야 한다. 그러고 보니 성서도 예수 그리스도를 '도살당한 동물'로 비유하지 않았던가. 신약성서 누가복음의 저자는 구약성서의 이사야를 인용하면서 "그가 도살자에게로 가는 양과 같이 끌려갔고 털 깎는 자 앞에 있는 어린 양이 조용함과 같이 그의 입을 열지 아니하였도다"(사도행전 8:32)라고 말한다. 사도 바울도 시편구절을 인용하면서 "우리가 종일 주를 위하여 죽임을 당하게 되며 도살할 양 같이 여김을 받았나이다"라고 말한다(로마서 8:36). 사실 예수는 사형수였다. 하나님의 아들이던 그도 십자가 위에서는 한낱 도축되는 짐승과 다를 게 없었다. 하지만 그렇기 때문에, 진중권의 말처럼, "자신을 사람의 아들이라 부른 예수는 십자가 위에서 동물이 됨으로써 비로소 신의 아들이 될 수 있었"던 것은 아닐까.[20] 하나님은 육체를 향해 하강하셨는데 우리는 여전히 이성을 향해 상승하기만 원하고 있는 것은 아닐까. 기독교의 핵심교리의 하나인 성육신(成肉身, incarnation)은 하나님이 '인간'이 된 사건이 아니라 '육신/고기/물질'이 된 사건인데도 말이다.

V. 나가는 말

우리 조상들은 오랫동안 실생활에서 생명을 존중하는 삶을 살았다. 까치를 위해 감을 다 따지 않은 '까치밥', 음식을 먹기 전에 조금 떼어내

---

20 진중권,『미학 오디세이 3』(휴머니스트, 2014), 226-243을 참조하라.

뭇 생명과 더불어 먹고자 한 '고시래,' 콩을 심을 때 세 알을 심어 한 알은 새가 먹고 다른 한 알은 땅 속 벌레가 먹게 한 농부의 배려, 길을 나설 때 미리 지팡이로 땅을 쿵쿵 울려 벌레들이 도망하게 한 세심한 나그네의 배려, 하루 수십 리씩 걸어야 하는 소들을 위해 소장수들이 소에게 신겨준 '쇠짚신', 작은 생물이라도 해할까봐 뜨거운 물도 식혀서 버렸던 어머니들의 세심한 살림살이, 소가 죽음의 공포를 느끼지 않도록 은어를 사용하며 한순간에 소의 명줄을 끊고자 노력했던 백정들의 우직한 배려, 한 집안에서 더불어 먹고 사는 존재들을 사람이나 짐승을 가리지 않고 모두 생구(生口)라고 불렀던 포용적인 마음 그리고 불교의 영향을 받아 오랫동안 실천했던 채식위주의 삶 등.[21] 이 글이 다루고 있는 동물의 문제는 이렇듯 서구에서 수입된 외래 의제가 아니라 우리 삶과 사상에서 면면히 흘러왔던 아름다운 우리 것에 대한 반추(反芻)이자, 동시에 그 아름다운 전통을 잊고 오늘도 매일의 삶에서 동물에 대한 무자비한 학대와 폭력을 행사하는 우리들의 추함에 대한 반성(反省)인 것이다. 그 반추와 반성이 스위스처럼 헌법에 '피조물의 존엄성'(Wuerde der Kreatur)을 명문화하고 동물을 법적 주체로까지 세울 수 있는 도덕적 용기를 제공할 수 있지 않을까.[22] 또한 그 반추

---

21 필자가 이사로 참여하고 있는 (사)동물보호시민단체 KARA (Korea Animal Rights Advocates) 무크지, 「숨」 vol. 01 (2007)을 참조했다.
22 1992년 5월 17일에 스위스 연방헌법은 동식물을 대상으로 한 유전공학적 규정을 공포하면서 '피조물의 존엄성'을 명문화하며 국가가 책임져야 할 항목을 정했다. "(스위스) 연방은 동물, 식물 그리고 다른 유기체들의 배아와 유전자의 관리 규정을 공포한다. 이에 연방은 인간, 동물 그리고 환경의 보호는 물론 피조물의 존엄성도 고려할 뿐만 아니라 동물과 식물류의 유전적 다양성을 보호한다"(제24조 novies 3항) (박상언 엮음, 『종교와 동물 그리고 윤리적 성찰』에서 김형민 교수의 글, 126쪽에서 인용함).

와 반성이 독일의 동물보호법처럼 동물의 존엄성을 인정하고 그들을 사물(私物)이 아니라 '동료 피조물'이라 부르는 신학적 통찰력과 도덕적 힘도 제공할 수 있지 않을까.23

인간과 동물, 즉 '인간 동물'과 '비인간 동물' 사이의 관계에 대한 물음은 결국 우리가 인간이라는 존재를 어떻게 규정할 것인가의 물음이다. 그것은 인문학의 가장 오래된 물음이다. 그리고 그것은 기독교 신학의 핵심적 질문이기도 하다. 이제 우리는 인간과 동물의 경계를 횡단하는 새로운 존재 방식으로서의 포스트휴먼(post-human) 신학을 고민해야 한다.24 인간중심주의를 넘어서는 그 신학의 하나가 바로 동물신학이 될 것이다. 서구의 이성 중심적이고 이분법적 철학과 신학에서 어떻게 환골탈태하느냐가 문제의 핵심이라고 했다. 한국에서 동물신학의 시작은 바로 그것을 향한 지난한 작업의 한 걸음이 될 것이다. 앞으로 우리가 그것을 '동물신학'이라고 부르든, 아니면 '동물권리신학', '동물복지신학', '동물해방신학' 혹은 '동물민중신학'으로 부르든, 동물을 놓고 전개하는 신학은 모든 인간중심주의적인 주류('몸통') 신학과 철학에 도전하는 비주류('꼬리')신학이 될 것이다. 그렇게 '소수자의 신학'의 하나가 될 것이다. 하지만 영어속담처럼, "꼬리가 몸통을 흔들 것이다"(Wag the Dog). 앞으로 '꼬리/소수자'로 치부되어 온 동물이 '몸통/다수자'를 자부하는 인간의 의식과 주장과 담론을 흔들 것이다. 이

---

23 독일의 동물보호법은 1986년부터 동물을 더 이상 물권법으로 다루지 않는다. 대신 인간이 그의 복지를 책임져야 할 '동료 피조물'이라 판단한다. 김형민 교수의 소개대로, 이는 창조의 보존에 대한 교회의 신학적 주장이 교회 밖에서 동물의 법적 보호를 위해 선하게 응용된 사례이다(위의 책, 154).
24 이에 관해서는 필자의 졸저, 『포스트휴먼 신학: 아담아 네가 어디 있느냐』(신앙과 지성사, 2017)를 참조하라.

러한 소수자의 신학은 지금 말만 신학(神學, 신에 대한 학문)이지 사실상 인간학이 되어버린 오늘의 신학을 진정으로 신에 대한 학문으로 바꾸는 데 기여할 것이다.

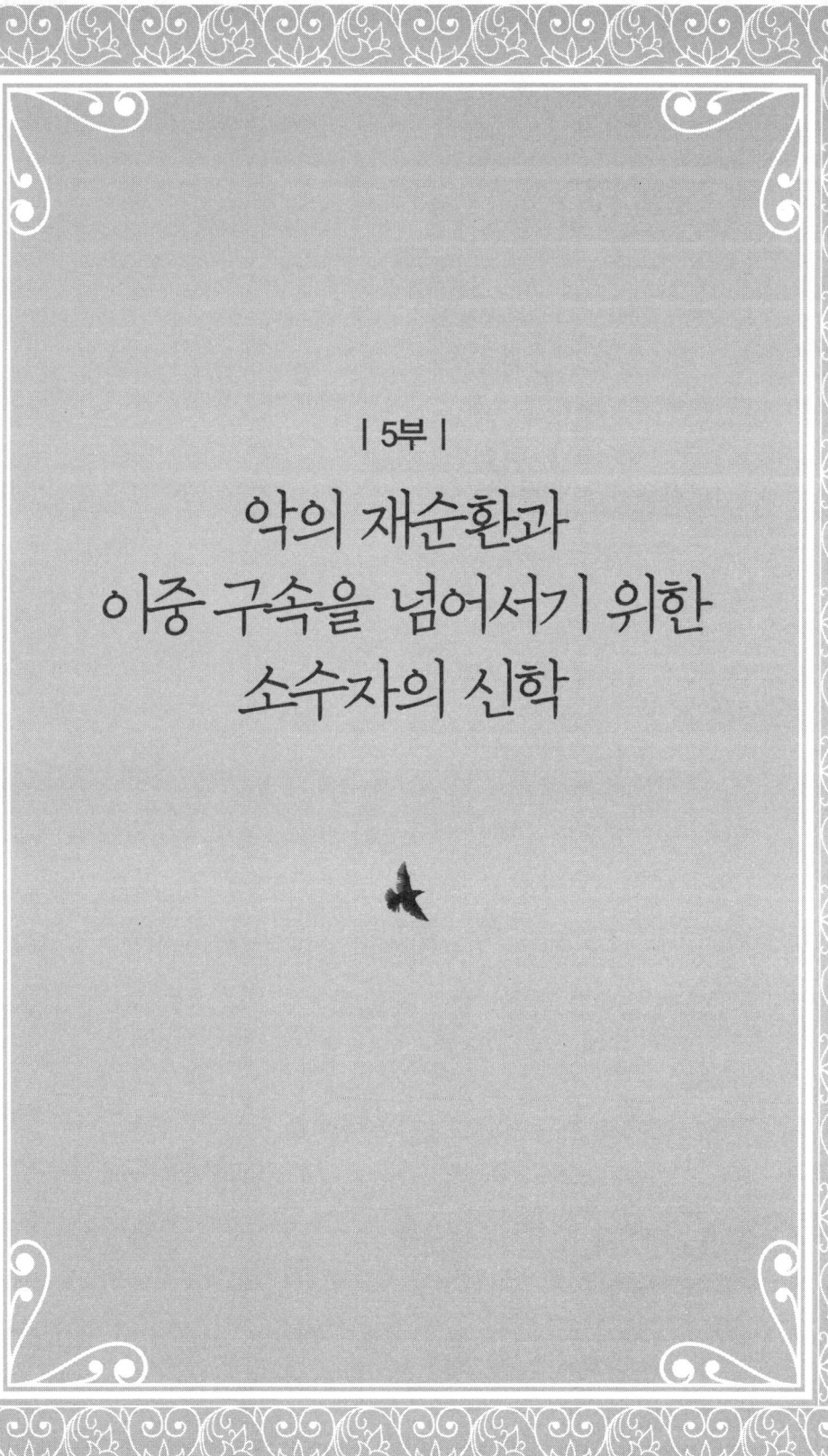

| 5부 |

악의 재순환과 이중 구속을 넘어서기 위한 소수자의 신학

여 성

소수자로서 여성-되기

박일준 *

본 글은 '페미니즘' 혹은 '여성주의' 혹은 '여성신학'의 글이라기보다는 오히려 '여성-되기'(becoming-woman)에 대한 글이 될 것이다. 생물학적으로 남성 이성애자인 내가 여성에 대하여 혹은 여성의 관점으로 글을 쓴다는 것은, 굳이 스피박(G.C. Spivak)의 '서발턴이 말할 수 있는가?'라는 물음을 인용하지 않더라도, 바람직한 일이 아닐 뿐만 아니라, 오히려 불가능한 일일 것이다. 이 글은 '소수자로서 여성-되기'를 여성의 관점에서 혹은 여성신학의 관점에서 조명하려는 시도를 하지 않을 것이다. 그것은 여성 차별과 억압의 경험을 살아낸 사람들의 몫일 것이고, 우리 주변에 이미 그러한 시도를 의미 있게 일구어낸 훌륭한 학자들과 그들의 연구 업적들이 널려 있다. 본고는 이 '여성-되기'(becoming-woman)가 여성들뿐만 아니라 남성을 포함한 우리 모

---

* 감리교신학대학교 강사, 종교철학 · 철학적 신학

두에게 왜 중요하고 의미 있는 시도인지 그리고 그것이 '소수자의 신학'을 위해 어떤 함축성을 갖는지를 살펴보고자 한다.

라캉은 여성을 '전체가 아닌'(Not-All)의 존재로 언표한다. 존재의 전체성을 표상하는 방식에 포함되지 않은 존재의 형식으로 존재한다는 말이다. 라캉의 이 말을 인용하고 이해하는 방식이 다양하게 존재하기 때문에 어떤 방식이 더 옳으냐의 문제는 제쳐두기로 하자. 다만, '전체가 아닌'의 형식으로 존재하는 여성은 우리 시대 '여성의 존재방식'을 잘 포착한 문구로 보인다는 것이다. 우리가 존재의 전체로 표상하는 모든 욕망의 구조 속에 '여자'는 '그 전체가 아닌' 것으로 존재한다. 우리의 자본주의적이고 소비주의적인 욕망의 구조 속에서 여자는 여성 자체로서가 아니라 남자의 성적 환상의 대상으로만 출현하기 때문이다. 거기에 여자는 없다. 남자의 욕망의 대상만 존재할 뿐이다.

I. 다수(the multiple)로서 여성

여성을 '다수'(the multiple)로 제시하는 것은 곧 여성은 '일자'(the one)가 아님을 강조하기 위함이다. 가부장적이고 남성중심적인 문화 속에서 여성은 자신의 주체적인 일자가 아니라 남성의 환상으로부터 배태된 타자로 존재한다. 바로 이 환상의 대상으로서 여성이 아니라, 우리가 주목해야 할 여성은 우리 자본주의적 욕망의 문화라는 전체 구조 바깥에 존재하는 타자로서 '다수'이다.

1. 여성은 주체적으로 말할 수 있는가?

'여성은 주체적으로 말할 수 있는가?'라는 제목은 논쟁의 여지가 많은 제목이다. 특별히 생물학적 남성이 제시하기에는 말이다. 이런 물음을 통해 여성의 주체성을 비하하려는 것 아니냐는 원초적이고 노골적인 비판적 시선부터 여전히 남성우월적인 시각에서 여성의 비주체성을 부각시킨 다음 동정의 대상으로 재현하려는 위장된 술책일 수 있다는 비판까지 다양한 의혹을 받을 수 있을 것이다. 하지만 이는 스피박의 유명한 논문 제목에서 '서발턴'을 '여성'으로 비유적으로 대치한 것이다. 스피박은 분명 '서발턴'(the subaltern)이 주체로 설수 없는 불/가능성에 대해서 논했지만, 그 논문에서 스피박은 인도 여성으로서 식민지 인도여성의 문제를 제시했다는 점에서, 스피박의 물음을 여성에게로 확장하는 것은 심각한 위반으로 여겨지지는 않는다.

여성을 '소수자'로서 이름하는 것은 곧 스피박이 "서발턴은 말할 수 있는가"에서 지적한 문제, 즉 주체의 문제를 심각하게 의문시하는 것이다. 스피박은 그녀의 유명한 이 논문에서 푸코나 들뢰즈가 호명하는 주체가 서발턴에게는 부당한 요구임을 밝힌다. 적어도 스스로의 주체로 일어날 수 있는 여성은 '서발턴'과는 다른 것이다. 지금까지 페미니즘은 여성의 주체적인 시각에서 여성의 문제를 스스로 말할 수 있는 주체의 문제에 초점을 두어왔다. 바로 이점에서 스피박은 페미니즘의 여성 주체가 곧 유럽중심주의 혹은 백인중심주의적인 여성을 이상화하고 있다는 점을 꼬집은 것이다. 스피박이 '서발턴'으로 가리키는 인도의 여성들은 결코 자신의 입으로 말할 수 있는 상황이 아니었다. 그렇기 때문에 누군가 그들의 이야기를 대변해야 한다는 주장을 하는 것도 아니다. 오히려 스피박은 죽은 남편을 화장한 불 위로 올라가 남편과 함께 재로 산화해야 하는 여인들의 상황이 인도의 여성 전체의 상황이 아니었을 뿐만 아니라, 이러한 풍습이 남편이 죽으면 유산이 살아있는 미망인에게 상속되는 벵골 지방의 풍습임을 지적하면서, 인권과 주체의 눈으로만 여성의 문제를 조명하려는 서구적 시선의 문제를 지적한 것이다. 서발턴 여성을 대변하는 일은 궁극적으로 불가능하다. 그 불가능성은 곧 그럼에도 불구하고 누군가 그 문제를 대변해야 하는 불/가능성의 근원적 상황을 제시한 것이다. 억압받는 민중, 그 중에서도 특별히 여성의 억압을 대변하는 일은 언제나 그들을 향한 자기우월적인 시선과 태도를 함의하기 마련이다. 그들은 말이 없다. 하지만 그녀의 죽은 몸은 우리에게 메시지를 남긴다. 소수자로서의 여성을 조명하는 일은 바로 이 언표 되지 못한 그들의 몸의 메시지를 해독하는 일이다.

    서발턴의 억압을 대변하고 해독하는 일은 결코 완결될 수 없는 불/가능한 일이다. 즉 불가능함에도 감행되어져야만 하는, 그럼에도 불구하고 영원히 미결의 문제인 것이다. 스피박은 그렇기 때문에 소용없는 노력을 멈추자는 단순한 말을 하고 있는 것이 아니다. 소수자들을 대변하는 일은 그만큼 복잡하고 중층적이며, 결코 특정의 시각에서 완전하게 대변될 수 없는 성질의 것임을 고발하는 것이다. 인도독립운동에 참여하다, 자신에게 맡겨진 임무를 완수하지 못해 자살한 당시 17살의 처녀 부바네스와리 바두리는 자신의 죽음이 부적절한 관계에 의한 임신으로 왜곡될까봐 일부러 월경일까지 기다렸다 자살을 감행한다. 그녀가 자살한 원인이 맡겨진 임무를 감당 못한 자책 때문이었다는 사실은 그녀의 자살 후 10년이 지나 그녀가 언니에게 맡긴 편지의 내용을 통해 알려졌다. 정치 요인을 암살하라는 임무를 받았지만 감당하지 못했고, "신의를 지켜야 한다는 실제적 필요성을 알고 있었기 때문에"[1] 자살로 신의를 지킨 것이다. 하지만 그녀의 메시지는 읽히지 않았다. 여기서 스피박은 "인도 독립운동의 남성 지도자들과 참여자들의 담론"은 매우 잘 기록되어 있고 기억되고 있는 반면, "여성으로서 서발턴은 들릴 수도 읽힐 수도 없"는 현실을 통렬하게 지적한다.[2] 하지만 스피박은 이러한 여/남의 차이를 드러내는데 멈추지 않고, 바두리의 손녀들이 그때보다 더 해방된 세상에서 "바두리를 침묵시키는 경위"를 지적한다.[3] 개인적으로 이 여인의 집안을 알고 있던 스피박은 그 여인의 조카손녀들에게 이 여인의 죽음을 알고 있는지 물었다. 그 손녀들은 그녀가 부적절한 관계 때문에 자살했다고 알고 있었다고 한다. 그렇게 그녀는, 비록 신분상으로는 서발턴이 아니었지만, 여자였기 때문에 서발턴의 망각된 역사에 포함되고 있었다. 기록될 수도 기억될 수도 없는 역사 말이다.

하지만 부바네스와리 바두리는 침묵하지 않았다. 그녀는 죽음으로 그리고 그녀의 죽은 몸으로 말을 했다. 월경을 기다려 자살의 때를 정한 것 자체가 자신의 행위를 통해 말을 한 것이다. 그게 아니라고. 하지만 사실상 그녀가 죽음을 통해서 전하려고 한 말은 결국 자신의 증손녀들에게도 전해지지 않았다. 그녀는 여성이었기 때문에 서발턴이 되었고, 서발턴으로서 그녀는 말할 수 없었다. "서발턴은 말할 수 있는가?"

---

[1] 가야트리 차크라보티 스피박(Gayatri Chakravorty Spivak), "서발턴은 말할 수 있는가?", 로절린드 C. 모리스(Rosalind C. Morris)/태혜숙 옮김, 『서발턴은 말할 수 있는가?: 서발턴 개념의 역사에 관한 성찰들』(서울: 그린비, 2016), 133.
[2] 앞의 글, 134.
[3] 앞의 글, 136.

라는 글의 제목은 바로 이 사건을 성찰하면서 나온 것이라고 스피박은 밝힌다.4 그녀는 "가족에서도, 여성들 사이에서도, 50년의 세월 속에서도"5 그리고 후손들과 기록들 속에서도 잊혀 있었다. 다시 한 번 강조하자면, "그녀는 '말했지만' 여자들은 그녀의 말을 '듣지' 않았고 지금도 듣지 않는다."6 이제 우리는 그녀의 이야기를 어떻게 받아들이고 전달해야 할까? 부바스네와리 바두리의 조카 증손녀는 미국에서 "초국적 기업의 중역으로"7 소위 성공적인 삶을 살아간다. 역설적인 것은 부바네스와리는 "민족 해방을 위해 싸웠"는데, 그 조카 증손녀는 "새로운 제국을 위해 일한다"라는 것이다.8 바로 이러한 상황이, 스피박에 따르면, "또한 서발턴을 역사적으로 침묵시킨다."9 여기서 스피박은 탈식민주의 상황 속에서 '여성의 문제'는 단지 여/남의 착취와 억압의 문제만이 아님을 증언하고 지적한다.

이 사건의 복잡성과 중층성을 통해 우리는 서발턴의 목소리를 들어야 한다고 생각한다. 단순히 여/남의 이분법적 도식을 적용해, 사건의 복잡성과 중층성을 단선적 논리로 환원해서 설명해 버리는 일은 보기에 시원해 보이지만, 설명하는 것보다 더 많은 사실과 의미들을 그 명료성 아래로 침묵시킨다. 바로 여기서 필자는 해석의 문제가 개입한다고 생각한다. 이 해석은 언제나 불충분한 미완결의 해석일 수밖에 없

---

4 스피박, "서발턴은 말할 수 있는가?", 136.
5 앞의 글, 136.
6 앞의 글, 46.
7 앞의 글, 139.
8 앞의 글, 139.
9 앞의 글, 139.

다. 하지만 데리다의 말처럼, '텍스트 밖에는 아무 것도 없다.' 우리가 갖고 있는 것은 오직 죽음의 기록뿐이다. 그리고 우리의 언어를 통한 그녀의 이야기의 회람에는 '기의'(the signified)가 존재하지 않는다. 끝없는 기표들의 미끄러짐만이 우리의 이야기를 구성해 나갈 것이다. 그녀의 자살 동기를 이해하는 일은 결코 사실 확인의 작업이 아니다. 그것은 말해지지 않은 메시지/의미의 층위들을 우리 시대로 되살려내는 그래서 들리도록 하는 작업이다. 스피박이 보기에, 여성해방운동의 문제는 바로 이 기의 없음 혹은 주체의 소멸 혹은 주체의 일어남의 근원적 불가능성에 대한 성찰이 불충분하다는 것이다. 자신의 관점에서 '이상화'된 여성의 시선으로 전체 여성을 대변하고 선봉에 선 주체는 결코 서발턴을 대변하지 못한다. 오히려 그 서발턴의 억압적 현실을 대변하는 것은 대변인으로서 말하는 것이 아니라, 그녀의 억압받는 동료-고난자(fellow-sufferer)10 처럼 그녀의 이야기를 계속 듣는 것이다. 계속 반복해서 말이다.

그렇다면 이제 '여성'을 일자(the One)로 삼지 말자. 스피박이 서발턴으로서 여성을 제시하는 것은 '여성 = 서발턴'이라는 등식을 제시한 것이 아니다. 여성은 처음부터 '다수'(the multiple)이며, 따라서 여성

---

10 동료-고난자(fellow-sufferer)라는 개념은 철학자 화이트헤드(A.N. Whitehead)가 신의 귀결적 본성을 설명하면서 제시하는 개념이다. 하나님의 위대함은 전지전능, 무소불위 등과 같은 전통적 개념들 속에 있는 것이 아니라, 세상의 아픔에 함께 하는 것 말이다. 하지만 그 하나님은 개입하지 못한다. 전지전능한 신의 현실로의 개입은 마치 타임머신을 타고 과거로 돌아가서, 과거를 바꾸어 버렸을 때, 바로 그 때문에 현실이 바뀌어버리고, 이는 곧 현재의 고난이 사라지는 것이 아니라 다른 경로로 다른 결과를 낳는 상황을 낳기 때문이다. 이러한 역설은 최근 개봉 중인 영화 〈오두막〉에 잘 표현되어 있다.

의 이야기는 주체적으로 말해질 수도, 대변될 수도, 혹은 간접적으로 전달될 수도 있다. 하지만 우리가 여성의 이야기를 듣는다는 것은 곧 한 개인으로서 여성의 이야기를 듣는 일과 다르다는 것, 여성이라는 존재는 '내'가 생각했던 것 이상으로 복잡하고 중층적이라는 것을 스피박은 말하고 싶었던 것이다.

2. 일자가 아닌 다수(the multiple)로서 여성

카라 워커(Kara Walker)는 흰 색의 갤러리 벽에 검은 종이를 오려 붙여 실루엣으로 그림을 표현해 내는데, 특별히 남북전쟁 이전의 남부의 풍경들을 검은색 종이의 형상들로 표현하고 있다. 그의 실루엣에 등장하는 모든 인간은 문자 그대로 검은 색으로 표현되지만, 그림을 보는 청중들은 그 인물상의 자세와 복장을 근거로 그 인물이 흑인인지 백인인지를 구별할 수 있다. 그녀의 작품은 남북전쟁 이전 남부에 살던 흑인들의 모습을 전혀 낭만화하거나 이상화하지 않을 뿐만 아니라, 심지어 추잡하고 외설적인 모습으로 묘사함으로써 정작 흑인들 내부로부터의 비난이 거세기도 하다. 사람들은 그녀의 이러한 작품들을 만든 의도에 대해서 묻는다. 무엇을 위한 은유들인지를. 그녀는 자신의 작품이 "역사"를 위한 작품이라고 설명한다. 그런데 조운 콥젝은 이 대답과 작품 사이의 불일치를 주목한다. 아래 그림은 〈엉클 톰의 종말〉(The End of Uncle Tom)이라는 작품의 일부 장면이다. 그녀는 이 그림이 "뚱뚱한 흑인 유모로 표상"[11]되는 것을 묘사한 것이라고 말했다.

---

11 조운 콥젝(Joan Copjec)/김소연 · 박제철 · 정혁현 옮김, 『여자가 없다고 상상해봐:

그림 1 워커, 〈엉클 톰의 종말〉

하지만 그림은 뚱뚱한 흑인 유모가 아니라, 얼핏 아기로 보이는 형상까지 포함해서 네 여자들의 이미지가 묘사되어 있는데, 서로에게 젖을 물리고 있는 모습으로 묘사되어 있다. 이 네 명의 형상들 중 도무지 "뚱뚱한"이라는 형용사에 어울릴만한 인물을 찾아보기 어렵다. 따라서 우리의 통상적인 상상력을 통해서 이 그림을 이해하기란 매우 어렵다. 콥젝은 여기서 라캉의 정신분석학을 동원한 설명이 이 그림에 대한 이해를 도울 수 있을 것이라고 주장한다.

여성은 라캉의 정신분석학 속에서 '전체가 아닌'(not-All) 것의 존재로 이해된다. '전체가 아닌' 존재는 '전체'(the total)로 상정되는 것의 바깥에 존재한다는 뜻이 아니다. '전체'라는 말이 상정하듯, 전체는 전체를 의미하고, 따라서 전체의 바깥은 존재할 수 없다. 그런데 이 전체

『윤리와 승화』(*Imagine There's No Woman: Ethics and Sublimation*) (서울: 도서출판 b, 2015), 168.

안에는 언제나 '전체가 아닌' 존재가 포함되어 있다. 전체 안에서, 전체가 아닌 것으로 존재하는 존재란 바로 이 전체를 구성하는 형이상학적 구조를 내부로부터 분열시키고 파열시키는 실재의 도래라고 해야 할 것이다. 정신분석학적 구조 속에서 '엄마'는 여성과 다르다. 남자 아이든 여자 아이든 어쨌든 엄마로부터의 분리를 통해 상징계로 진입하는데, 남자아이가 엄마와 분리되는 것과 여자 아이가 엄마와 분리되는 관계는 동일하지 않다. 남자 아이는 엄마를 어머니로 이상화하면서, 엄마와의 분리를 조금 쉽게 이루어내는 반면, 여자 아이는 그러한 이상화를 동반하지 못하게 되면서, 엄마라는 타자가 이중화되어진다. 즉 "여자라는 존재는 여자가 또 다른 여자인 어머니에 의해 이중화되기 때문에 다중적인 것이 아니라 여자가 자기 존재의 전체, 일자의 형성을 중단시키거나 가로막는 잉여 대상의 추가에 의해 탈완성화되기 때문에 다중적인 것이다."12

콥젝은 이 여자의 이중화에 대해서 들뢰즈의 분신 개념을 통해 설명하는데, 분신은 "일자의 이중화가 아니라, 타자의 재이중화이다. 그것은 동일자의 재생산이 아니라, 차이의 반복이다. 그것은 '나'의 발산이 아니라, 다른 것이나 나 아닌 것을 항상 내재성 속에 위치시키는 어떤 것이다. 이중화 과정에서 분신인 것은 결코 타자가 아니라, 타자의 분신으로서 나를 살고 있는 나이다. 나는 외부에서 자신을 조우하지 않고, 내 안에서 타자를 발견한다."13 콥젝에 따르면, 우리는 여자를 일자화 혹은 개체화할 수 없다. 왜냐하면 여자는 이중화를 통해 분열증식

---

12 콥젝, 『여자가 없다고 상상해봐』, 173.
13 질 들뢰즈/권영숙·조형근 옮김, 『들뢰즈의 푸코』 (새길, 1995), 149; 콥젝, 『여자가 없다고 상상해봐』, 173에서 재인용.

되고 있기 때문이다. 말하자면, "젖 빠는 여자들의 반복은 여자가 자기 자신과의 차이와 다시 조우하는 것을 등록한다."14 말하자면, 이 실루엣 그림은 "단순히 어머니의 젖가슴에서 젖을 빼는 것이 아니라 역사에서 젖을 빨고 있는 흑인 미국 여자의 초상"이면서, 또한 "그 초상이… 언제나 자신과 다른 혹은 언제나 자신과 동일하지는 않은 어떤 인종을 어떻게 우리가 하나로서 혹은 동일한 것으로서 셀수 있는가라는 물음을 제기한다."15

말하자면, 콥젝의 카라 워커의 실루엣에 대한 분석은 우리에게 여성은 일자(the One)가 아니라는 것 그리고 일자가 아닌 즉 '전체가 아닌' 것으로 존재하는 여성은 일자에 대립하는 다자(the multiple)로서가 아니라, 일자 내에 존재하는 그러나 일자 안에 포함되지 않은 그래서 이중화를 통해 계속적으로 자신의 분신을 증식하는 존재, 하지만 그 분신은 타자가 아니라 일자 속의 타자의 분신으로서 '나를 살고 있는 나'이지만 그러나 결코 '나'와 동일시되지 않고 타자화되는 타자의 분신이다. 이 다수로서의 여성을 특정한 계급이나 인종이나 민족이나 지역의 여성으로 획일적으로 환원해서는 안 되며, 또한 이 전체로서가 아닌 존재로 나타나는 여성이 '무존재'로 인식되지 않도록 귀를 기울여야 한다는 것을 콥젝은 강조한다.

---

14 콥젝, 『여자가 없다고 상상해봐』, 176.
15 앞의 책, 176.

3. 유목적 주체로서 여성

로지 브라이도티(rosi braidotti)는 우리가 첨단 기술들과 초고속 통신기술의 발달과 더불어 "해방된 혹은 포스트페미니스트, 다민족 지구촌 사회들 속에서 우리가 살아가는 방식"과 "우리가 이론적 용어들과 담론들 속에서 우리 자신에게 이 살아가는 세계를 재현하는 방식" 간에 놓여있는 "틈"을 주목하면서, "유목적 주체"(nomadic subject)를 주창한다.16 이를 통해 브라이도티는 "주체성"(subjectivity)을 "유목민-되기의 과정"(as a process of becoming nomad)으로 제시한다.17 이는 곧 주체를 "비단일적이고 중층적인 비전으로" 즉 "역동적이고 변화하는 존재"로 보고자 하는 것이다.18 비정규직으로서 표준 이하의 임금을 받으며 불안정한 삶을 연명하는 단기직 일자리들이 첨단 자유주의 경제체제의 규범이 되어버린 시대, 더 이상 흑백이 선명한 이분법적 문제의식은 오히려 "도착적 혼종화"(perverse hybridization)를 일으키며, 우리의 전통적인 올바름의 구분선을 혼동케 만들고 있다. 말하자면, 전통적인 여/남 이분법만으로는 여성차별과 혐오의 현실을 적실하게 분별해 내지 못할 것이라는 예감이다. 통상 우리 시대 소위 '진보' 지식인들의 현실적 비판 의식은 자신이 살아가고 있는 현재 시대의 시공간과 "시차"(jet lag)19를 일으키고 있으며, 이로 인해 정신분열증

---

16 rosi braidotti, *nomadic subjects: embodiment and sexaul difference in contemporary feminist theory* (New York: Columbia Univeristy Press, 2011), 4 (이름과 서명의 첫글자 소문자 표기는 저자 자신의 표기법을 따른 것이다).
17 Ibid., 5.
18 Ibid., 5.
19 Ibid., 4.

적 양상을 보이고 있다. 우리 시대 지성이 빈곤한 비판과 상상력을 일으키는 이유는 바로 첨단의 네트워크 자본주의가 창출한 유목성(nomadism)의 특성을 놓치고 있기 때문임을 지적한다. 사실 대학의 지성인들은 비정규직으로 2-3개의 직업들을 병행하며 살아가는 사람들의 삶의 현실을 포착하지 못하고, 여전히 근대의 노동하는 인간과 경제가 무작정 부흥하던 베이비부머 시대의 문제의식으로 대안을 제시하는 지적 인식적 낙후성을 드러낸다. 브라이도티는 지구촌 자본주의 시대에 대한 대안으로 유목적 주체를 주장한다. 실로 "세계화"(globalization) 혹은 지구촌화는 "차이들의 유통과 사회적 정체성의 탈영토화"[20]를 의미한다. 전통적인 너와 나의 경계선인 민족-국가의 경계가 희미해지고, 그를 통해 권력의 중점이 분산되며, 더 이상 억압의 주체가 획일적으로 포착되지 않는 세계화 시대, 역설적으로 주변화된 민중들은 점증하는 테러의 위협으로 24시간 감시 카메라의 감시하에 놓여진다. 도처에 설치된 CCTV는 국민의 안전을 위한다는 미명하에 도처에서 '우리' 모두를 감시하는 시스템으로 활용된다. 따라서 첨단 자본주의는 다름 아닌 "감시 사회"(surveillance society)[21]라고 브라이도티는 진단한다. 이는 곧 공포와 불안을 소비라는 위안으로 다스리고 훈육해 나아가는 사회 외에 다름 아닌 것이다. 이 진보한 자본주의 사회 하에서 다문화주의는 소비와 패션을 진작시키는 자본의 하나가 되었고, 음식문화와 음악을 소비하는 기호가 되어버렸다. 실로 지구적으로 네트워크를 통해 연결된 사회는 "유목주의의 도착된 형태"[22]가 되

---

20 braidotti, *nomadic subjects*, 5.
21 Ibid., 5.
22 Ibid., 6.

어 버리고 말았다. "상품화된 다원주의"(commodified pluralism)는 "사이비 유목주의의 자본주의적 상표"가 되어, 오늘날 증식하고 있다.23 루이스 이리가라이는 이러한 차이들의 자본주의화를 "동일자의 타자들"(others of the Same)24로 표현한바 있다. 이 차이의 자본화가 이루어진 지구촌 사회에서 "여성, 청년 그리고 타자들의 폐기처분 가능한 몸들"25 위에 익명의 무소불위한 권력의 폭력이 아로 새겨지고 있다. "자유로운 이동성의 이데올로기와 폐기처분 가능한 타자들의 실재"는 "선진 자본주의의 정신분열증적 특성"을 초래하고 있다.26

브라이도티의 유목적 주체란 바로 이런 지구촌 자본주의하에서의 현실을 온전히 분석하기 위해서 "교차학문적 접근방식"(transdisciplinary approach)을 요청하면서, 복잡하고 중층적인 억압의 현실을 극복할 대안들 즉 "탈주로들"(lines of flight)을 모색하고자 하는 시도이다. 즉 기존의 억압과 해방의 이분법을 구분하는 경계들을 넘어 이중구속으로 엮여진 기존의 모든 관계의 선들을 넘어 "창조적 되기의 대안적 공간"을 모색하려는 시도 말이다.27 이 도착적 유목주의 시대에 우리는 더 이상 억압의 주체가 확고하게 '이것이다 혹은 누구이다'라고 지목하기 어려운 상황을 접하고 있다. 특정 주체나 힘을 억압의 주체로 특칭하기 난감한 시대에 해방을 위한 시민운동은 그 어느 때보다도 페미니즘에 대한 성찰을 필요로 하고 있다. 이 복잡하고 중층적인 해방의

---

23 braidotti, *nomadic subjects*, 6.
24 Ibid., 6.
25 Ibid., 6.
26 Ibid., 6.
27 Ibid., 7.

과제의 중요한 첫발이 되기 때문이다. 그것은 '지구적으로 생각하고, 지역적으로 행동하라'는 "G-local"28적 변혁의 첫 발이 되는 것이다. 이는 다시 역으로 우리 시대 페미니즘의 운동과 해방에 "성과 계급과 인종 그리고 민족성, 연령과 건강" 등의 문제들을 함께 담아내야 하는 과제를 던져주고 있다고 브라이도티는 진단한다.29 우리들의 주체가 '다층적으로 귀속되어 있는'("multiple belongings")30 현실에서, 변혁의 주체가 어느 한 측면만을 붙잡고 진정한 해방을 모색할 수 없기 때문이다. 특별히 도널드 트럼프의 시대에 힐러리 클린턴의 정치적 실패는 우리 시대의 비판정신이 담아내지 못한 성찰의 실패를 통해 드러낸 현실이라고 할 수 있을 것이다. 즉 생물학적 여성과 소수자로서의 여성은 일치하지 않는다는 진실을 깨닫지 못한 실패 말이다. 오해하지 말아야 할 것은 힐러리 클린턴이라는 여성이 미국 사회의 유리 천정을 극복하는데 선봉에 섰던 훌륭한 여성 리더였다는 점을 부인하려는 것은 아니다. 다만 힐러리는 억압받고 소외된 그래서 차별받고 혐오 받는 여성에 속한 여성이기보다는 오히려 여성적 주체의 힘을 가지고 거대한 남성 권력과 맞섰던 여성에 속한다는 것을 말하려 할 뿐이다.

이에 더해서 우리는 또한 자연과 인공의 이분법이 설정하고 있는 인간중심적인 주체의 형상도 넘어서야 하는 과제를 안는다. 스마트폰이 외장 두뇌의 기능을 감당하면서, 네트워크를 통해 인간의 정신이 사물 실재와 혼종화되어 가고 있는 시대에 억압의 시스템은 기존과는 다른 방식을 통해 작동하기 때문이다. 여기서 우리는 '주체'(the subject)에 대한

---

28 braidotti, *nomadic subjects*, 9.
29 Ibid., 10.
30 Ibid., 10.

이해를 탈근대의 맥락에서 시도해야 한다. 우리가 알고 있는 근대의 주체는 이성적 주체이기도 하지만, 개인으로서 주체이기도 했다. 하지만 포스트휴먼 시대의 주체는 이제 "사회적 주체[들]"(social subjects)로서, "개별 자아에 '외적'이면서 또한 자아의 깊이와 고유한 구조들을 동원하는 집합적 기업(collective enterprise)"31이다. 따라서 주체는 "하나의 과정"(a process)로서 개별 인격과 동일시되기보다는 "연관들의 망이 단순히 정체성의 변천들을 따라가기보다는 오히려 주체성 위에 드리워질 수 있도록" 하는 과정으로서 비인격적인 혹은 개별 인격을 넘어선 측면들을 담지한다는 사실을 체감해야 한다.

페미니즘 담론의 토대를 형성하는 체현(embodiment)은 이제 '새로운 유물론'(new materialism) 혹은 "새로운 형식의 유물론"을 통해 사유되고 있는데, 주체의 몸 혹은 체현은 "생물학적 범주나 사회학적 범주로서가 아니라 오히려 물리적, 상징적 그리고 사회적 범주 사이의 중첩점으로서" 이해되어야함을 강조한다. '유목적 주체들'의 비유적 형상을 조망하는 브라이도티의 관점에서 '몸'(body)은 "다기능적이고 복잡"하며, 따라서 "흐름들과 에너지들, 정서들, 욕망들 그리고 이미지화들의 변혁자"로 작용할 수 있다.32 왜냐하면 몸에서 단지 생물학적인 힘들뿐만 아니라 사회적인 힘과 상징적인 힘들이 더불어 교차하고 있기 때문이다. 이를 역으로 표현하자면, 페미니즘이 '여성'(woman)의 관점에서 혹은 여성으로서 말할 때, 이 여성은 "획일적인 본질"을 의미하는 것이 아니라, "다수의 복잡하고 잠재적으로 모순된 경험군들의

---

31 braidotti, *nomadic subjects*, 18.
32 Ibid., 25.

자리로서, 계급, 인종, 나이, 생활양식 그리고 성적 선호도와 같은 변수들의 중첩으로 결정"된다는 것을 의미한다.33

브라이도티는 우리 시대 여성의 유목적 주체의 비유적 형상을 "다중언어자"(polyglot)34으로 표현한다. 수없이 많은 경험과 수업이 많은 직업과 수없이 많은 삶의 상황들 속에서 우리는 자의반 타의반 다중언어를 쓸 수밖에 없다. 물론 브라이도티는 문자 그대로 그녀의 삶의 이력 때문에 다중언어 구사자이지만, 설혹 문자 그대로 언어를 다중으로 구사하지 못해도, 삶의 경험들의 중층성과 복잡성을 고려할 때, 유목적 주체의 형상으로서 다중언어자는 매우 적실해 보인다. 여성과 남성의 목소리는 한 언어가 아닐 수도 있기 때문이다. 심지어 페미니즘 내에서도 여러 가지 다른 언어들이 혼재할 수 있고, 아울러 남성들 사이에서도 많은 다른 언어들이 혼재한다. 이러한 브라이도티의 유목적 주체와 다중언어자 개념은 다수(the multiple)로서 여성이라는 사유를 현대 페미니즘의 사유 흐름 속에서 전개해 주고 있다.

II. 남성을 소외시키는 가부장제

다양한 페미니즘 사유의 흐름들을 통해 본 글이 드러내고자 하는 것은 기존 가부장적 구조의 남성적 욕망의 대상으로서의 '여성'은 존재하지 않는다는 것이다. 하지만 자본과 시장은 그런 여성의 환타지와

---

33 braidotti, *nomadic subjects*, 25.
34 Ibid., 29.

이미지를 무수히 생산해냄으로써, 여성과 남성 모두가 자신들의 진정한 주체에 다가가지 못하도록 방해한다. 사실 욕망의 대상으로서 여성을 환상하는 남자는 역설적으로 '전체가 아닌' 여성의 결여로 인해 스스로를 결핍한 존재가 되고 만다. 우리로 하여금 환상 대상으로서 여성을 소비하고 욕망하고 원하도록 만드는 환상의 구조는 여성을 비존재로 만들어버릴 뿐만 아니라, 남자 자신을 비존재화시켜 버린다. 남자가 여성을 성적 대상으로 욕망하는 환상의 구조는 '남성'을 가부장적이고 위계적인 사회 구조 속에 고착시킨 결과이며, 이 욕망의 구조는 생존경쟁과 무한경쟁을 정당화시키는 논리의 토대로 기능한다. 말하자면, 여성을 성적 대상으로 욕망하는 남자의 주체가 강한 남자 혹은 경쟁에서 승리한 남자로 사회적으로 학습된다는 말이다.

남자들은 자신의 성적 정체성을 공교육을 통해서 학습받기 보다는 사춘기 시절 자신의 또래문화나 관계로부터 체현한다. 이 사춘기의 사회화 과정을 통해 한 사내아이는 '남자다움'이 무엇인지에 대해서 암묵적으로 배우고 길들여진다. 그리고 이 사춘기의 비공식적 학습은 당대의 자본주의적이고 소비지향적인 욕망의 문화를 통해 공고화된다. 우리의 사회 모든 곳에서 '여성'은 성적 욕망의 대상으로 재현되고 있지 않은가? 역설적인 것은 그러한 욕망의 사회 구조 속에서 우리는 그 욕망의 금지명령 즉 여성을 성적 대상으로 욕망하고 간주해서는 안 된다는 도덕적 학습을 받는다는 사실이다. 바로 이 욕망과 금기의 협업을 통해 우리는 더욱 더 그렇게 욕망하게 된다.

사춘기 시절의 또래 문화 속에서 남자는 '성'(性)을 알아야 남자라는 통념, 다시 말해서 남자는 여자와 성적 행위를 할 수 있어야 한다는 통념 그리고 그런 성적 능력이 유능한 사람이 여성들로부터 인기가 있다는 통념을 주입받는다. 이러한 사춘기적 통념이 우리의 소비사회의 광고나 미디어의 자극을 통해 형성된다는 것은 말할 필요가 없을 것이다. 이 사춘기적 상상력 속에서 '성'(sexuality)은 언제나 이성애(heterosexuality)를 의미하며, 같은 동전의 반대면으로 '동성애혐오'(homophobia) 기제가 작동하게 된다.35

여기서 짚고 넘어가야 할 것이 있다. 사춘기 시절 또래문화로부터 형성되는 성에 대한 인식은 남자들이 이성애적 욕망을 추구하고, 동성애를 혐오하는 사람을 만든다는 쉽고 단순한 주장을 하는 것이 아니다. 대부분의 남자들은 착하고 순진하다. 문제는 이 착하고 순진한 남자들이 동료나 사회가 가르쳐주는 '여성'에 대해 그대로 학습하고 반복하고 순응한다는 것이다. 남성적 존재들 안에는 생물학적으로 '권위에 대한 복종' 의식이 내장되어 있다. 이는 남성들에게만 해당된다기보다는 집단적으로 사회를 이루며 살아가는 모든 생물종들에게 공통적으로 내장된 본성이다. 다만 인간의 경우, 그것이 단지 육체적인 능력이나 힘에만 좌우되는 것이 아니라, 사회의 위계적인 권위구조 속에서 육체적으로 힘이 약하고 능력이 떨어지더라도, 사회적 권위를 갖고 있는 대상에게 복종하려는 습속이 생존본능으로 내장되어 있다는 것을 말하고자 하는 것이다. 바로 이 내장된 복종의 본능이 또래문화에서 힘 있고 혹은 인기 있는 상대의 말에 복종하고 순응하는 모습으로 나타나고, 그렇기 때문에 또래들이 말하는 '이성'에 대해 그대로 반복학습하게 된다는 것이다. 이러한 성의 '사회화' 과정을 통해 착하고 순진한 남자 아

---

35 토니 포터/김영진 옮김, 『맨박스: 남자다움에 갇힌 남자들』(*Breaking Out of the "Man Box": The Next Generation of Manhood*) (서울: 한빛비즈, 2016), 29.

이는 남성중심주의, 여성의 비인격화, 여성학대, 여성 혐오 등의 공범으로 참여하게 된다. 이러한 성의 사회화 과정의 기저에는 바로 '남성다움'을 학습하는 사회화 과정이 사춘기 시절부터 자리 잡고 있다.

토니 포터(Tony Porter)는 자신의 책 『맨박스: 남자다움에 갇힌 남자들』에서 우리가 사회적으로 학습하고 길들여진 '남자다움'이 무의식적으로 전제하도록 만드는 것은 1) 여성은 남성의 '성적 대상'이라는 것, 2) 여성은 남성의 '소유물'이라는 것 그리고 3) 여성은 남성보다 '열등'하다는 것이라고 주장한다. 남자는 강해야 하고, 여성은 연약하고 감성적인 존재라는 생각을 주입하면서, 이 맨박스는 강한 남자란 바로 성적으로 강력해야 한다는 것을 혹은 더 나아가 성적으로 강력해야 강한 남자라는 것을 증명한다는 무근거한 무의식적 상을 주입한다. 따라서 여성은 성적인 욕망의 대상으로 표상된다. 여성을 성적인 욕망의 대상으로 간주하기 시작하면, 여성은 '소유물'이 되어야 한다는 생각이, 대상에 대한 경험들로부터 자연스럽게 도출되어 나온다. 나의 욕망의 대상을 자유롭게 만끽하려면, 그것은 '내 것'이 되어야 하기 때문이다. 나의 욕망의 대상이자 소유물은 결코 나보다 우월할 수 없다는 생각도 자연스레 동반된다.

문제는 맨박스가 여성을 대상으로, 소유물로 그리고 하등한 것으로 간주하는 것보다 더 근원적인 데에 놓여있다. 핵심은 이 남성들의 사회적 무의식을 형성하는 맨박스, 즉 남자다움이 무엇인지를 사회적 무의식의 차원에서 규정하는 이 맨박스가 남자에게 "어떻게 행동해야 할지 명령을 내린다"는 사실에 있다. 바로 이 지점에서 우리 시대의 페미니즘 담론은 약간 초점을 혹은 제대로 된 목표를 찾아내지 못하고 있다. 여성의 행위가 언제나 주체적으로 이루어지는 것이 아니듯, 소위 '남성'의 행위들도 그 스스로의 주체적인 의지와 결단으로만 구성되는 것이 아니다. 오히려 남성들로 하여금 남성답게 행위하도록 규정하고 결정하는 그 무엇이 사회의 구조 속에 함의되어 있으며, 이를 통해 남성들은 가부장적 남성으로 되어간다. 토니 포터는 바로 그것을 "맨박스"(Man Box)라고 이름한 것이다. 맨박스는 단지 남자다우려면 어떻게 행동해야 하는지를 명하는 기능만을 갖고 있는 것이 아니다. 맨박스는 남자가 남자답지 못할 때 즉 남자다움의 기준에 미치지 못하는 남성들을 "가차없이 처벌"[36]하는 메커니즘을 담지하고 있다. 남자가 남자다움의 기준에 미치지 못할 때, 그들은 "병신, 또라이, 고자 그리고 그 중 최악인 '계집애'라는 소리를 각오"[37]해야 한다.

1. 승자독식의 가부장적 위계질서 하에서 언제나 패자인 남자(들)

맨박스가 우리에게 주입하는 남성다움의 핵심은 '강함'이다. 강한 남자가 되어야 한다는 것이다. 어린 시절, 딸아이가 울면, 가서 달래주고 들어주는 아빠가 아들이 밖에서 누군가에게 맞고 울면서 들어오면, 사내 녀석이 창피하게 운다고 그리고 바보같이 맞고 들어왔다고 화를 내면서 다음부터는 누군가 너를 공격하면 어떻게 해야 남자다운지를 가르쳐주겠다고 역정을 내기 마련이다. 이러한 아빠의 반응은 그저 동물적이고 무식한 반응은 아니다. 아마도 이 시대 남자가 오랜 세월동안 약육강식의 정글 속에서 살아남은 생존의 지혜를 무의식적으로 전하

---

36 포터, 『맨박스』, 41.
37 앞의 책, 43.

고 있는 것일 것이다. 문제는 이러한 생존의 지혜를 논리적으로 엄격히 적용하자면, 우리가 '남자'로 알고 있는 대부분의 존재들이 남자다움의 범주에 결코 들어가지 못한다는 것이다. 강한 남자, 약육강식의 생존 정글 속에서 살아남아 지배하는 자, 그는 결코 둘이 아니다. 말하자면 최종 승자 한명을 제외한 모든 생물학적 남자들은 남자의 범주에 들지 못 한다 혹은 남자다움이라는 기준을 충족하지 못 한다. 강하지 못한 존재는 살아남을 가치를 갖지 못한다는 생각이 남자들 사이에 퍼지면서, 이제 살아남기 위해 '피도 눈물도 없는 놈'이 되어야 한다는 생각을 갖게 된다. 이러한 생존의 논리는 은연 중 생물학적 사실이라는 과학의 탈을 쓰고 나타난다. 하지만 이 약육강식과 승자독식의 세계는 결코 생물학이 말하는 자연세계의 모습이 아니다. 생물의 세계는 포식자와 먹이가 균형을 이룰 때, 생태계가 유지될 수 있다는 지혜를 실현한다. 이는 곧 승자가 독식을 하는 세계가 아니며, 강한 놈만이 살아남는 세계도 아니다. 모든 것은 모든 것과 연결되어, 강한 자도 약한 자도 모두 생태계의 균형 속에서 조화롭게 살아가는 측면이 더 강하다. 하지만 맨박스는 남자에게 남자다움이란 강한 것이고, 강한 것만이 살아남는다는 사회적 무의식을 심고 강화시킨다.

　맨박스의 사회적 무의식이 바로 페미니즘이 비판하는 가부장제의 핵심이다. 가부장(patriarch), 그는 그 집단의 한 명뿐인 족장이다. 가부장제는 바로 이 족장을 가장 강한 자로 전시한다. 그리고 이 가부장을 축으로 해서 모든 사회적 위계질서를 구성한다. 최고 권력을 가진 자를 중심으로 이하 모든 사람들의 서열이 정리된다. 나보다 많은 권력을 가진 자에게 짓밟히는 것은 부당(unjust)한 것이 아니라, 바로 네가 '약한 것'뿐이다. 그것이 바로 정글의 법칙이고, 그것이 바로 세계의 법칙이라고 가부장제는 맨박스를 통해 가르친다. 따라서 생존하기 위해서는 그 누구라도 권력 앞에 머리를 숙여야 한다. 이는 부끄러운 것이 아니다. 권위를 존중하는 예(禮)라고 포장한다. 결국 가부장제(patriarchy) 하에서 사회적 생태계의 정의가 권력의 문제로 변질된다. 강한 자든 약한 자든 전체 사회 생태계의 조화와 균형 속에서 공생의 길을 모색하도록 추동되는 것이 아니라, 강한 자에게 복종하도록 강요받는다. 강한 자가 비록 부정의한 것을 요구하더라도 복종하도록 말이다.

남자다움을 사회적으로 명령하는 맨박스의 기초를 이루는 근원적 구조로서 가부장제가 담지한 문제의 핵심은 여성을 소외시키고 억압하고 차별한다는 것뿐만이 아니다. 가장 역설적으로 가부장제는 남자를 소외시킨다. 즉 남자가 남자다울 수 있는 많은 다양하고 아름다운 모습을 배재한채 오로지 강한 놈만이 남자라고 주입함으로써, 여성보다 우월하도록 교육받는 듯하지만, 실상 세상은 여/남의 대결만으로 이루어진 것이 아니다. 오히려 더 많은 경우, 경쟁은 나와 수많은 남자들 간에 벌어진다. 물론 이런 대결구조가 생겨난 것 자체가 가부장제의 산물이지만 말이다. 따라서 이 생존경쟁의 현장에서 실상 내가 남성으로서 우월하다는 것은 큰 장점이 되지 못한다. 오히려 누군가 나보다 더 많은 권력을 가졌을 때, 그가 나보다 우월의식을 갖는 모습을 정당화시켜줄 뿐이다. 남자의 가치는 바로 힘 혹은 권력이라고 주입받았으니까. 맞다. 가부장 한 사람을 제외하면, 사실 모든 남자는 패자(loser)이다. 자신이 이 가부장적 구조 속에서 '패자'임을 인정하기 싫어서 우리는 우리보다 약한 사람을 찾아서 우리의 상처받은 자존심을 위로한다. 아주 치사하게도 말이다.

어쩌면 이 배후에는 상처받은 "영웅주의"(heroism)가 놓여있는지도 모른다. 어네스트 베커는 인간 문화를 이끌어가는 근원적 추동력은 바로 이 "영웅주의"38인데, 이 영웅주의는 바로 인간이 근원적으로 극복 불가능한 죽음에 대한 두려움과 분노 및 좌절의 감정으로부터 도래하였다고 주장한다. 이 근원적으로 극복 불가능한 죽음에 맞서 가족과 친구를 구하기 위해 목숨을 거는 영웅의 모습에서 우리는 인간의 가치를 발견한다는 것이다. '영웅'(hero)은 사실 우리의 원망(願望)의 투사이다. 신화애 등장하는 반신반인의 영웅들은 모두 인간이 갖고 싶어하는, 그러나 가질 수 없는 초인적인 능력들을 갖고 있다. 헐리우드 영웅담 영화 속에서 영웅적 주인공들은 초인적인 능력이나 무언가를 갖고 있다. 이 영웅의 문화적 상징들은 남성중심의 문화 속에서 남성들에게 아주 매력적인 남성적 이상을 제공하지만, 동시에 자기 스스로 실현할 수 없는 신적인 능력을 지닌 초월적 이상이라는 점에서 좌절과 상실을 근원적으로 뿌리박게 만든다. 즉 영웅을 소비하는 우리 문화의 근원에는 바로 이 영웅의 결여(lack of hero)가 자리 잡고 있는 것이다.

가부장제와 영웅주의 문화 속에서 결국 남성은 근원적으로 그리고 결정적으로 소외당할 수밖에 없다. 모든 사람이 가장 강한 남자가 될 수 없다. 영웅 신화는 바로 그것을 가르쳐 준다. 신화 속 영웅들은 인간이 아니었던 것이다. 오늘의 영웅도 평범하지 않기 때문에 영웅이다. 즉 평범한 남자는 결코 영웅이 될 수 없는 것이다. 영웅이 되기 위해서는 평범함을 초월할 수 있는 능력이 있어야 한다. 만일 그런 능력이 없다면 대신 가문의 힘으로라도 혹은 돈의 힘을 빌려서라도 혹은 인맥과 권력의 힘

---

38 어네스트 베커/김재영 옮김, 『죽음의 부정: 프로이트의 인간 이해를 넘어서』 (경기, 고양: 인간사랑, 2008), 39-50.

을 빌려서라도 그 초월적 징표를 소유해야 한다. 이런 문화적 풍조 속에서 99.9%의 남성들은 천상 패자(loser)가 될 수밖에 없지만, 가부장제와 맨박스는 그 모든 남자들에게 남자답게 살라고 주입하고 강요한다.

III. 성관계를 넘어 사랑으로

가부장제와 맨박스의 명령, 그 불가능한 명령의 굴레를 벗어나 진정한 한 인격과 사람으로서, 다시 말해서 진정한 남성과 여성으로서 살아갈 대안은 존재하는가? 사랑의 관계 속에서 주체는 "자신의 사랑의 대상을 너무도 원하기 때문에 외부로부터, [즉] 사랑받는 이로부터 오는 것을 주체가 선택하는 것과 구분할 수 없다."[39] 이는 사랑의 관계 속에서 주체는 사랑의 대상과 하나가 된다는 것을 말하는 것이 아니다. 모든 존재는 궁극적으로 자기애적(narcissistic)이다. 생존의 본능을 명받고 있다는 점에서 말이다. 사랑의 관계 속에서 자신이 너무도 원하는 것과 자기 스스로 선택하는 것이 구별이 되지 않는다는 것은 곧 사랑의 관계 속에서 주체가 소멸하는 것이 아님을 의미한다. 사랑의 관계는 둘(the Two)이 하나(the One)가 되는 것이 아니다. 사랑은, 철학자 바디우의 말대로, 둘의 관계이다. 하지만 여기서 이 사랑의 '둘'이 보이는 것은 결코 아니다. 만일 사랑의 '둘'(the Two)이 보인다면, 이는 그 둘을 조망할 수 있는 제삼(the third)이 시선 바깥에 존재하고 있다는

---

[39] 조운 콥젝/김소연 · 박제철 · 정혁현 옮김, 『여자가 없다고 상상해봐: 윤리와 승화』(*Imagine There's No Woman: Ethics and Sublimation*) (서울: 도서출판b, 2015), 120.

뜻이다. 눈은 세계를 보고 있는 자기 자신을 보지 못한다. 사랑의 관계 속에 있는 둘은 그렇게 둘을 조망하고 있는 제삼의 관계가 아니다. 말하자면, "사랑에서는 셋이 없다. 사랑의 둘은 모든 셈에서 벗어난다."[40] 사랑의 관계는 동등한 두 일자의 만남이거나 대면이 아니다. 인간은 근원적으로 둘이지만, 그 둘의 관계는 언제나 일자와 타자의 관계이다. 여기서 타자는 일자와 동등한 타자가 아니라 언제나 "일자 더하기 a (1 + a), 즉 하나의 존재 + 여하한 '대상성' 없는 혹은 독립된 존재자로서 대상화할 수 없는 하나의 대상"[41]으로 나타난다. 바로 이 맥락에서 라캉은 '성관계는 존재하지 않는다'는 말을 했다. 여성은 '전체가 아닌'(not-All) 존재로 출현한다는 말은 곧 인간의 근원적인 자기애적 인식 구조를 고려할 때, 타자는 1의 존재로가 아니라 '부분 대상' a로 등장한다는 말을 하는 것이다.

    자기애적 심리와 인지의 구조 속에서 우리는 어떻게 사랑에 이를 수 있는가? 우리가 타자를 동등한 일자가 아니라 부분대상 a를 통해 간접적으로 경험할 수밖에 없다면, 도대체 어떻게 사랑이 가능한가? 자기가 원하는 사랑의 대상에 대한 마음이 너무도 간절하여, 그 대상을 주체 스스로 선택하는 것과 구별하지 못한다는 말을 기억하자. 쉽게 말하자면, 그녀가 원하는 것을 내가 원하는 것으로 생각한다는 것이다. 사랑의 관계 속에서. 그녀가 부탁하기 때문이 아니라, 그녀가 원하는 것을 바로 내가 원하는 것으로 삼게 된다는 말이다.

---

40 Alain Badiou, "What is Love?", trans. Justin Clemens in *Umbr(a)* 1 (1996), special issue, ed., Sam Gillespie and Sigi Jottkandt, 44; [재인용] 콥젝, 『여자가 없다고 상상해봐』, 122.

41 콥젝, 『여자가 없다고 상상해봐』, 122.

욕망의 관계에서 사랑의 관계로 넘어갈 수 있는 핵심요건은 바로 '비전체'(not-All)가 되는 것이다. 내가 전체 혹은 일자 혹은 내 관계성의 주체로 서는 상황에서 소위 '나'는 전체의 관점으로 조망하기 때문에 절대적으로 '비전체성'의 관점을 담지할 수 없다. 그래서 유일하게 성공적인 행위는 자살이라는 라캉의 말은 바로 이 불/가능성을 의미하는 말이다. 비전체성은 초자아가 결여된 존재 혹은 "초자아적 구조의 결여"[42]가 이루어진 존재를 의미하며, 이것이 바로 라캉이 말하는 비전체성으로서 여성이다. 이 비전체성으로서의 여성은 바로 그 어디에도 소속되지 못한 '사이적 존재'(in-between being)를 가리키는 말이 될 것이다. 경계선에서 우리는 어디에도 속하지 못했기 때문에 비존재가 된다. 그래서 브라이도티는 "No-(wo)man's lands"[43]라는 표현을 썼다. 어디에도 귀속되지 못했기 때문에 그 어디도 그(녀)를 위한 나라는 없다. 하지만 이러한 무소속의 상태가 그(녀)로 하여금 모든 존재와 연대할 수 있는 가능성이 될 것이다: "No-where" = "Now-here."[44] 어디에도 속하지 않았기 때문에 곧 내가 지금 있는 곳이 바로 내가 속한 곳이고, 따라서 내가 살아가며 서 있는 모든 곳이 곧 내가 속한 곳이 된다는 말의 원조는 버지니아 울프일 것이다.[45] 속한 나라도 없고, 원하는 나라도 없으며, '나의(그녀의) 나라는 전체 세계이다'라는 말은 감리교 창시자 존 웨슬리의 '세계는 나의 교구다'라는 말과 흡사하게 들

---

42 콥젝, 『여자가 없다고 상상해봐』, 214.
43 braidotti, *nomadic subjects*, 47.
44 Ibid., 49.
45 버지니아 울프는 이렇게 말했다: "As a woman I have no country, as a woman I want no country, as a woman my country is the whole world"(braidotti, *nomadic subjects*, 55).

린다. 사실 그 어디도 속하지 않는다는 것, 그것은 바로 '유토피아'의 본래 뜻이기도 하다: u-topia, 즉 no-where. 이를 확장해서 말하자면, 결국 이 땅 어디에도 귀속되지 못한 그 비전체성으로서의 여성이 우리가 이루어야 할 희망의 나라이다. 지금은 그 어디에도 존재하지 않지만 그럼에도 불구하고 그 어디도 속하지 못한 영혼들이 궁극에 실현하는 나라, u-topia. 오늘날 우리가 경험하는 이 무소속의 위기는 우리가 살아가는 세계가 점차 비정규직 즉 함께 일하지만, 여기에 소속된 것은 아닌 유령 같은 노동자들을 양산하며 번성해 갈 때, 이들은 세상을 등지고 자신의 종교적 통찰을 심화시키기 위해 스스로 무소속이 되어 사막으로 나아갔던 종교적 엘리트들의 철수와는 다른 것이다. 오늘날 전 세계 다수의 노동자들이 이렇게 소속 없는 비정규직으로 내몰려 살아갈 때, 브라이도티의 유목적 주체로서 여성은 '유토피아' 즉 "무장소"(nonplace)로서 희망의 개념을 설파하면서, 이를 "탈인간적 유토피아"(posthuman utopia)라고 이름한다.[46] 이렇게 "탈중심화된 주체성"(decentered subjectivity)[47]만이 세계를 구원한다. 집 없는 노숙자와 나라 없는 난민들과 연대할 수 있는 주체, 그것은 곧 비전체로서의 주체이고, 이것은 곧 여성이다.

유일하게 성공적인 행위로 자살을 이야기하는 라캉의 의도는 결국 우리가 '전체'의 범주 속에서 자기만의 주체로 설 때, 역설적으로 우리는 그 누구와도 조우할 수 없는 상태에 놓이게 될 것이다. 그래서 실재는 결국 주체에게 '물 자체'처럼 결코 조우할 수 없는 것이 될 것이고,

---

46 braidotti, *nomadic subjects*, 56.
47 Ibid., 56.

실재와의 만남은 언제나 기묘하고 혐오스럽게 흉물스런 일이 될 수밖에 없다. 역설적으로 가장 성공적인 자살은 바로 사랑이다. "왜냐하면 오직 사랑 안에서만 우리는 대타자와 조우하기 때문"[48]이다. 자기를 희생하는 것이 사랑의 숭고함이라는 신파조의 통념을 이야기하는 것이 아니다. 오히려 라캉의 이야기는 "세계가 존재하는 곳에 주체가 존재하지 않는다"[49]라는 것이다. 말하자면 주체와 세계는 결코 조우하지 못한다. "오직 사랑만이 주체가 세계와 직접적으로 조우하는 것을 허용함으로써 불가능한 것을 성취한다. 즉 사랑만이 언제나 세계에 대한 어떤 경험도 바로 우리의 생각이나 지각들의 내용 속으로 사라지는 것처럼 생각되는 잡히지 않는 '나'를 경험하게 해준다."[50] 요지는 그녀의 비전체성이 바로 이러한 주체와 세계의 (그 불가능한) 만남을 가능케 해준다는 것이고, 그 힘이 바로 사랑이라는 것이다.

IV. 개념의 창조로서 '소수자로서 여성-되기'

브라이도티는 도착적 혼종화의 시대에 그 무엇보다도 "개념적 창조성"(conceptual creativity)[51]이 요구된다고 주장한다. 여/남의 획일적인 이분법으로 억압의 구조를 파헤치기도 난감할 뿐만 아니라, 우리가 전통적으로 유지해온 여/남의 이분법은 짐짓 '이성애주의적'이고 '동성

---

48 콥젝, 『여자가 없다고 상상해봐』, 218.
49 앞의 책, 221.
50 앞의 책, 221.
51 braidotti, *nomadic subjects*, 13.

애-혐오'적인 요인들을 내포하고 있기 때문이다. 개념적 창조성은 기존에 창조성과 비판 의식을 그리고 이성과 상상력을 분리하여 별도의 작용으로 이해하던 사유의 관습에 대한 저항이다. 즉 우리 시대가 필요로 하는 것은 비판의식과 창조성의 융합 즉 이성과 상상력의 결합이 요구된다는 것을 역설한 것이다. 이 개념적 창조성을 다른 말로 브라이도티는 "신화 혹은 정치적 소설(political fiction)"[52]이라고 부른다. 21세기 포스트휴먼의 시대를 목전에 둔 지금, 우리에게는 '우리' 혹은 '여성'을 창조적으로 개념화한다는 것은 곧 여성의 이야기를 정치화하는 것을 의미하기 때문이다. 사실 인간은 세계를 '소설'로 구성한다고 말하는 것이 맞다. 두뇌는 세계를 직접 경험하지 못한다. 그녀는 몸이라는 인터페이스를 통해 세계를 간접적으로 경험한다. 따라서 두뇌가 경험하는 세계는 두뇌가 몸이라는 인터페이스를 통해 수용된 정보와 기존에 저장된 정보를 나름대로 종합하여 엮어낸 '소설'(fiction)일 수밖에 없다. 근거없는 소설이라는 의미는 물론 아니다. 오히려 정치적 소설로서 여성의 유목적 주체를 말하는 것은 "신화를 만들어 나가는"(myth making)[53] 일이고 이것은 상상력을 요하는 일이다. 바로 이 지점에서 우리는 '종교의 귀환'을 예감할 수도 있다. 먼 옛날 신화는 근거 없는 원시인류의 두려움의 소산이 아니라, 그들 나름대로 인간과 세계를 합리적으로 이해하려는 노력의 산물이었고, 그를 통해 함께 더불어 살아가는 사람들을 하나로 엮어주는 '정체성'(identity)이었다. 브라이도티가 유목적 주체를 정치적 소설로서 설파하는 일을 신화를 만

---

52 braidotti, *nomadic subjects*, 26.
53 Ibid., 26.

들어 나가는 일이라고 본 것은 바로 이런 맥락에서이다.

다양하고 복잡한 정체성들과 사회적 범주들을 가로질러 유목적 주체를 구성하는 일은 곧 "마치 그런듯이의 철학"(philosophy of as if)을 구현하는 일이다. 그 어떤 주체도 그 복잡하고 다양한 상황들을 모두 다 경험하고 다 알 수는 없다. 이런 극도의 다양성이 범람하는 시대에 '차이와 관용'의 윤리를 강조하는 것만으로는 우리는 주체를 세우는데 도달하지 못한다. 해당 주체가 미처 그 상황을 직접 경험하고 다 알지 못하더라도, 그 주체의 타자에게로 다가설 수 있는 공감의 형식, 그것은 바로 '마치 그런 듯이'(as if)의 경험이다. 이를 통해 일군의 경험들로부터 또 다른 일군의 경험들로 감정이입이 이루어져, 상호연관됨(interconnectedness)을 체현하게 된다. 이 마치 그런 듯이의 경험은 동일시나 반복이 아니라, 이 '마치 [내가] 그런 듯이'의 경험을 통해 우리는 '창조적 되기'(creative becoming)로 나아가는 것이다.

서두에 여성은 '전체가 아닌'(not-All) 존재로 개념화된다는 라캉의 주장을 소개했다. 이 비전체성은 '소수자'(minority)의 개념이나 서발턴(the subaltern) 개념의 존재론적 상황을 가리키는 것이지만, 같은 동전의 반대면으로 이 비전체성은 "전체로부터 예외적인 거대함, 혹은 다른 것들이 그것에 의지하여 측정되는 측정할 수 없는 척도를 제거"[54] 하는 용맹스런 개념이 될 수도 있다. 이 비전체성은 철학적으로 일자가 아닌 '다수성'(the multiple)의 개념을 가리킨다. 즉 여성의 비전체성은 일자에 대한 사유를 통해 구성되는 서구 철학의 전통을 전복하는 혁명적 개념의 자리가 될 수도 있으며, 정치적 혁명의 토대의 자리가 될 수

---

54 콥젝, 『여자가 없다고 상상해봐』, 214.

도 있다는 것이다. 철학자 칸트는 숭고의 논리를 구성하면서 "자기를 능가하는 다양한 주체의 출현을 추적함으로써 그것들을 하나의 존재의 출현으로 만들어내는 예외적인 힘 혹은 척도와의 관계 속에서 자신의 결여를 발견하여 자신을 능가하거나 초과"55하는 것으로서 주체를 현시한다. 이에 반해서 여성은 "반대로 스스로 그와 같은 어떤 척도와도 관계 맺지 않은 채 자신을 초월한다."56 바로 이런 맥락에서 여성은 '비전체성'이고, '다수'인 것이다. 결국 비전체로서 그리고 무장소(u-topia, nonplace)로서 여성은 집 없고 나라 없고 문화 없는 경험을 공유하는 노숙자와 난민과 이민자들과 더불어 희망을 씨앗을 펼쳐나갈 수 있는 연대의 모상이 된다.

더 나아가서 비전체로서 여성은 기계문명의 발전 속에서 인간의 착취와 남용의 대상이 되었던 자연뿐만 아니라, 인공적 물질들과의 연대를 구성하는 무/장소가 되기도 한다. 도나 해러웨이(Donna Haraway)는 이렇게 여성의 존재를 사이보그와 동물과의 연대로 확장했다. 인공/자연의 이분법을 기초로 한 우리의 자연과 생태 의식은 무의식적으로 자연적이지 않은 것 혹은 기계적이고 인공적인 것을 '존재'로 간주하지 않는 인간중심주의적 오류를 범하기 마련이다. 그 인공물들은 말이 없다. 단 한번도. 불평도 하지 않는다. 그래서 인간의 필요에 따라 사용되고 버려지는 존재들. 이들은 또 인간의 식량을 위해 소비되는 동물가축들과 크게 다르지 않다. 새끼 때부터 인간의 식량이 되기 위해 사육되고, 그 식량자원의 지속을 위해 평생 감금당하며 살다 도살되는 존재

---

55 쿱젝, 『여자가 없다고 상상해봐』, 214.
56 앞의 책, 214.

들, 철저히 인간들의 삶을 위해 이용당하고 착취당하는 존재들이다. 이 존재들의 존재방식이 바로 '비전체'(not-All)로서의 존재양식이자, 무/장소(u-topia)로서의 존재양식인 것이다. 소수자로서 여성이란 바로 이 비전체성으로서 존재하는 모든 존재들의 이름이 아닐까? 왜 다른 존재가 아니라 여성이냐고? 페미니즘의 역사는 바로 서구의 가부장적 인간 역사 속에서 처음으로 '당신들이 말하는 인간'은 진정한 의미에서 인간이 아니라는 것을, 즉 근대 서구의 휴머니즘은 진정한 휴머니즘이 될 수 없다는 사실을 처음으로 비판한 운동이었기 때문이다. 그 휴머니즘의 인간 개념 속에 결여된 인간이 '여성,' '아시아인과 아프리카인' 등이기 때문이다.

 홍상수 감독의 영화 중에 〈여자는 남자의 미래다〉라는 제목의 영화가 있다. 내용과는 상관없이 필자는 이 제목을 "여자는 남자의 실재(the Real)다"라고 말하고 싶다. 가부장적 위계질서로 훈육되고 규율화된 사회구조 하에서 표상되는 여성은 결국 남자들의 실재를 가리키는 것이었다. 남자들만 몰랐을 뿐이다. 우리 시대 네트워크 자본주의가 동네 아이들의 동전까지 이익으로 거두어가는 시대, 남자들에게 정말 필요한 사유는 '페미니즘'이라고 생각한다. 우리가 지금까지 '인간'으로 표상하고 이상화했던 개념과 이미지 속에 정작 생물학적 남성들 거의 대부분은 결코 남성이 될 수 없었던 소름끼치는 실재를 우리는 생물학의 이름으로 혹은 본능의 이름으로 억압해 왔다. 사유에 미래가 있다면, 그것은 바로 이 페미니즘의 근원적 도전, '니들이 인간이라고 말하는 범주 안에 내가 없다'는 통찰을 다시금 근원적으로 성찰해야 할 때이다.

****

다시 여성을 남성의 이상적 존재로 환상화한다고? 아니! 남성이 여성이라는 사실을 까발리는 것이다. 울고 찌질하고 무능력한 남자를 '계집애같다'고 타박하는 승자독식의 남성중심주의적 문화 속에서 모든 남자는 이미 남자가 아니라 여자가 되어있다. 오직 남자만 그 사실을 모르고 있을 뿐이다. 비전체성으로서의 여성은 남자들이 바로 그런 남성들 자신의 실재를 알기 위한 출구이지, 여성을 다시 남성들의 원망(願望)으로서 환상화시키는 것이 아니다.

케 노 시 스

케노시스 신학과 소수자 신학*

전 철**

I. 들어가며

케노시스 사유의 재발견은 지난 20세기 종교와 문화적 유산의 중요한 진보 가운데 하나이다. 본 연구는 케노시스의 사유가 자연과 문화와 인간 사회에 어떠한 함의를 지니는지 검토하고자 한다. 특히 본 연구는 20세기 현대 신학이 새롭게 주목한 '케노시스' 관점에서 소수자 신학의 새로운 가능성을 모색하는 것을 목적으로 한다. 자기비움의 정

---

* 이 논문은 "희망의 인문학"을 주제로 하여 유네스코, 교육부, 경기도(수원시)가 주최하고 한국연구재단이 주관한 제4회 세계인문학포럼(WHF, 2016.10.27-29)에서 발표한 강연 원고이며 다음의 학술지에 게재된 논문을 수정 보완한 것임을 밝힌다: 전 철, "케노시스 개념의 인문학적 함의: 자기비움의 사회적 가능성에 대하여,"「신학과 사회」31/1 (2017), 9-40.
** 한신대학교 신학과 교수, 조직신학

신은 성서의 전승이기도 하며, 그리스도교 신학을 지탱하는 핵심 요소이다. 예수 그리스도는 십자가의 희생을 통하여 자신을 비웠다. 이 자기비움을 통하여 하나님은 세상의 자유와 생명의 근거를 형성하였다. 이 자기비움의 사랑은 하나님의 가장 이상적인 모습으로 성서적 전승에서 묘사된다.

역사적으로 종교적-사상적으로 존재의 전통과 생성의 전통, 전능의 전통과 비움의 전통은 여전히 문명의 두 기둥으로 존재해왔다. 이러한 자기비움의 유산이 오늘의 사회 체계에서 어떠한 윤리적이며 실천적 함의를 지니고 있는지를 제시하고자 한다. 더 나아가 인간 문명을 새롭게 추동하는 사회적 가능성으로서 자기비움의 사유가 어떻게 소수자의 문제 그리고 생명의 주체성 구성에 관한 신학적 조명과 연결될 수 있는지를 검토하고자 한다.

이에 본 연구는 첫째, 개신교 신학에서 케노시스 개념을 어떻게 새롭게 재발굴하였는 지를 계보학적으로 검토하고자 한다. 즉 케노시스 개념의 신학적 영향사를 검토한다(II). 둘째, 자기비움의 존재론적 근거가 되는 형이상학과 이론을 간략하게 살피고자 한다. 이 이론을 통하여 자기비움이 가능한 생성의 공간이 확보될 수 있을 것이다(III). 셋째, 자기생성을 지시하는 '아우토포에시스' 개념과 자기비움을 지시하는 '케노시스' 개념에 대한 신학적-윤리적 검토를 진행할 것이다. 이는 자기비움 개념이 사회적 가능성과 어떻게 접맥될 수 있는지를 모색하는 중요한 이론적 장치가 될 것이다(IV). 넷째, 신적 케노시스와 사회적 아우토포에시스가 경합하는 현실에 대한 대안적 모색을 구원과 자유의 관점에서 진행할 것이다. 이는 최초의 신과 최후의 사회 사이의 긴장과 그 화해를 위한 성찰이 될 것이다(V). 마지막으로, 자기비움의 관점이 소수자 신학 담론 형성에 어떠한 함의를 지니는지를 결론으로 제시하고자 한다(VI).

II. 케노시스 개념과 역사적 해석

케노시스는 자기비움을 뜻하는 헬라어이다. 그리스도교의 전승은 신의 성육신 그리고 십자가의 처형 속에서 자기비움의 극치를 이루었음을 핵심적으로 고백한다. 비움은 그리스도교를 구성하는 중요한 사상이며 신의 세계의 임재에 관한 고유한 신학적 해석학이다. 성서 빌립보서 2장 5절은 인간의 구원을 위하여 신이 자신을 비운 장면을 잘 묘사하고 있다.[1] 이후 19세기 중반 에어랑엔의 고트프리트 토마시우스(Gottfried Theomasius, 1802-1875)는 "인격성의 발전"을 목표로 삼은 케노시스 기독론을 루터신학자들을 중심으로 구상하였다. 그에 의하면 예수는 인간적 지성과 의지의 정상적인 기능과 양립 불가능한 것으로 보이는 전능, 전지, 편재와 같은 신적 속성들을 벗어버렸다는 것이며, 그 벗음을 "케노시스"라고 명명하였다.[2] 그러나 하나님의 자기비움은 단순한 능력의 유보나 일부의 퇴각을 뜻하는 것을 넘어선다. 오히려 신성 자체의 진정한 비하와 겸허를 담지한다: "그리스도의 낮아짐

---

[1] "너희 안에 이 마음을 품으라 곧 그리스도 예수의 마음이니 그는 근본 하나님의 본체시나 하나님과 동등됨을 취할 것으로 여기지 아니하시고 오히려 자기를 비워(ekenosen) 종의 형체를 가지사 사람들과 같이 되셨고 또는 본체 사람의 모양으로 나타나사 자기를 낮추시고 죽기까지 복종하셨으니 곧 십자가에 죽으심이라"(빌 2:5-11).

[2] 켈리 케이픽 편집/박찬호 옮김, 『현대신학 지형도: 조직신학 각 주제에 대한 현대적 개관』 (서울: 새물결플러스, 2016), 285-289.

은 신적 속성의 단순한 비움이 아니라, 신적 속성의 진정한 케노시스이다. 이는 단지 신적 속성의 사용만을 포기한 것이 아니라, 그 소유 자체를 포기한 것이다."3

이렇게 기독교가 신학적이며 역사적인 주목을 해왔으나, 비교적 망각되어 왔던 케노시스 전통과 개념을 다시 전면적으로 복원하여 그 실마리를 현대 신학과 창조론의 주요 주제로 발전시킨 것은 20세기 신학의 매우 중요한 성과 가운데 하나이다.4 특히 케노시스와 비움의 문제를 다시 주목하고 현대 신학의 무대로 적극적으로 소환한 신학자는 위르겐 몰트만(Jürgen Moltmann, 1926-)이다. 그는 19세기를 거슬러 사상적으로 더 올라가 유대교 카발라 전통의 한 흔적인 침춤(zimzum) 개념을 케노시스와 비움을 매개로 하는 창조신학 구상의 핵심 논거로 초대한다. 짐춤 개념 구상의 질문은 다음에서부터 출발한다: "어떻게 신이 이 세계를 창조하셨는가? 세계는 물리적이고 시공간적인데, 무한한 신이 어떻게 이 유한한 세계를 창조하셨나?"

이 둘은 질적으로 위상이 다르기에 무한(infinitum)과 유한(finitum)이 어떻게 만날 수 있는가를 논리적으로 질문할 수 있다. 유대교 카발라 신비주의 전통에 따르면 "무한하고 성스러운 존재, 즉 자신의 빛으

---

3 Horst Georg Pöhlmann, *Abriss der Dogmatik* (Gütersloh: Gütersloher Verlag, 1985), 213.
4 창조에 대한 현대의 신학적 연구 성과는 다음을 참조. Christian Link, *Schöpfung: Schöpfungstheologie angeshits der Herausforderungen des 20. Jahrhunderts Bd. 7/2* (Gütersloh: Gütersloher Verlaghaus, 1991), 439-454; Michael Welker, *Gottes Geist: Theologie des Heiligen Geistes* (Neukirchen-Vluyn: Neukirchener Verlag, 1993); Ingolf U. Dalferth und Philipp Stoellger(Hrsg.), *Vernunft, Kontingenz und Gott -Konstellationen eines offenen Problems* (Tübingen: Mohr Siebeck, 2000).

로 태초에 전 우주를 채우셨던 존재가 그의 빛을 거두셨고, 그 빛을 온전히 자기 자신의 몸의 중심에 모으셨으며, 그리하여 빈 공간을 창조하셨다."5 즉 신은 이 세계를 창조하기 위하여 신 자신의 몸을 찢고 비워 그 중심에 세계의 창조를 위한 빈 공간을 마련하였으며, 바로 그 빈 공간에서 세계가 창조되었다는 것이다. 세계의 창조와 출현에 신의 자기 후퇴와 자기 비움이 있었으며 바로 그러한 창조의 사건에서 무한한 신과 유한한 세계의 논리적 모순은 더 이상 모순이 될 수 없음을 주장한다.

전통적인 존재신학의 관점에서 보면 가장 근원적 존재인 신은 비존재인 허무와 공허를 넘어 세상을 창조하였기에, 신은 무를 넘어선 진정한 실재이며, 세계는 무를 극복한 진정한 현실성이었다. 그러나 실존주의적 관점에서 무와 비존재는 실존과 교호하는 상호성의 개념이었다. 존재와 무와 현실성의 위계적 관계는 20세기에 들어서서 실존과 무의 교호적 관계로 재정립되며 이제 무는 실존의 조건이 되었다. 즉 무는 실존의 극복이 아니라 실존의 조건이다. 실로 전통적인 존재신학의 흐름은 20세기로 진입하면서 다양한 양상으로 재편된다.

케노시스 사유는 이러한 존재와 무의 상호 교호적 관계에서 더 나아가, 무와 비움과 희생이 극복되어야 할 퇴행이 아니라 오히려 생명과 존재의 창조적 원천임을 더 구체적으로 드러낸다. 이에 여기에서는 케노시스와 자기비움을 생명과 삶의 근원적 조건으로 어떻게 고려할 수 있는지를 여러 신학적-인문학적 지평 속에서 모색하고, 오늘날 소수

---

5 Gershom Gerhard Scholem, "Schöpfung aus Nichts und Selbstverschrängkung Gottes," *Eranos Jahrbuch 25* (1956), 87-119; Jürgen Moltmann, "God's Kenosis in the Creation and Consummation of the World," John Polkinghorne(ed.), *The Work of Love: Creation as Kenosis* (Grand Rapids: W.B. Eerdmans, 2001), 146.

자 담론의 구성에 어떠한 통찰을 줄 수 있는지를 성찰하고자 한다.

III. 생성에 관한 근대의 세 이론

케노시스 사유는 존재론보다는 생성론의 사유와 더욱 친화적이다. 왜냐하면, 케노시스 사유는 비어있는 현재 뿐만 아니라 비어있는 미래에 대한 신성의 적극적 화육(incarnation)과 창조의 사건에 주목하기 때문이다. 이에 여기에서는 20세기 생성의 사상가인 알프레드 노스 화이트헤드(Alfred North Whitehead, 1864-1947)와 그레고리 베이트슨(Gregory Bateson, 1904-1980), 그리고 니클라스 루만(Niklas Luhmann, 1927-1998)의 사유를 생성론의 관점에서 검토하고자 한다.

1. 화이트헤드의 생성의 형이상학

알프레드 노스 화이트헤드는 생성의 문제를 형이상학적 일반화의 핵심 과제로 주목하였다. 그의 사유가 생성의 형이상학, 혹은 창조성의 형이상학으로 불리는 이유가 여기에 있다.[6] 그의 사유는 서구 철학의 존재 사유를 생성의 논리로 새롭게 재해석한 평가를 받는다. 그에 의하면 전통적인 존재와 무의 사유는 아리스토텔레스의 논리학적 사유가 그대로 반영되고 관철된 범주이다. 화이트헤드의 존재사유에 대

---

6 Friedrich Rapp & Reiner Wiehl(Hrsg.), *Whiteheads Metaphysik der Kreativität* (Freiburg: Karl Alber, 1986).

한 비판은 이러한 점에서 아리스토텔레스가 구성한 실체-속성, 주어-술어의 논리학에 대한 비판을 기반으로 한다.7

여기에서 우리는 화이트헤드가 구축했던 현실적 존재(actual entity) 개념을 바탕으로 "현실"이 어떻게 직조되는지를 주목해 볼 필요가 있다. 그의 관점에서 모든 개별자적인 현실적 존재가 구성해 낸 세계는 전적으로 개별적이면서 동시에 그 세계의 어떠한 것보다 더욱 중요한 의미를 지니는 보편적 세계이다. 이러한 점에서 영원의 관점에서(sub specie aeternitatis) 현실의 생성을 설명하는 방식에서 요청되는 무(無) 개념은 화이트헤드의 체계 안에서 해체된다.

화이트헤드의 사유에서 ―스콜라적이며 실체론적인― 무로부터의 창조(creatio ex nihilo)는 허용되지 않는다. 오히려 전적인 무(ouk on)는 현실의 생성과 무관한 선험적인 범주가 될 수 없다. 오히려 전적인 무가 아닌 상대적인 무가 현실의 생성에 관련하여 고려되는 영역(me on)임을 화이트헤드는 주목한다. 특히 무는 수많은 개별자적 현실의 탄생이 하나의 실재론적 구조 안에서 지탱되고 견지되도록 하는 생성의 심층, 생성의 완충지대가 된다. 동시에 무는 전적으로 독자적이고 개별적인 시공적 사건들이 하나의 현실에서 "독자적이며 개별적으로" 생성하도록 하는 생성의 터전이며, 상호 양립 불가능한 무한한 개별적 사건들을 양립 가능한 현실로 탄생하게 하는 근거이다.8 그는 이러한 현

---

7 Alfred North Whitehead, *Process and Reality: An Essay in Cosmology. The Gifford Lectures of the University of Edinburgh* (New York: The Free Press, 1978), 28-30.
8 이러한 시공간과 자연의 보편적 특성을 화이트헤드는 "the uniformity of the texture of experience"라는 통찰을 통하여 전개하였다. Alfred North Whitehead, "Space, Time, and Relativity", *The Aims of Education* (New York: The Free Press, 1929/1957), 163.

실 탄생의 공간이자 근거를 궁극자의 범주로 정립하였으며, 그가 구상한 개념인 창조성(creativity)은 생성의 공간에 관한 매우 중요한 형이상학적 통찰이다.9

2. 그레고리 베이트슨의 생성의 생태학

그레고리 베이트슨은 전통적인 존재신학의 사유를 거부한다. 그는 화이트헤드가 전개하는 생성의 사유를 더욱 생태학적 커뮤니케이션의 차원으로 확대하며 새로운 방식의 비움의 지위를 정립한다. 그의 생성과 비움의 존재론은 인간화된 자기비움의 이미지를 넘어선 탈-인간적 자기비움의 체계이론으로 심화된다. 자기비움의 케노시스의 신학이 하나님의 인간성을 향한 담론이라면, 베이트슨의 생태적 커뮤니케이션 담론은 모든 생명의 기저에 있는, 생태적 네트워크를 기반으로 하는, 생성의 원리에 대한 담론이다. 이러한 이유로 그는 신의 성격 가운데 하나로 무성(無性)이라는 심성을 부여한 것은 인간을 모델로 삼아 끌어낸 것이라고 말한다. 그는 객관적이며 절대적 무의 사유를 거부한다. 체계의 꼭대기에 있는 신과 같은 전능한 마음(Supreme Mind)[10]과 그에 상응하는 전적인 무(ouk on)와 같은 연역적 논리와 사유 위에서 구축된 모든 하위 사유를 베이트슨은 거부한다.

---

9 Alfred North Whitehead, *Process and Reality: An Essay in Cosmology. The Gifford Lectures of the University of Edinburgh* (1978), 20-22.
10 Gregory Bateson, *Ökologie des Geistes. Anthropologische, psychologische, biologische und epistemologische Perspektiven* (Frankfurt: Suhrkamp, 1981), 442.

그는 이 세계가 품고 있는 거대한 생태적 연결의 총체성11을 신으로 이해한다. 그리고 이 세계의 살아있는 것들의 결합을 메타패턴적으로 파악하는 비전에 대한 공유를 종교로 이해한다. 그는 소위 무와 유, 물질적인 것과 영적인 것, 감각적인 것과 관념적인 것이 어떻게 접촉되는지를 해명하는 것을 평생의 과제로 인지하였으며 바로 그것이 "천사도 들어가기 두려워하는 곳"(where angels fear to tread)이라고 말한다.

그레고리 베이트슨은 마음과 물질의 이원론적 대립의 국면을 '플레로마'(pleroma)와 '크레아투라'(creatura)라는 새로운 개념적 구상 속에서 극복하고자 노력한다. '플레로마'와 '크레아투라'라는 개념은 분석심리학의 영역을 개척한 칼 구스타프 융(Carl Gustav Jung, 1875-1961)의 『죽은 자를 위한 설법』(Septem Sermones ad Mortuos: Seven Sermons for the Dead, 1916)12이라는 짤막한 책에서 나온 개념이다. 베이트슨은 『천사가 두려워하는 곳』(Angels Fear: Towards an Epistemology of the Sacred, 1987)이라는 말년의 저서13에서 그의 '마음의 작용'의 가장 중요한 기초를 설명하는 과정에서 융의 두 개념에 대한 설명을 시도한다.

융은 『죽은 자를 위한 설법』에서 무 혹은 유를 '플레로마'의 세계로 이해한다.14 이는 우리에게 충만하게 주어진 것이다. 동시에 플레로마

---

11 앞의 책, 559-560.
12 Carl Gustav Jung, *Die sieben Belehrungen der Toten* (Zürich, 1916).
13 Gregory Bateson & Mary Catherine Bateson, *Angels Fear: Towards an Epistemology of the Sacred* (New York: Macmillan, 1987). 이 책에 대한 연구는 다음을 참조. Wolfram Lutterer, *Auf den Spuren ökologischen Bewußtseins: Eine Analyse des Gesamtwerks von Gregory Bateson* (Norderstedt: Libri Books, 2000), 242-260.
14 Carl Gustav Jung, *Septem Sermones ad Mortuos: Die sieben Belehrungen der Toten* (1916).

에 대한 사고와 개념을 우리는 가질 수 있다. 그것이 바로 '크레아투라'이다. "플레로마의 세계는 자연과학의 세계이며, 크레아투라의 세계는 커뮤니케이션과 조직의 세계다."15 베이트슨은 '플레로마'에는 어떠한 차이도, 어떠한 구별도 존재하지 않는다고 말한다.16 플레로마의 세계는 힘과 물리적 영향이 모든 사건의 근거로 존재하는 생명이 없는 물리적 세계이다. 자연과학과 물리학은 플레로마의 세계를 다룬다. 그러나 마음의 과정의 세계는 크레아투라의 세계이다.17 크레아투라의 세계는 인간을 포함한 자연 세계의 살아있는 시스템의 총체성을 뜻한다. 크레아투라의 세계는 마음이 작동되는 시스템의 세계이다.18

베이트슨은 초월과 내재, 존재와 비존재와 같은 형식논리에 따른 유와 무에 관한 실체론적 사유를 거부한다. 절대자 혹은 개별자의 원리에 근거하여 구축되는 실체적 사태는 사물적인 측면일 뿐, 살아있는 생명과 삶을 조명하기에는 적절치 않은 문법이라고 베이트슨은 비평한다.19 존재는 그렇게 일방적이거나 단선적이지 않다. 오히려 세계는 존재의 대사슬(great chain of being)로 다층적으로 엮여 있으며 사고와 진화는 매우 유기적이고 심층적이며 무작위적으로 발생하는 과정(stochastic process)을 동반하고 있다.

그렇다면 베이트슨이 새롭게 직조한 무와 유의 관계는 무엇일까. 그는 "무에서는 아무것도 생기지 않는다"(nothing will come of

---

15 Gregory Bateson, *Ökologie des Geistes* (1981), 617.
16 Gregory Bateson, *Mind and Nature: A Necessary Unity* (New York: Dutton, 1979), 117.
17 앞의 책, 244.
18 Noel G. Charlton, *Understanding Gregory Bateson: Mind, Beauty, and the Sacred Earth* (New York: State University of New York Press, 2008), 43.
19 Gregory Bateson, *Ökologie des Geistes* (1981), 442.

nothing)는 명제를 신뢰한다.20 그는 정신을 공이라고 정의한다. 정신은 물이 아닌 어떤 것이다.21 이러한 점에서 베이트슨에 있어서 무는 존재의 결여가 아니다.

마음과 생명은 상호 연결된 생태계이며, 더 큰 마음이 바로 신이다.22 이렇게 생명의 생성과 네트워크의 문제를 사유한 화이트헤드와 베이트슨은 존재와 비존재의 실체론적 경계를 생성론과 관계론의 차원에서 더 확대하고 현대적으로 재해석한다. 그리고 개별자의 개체성과 전체성의 단일성을 극복하고 상호주관적 관계성에 입각한 새로운 생명의 연대성에 관한 가설을 생성의 관점에서 구축한다.23

3. 니클라스 루만의 생성의 체계이론

니클라스 루만의 사유에서도 전통적인 방식의 무와 유의 형식적 규범은 해체된다. 그는 자신의 체계이론에서 체계가 환경을 감축과 추상화를 통하여 어떻게 세계가 역동적으로 탄생되는지를 분석한다. 이 지점이 바로 루만의 체계이론이 지니는 구성주의적 측면이다.24 그렇기

---

20 Gregory Bateson, *Mind and Nature: A Necessary Unity* (1979), 46.
21 "Mind is empty; it is no-thing. It exists only in its ideas, and these again are no-things. Only the ideas are immanent, embodied in their examples. And the examples are, again, no-things. The claw, *as an example*, is not the *Ding an sich*; it is precisely not the *"thing in itself."* Rather, it is what mind makes of it, namely, an *example* of something or other." Gregory Bateson, *Mind and Nature: A Necessary Unity* (1979), 11.
22 Gregory Bateson, *Ökologie des Geistes* (1981), 592-593.
23 전 철, "그레고리 베이트슨의 성스러움의 인식론 연구", 「신학연구」 63 (2013), 155-185.

에 각각 분화된 사회 체계들이 메타적인 지평에서 수렴될 수 있는 상위 체계를 상정하지 않는다. 이 점에서 현실은 각각의 사회체계들의 경합/소통/갈등이 복합적이며 종합적으로 발현되는 생성의 블랙박스이다.

니클라스 루만의 체계이론의 핵심 패러다임을 구성하는 "체계와 환경"(System und Umwelt)25 이론은 다음의 생성론적 전망을 제공한다: "우리의 환경과 생태계에 대한 모든 진술과 논의는 저 밖을 향한 이 안의 자기재귀적인 우리의 이야기이며, 그것은 저 밖의 무, 혹은 생태계에 대한 논의와는 궁극적으로는 관계가 없다는 점이다."26 루만은 모든 체계가 지니는 자기생산(autopoiesis)이라는 문법을 핵심적으로 주목한다.27 이는 저 밖의 플레로마에 대한 우리의 크레아투라, 감각과 관념의 불연속성과 접촉 가능성을 모색했던 그레고리 베이트슨의 사유와도 맥을 같이 한다.

각 체계는 그러므로 새로운 창발적 명제를 지속해서 구성하고 창출해 낸다. 체계 내부의 관점에서는 하위 체계의 합 이상이 새롭게 상위 체계에서 등장한다. 체계와 환경의 관점에서는 모든 환경의 합 이상의

---

24 Margot Berghaus, *Luhmann leicht gemacht* (Köln: Böhlau Verlag, 2004), 26-29.
25 Niklas Luhmann, *Soziale Systeme. Grundriß einer allgemeinen Theorie* (Frankfurt: Suhrkamp, 1984), 242-285.
26 전 철, "생태계는 어디에 자리 잡고 있는가? - 니클라스 루만의 생태학적 커뮤니케이션을 중심으로",「새하늘새땅」 16 (2009), 56-57.
27 루만은 생물학적 구성주의의 통찰을 적극적으로 수용하여 생성의 사회체계적 이론을 구축한다. Humberto R. Maturana & Francisco J. Varela, *Der Baum der Erkenntnis. Die biologischen Wurzeln des menschlichen Erkennens* (Bern: Scherz, 1987), 298; Niklas Luhmann, *Soziale Systeme. Grundriß einer allgemeinen Theorie* (1984), 60. 사회시스템(social systems)의 자기생산(autopoiesis)에 대한 연구로는 Niklas Luhmann, *Essays on Self-Reference* (New York: Columbia University Press, 1990), 1-20.

'현실'이 새롭게 체계의 관점을 통하여 등장한다. 체계는 한편으로는 새로운 명제를 재귀적으로 산출해 내며, 다른 한편으로는 환경에 환원되지 않는 '현실'을 새롭게 산출해 낸다.

그렇다면 체계와 체계 사이는 어떠한 관계가 존재하는가. 각 체계는 서로를 환경으로 정위한다. 서로는 서로에게 환경이 된다. 체계는 분명 환경에서 자신의 관점으로 '현실'을 창출해 낸다. 서로는 서로에게 환경이 되면서, 동시에 서로는 서로로부터 자신의 고유한 '현실'을 탄생시킨다. 새로운 현실의 생성이다. 체계는 모든 타자적 환경의 합 이상의 새로움을 현실로 구현해 낸다. 이 점에서 모든 체계는 환경과의 대면 속에서 자기조직화의 성격으로 자신을 만들어 나아간다. 자기조직화는 존재하는 것에서 새로운 것을 도입함을 뜻한다. 그것은 전적인 새로움(novelty)의 도입이다. 그러나 복합적 환경으로부터 개별자적 구성과 해석을 통하여 새로움의 현실이 탄생된다는 점에서는 전통적인 무로부터의 창조(creatio ex nihilo)의 의미와 다르다.28 실로 루만의 체계이론은 현실 사회의 다차원적이며 역동적 체계를 기반으로 한 종교 담론의 구성 과제에 큰 통찰과 전망을 제공한다.29

---

28 루만이 신(Gott)과 우발성(Kontingenz)의 관계를 어떻게 접근하였는지는 다음을 참조. Gunda Schneider-Flume, "Theologie als Kritik von Sinnsystem und Sinnkonstruktion. Zur Auseinandersetzung mit Niklas Luhmann", *Neue Zeitschrift für systematische Theologie und Religionsphilosophie* 26 (1984), 286-288.
29 전 철, "니클라스 루만의 체계이론의 신학적 연구", 「신학연구」 66 (2015), 33-58. Günter Thomas & Andreas Schüle, "Einleitung: Perspektiven der theologischen Rezeption Niklas Luhmanns", Günter Thomas & Andreas Schüle(Hrsg.), *Luhmann und die Theologie* (Darmstadt: Wissenschaftliche Buchgesellschaft, 2006), 3; Michael Welker(Hrsg.), "Die neue Aufhebung der

이러한 방식으로 화이트헤드와 베이트슨, 니클라스 루만을 중심으로 하는 20세기의 생성론, 시스템 이론과 구성주의적 사유에서 무는 개별적 현실 생성의 다양성과 다자성의 질료로 요청된다. 그리고 이 무는 결코 모든 개별성과 개체성과 관련이 없는 절대적이며 보편적 질료를 함의하는 것이 결코 아니다. 오히려 하나의 실재에서 무한한 다양성의 현실성을 잉태하도록 하는 생성의 개별적이며 창조적 질료로 기여된다.

IV. 아우토포에시스에서 케노시스로

1. 자기비움의 신학적 모색

20세기의 형이상학적이며 철학적 사변에서 무의 개념은 다차원적 현실 생성의 근거로 기여된다. 이제 21세기 생성의 논리는 아리스토텔레스적인 존재신학의 전통을 새로운 방식으로 비판하며 다차원적 실재론을 구축하는 작업을 수행한다. 특히 우주의 창조와 생성과 진화에 관한 자연과학적 사유와의 대화를 통하여 전통적인 무로부터의 창조 담론을 현대에서 다시 소환하여 재해석한다.[30] 무는 유한한 세계와는

Religion in Luhmanns Systemtheorie", *Theologie und funktionale Systemtheorie: Luhmanns Religionssoziologie in theologischer Diskussion* (Frankfurt: Suhrkamp, 1985), 197.

30 Michael Welker, *The Theology and Science Dialogue: What can Theology Contribute* (Neukirchen-Vluyn: Neukirchener Verlag, 2012), 31-35.

다른 무한한 신에 대한 보증적 작업가설로 요청되는 명사가 아니라, 오히려 세계를 향한 신의 자기창조를 반영하는 적극적인 동사가 된다. 현대의 사유는 존재론적으로 안배된 무의 공간을 실천론적이며 화용론적인 공간으로 전환하기 위한 해석학적 확장을 도모한다.

특히 무와 부정을 단순한 '부정'이 아닌 '긍정적인 것의 선취'로 해석하는 희망의 프로그램이 신학적으로 전개된다.31 하나님은 단지 우리가 고난을 받도록 버려두지 않고, 십자가에서 우리와 함께 고난을 받는다는 것이다.32 그 고난은 치욕과 희생이 아니다. 오히려 하나님의 자기 비움이며 생명에 대한 하나님의 적극적인 연대이다. 어거스틴의 명제처럼 그것은 희생을 통한 승리이다(Victor quia victima).33 이미 세계의 창조에서부터 하나님의 자기 비움이 결부되어 있기에, 생명의 삶과 질서 자체가 하나님의 자기비움으로 진행되어야 한다는 해석학적 전환이 바로 희망 프로그램의 핵심이다.34

20세기 현대 한국과 남미를 중심으로 전개된 고난신학은 이러한 자기비움이 생명의 부정성이 아니라 긍정성이라는 새로운 신학적 인식의 참신한 유산이며, 한국의 민중신학도 하나의 큰 결실이다. 이제

---

31 Jürgen Moltmann, *Erfahrungen theologischen Denkens: Wege und Formen christlicher Theologie* (Gütersloch: Chr. Kaiser Verlag, 1999), 63; Jürgen Moltmann, *Theologie der Hoffnung* (München: Chr. Kaiser Verlag, 1964); Wolf-Dieter Marsch(Hrsg.), *Diskussion über die Theologie der Hoffnung* (München: Chr. Kaiser Verlag, 1967).
32 Horst Georg Pöhlmann, *Abriss der Dogmatik* (Gütersloh: Gütersloher Verlag, 1985), 153.
33 앞의 책, 5.
34 Jürgen Moltmann, *Der gekreuzigte Gott: Das Kreuz Christi als Grund und Kritik christlicher Theologie* (Gütersloch: Chr. Kaiser Verlag, 1999), 12.

세계의 무, 비움, 고난은 공허가 아니다. 20세기의 신학과 인문학이 고난과 희망을 주목하는 역사적-종말론적 상황이 바로 여기에 있다. 즉 무의 명사적 성격은 새롭게 무화, 자기비움, 희망, 자유라는 동사적 성격으로 재해석되기 때문이다. 신의 자기비움은 퇴각된 전능이 아니라 사랑의 전능이다.

신의 케노시스 사유를 적극적으로 전개하는 관점에서 신의 본질은 자기비움과 자기철회로 인식된다. 신의 자기비움은 세상을 향한 사랑이요, 세상과의 사귐이며(Jürgen Moltmann), 세상을 향한 창조이다(Michael Welker).35 신의 자기비움은 세상의 관점에서는 신이 세상의 경험 안으로 들어온다는 것을 의미한다. 세상의 물리적 경험을 자신의 개념적 경험으로 영입한다는 것을 의미한다. 중세의 토마스 아퀴나스(Thomas Aquinas, 1224-1274)가 강조한 신의 무감, 절대, 불변의 속성은 공감, 상대, 변화의 속성으로 교체된다. 특히 세상의 고난과 고통은 이제 신과 관계가 없는 사건이 아니라 신 자신이 결정적으로 관여하고 공유하며 참여하는 신적 사건으로 격상된다.

이러한 신의 케노시스 담론은 진화의 서사시(epic of evolution)를 조명한 자연과학의 진화론적 발견에 대한 신학적 반성과도 긴밀하게 닿아 있다. 과정철학자 화이트헤드에 영향을 받은 과정신학은 신의 특성을 양극적 유신론(dipolar theism) 속에서 구상하였으며, 칼 바르트(Karl Barth, 1986-1968)의 신정통주의에 영향을 받은 몰트만의 신학은 이러한 신의 자기비움으로 인한 고난의 참여를 '십자가의 신학'과

---

35 Michael Welker, *Schöpfung und Wirklichkeit: Biblische contra natürliche Theologie* (Neukirchen Vluyn: Neukichener Verlag, 1995).

'희망의 신학'으로 적극적으로 개진하였다. 이제 자기비움은 신의 일부가 아니다. 그리고 고난은 그리스도교 정체성과 구원의 핵심 징표가 된다. 그리하여 자기비움과 고난의 십자가는 모든 것을 시험한다(Crux probat omnia).36

새로운 21세기의 신학은 '충만'과 함께 하는 이 '비움'의 형식이 생명의 근본적 원리와 어떻게 연결되는지를 케노시스 신학의 관점에서 본격적으로 타진하고 토론한다. 진정 비움은 생명 전체의 존재방식일 수 있는가, 아니면 신성만의 고유한 표징인가. 이에 대하여 아서 피콕(Arthur Peacocke, 1924-2006)은 창조주가 생명체의 풍부한 다양성을 즐긴다고 믿듯이, 또한 우리는 신의 창조세계의 고난과 수고에 함께 하신다고 믿어야 함을 강조한다. 홈스 롤스턴(Holmes Rolston, 1932-)은 참된 비움은 자연 안에서 발견되지 않는다고 말한다. 왜냐하면 거기에는 자발성이 나타나지 않기 때문이다. 오직 인간만이 자기 자신을 희생하면서까지 이타적으로 타자의 이익을 보호하기로 선택할 수 있다는 점이다. 그래서 롤스턴은 "구속을 위한 고난은 자연과 역사를 이해할 수 있는 하나의 모델"이라고 말한다.37 이제 비움은 전능한 신의 결여가 아니다. 오히려 비움을 통하여 신은 세상의 자유와 사랑을 선사하며 그 비움의 공간을 통하여 세상의 자기실현은 보존된다는 신학적 어법이 힘을 얻게 된다.

선험적 가능태보다 더 중요한 것은 현실의 탄생이다. 현실은 영원

---

36 Jürgen Moltmann, *Der gekreuzigte Gott: Das Kreuz Christi als Grund und Kritik christlicher Theologie* (1999), 12.
37 John Polkinghorne, "Introduction", John Polkinghorne(ed.), *The Work of Love: Creation as Kenosis* (2001), xi.

의 그늘이 아니라 영원의 완성이자 시간의 충만함이다. 폴 틸리히(Paul Tillich, 1886-1965)는 이를 영원한 현재(eternal now)로 표현하였다.38 케노시스가 중요한 이유는 신적 존재의 본성에 대한 사변적 변증의 타당성 때문이 아니라 바로 그 퇴각과 희생으로 인하여 현재가 더욱 충실하게 계승되고 출현된다고 해석하기 때문이다. 이는 그리스도교를 포함하는 모든 종교가 말하는 "자기희생"이 결코 자기 퇴락이나 니체적 노예근성이 아니라 이 과정을 통하여 더욱 더 큰 생명의 질서 안에서 자신이 새롭게 직조되고 실현된다는 것과 연결된다.

희생이라는 단어의 어원은 sacri(sacred)와 fic(make)의 결합으로서 '신성하게 하다' 혹은 '신성한 마음으로 만들어진 것'을 뜻한다. 그렇다면 오늘날의 현대사회의 장은 어떻게 직조되는가. 자기비움의 본성이 우리의 내면과 사회에 어떠한 흔적으로 남아 있는가. 현대 사회의 빛과 그림자 안에서 이 비움의 존재론은 구체적인 우리의 삶과 어떻게 연결될 수 있는가. 그리고 이 비움의 윤리는 우리 사회공동체를 주도적으로 이끌어가는 현실적 대안이자 방향일 수 있는가. 소박하게 '배려'와 '환대', 적극적으로 '자비'와 '희생'이 우리의 일상적 삶의 양식에 어떻게 복합적으로 구조화되었는지를 깊이 분석하고 통찰하는 것은 종교와 신학이 구성하는 사회 이론의 핵심 성공과 실패의 분기점이기도 하다.

---

38 Paul Tillich, *Systematic Theology* (Chicago: University of Chicago, 1967), 395.

2. 자기비움의 윤리적 모색

자기비움과 자기철회가 작동되고 실현되는 사회적 공간은 어디일까. 사실 사회 자체는 다양한 이해와 관점이 중층적으로 교차하는 일종의 블랙박스와도 같다. 자기비움이 사회라는 블랙박스에서 어떻게 궤적을 이루고 생성하는지를 적절하게 분석하는 것은 쉽지 않은 작업으로 여겨진다. 이에 여기에서는 우선 자기비움의 양식을 '이타적 존재방식'으로 상상하면서 그 행위의 사회적 위상과 현실적 궤적을 검토해보자. 이는 다음과 같은 질문으로 정립될 수 있다. 순수한 이타적 행위가 인간 사회에서 가능한가? 그리고 이타적 행위와 강한 상호성은 어떻게 진화해 왔는가?

이타성을 연구하는 경제학자 최정규는 순수 이타적 인간이 진화과정에서는 살아남지 못하였으며 이타성이 외부 적대성과 결합한 형태로 진화하였다고 말한다.[39] 이는 순수한 자기비움 혹은, 절대적 이타의 존재양식은 사회적으로 쉽게 일반화할 수 없는 이례적 혹은 예외적 사례임을 방증한다. 순수한 이타성은 개별적 생존의 관점에서는 매우 취약한 생명의 문법이다. 순수한 이타적 생존은 형용 모순이다. 이타성은 집단 내부의 연대성을 확보하지만 동시에 집단 외부의 적대성을 촉진한다.

그렇다면 개인의 이타적 삶이 그 집단의 이익을 증진한다 하더라도 사회 전체적으로 꼭 이로울 수 있는가? 이에 대하여 최정규는 편협한 집단주의로 갈 수 있다고 비평한다. 이타성의 문제에 관한 새로운 관점을

---

[39] 최정규, 『이타적 인간의 출현』 (서울: 뿌리와이파리, 2009), 305.

구상하는 현대의 몇몇 대안적 이론들은 진정한 이타적 행위의 속성이 어떻게 유지되고 진화할 수 있었는지를 밝히고 있다.[40] 실로 케노시스 사유의 경계와 아포리아가 여기에 있다.

또 다른 과제는 다음과 같다. 즉 생명과 사회의 약육강식을 기반으로 하는 생존투쟁적, 파괴적, 권력적인 본성과 자기비움 간의 관계에 대한 성찰이다. 심지어 자기비움이 생명의 문법이라 하더라도, 생명 유지의 현실적-사회적 조건은 매우 혼돈스럽고 잔혹해 보인다. 생명은 약탈이다(Life is robbery).[41] 그리하여 오늘날 숭고한 희생은 개인에게는 체현의 대상으로 내면화되기보다는 동경의 대상으로 타자화된다. 이러한 극단적인 자기비움의 영역은 제도, 구조 그리고 권력의 공간에서는 적극적으로 작동되기 어려워 보인다.

이에 대하여 자크 데리다(Jacques Derrida, 1930-2004)는 타자의 받아들임과 환대를 둘로 구분하였다. 하나는 환대와 자기비움이 현실적으로 작동하기 어려운 점과 연결되는 "권리의 환대"이다. 여기에서 이방인에 대한 관대와 배려는 제한적이며 조건부적이다. 그러나 데리다는 권리의 환대와 결별하는 "절대적 환대"[42]를 말한다. 그것은 이방인과의 계약과 상호성을 요구하지도 않고, 그의 이름도 묻지 않는다.

그렇다면 오늘의 사회의 모습은 어떠한가. 오늘의 환대는 적극적이지 않은 소극적 방식의 "권리의 환대"가 아닌가. 절대적 환대는 여전히

---

40 이에 대하여 다음을 참조. 새뮤얼 보울스 & 하버트 긴티스/최정규 외 옮김, 『협력하는 종: 경쟁하는 인간에서 협력하는 인간이 되기까지』 (서울: 한국경제신문, 2016).
41 Alfred North Whitehead, *Process and Reality: An Essay in Cosmology. The Gifford Lectures of the University of Edinburgh* (New York: The Free Press, 1978), 105.
42 자크 데리다/남수인 옮김, 『환대에 대하여』 (서울: 동문선, 2004), 70-71.

사회적이며 제도적으로 체현되지는 않아 보인다. 절대적 환대의 근거가 되는 철저한 자기 철회의 윤리와 감수성은 가족적인 사랑과 타자에 대한 개인적, 사회적, 종교적, 문화적 조건과 기억의 심층에서 근원적이지만 여전히 미약한 지배력―'절대적 환대'[43]―을 발휘할 뿐이다. 우리에게 환대 행위는 진정 시적일 수밖에 없는 것일까.

데리다처럼 임마누엘 레비나스(Emmanuel Levinas, 1906-1995) 또한 자기생성(autopoiesis)을 천형으로 하는 실존이 얼마나 타자를 향해 자신을 개방할 수 있는가(kenosis)를 문제 삼는다. 홀로 있는 주체에서 시간과 미래의 가능성은 불가능한 것이다. 오히려 미래, 그것은 타자와 연결되어 있다.[44] 타자를 향한 것은 자신의 상실이 아니라 미래를 만나는 것이다. 레비나스는 인간의 주체성을 '타인을 대신한 삶'(la substitution)으로 매우 급진적으로 해석한다.[45] 얼굴과 얼굴을 마주한 상황은 진정한 시간의 실현이다.[46] 레비나스의 윤리는 '내'가 자기의 너머에서 '너'를 알아차릴 때 비로소 시작된다.[47]

이러한 점에서 우리의 과제는 자기생성이라는 진화론적 사유와 자기비움이라는 윤리적 사유의 적실한 결합과 연대의 모색에 있다. 나는 어떻게 너와 만나는가. 동시에 나는 어떻게 너를 만나기 위하여 나를 넘어설 수 있는가. 우주의 모든 살아있는 것들의 문법이 소극적으로는 자기생성이며 적극적으로는 약탈이라고 가정한다면 이러한 생존의 논

---

43 앞의 책.
44 엠마누엘 레비나스/강영안 옮김, 『시간과 타자』(서울: 문예출판사, 1996), 86-87.
45 앞의 책, 7.
46 앞의 책, 93.
47 마리 안느 레스쿠레/변광배 · 김모세 옮김, 『레비나스 평전』(서울: 살림, 2006), 463.

리가 공동체적인 평화와 어떻게 연결될 수 있는가가 핵심 쟁점이 된다.

실로 데리다의 환대 개념, 레비나스의 타자의 얼굴과 타자와의 진정한 관계48 개념은 자기비움이라는 범접하기 어려운 것들에 대한 윤리적 성찰과 사회적 해법 추구의 다양한 모색들이다. 부정할 수 없는 점은 다음과 같은 것인데, 자기비움의 통찰은 인간과 존재의 한계를 초월하도록 하는 '경계의 메타몰포시스'였다는 점이다. 그리고 이러한 인격적, 문화적, 사회적 경계의 변형과 체현 그리고 내면화는 지금도 점진적으로 그러나 매우 다양한 방식으로 치열하게 전개되고 있다는 점이다.

V. 최초의 신, 최후의 사회

1. 케노시스와 구원의 가능성

비움의 개념은 근원적으로는 형이상학적 신학의 사유에서 신 존재를 위배하는 대항력이 아니라 오히려 신의 창조와 우주의 창조질서를 보존하고 조명하는 사변 범주였다. 오늘날 무로부터의 창조 관념은 성서적 전승에 대한 재구성 속에서 혼돈으로부터의 창조로 점진적으로 재해석되기도 하고49 결의론적 관점 속에서 사랑으로부터의 창조로 적극적으로 재조명된다. 무와 비움을 공허와 소멸로 바라보는 관점을

---

48 엠마누엘 레비나스, 『시간과 타자』(1996), 86-87.
49 Catherine Keller, *The Face of the Deep: A Theology of Becoming* (London: Routledge, 2003).

넘어선 새로운 긍정의 해석은 현대 창조신학의 유용한 요청과 성과이다.

존재론적인 무에 대한 접근은 이제 스콜라철학적 사유에 대한 해체와 다원적 실재론을 구축하려는 기획 속에서 인식론적으로, 실존론적으로, 실재론적으로 새롭게 재구성된다. 이제 무는 존재와 실존의 탄생에서 작동되는 생성의 논리이며 양각적 존재의 음각이다. 적어도 무와 존재가 현실 속에서 매우 긴밀하게 연동되어 있음은 위에서 검토하였던 무와 존재에 대한 현대성 담론에서 확인할 수 있다. 특히 화이트헤드에 있어서 무는 일종의 창조성과 창발성의 영역이며, 베이트슨에 있어서 무는 생명과 마음이 출현하는 고도의 생태계적 가능성의 영역이다. 무에 대한 개별자들의 접속과 생태계적 해석 속에서 현실은 탄생한다.

비움은 단순히 신 존재의 부수적 기능이 아니라 오히려 신의 케노시스와 관련된 핵심 정신이 된다. 그것은 사랑이며 생명의 본성이다. 세계의 모든 질서가 보여주는 '부정적인' 자기생성의 문법과 대립하는 케노시스는 오히려 생명의 문법이며 생명의 질서로 격상된다. 그리스도교가 "자기를 비워 종의 형체를 가지신" 예수의 자기 비움을 신의 계시사건으로 고백한다면, 서로를 향한 자기비움과 케노시스의 상호적 관계 속에서 생명의 기쁨과 세계의 새 창조가 등장한다고 충분히 헤아릴 수 있다. 무로부터의 창조(creatio ex nihilo), 창조의 지속(creatio continua), 새창조(creatio nova)의 운동과 연동되는 자기비움의 존재론적, 윤리적, 화용론적 함의에 대한 재해석은 결코 소홀히 평가되어서는 안 된다.

신의 케노시스 안에서 모든 생명은 자신의 자리를 얻는다. 그러나 생명의 자기비움의 현상은 생명의 본질이자 이전의 생명의 능력을 초월하는 경험이다. 인간의 자기제한과 자기비움은 인간을 파멸시키는 것이 아니라 인간을 인간되게 하며 결과적으로 생명의 고양된 특질을 보여준다. 성서의 인간론과 문명론은 이를 잘 드러낸다. 인간 실존이 대면하는 무와 비움, 그것은 공허함과 적막함이 아니라 이전의 생명경험이 사멸하지 않고 오히려 객체적 불멸성(objective immortality)[50]에 의하여 전개되는 세상의 모든 거룩한 전유물이 보존된 신의 기억의 공간이다.

그 비움의 공간은 다시금 오늘 우리를 이렇게 새롭게 잉태하는 새로운 창조의 무대이다. 신이 자신을 비우는 것은 자신을 채우는 것보다는 더 고양된 능력이다. 그리고 피조물이 자신을 비우는 것은 소멸과 파괴가 아니라 오히려 '새로운 생명의 가능성'을 '생명의 새로운 현실성'으로 변환하는 사랑과 창조의 행위이다. 이러한 우리의 케노시스의 삶은 세상의 관점에서는 자기소멸이지만, 신의 관점에서는 신의 사랑과 자유와 창조의 무대에 우리가 기쁘게 초대받음을 뜻한다.

무(無), 공(空), 자기비움은 명사보다 동사가 되어야 한다. 그것은 우리에게 무, 공, 자기비움의 풍성함을 촉발할 것이다. 그 자리는 허무가 아니다. 그것은 가능한 모든 것, 생명과 자유와 초월을 촉발하는 긍정성이기 때문이다. 케노시스를 생명의 원리로 고백하고 비움을 실천하는 이들의 깊은 종교적-인문학적 통찰은 바로 그것을 발견한 이들

---

50 Alfred North Whitehead, "Immortality," *Harvard Divinity School Bulletin 7* (1941-42) (Harvard University), 5-21; Chul Chun, *Kreativität und Relativität der Welt beim frühen Whitehead: Alfred North Whiteheads frühe Naturphilosophie (1915-1922) - eine Rekonstruktion* (Neukirchen-Vluyn: Neukirchener Verlag, 2010), 212-214.

이었다. 키르케고르(Kierkegaard, 1813-1855)는 "자기 제한 행위보다 더 신의 강력함을 나타내는 것은 없으며, 자기 비하 행위보다 더 위대한 행동은 없다"[51]고 말하였다.

기울어가는 세월호 안에서 자신의 생명과도 같은 구명조끼를 친구에게 건네준 어느 학생의 세상에서의 마지막 환대와 이별의 행위와 같은 것들에서 인간의 구원과 생명의 참 의미를 해석할 수 없다면 우리는 도대체 어디에서 인류의 구원을 기대할 수 있을까. 현실적으로 비움은 타인을 향해 자기의 권리를 주는 것, 혹은 자기의 권력을 포기하는 것이다. 그 포기가 율법이나 계약이나 의무를 넘어선 자유로운 포기인 경우라면 이는 매우 신성한 가치를 지닌다.

2. 케노시스와 자유의 공동체

현대 사회의 개인화된 인간은 순종하는 신체를 산출하는 생명 권력의 규율적 통제[52] 하에 순응적으로 살아간다. 우리는 우리의 생각 이상으로 오랜 시간 순응되었고 훈육되었다. 이에 더욱 자기비움과 케노시스를 본령으로 하는 '사랑의 실재론'[53]의 문화-사회적 구상이 이 시대에 요청된다. 케노시스의 상상력은 극도로 정교한 정치 기술을 통한 '인간의 동물화'로 오랫동안 훈육되어온 이들에게는 매우 종말론적이

---

51 Jürgen Moltmann, "God's Kenosis in the Creation and Consummation of the World", John Polkinghorne(ed.), *The Work of Love: Creation as Kenosis* (2001), 148.
52 조르조 아감벤/박진우 옮김, 『호모 사케르: 주권 권력과 벌거벗은 생명』 (서울: 새물결출판사, 2008), 37.
53 전 철, "장공 김재준의 사랑의 실재론 연구",「신학논단」 76 (2014), 325-348.

며, 그 통제 시스템의 역린을 건든다. 케노시스의 상상력은 역으로 익숙해진 통치의 상태를 벗어나서 구분 불가능한 예외상태[54]를 암시한다. 실로 우리는 동물의 상태에서 생명의 상태로 어떻게 나아갈 수 있을까. 동물신학(theozoology)은 생명신학(theologia vitae)으로 어떻게 바뀔 수 있을까.[55]

이 지점에서 우리는 다시 자기비움이 출현하는 사상적 배경에 주목해야 할 필요성이 있다. 비움의 실재론은 충만의 존재론과 형이상학에 저항하는 대항 담론의 전략을 가지고 있다. 본질주의적 형이상학과 영원성의 존재론에 대한 비판 담론으로서 생성의 존재론이 출현하였음을 우리는 기억한다. 신성의 충만성의 환상과 관념에서 인간과 생명의 고난의 현실성이 탈각되거나 은폐될 수 있기에, 생성의 존재론과 자기비움의 양식은 현실적 회로가 끊어진 구원의 관념을 구체적인 삶의 무대로 다시 연결시키고 끌어내리는 중요한 작인이다.

그러므로 자기비움의 양식은 오늘날 우리 사회가 강요했던 훈육화와 노예화 그리고 거시 권력에 대한 대안적 권력을 창출하는 또 다른 이데올로기와 형이상학적 폭력으로 귀결되어서는 안 될 것이다. 현대성의 사유에서 케노시스가 아무리 혁명적이고 급진적으로 다가온다 하여도, 우리는 그것을 고태적 우주의 단일성[56]의 형이상학으로 다시 귀환시켜서는 안 된다. 왜냐하면 자기비움은 생명의 현실성을 탈각시키는 또 하나의 형이상학적 폭력이 아니어야 하며, 오히려 그 생명의

---

54 조르조 아감벤/김항 옮김, 『예외상태』(서울: 새물결출판사, 2009), 52.
55 조르조 아감벤/박진우·정문영 옮김, 『왕국과 영광: 오이코노미아와 통치의 신학적 계보학을 향하여』(서울: 새물결출판사, 2016), 34-36 참고.
56 앞의 책, 162.

운동을 더욱 살아 숨 쉬게 하는 빛나는 작인으로서만 기여해야 할 것들이기 때문이다.

자기비움의 양식은 존재와 행동 사이의, 존재론과 오이코노미아 사이의 투쟁, 곧 그 자체로서는 행동할 수 없는 존재와, 존재 없는 행동 사이의 투쟁과 긴장57에 대한 인식 속에서 더욱 그 필요성이 발휘된다. 물론 존재와 행동, 아르케와 오이코노미아는 결코 분리되어서는 안 된다. 그러나 적어도 케노시스의 관념은 두 공간을 경계로 자신의 공간적 정당성을 확보한다. 하나는 완전히 자족적이며 충만한 영광과 폭력의 신학적 사유의 공간 그리고 다른 하나는 세계의 잔혹성과 폭력성 앞에 놓여 있는 현대적 삶의 공간이다. 순수한 로고스와 순수한 사르크스는 이러한 점에서 동치하며, 바로 케노시스의 유산은 이 둘의 동치와 대립을 연속적으로 매개하도록 하는 새로운 길을 열어놓는다. 최초의 신(logos)과 최초의 사회(sarx)의 불연속성과 분열에 대항하여 케노시스적인 사유를 매개로 연결의 가능성을 모색하는 것은 소중한 의미를 지닌다.

현대사회가 가공하고 직조한 개인적-사회적 블록은 그것이 자의 건 타의건 매우 공고하게 짜여 있다. 그러나 새로운 미래를 모색하는 신앙과 양심과 지성은 블록들을 횡단한다. 그래서 사회와 국가와 제도의 공고한 경계가 변형되기도 한다. 그것은 세상의 새로운 통치와 삶의 양식을 갈망하는 이들이 꿈꾸는 존재들의 메타몰포시스였다. 이 변형을 주요하게 추동하는 정점에 서 있는 궁극적 이념 가운데 하나가 다름 아닌 케노시스의 정신이다. 케노시스를 통하여 열리는 역사적 시간과

---

57 앞의 책, 148.

공간은 근원적으로 급진적이며 새로운 탄생이었던 것 같다. 어느 때보다 고독, 배제, 폭력이 우리를 엄습하는 현대의 그늘에서, 자기비움-개방성-환대를 어떻게 사회적 차원으로 확대할 것인가를 오늘 우리는 더 공적으로 고민하고 사유해야 할 것이다.

VI. 나가며

신은 그를 비우고 그의 아들을 거두면서까지 세계를 창조하고 구원한다. 그리스도교의 관점에서 생명의 존속은 케노시스적인 자기비움을 근거로 이루어진다. 대조적으로 세상의 평화와 정의(pax et justitia)라는 사회적 공공성은 생명의 공평과 자유를 기반으로 이루어진다. 신의 세계를 향한 자기비움과 생명의 개성과 자유를 지향하는 세계의 목적은 상호 연속적이며, 동시에 불연속적이다. 그 사이에 우리의 삶은 존재한다. 본 연구는 케노시스의 존재양식을 생명의 문법과 진화의 핵심 원리로 주목한 사상들을 검토하였다. 그리고 이러한 근본적인 존재양식의 사회적 가능성을 모색하였다. 케노시스 존재양식은 사회 체계에서는 급진적으로 여겨질 수 있다. 소수자의 신학 담론은 생명의 미래를 담지하고 있는 그 주체들의 존재양식이 자기 생존을 넘어 생명 전체의 존속을 촉진하고 모색한다는 점을 핵심적으로 주목한다.

이러한 점에서 양적인 소수는 질적인 소수를 함의하지 않는다. 베이트슨의 명제처럼 양은 패턴을 결정하지 않는다. 역사의 중심에 머문 강한 생명은 자기비움의 양식에서 그들이 구축한 힘과 권력의 해체를 예견하거나 상상할 수 있다. 동시에 역사의 주변에 머문 약한 생명과 소수자는 자기비움의 양식에서 그를 위협하는 또 다른 폭력과 억압의 형태를 추론하거나 상상할 수 있다. 자기비움의 이러한 역설적이며 이중적 인식은 이 연구가 민감하게 주목한 딜레마였다.

　자기생성과 자기비움의 대극 속에서 살아가는 우리에게 여전히 관계는 계약적이고, 환대는 조건적이며, 생명은 생존적이다. 그럼에도 불구하고 미래 사회의 방향과 생존가능한 생명공동체 모색에 있어 케노시스와 자기비움의 양식은 매우 중요한 통찰과 함의를 줄 것이다. 그리고 이러한 자기비움의 확산의 관점에서 소수자의 목소리를 주목하려는 우리 시대의 새로운 해석학적 전환은 매우 중요한 가치를 지닌다. 오랫동안 신학과 사회 담론은 케노시스 담론을 고태적이며 신화적 존재양식으로 격리시켰으며 우리 삶으로부터 탈각시켰다.

　생명의 미래를 모색하는 현대 사회에 존재론적이며 실천론적인 해법을 케노시스의 원리는 유용하게 제시할 것이다. 이에 대한 간학문적인 작업과 사회적 담론 구성이 더욱 요청될 것이다. 특히 소수자를 통하여 발산하는 새로운 주체성의 구현과 체현은 결코 망각되고 망실되지 않아야 할 우리 미래의 전조임을 주목해야 할 것이다. 분명 우리는 최초의 신과 최후의 사회 사이 어디인가에 우리가 머물고 있다. 이제 우리 개인과 사회가 어떻게 자신을 비워 자유의 공동체(communis libertatis)를 만들어 나아갈 것인가를 질문할 때이다.

희생양

소수자 재생산의 동력과
그 극복에 대하여*

이 찬 수**

I. 모방하는 인간과 모방적 욕망

문예비평가이자 문화인류학자인 르네 지라르(René Girard)는 고전적 작품, 고대의 신화, 세계 곳곳의 인류학적 자료들을 분석하면서, 모방이 인간 행위의 동력이자 문명의 근간이라는 사실을 상세하게 밝힌 바 있다. 그에게 인간은 '모방하는 인간'(호모 미메티쿠스)이다.

모방의 근간은 타인과 같아지거나 그 이상이 되려는 욕망이다. 이 욕망은 어떤 대상을 직접 향하고 있는 좁은 의미의 욕구와 구분된다.

---

* 이 글은 본 저자가 "모방욕망, 소수자 재생산의 동력과 그 극복의 동력: 르네 지라르의 폭력이론을 중심으로", 「통일과 평화」 제8집 2호(2016. 12. 23)에 발표한 뒤, 이번 단행본 기획에 맞추어 내용을 축소하며 보완한 글이다.
** 서울대학교 통일평화연구원 HK연구교수, 종교신학 · 종교평화학

욕망은 배고픈 이가 음식을 갈망하거나 목마른 이가 물을 찾는 욕구와 다르다. 그보다는 과히 배고프지 않은데도 분위기 있는 식당에서 식사를 하는 어떤 '모델'(매개자)을 보면서, 그 식당에 가고 싶다거나 실제로 찾아가도록 하는 동력에 가깝다. 욕망은 주체 안에서 자연발생적으로 생겨난 것이 아니라, 나의 외부에서, 그 누군가로부터 빌려온 감정이다. 욕망은 매개자로부터 던져진 타율적인 것으로서, 인간은 자신의 감정을 타인의 감정에 의존해 고양시키려 한다. 늘씬하고 훤칠한 광고 모델의 욕망을 통해 그 모델 너머의 성을 욕망하고, 그 모델이 소유한 상품을 욕망하는 경우가 그렇다.

이것은 인간이 사물의 주체라기보다는 사물을 매개로 인간관계가 맺어진다는 마르크스의 입장과 통한다. 지라르식으로 바꿔 표현하면, 자본을 향한 어떤 이의 욕망을 모방적으로 욕망함으로써 자신의 존재를 고양시키려는 시도가 자본주의 사회를 구성한다는 것이다. 인간은 그저 물질에 종속되는 것이 아니라, 물질의 사용자를 상상하며 그가 누릴 것이라고 암시되는 내용에 종속된다. 물질의 절대적 사용가치보다는 상대적 교환가치에 종속되는 것이다. 지라르에 의하면, 욕망의 주체와 대상은 직선으로 연결되어 있지 않고 매개자를 통한 삼각형의 관계에 있다. 모방 주체와 모방의 매개자와 모방의 대상은 '삼각형 욕망'을 이룬다는 것이다.[1] 개인의 욕망은 "욕망의 매개자"[2]가 암시하고 있는 욕망을 따라간다는 이러한 이론이 지라르 사상의 근간을 이룬다.

이 글에서는 지라르가 말하는 욕망의 매개자 혹은 매개적 욕망 이

---

[1] 르네 지라르/김치수 외 옮김, 『낭만적 거짓과 소설적 진실』(파주: 한길사, 2001), 제1장.
[2] 르네 지라르, 『낭만적 거짓과 소설적 진실』, 41.

론으로 우리 사회에서 소수자가 여전히 존재할 뿐더러, 어쩌면 더 강력하게 재생산되고 있는 그 기초를 살펴보고자 한다. 소수자는 매개적 욕망이 중첩되어 형성되는 사회적 흐름에서 밀려났거나 주변부에 있는 부류다. 역으로 중심 세력 안에 있는 이들은 매개적 욕망의 시스템에 적응하며 소수자를 생산하는 폭력을 은폐하는 데 공헌한 자다. 지라르는 이렇게 말한다: "개인적이거나 혹은 집단적인 모든 적응의 기원에는 어떤 불법적인 폭력의 은폐가 있다. 적응하는 자는 자기 스스로 이 은폐를 실현하는 자이거나, 아니면 문화질서가 이미 이 은폐를 행했을 때에는 그것에 순응할 줄 아는 자이다. 부적응자는 순응하지 못한다."[3] 부정적 현상처럼 간주되는 우리 사회의 소수자 현상의 이면에는 매개적 욕망에 적응해온 이들의 폭력에 대한 은폐 혹은 용인이 있다는 것이다. 이른바 적응자들이 은폐해온 폭력의 구조가 사회적 소수자를 낳는다는 말이다.

지라르는 매개자에서 긍정적 측면도 읽는다. 다음 장에서 보겠지만, 그가 '외적 매개'라고 명명한 것은 앞에서 말한 매개적 욕망과 같은 형식이되, 내용과 지향은 다르게 나타난다. 외적 매개 이론을 적극적으로 활용하면 모방 욕망으로 가속화하는 폭력의 구조를 폭로하고 폭력의 농도를 줄이는 데 공헌할 가능성을 찾을 수 있다.

이 글에서는 이러한 문제의식을 가지고 폭력적 현실에 대한 성찰적 분석과 함께 모방이 어떤 식으로 이른바 신자유주의적 자본주의의 동력이 되고, 모방에 적응하지 못하는 이를 배제시키는지에 대해서 살펴보고자 한다. 그리고 소수자를 사회적 희생물로서만이 아니라, 중심

---

3 르네 지라르/김진식 외 옮김, 『폭력과 성스러움』 (서울: 민음사, 2000), 265-266.

권력의 속살을 드러내는 근간으로 읽을 수 있는 기초도 찾아보고자 한다. 마지막으로는 지라르의 모방 이론을 참조하되, 그 한계를 인정하고 넘어서면서, 강력하게 두루 내면화하고 있는 오늘날의 구조적 폭력이 과연 극복될 수 있겠는지 그 대안적 가능성에 대해서도 모색해보고자 한다.

II. 두 가지 매개

좀 더 생각해보아야 한 문제는 매개의 종류다. 지라르는 매개를 '외적 매개'(médiation externe)와 '내적 매개'(médiation interne)로 구분한다.[4] 외적 매개는 매개자가 추종자 밖에 있는데다가 자신보다 월등하다고 인정되는 매개이기에, 그 매개와 관련해 갈등이 생겨날 가능성이 적다. 그 매개자를 따라하려 들 뿐이다. 유명 연예인과 같아지거나 그 이상이 될 수 없다는 것을 알면서도 유명 연예인 '코스프레'하기가 그 예다. 기독교인이 예수를 매개로 그 너머를 모방하려는 경우가 외적 매개의 대표적인 사례를 잘 보여준다.

이에 비해 내적 매개는 욕망의 주체와 정신적 거리가 서로 접근해 있는 매개를 말한다. 욕망의 주체가 자신도 욕망의 대상처럼 될 수 있다고 확신할 때의 그 매개다. 이 때 욕망의 매개자는 욕망의 주체에게 경쟁자가 된다. 매개자도 다른 매개자를 통해 경쟁자보다 자신이 우월

---

[4] 르네 지라르, 『낭만적 거짓과 소설적 진실』, 49-50. 이 번역서에서는 médiation externe와 médiation interne를 각각 '외면적 간접화', '내면적 간접화'로 번역하고 있지만, 이 글에서는 '외적 매개'와 '내적 매개'라는 번역어를 사용하기로 한다.

하다는 것을 보여주려 한다. 그럴수록 서로 간에 욕망은 확대된다. 욕망은 전염성을 가지고, 서로가 서로에게 경쟁적으로 매개자가 된다. 서로가 서로에게 모델이자 장애물(model-obstacle)이 되고, 당겼다가 밀어내는(attraction-repulsion) 관계에 놓인다.5 그러면서 대립과 갈등은 확대되고, 둘 사이의 정신적 거리 혹은 차이가 줄어들거나 사라진다는 착각 속에 놓인다.

지라르에 의하면, 매개자를 통한 모방은 '거울 뉴런'(mirror neuron) 구조를 하며, 서로 '짝패'(double)가 된다. 서로 간의 모방적 경쟁 구도는 상대방의 욕망을 자신의 것으로 삼도록 추동하며, 모방의 주체는 상대방의 욕망을 소유해 자기 존재를 상승시키려 한다. 그러다가 그것이 불가능하다 싶어지면 매개자를 깎아 내린다. 매개자의 초월성을 지상으로 끌어 내림으로써 자신을 상승시키려 시도하지만, 애당초 욕망의 주체 너머에 자리 잡고 있는 매개자는 지상으로 내려오지 않는다. 매개자에 집착할수록 욕망의 주체는 매개자에게서 드러나는 욕망을 완전히 자기화하지 못한 채 도리어 자기 존재의 위기를 겪는다. 거울 속의 자신을 주먹으로 치다가 자신의 손을 다치듯이, 급기야 스스로에게 상처를 입힌다. 이것은 거울처럼 '짝패'의 형태로 나타나 결국 서로가 서로에게 상처를 입힌다. 서로 닮은 한 쌍의 원수들만 남는다.

그러나 서로 '르상티망'6을 축적해 스스로를 파괴할 때까지 이들은

---

5 René Girard, *Battling to the End: Conversation with Benoît Chantre*, tr. by Mary Baker, Michigan: Michigan State University Press, 2010, 31.
6 '르상티망'(ressentiment)은 강자를 향한 약자의 원한, 울분, 증오, 비난의 감정이다. 키에르케고르가 철학화했고, 니체가 『도덕의 계보』에서 사회적 약자가 지닌 노예 감정의 특징으로 설명하면서 널리 알려졌으며, 지라르도 극복할 수 없는 이상적 모델에 대한 일종의 질투심 차원에서 이를 차용한다. 넘어설 수 없는 모델을 비난하고 깎아내리면서

이것을 알지 못한다. 매개자에 대한 주체의 숭배는 아주 은밀해서 주체도 이러한 자신의 처지를 잘 파악하지 못한다. 전쟁이 서로를 파괴시키지만 전쟁에서의 승리를 위해 파국에 이를 때까지 경쟁적으로 싸워대는 것과 비슷하다.

III. 나쁜 상호성과 스캔들

지라르는 상대방의 소유를 자기도 소유하기 위해 상대방을 모방하려는 욕망이 일상화하면서 제도나 문화가 발생되었다고 본다. 제도나 문화가 발생했을 뿐만 아니라, 모방욕이 여러 사람들 사이에 겹치면서 더 경쟁적으로 바뀌고, 모방적 경쟁관계가 갈등을 불러일으키다가 폭력도 벌어진다. 폭력의 주도자는 모방 자체다. 모방적 경쟁 관계가 심해지면서 서로의 가치를 떨어뜨리고 급기야 살생마저 벌어진다.7

하지만 경쟁 관계에서의 승리가 주는 강렬함 때문에 모방 경쟁은 지속된다. 경쟁 대상과 경쟁하면 할수록 서로 대립하고, 상대방과 차별화하면 할수록 이들은 서로 비슷한 존재가 되어간다. 욕설을 주고받다가 주먹질로 가듯이, '나쁜 상호성'이 폭력적 열기를 상승시키고, 대립자들은 서로가 서로를 넘어뜨리는 '걸림돌'(스캔들8)이 된다. 부정

모델을 극복하려는 형태로 나타난다. 그러나 결국 모델을 넘어서지 못해 르상티망은 쌓여가고 상극적 폭력으로 이어진다. 지라르에 의하면, 르상티망은 상대의 것을 모방적으로 욕망하는 데서 벌어지는 형이상학적 질병이다.

7 르네 지라르/김진식 옮김, 『나는 사탄이 번개처럼 떨어지는 것을 본다』(서울: 문학과지성사, 2004), 24.

8 지라르는 모방적 경쟁 상태와 그 결과를 지칭하는 그리스어 '스캔달론'(명사), '스캔달리

모방의 극단에서 상극적 폭력으로 이어지는 것이다.

  서로 모방한다지만, 이 상호성은 단순히 양자의 문제가 아니다. 이미 본대로 양자 사이에는 욕망과 모방을 정당한 것인 냥 충동하는 매개자가 있다. 매개자는 상이해도, 욕망의 주체가 그 매개자를 통해 자신의 욕망을 증폭시킨다는 점에서는 매일반이다. 나아가 욕망의 구도가 복잡해질수록 모방의 대상도 복잡해진다. 서로가 서로의 욕망을 추동하는 매개자 역할을 할 뿐만 아니라, 매개 자체도 복잡해진다. 저마다 매개자의 우월성을 모방함으로써 자기 존재를 상승시키려 한다. 자기 존재를 상승시키는 그 매개자는 마치 신과 같은 작용을 한다. 지라르는 말한다: "사람들은 서로에게 신으로 비칠 것이다."9 이런 욕망들이 중층적으로 얽히면서 집단의 구성원 서로가 서로에게 걸림돌(스캔들)로 작용하는 것이다.

  그런데 이 "'스캔들'은 부딪쳤다가 쉽게 피할 수 있는 그런 일반적인 장애물이 아니라, 거의 피할 수 없는 기묘한 장애물이다. 스캔들은 우리를 물리칠 수 없도록 우리를 더 끌어당긴다. 우리는 이전에 그 스캔들에서 상처를 많이 입었을수록 더 열정적으로 다시 그 스캔들에 빠져 들어 더 큰 상처를 입는다."10 이 현상의 기초에 모방적 경쟁의 행동이 있는 것이다.

젠'(동사)을 중시하며, 신약성서, 특히 공관복음의 배경이 되는 사회적 상태를 풀어가는 열쇠말로 삼는다. 우리말 성서에서는 '스캔들'을 죄의 기회, 죄의 유혹, 장애물 등 맥락에 따라 달리 번역하고 있다. 르네 지라르/김진식 옮김, 『그를 통해 스캔들이 왔다』 (서울: 문학과 지성사, 2007)가 이에 대해 해설하는 대표적인 책이지만, 『나는 사탄이 번개처럼 떨어지는 것을 본다』, 30-41 등에서도 집약적으로 소개하고 있다.

9 르네 지라르, 『낭만적 거짓과 소설적 진실』 제2장의 제목이기도 하다.
10 르네 지라르, 『나는 사탄이 번개처럼 떨어지는 것을 본다』, 31.

IV. 희생양 시스템

이 스캔들(걸림돌)이 집단화하고, 집단 전체의 문제가 되던 즈음, 이 집단적 걸림돌을 해소시키는 방식으로 인류가 취해온 방식이 '희생양'을 만드는 것이다. 가령 고대 그리스에서는 역병, 기근, 침략 등으로 사회적 불안이 고조될 때, 혼란을 극복하고 새로운 질서를 회복하기 위한 수단으로 인간 제물을 바쳤다. 그 제물을 '파르마코스'(pharmakos)라고 한다. 테베 사람들에게 번진 페스트에 대한 책임을 지고 희생된 오이디푸스는 전형적인 희생제물이다.

이 희생제물은 단순히 개인을 대신하는 것이 아니고, 피를 좋아하는 특정인에게 바쳐지는 것도 아니다. 그것은 사회 구성원 전체에게 바쳐지는 것이다. 희생제의는 폭력의 방향을 하나의 대상으로 돌려 공동체 전체를 상호적 폭력으로부터 보호하려는 문화적 장치다. 지라르는 말한다: "희생제의는 도처에 퍼져 있는 분쟁의 씨앗을 희생물에게로 집중시키고, 분쟁의 씨앗에다가 부분적인 만족감을 주어서 방향을 딴 데로 돌려버린다."[11] 예수 시대 대제사장 가야바가 예수를 죽이기로 결정하는 회의에서 했던 말은 이러한 문화적 장치를 잘 보여 준다: "온 민족이 멸망하는 것보다 한 사람이 백성을 대신해서 죽는 편이 더 낫다는 것도 모릅니까?"(요한복음 11:50).

이 때 희생물로는 대체로 희생제의를 찬성하는 세력에 대해 '복수할 수 없는' 존재가 선택된다. 동물은 말할 것도 없거니와, 전쟁포로, 노예, 파르마코스처럼 사회에서 배제됐거나 중심에 속하지 못하는 사

---

11 르네 지라르, 『폭력과 성스러움』, 19.

람들, 주변 인물들이 희생제물이 되는 것이다. 지라르에 의하면, "복수의 위험 없이 희생시킬 수 있는 소위 '희생할 만한 희생물'에게로 이 욕망의 방향을 돌린다."12 "공동체에 속해 있으면서도 완전하게 속해 있지는 않은 존재, 공동체와 외부 세계의 경계선상에 위치한 존재"가 희생물로 선택된다는 것이다.13

주변인 혹은 경계인은 주류에서 밀려나 있기에 복수할 힘을 가지지 못한다. 조르조 아감벤이 고대 로마법에 등장하는 '호모 사케르'(Homo Sacer)의 개념을 원용하며 권력의 속성을 설명할 때의 그 '호모 사케르'도 일종의 경계인이라 할 수 있다. 고대 로마법에 등장하는 '호모 사케르'는 신에게도 바쳐질 수 없고 누군가에게 죽임을 당해도 죽인 자가 죄를 받지 않는 존재다.14 아감벤에 따르면, "호모 사케르는 희생물로 바쳐질 수 없음의 형태로 신에게 바쳐지며 또한 죽여도 괜찮다는 형태로 공동체에 포함된다."15 보복할 수 없을 만큼 무력한 존재가 희생물로 선택된다는 지라르의 분석은 이러한 구조 및 내용과 통한다.

V. 희생양과 소수자

아감벤이 아우슈비츠의 은어인 '무젤만'('이슬람교도'의 뜻)16을 아

---

12 앞의 책, 25-27.
13 김모세, 『르네 지라르』, 204.
14 조르조 아감벤/박진우 옮김, 『호모 사케르』(서울: 새물결, 2008), 156에서 재인용.
15 조르조 아감벤, 『호모 사케르』, 175.

우슈비츠의 진정한 증언자로 거론하는 것도 비슷하다. 아우슈비츠에서 무젤만이라 불리던 수감자들은 주위에서 아무런 관심도 받지 못해 살아있다 할 수 없는 이들, 거의 '걸어 다니는 시체'나 다름없던 이들이다. 철저하게 '사물화'되어서 더 이상 인간이랄 수 없는 이들이다. 홀로코스트 자체도 의심스러우리만치 예외적이고, 사물이나 다름없었던 수감자들도 더 이상 없을 불행한 존재 같지만, 아우슈비츠에서는 일상이었던 이들이다. 아우슈비츠의 실상을 증언할 수 있는 의지와 의식은 없었지만, 역설적으로 아우슈비츠의 진정한 증언자들이라는 것이다.

스피박(Gayatri Chakravorty Spivak)이 그람시(Antonio Gramsci)의 입장을 비판적으로 계승하며 연구의 주제로 삼았던 '서발턴'(sub-altern)도 구조적으로는 이와 비슷한 부류다. 그람시는 이탈리아 남부의 조직화되지 않은 시골 농민 집단을 가리키는 용어로 '서발턴'이라는 말을 사용했다. 서발턴은 사회적 구성원이라는 정치적 자의식이 없기에 국가의 지배적인 사상 체계, 지배력에 영향 받기 쉬운 부류이자, 지배계층의 헤게모니에 종속되거나 헤게모니로의 접근을 부인당한 그룹이다. 스피박은 노동자, 농민, 여성, 피식민지인 등 인도의 소외층, 특히 억압받는 여성들의 사례에 집중하면서, 폭력적 구조 한복판에 있지만 그 구조를 폭로할 수 없는 이들(서발턴)의 의미를 끝없이 드러낸다. 서발턴의 의사가 주류 사회에 전달되지 못하도록 하는 구조를 지속적으로 폭로한다. 그렇게 폭로하는 작업이 말할 수 없는 서발턴에게 말을 거는 작업이자, 서발턴에게서 말을 듣는 작업이기도 하다.[17] 서발턴은

---

16 조르조 아감벤/정문영 옮김, 『아우슈비츠의 남은 자들』(서울: 새물결, 2012), 61.
17 가야트리 차크라보르티 스피박 외/로절린드 C. 모리스 엮음/태혜숙 옮김, 『서발턴은 말할 수 있는가: 서발턴 개념의 역사에 관한 성찰들』(서울: 그린비, 2013)이 서발턴

주변부가 중심 질서의 모순에 대한 강력한 폭로자라는 사실을 잘 보여준다.18

사실 어려운 언어로 멀리 갈 것도 없다. 서울의 전철 입구 계단에 동전바구니 앞에 놓고 아무런 표정 없이 무력하게 앉아있거나 자고 있는 허름한 걸인은 돈 한 푼 달라고 적극 구걸하지도 않는다. 사회적 모순을 말로 폭로하지도 않으며, 사실상 그럴 의지도 없다. 행인들도 그냥 옆을 스치듯 지나간다. 이런 사람, 이런 현상은 예외적인 어떤 것이어야 할 것 같다. 하지만 오늘날 한국 사회의 실상을 역설적으로 증언하는, 사실상의 일상사다. 주류가 배제하고 법이 보호하지 않는 예외는 일상의 이면이며 증언자다.

마찬가지로 이른바 '소수자'로 불리는 우리 사회의 여러 인간 군상은 일시적인 특수 현상이 아니라, 사실상 다수자, 즉 주류의 실상의 증언자다. 이른바 '커밍아웃'한 성적소수자처럼 의식적으로 소수자의 정체성을 견지하는 이들도 있지만, 어떻든 이들이 '소수자'로 규정되고 구분되는 기준은 주류 중심의 질서다. '소수'를 충분히 용납하지 못하는 '다수'가 이들을 사회적 논쟁거리로 내몬다. 그런 점에서 소수자의 실상은 다수자의 실상의 속살이다. 폭력적 구조를 은폐하거나 그 질서에 순응하면서 주류를 형성하지만, 그럴수록 주류 사이의 빈틈도 드러난다. 그 틈이 희생양 시스템의 감출 수 없는 본질이다. 소수자라는 말은 일차적으로 다수자에 대한 '양적' 개념에 기반하고 있지만, 사실은 다수자의 실상을 증언하는 '질적' 개념인 것이다.

개념에 대한 각계의 입장을 정리하고 있다.
18 스티븐 모튼/이운경 옮김, 『스피박 넘기』 (서울: 앨피, 2005), 제3장 참조.

물론 소수자를 의도적으로 소수자로 몰아가는 주체를 특정할 수도 없고, 특정 사람이나 부류가 이들을 희생자로 내모는 것도 아니다. 주류 중심의 구조 혹은 질서가 이들을 몰아낸다. 이른바 질서라는 것이 주류 중심일 수밖에 없기 때문이다. 게다가 질서는 필연적으로 법 및 법의 운용 체계로서의 정치를 필요로 한다. 그런데 법은 아래로부터의 한 사람 한 사람의 의사를 반영하여 종합된 것이라기보다는, 사실상 위로부터 만들어져 아래에 던져진 일방적 규칙에 가깝다. 이 규칙에 동의하거나 적응하는 사람이 많아지면서 법은 주류를 정당화한다. 이 흐름은 규칙에 맞지 않은 행위나 사람을 사회적 무질서로 간주한다. 위로부터 규정된 질서, 법, 정치의 체계에 어울리지 않는 이들, 중심에서 벗어나는 소수자가 필연적으로 발생할 수밖에 없는 구조인 것이다.

중심 혹은 주류는 소수자의 문제를 가능한 한 개인 탓으로 돌리며 외면한다. 그것이 개인 탓이라는 판단 속에 이미 중심의 권력이 자리잡고 있다. '주변'은 '중심' 중심의 언어다. 무언가 중심 '밖'에 있다는 사실은 중심의 자기중심성을 증언한다. 길거리의 무력한 걸인은 자본 중심주의의 속살에 대해 자발적으로는 증언할 수 없는 근원적 증언자인 것이다.

중심 혹은 주류는 소수자를 주변으로 밀어내며 존재한다. 희생양 시스템도 그렇게 밀려난 이들이 당하는 희생을 정당화시키면서 성립된다. "한국 사회에서 왕따 문제, 예전 유럽의 여러 나라에서 일어났던 유대인들에 대한 박해, 제2차 세계대전 당시 유대인들과 집시들에 대한 폭력, 오늘날 유럽의 이슬람교도들, 나아가 한국 사회의 외국인 노동자 문제 등도 모두 희생양의 조건과 직·간접적으로 연관되어 있다."[19] 난민 문제, 성소수자 문제 등에서도 이런 구조가 보인다. 모두들 바로 그들 때문에 사회가 무질서하고 불결해진다고 간주되는 존재들이다. 중심지향의 세력이 이들을 포함해 여러 측면의 소수자들을 소수자로 남겨놓으면서 소수자 현상은 지속되고, 예외여야 할 것이 일상이 된다.

이렇게 오늘날의 소수자 현상은 지라르의 희생양 시스템과 비슷한 형식으로 진행된다. 차이가 있다면 희생양 시스템은 희생물을 사회적으로 배제하는 것으로 끝나지 않고, 희생의 이유를 정당화시키고 나아가 희생물을 성화시키는 기능까지 한다는 점이다. 그에 비해 호모 사케르, 무젤만, 서발턴을 포함한 사회적 소수자들은 사회 구조의 경계인 혹은 사회로부터의 배제자로 남는다. 후자가 사회적 배제와 포함의 장치를 주로 보여준다면, 희생양 시스템은 배제된 희생물을 다시 사회통합 기능의 한복판으로 끌어들이는 성화의 기능도 한다는 차이가 있다. 그럼에도 불구하고 양쪽 모두 구조적 폭력이 작동하는 증거라는 점에서는 매일반이다. 다시 지라르의 언어로 돌아가 이 문제에 대해 좀 더 구체적으로 알아보자.

VI. 희생양의 변형

지라르에 의하면, 희생양은 희생당하는 것으로만 끝나지 않는다. 그가 신화들에서 분석해낸 바에 따르면, 희생양에게는 희생의 정당성을 확보하기 위한 두 가지 변형 작업이 행해진다. 첫째는 이미 본대로

---

19 김모세, 『르네 지라르』, 208.

희생양에게 집단 전체를 둘러싼 폭력과 위기의 책임을 전가하는 것이다. 둘째는 집단적 폭력이 잦아들고 사회가 정화되면 희생양의 죄악을 정화하고 성화시키는 것이다. 공동체의 단합을 통해 희생물을 사회적 구원자나 화해자로 성화시키는 것이다.[20]

폭력을 당하지만 새로운 보복을 유발시키지 않을 희생물이 집단적 평화를 위해 폭력의 동인을 제공한 성스러운 존재로 격상된다. 인간을 병들게 만들었던 존재가 이제는 치료해주는 두렵고도 신비한 구원자가 되는 것이다.[21] 이 때 희생자가 구원자로 둔갑하는 과정에는 폭력의 실상에 대한 무의식적(때로는 의식적) 외면이 전제되어 있다. 집단적 폭력 가담자는 희생자가 본래 죄인이었고, 희생자가 사회적 위기의 진원지라고 믿는다. 희생된 이후에는 구원도 그로부터 왔다고 믿는다. 희생양 시스템은 폭력의 가해자들이 스스로 가담한 일의 본질을 의식하지 않거나 의식할 수 없을 때 유지되어간다는 말이다.

폭력과 구원의 사이클을 만들어가는 세력은 실제로 자신이 하는 일의 본질을 알지 못할 때가 많다. 설령 알더라도 회피한다. 그들 모두 서로에 의해 매개된 모방 갈등에 사로잡혀 있으면서, 갈등과 폭력으로부터 거의 무의식적으로 자신은 제외시킨다. 예수가 십자가에서 죽으며 자신을 처형하는 이들을 용서해달라며 했던 기도는 이런 실상을 잘 보여 준다: "아버지, 저 사람들을 용서하여 주십시오! 그들은 자기가 하는 일을 모르고 있습니다"(누가복음 23: 34). 폭력의 가해자는 폭력에서 거의 무의식적으로 자신을 제외시키며 폭력을 조성한다. 폭력의

---

20 르네 지라르, 『폭력과 성스러움』, 150.
21 앞의 책, 132.

책임이 배제되어 있기에 폭력은 지속되고 강화된다. 그러면서 자기가 한 행동의 정당성을 확보하기 위해 희생물이 희생된 이유의 정당성도 강화시킨다. 사회적 불안이 커질 즈음 "온 민족이 멸망하는 것보다 한 사람이 백성을 대신해서 죽는 편이 더 낫다"라고 생각하는 군중은 폭력의 책임을 짊어질 '희생양'을 찾고 만들어간다. 이것은 특히 폭력적 권력이 좋아하는 행위다.

이러한 지라르 이론의 현재적 적용을 위해 좀 더 자세히 보아야 할 것은 국가의 역할이다. 좀 더 정확하게 말하면, 국민의 주권을 위임받았다고 선전하는 권력자의 역할이다. 이들은 사회적 무질서를 경계한다. 설령 일부 국민을 버리더라도 중심질서가 확립되기를 더 바란다. 가령 '세월호 사건'으로 사회가 흉흉해지면 권력자는 희생으로 인한 고통을 국가화한다. 사람들이 죽어나간 고통스런 사건을 국가의 위기로 몰아간다. 304명의 세월호 희생자를 집단화, 단일화해 국가가 기억하겠다며 개인과 가족의 고통을 희석시킨다. 희생에 대한 기억의 주체가 국가인 것처럼 호도하면서, 국가를 재건하겠다고 나선다. 사람들의 불안을 국가 중심의 세력 안에 모아 국가가 위험에 처한 냥 '기억을 국가화'한다.22 이들 때문에 국가가 더 견고해질 수 있었다며 이들의 희생을 헛되이 하지 않겠다고 선전한다. 이런 식으로 폭력의 책임은 배제한 이른바 성스러운 폭력은 현재화한다.

이처럼 세계의 위기가 반복되어 온 것은 폭력 혹은 폭력적 구조의 진실을 은폐하며 중심 지향적 질서를 추구해 온 데 따른다. 이른바 '성

---

22 엄기호, "고통, 말할 수 없는 것을 기억하기", 『사회적 영성: 세월호 이후에도 삶은 가능한가』, 39-40.

스러운 폭력'은 진실이 은폐될 때 작동하며, 그럴 때 희생물의 '신성화'도 이루어진다. 그렇게 성립되고 규정된 '성스러운 폭력'은 사실상 전체를 위해 피치 못하거나 좋은 것이라며 위장된 폭력이다. 이러한 폭력의 시스템은 지라르의 책 제목마따나 "세상 처음부터 감춰져온 것들"[23]이다.

VII. 두 가지 모방과 주변부에 대한 기억

희생제의는 사람들이 이른바 '순화적 폭력'으로 '불순한 폭력'을 제어하는 행위라고 생각하면서 지속된다. 희생제의에는 폭력의 양면성이 있다. 다시 말하면 폭력에 대한 폭력 사용자의 이중적 생각이 함축되어 있다. 불순한 폭력을 극복하기 위해서라도 다른 종류의 폭력이 필요하다는 집단 인식이 폭력을 사회적이고 문화적인 차원에서 '성스럽게' 만든다. 그런 사회문화적 장치로 인해 폭력이 잠잠해지면서 동시에 유지된다. '파르마코스'에서 나온 '파르마콘'(pharmakon)이 '독'과 '약', '독'과 '해독제'를 동시에 의미하듯이 폭력도 같은 이치를 따른다.

인도의 종교 전통에서 보호의 신 비슈누에 대한 설명에 파괴의 신 시바와 창조의 신 브라흐마가 빠질 수 없는 이유도 구조적 차원에서는 비슷해 보인다. 공존해오고 있는 인간의 파괴적 경험과 창조적 경험 및 부정의 경험과 긍정의 경험을, 파괴의 신 시바와 창조의 신 브라흐

---

[23] René Girard, *Things Hidden Since the Foundation of the World*, tr. by Stephen Bann and Michael Metteer, California: Stanford University Press, 1987.

마로 형이상학화 혹은 신성화해 설명하는 방식이다. 인간의 부정적 경험이 신의 개입으로 해석되면서 부정적 경험의 피해자도 사회적 폭력을 내면화하며 정당화시키는 흐름이 생긴다. 이러한 양상은 희생제의의 구조와 크게 다르지 않다. 이러한 양상에 대한 상세한 분석을 통해 지라르는 인류의 문화 및 제도가 폭력 통제용으로 사용된 이른바 '성스러운 폭력'을 통해 형성되어 왔다고 본다.

그럼에도 불구하고 성스러운 폭력도 분명히 폭력이다. 그것이 아무리 '성스럽다'고 하더라도, 사회적 질서를 위해 개인적 희생을 기꺼이 자처하는 경우는 드물다. 소수자, 경계인을 낳는 일종의 집단적이거나 구조적인 폭력이 궁극적으로는 극복되기를 바라는 것도 자연스럽다. 그러려면, 인류가 폭력으로 폭력을 극복해 왔다고 해도, 앞의 폭력과 뒤의 폭력의 관계를 재설정하고, 두 폭력의 농도를 재조정해야 한다. 가령 예방주사는 미량의 병균을 미리 주입시켜 내성을 키워서 향후 더 큰 병을 극복할 수 있도록 하기 위한 방법이다. 재판과 처벌도 폭력을 공식적으로 응징함으로써 이후의 폭력을 예방하는 과정이라 할 수 있다. 그렇더라도 예방주사가 도리어 새로운 세균을 증식시키지는 않는지, 재판이 도리어 부당한 응징이 되지는 않는지 지속적으로 감시하고 교정해 폭력을 최소화하는 작업이 필수적이라는 말이다. 폭력을 최소화할 뿐 아니라 폭력이 온전히 극복된 세계에 대한 상상도 이어가야 한다. 지라르 안에서 지라르를 넘어서는 논리를 찾는 작업이라고 할 수 있다.

이 때 희생양 시스템에 담긴 폭력을 줄이는 측면을 긍정적 차원에서 재조명할 필요가 있다. 이와 관련하여 지라르는 성서의 십계명(출애굽기 20:1-17) 가운데 열 번째 계명("네 이웃의 집을 탐내지 못한다. 네 이웃의 아내나 남종이나 여종이나 소나 나귀 할 것 없이 네 이웃의 소유는 무엇이든지 탐내지 못한다")을 중시한다.24 지라르에 의하면, 앞의 네 계명 (살인하지 못한다. 간음하지 못한다. 도둑질하지 못한다. 이웃에게 불리한 거짓 증언을 못한다)은 어떤 '행위'를 금하는 데 비해, 열 번째 계명은 어떤 '욕망'을 금한다. 십계명의 입법자는 이웃의 소유에 대한 욕망을 금하면서 "모든 인간 사회의 제일 중요한 문제, 즉 내적 폭력을 해결하려고 애쓰고 있다"25는 것이다. 그 계명은 이웃의 소유를 욕망하는, 즉 '이웃 숭배' 안에 숨겨있는 '자신 숭배'를 폭로함으로써, 폭력을 주체적으로 줄이려는 시도라는 것이다.

이 때 계명이 야훼로부터 직접 주어졌다는 성서의 선포를 눈여겨봄 직 하다. 정작 지라르 자신은 언급하고 있지 않지만, 열 번째 계명은 인간을 행위의 매개로 삼는 욕망의 발현 양식을 원천적으로 차단하면서 행위의 근원과 지향을 직접 신에게 두어야 한다고 선포한다. 율법이라는 문자가 신에게로 나아가는 매개이되, 그 율법 자체가 신으로부터 직접 왔다는 선언은 이러한 내용을 함축적으로 담고 있다. 기존의 모방 욕망의 구도를 넘어서는, 한 차원 높은 '외적 매개'의 사례를 보여준다고 할 수 있다.

그렇다면 외적 매개의 구체적인 내용은 어떻게 드러나는 것일까. 모방으로 인한 폭력을 줄이려면 '외적 매개'의 양식을 추구하되, 모방의 대상을 희생자, 가령 소유를 강탈당한 자가 겪은 고통으로 전환해야 한다. 주류 질서가 형성해놓았으되, 온전히 막을 수 없는 '틈'에 주목해

---

24 르네 지라르, 『나는 사탄이 번개처럼 떨어지는 것을 본다』, 19-25.
25 앞의 책, 21.

야 한다. 사회적 고통의 상징인 주변인, 소수자에게서 중심성을 보아야 한다. '기억의 중심화·국가화'를 거절하고, '주변부에 대한 기억', '소수자에 대한 기억'으로 중심의 실상을 폭로해야 한다. 예외를 부각해 주류 중심의 일상의 속살을 드러내야 한다. 내적 매개를 따라 '부정 모방'을 '하지 않을 수 있는 힘'을 써야 한다는 뜻이기도 하다. 그 '하지 않음'이 긍정 모방으로의 전환이며, 기독교적으로 말한다면, 중심부를 거부하고 주변부에서 살아갔던 예수, 주변인으로서의 예수26에 대한 모방이다. 주변인 예수를 통해 주변인이 세상의 속살이라 믿으며 기존 중심을 해체하는 주체적 실천이다.

VIII. 작은 차이, 큰 의미

그 실천, 새로운 세상은 어떻게 형성되는가. 언젠가 벤야민이 유대인 랍비에게서 들은 메시아의 왕국에 관한 이야기를 에른스트 블로흐에게 전해주었는데, 아감벤은 그 이야기를 이어받으며 이렇게 말한다.

평화의 왕국을 재건하기 위해서 모든 것들이 파괴되었다가 다시 완전히 새로운 세계가 시작될 필요는 없다. 그저 이 찻잔 하나, 이 관목 한 그루, 이 돌 한 알, 이렇게 모든 것들이 그저 조금씩만 자리를 옮기기만 하면 된다. … 벤야민은 이것을 이렇게 옮겼다. … 지금 우리의 방이 그러한 대로 도래할 세계에서도 우리의 방은 그러할 것이

---

26 이정용/신재식 옮김, 『마지널리티』 (서울: 포이에마, 2014), 제4장 참조.

다. 우리 아이가 지금 자는 곳에서 도래할 세계에서도 우리 아이는 자게 될 것이다. 우리가 이 세계에서 입고 있는 옷은 우리가 그곳에서도 입게 될 것이다. 모든 것은 지금과 같을 것이다. 아주 약간만 다를 뿐이다. … (이에 대해 아감벤은 다시 해설한다: 필자) 미세하게 위치가 달라지는 것은 사물들의 상태가 아니라 사물들의 의미와 한계이다. 그것은 사물들 안에서가 아니라 오히려 사물들의 주변부에서, 모든 사물과 자기 자신 사이에 놓인 아죠(agio, 교환 비율에 따른 차이:27 필자)에서 일어난다.28

의미는 사물과 자신 간 차이에서 발생한다. 아감벤에 의하면, 그 차이는 본질에 변화를 일으키는 정도는 아니지만, 큰 의미를 발생시킨다. 부정 모방에서 긍정 모방으로 전환하는 그 지점의 크기는 작다. 두 모방 간 경계는 불확정적이고 흐릿하다. 하지만 긍정 모방을 싸고 있는 그 흐릿한 지점이 긍정 모방을 제대로 긍정 모방이 되게 한다. 그 모방의 결과 폭력이 줄어든다. 지라르도 긍정 모방으로 전환할 수 있어야 한다면서, 성서에서 살인자 카인 이야기(창세기 4:1-15)를 한 사례로

---

27 이태리어 agio는 사전적으로는 할증액이나 할인액처럼 사물들의 교환 과정에 생기는 차이를 말한다. 아감벤은 agio를 토마스 아퀴나스를 따라 본질적 완전함에 덧붙여지는 후광 같은 것으로 이해한다. 자신은 그대로 있으되, "자신의 한계를 불확정적인 것으로 만들고 흐릿하게 만들며 스스로 임의성이 되는 완료된 것의 감지할 수 없는 떨림"이며, 그 떨림이 "메시아적 세계에서 모든 것이 성취해야 할 그 미세한 전위"이다. 그 미세한 전위는 본질을 바꾸지는 않는 '비본질적 보충'이되, 그 보충이 보충되는 주체를 완전하게 한다는 것이다. 아감벤은 agio에서 '미세한 차이 혹은 전위'에 담긴 '큰 의미'를 읽어낸다. 조르조 아감벤/이경진 옮김, 『도래하는 공동체』(서울: 꾸리에, 2014), 77-82 참조.
28 조르조 아감벤, 『도래하는 공동체』, 77-78.

든다.

성서에서 카인은 인류 최초의 살인자다. 살인은 질투에서 비롯되었다. 질투와 살인 사이의 심리적 간격은 좁다. 작은 차이다. 그러나 질투가 부정 모방을 더 부정적이 되게 하고, 그 결과가 살인으로 이어진다. 살인은 부정 모방의 본질을 반영한다. 이때 눈여겨보아야 할 것은 카인이 동생을 살해하고 나서 자신도 누군가에 의해 살해될까 걱정하는 그 두려움이다. 살해와 두려움 사이의 물리적 거리는 좁고 흐릿하지만, 의미는 확 달라진다. 자신도 다른 누군가에게 모방 폭력의 희생이 될까 염려하는 것은 삶의 시선을 비로소 자신에게로 옮겨왔다는 뜻이다. 그렇게 자신을 보는 곳에서 신은 "카인을 죽이는 사람에게는 내가 일곱 갑절로 벌을 내릴 것"이라며 최초의 법을 공표한다. 최초의 살인에서 다른 살인을 막는 법이 생겨난 것이다. 자신을 보는 것이 폭력의 일상화를 막는 시원이 된다는 것이다. 자신을 보는 데서 질투와 갈등을 상승시키는 내적 매개, 부정 모방을 제어하려는 장치가 만들어지기 시작한다. 카인 이야기는 폭력의 가해자를 희생양으로 삼지 않고 그 시스템에서 벗어나온 사례라고 지라르는 말한다.

성서에서는 한 걸음 더 나아간 사례를 보여준다. 희생양 시스템에 의해 희생되고, 무고한 죽음을 당하면서까지 가해자들을 용서했던 예수의 경우다. 예수는 희생양 시스템 자체를 폭로하고 파괴한다. 부정 모방으로 문화가 폭력적 구조를 띠어오게 된 것은 유사 이래 감추어져 온 불편한 진실이었지만, 예수의 십자가 죽음은 이러한 불편한 진실을 폭로하는 사건이었다. 예수의 죽음은 그 죽음을 상상하는 이들에게 자신의 폭력성을 보게 함으로써 모방적 경쟁 관계로 인한 폭력성을 극복하도록 자극하는 사건이었다. 폭력이 어떻게 해서 구조화하고 힘을 얻어 가는지 보여주는 사건이기도 했다. 희생양 메커니즘의 근간인 내적 매개, 부정 모방은 인류 폭력성의 근간이지만, 역설적으로 그 극복 가능성도 동시에 보여주고 있다는 것이다. 주변과 경계에서 일어나는 작은 움직임이 중심을 바꿀 수 있는 것이다.

IX. 차이의 소멸과 탈폭력적 폭력

희생양 시스템은 극복될 수 있을까. 긍정 모방으로 폭력이 사라질 수 있을까. 유감스럽게도 오늘날 상황은 또 다르게, 더 어렵게 흘러간다. 희생양 시스템이 폭로되기도 하지만, 그렇다고 해서 희생양 시스템이 사라지지는 않는다. 도리어 희생양 시스템의 근간인 모방 욕망의 양식이 더 복잡해지고 정교하게 노골화한다. 모방 욕망은 모방의 주체와 대상 및 매개 사이의 차이를 자기화하면서 강화된다. 차이를 자기 안에 흡수해 자신을 확대하려는 욕망이 그 어느 때보다도 커질 뿐만 아니라, 모방의 대상이 다양하고 복잡해진다. 표출된 욕망들 간 관계가 중층적으로 얽히고설키면서 사회는 광범위한 위험 속으로 들어간다.

사회의 복잡한 위험성이 커지고 있지만, 도리어 그 위험을 소비하면서 재생산해내고 있다. 울리히 벡(Ulrich Beck)이 『위험사회』에서 설득력 있게 제시한 바 있듯이, 사람들은 위험마저 소비하며 더 많이 자신을 드러내는 길에 나선다.[29] '안전'을 목표로 한다면서도 '불안'은 확대된다. 불안해하면서도 불안의 근원을 묻지 않는다. 대다수가 복잡

---

29 울리히 벡/홍성태 옮김, 『위험사회』 (서울: 새물결, 2006), 97-98.

한 인과관계 때문에 겪는 고통조차 개인 안에 내면화하면서 폭력이 광범위하게 구조화되고, 문제투성이인 신자유주의는 도리어 극단으로 치닫는다.

이른바 신자유주의는 성과를 지속적으로 산출해야 한다며 자유의 이름으로 경쟁을 충동한다. 자유를 빙자한 사실상의 강제지만, 대다수는 그러한 요청을 자발적으로 수용한다. 그로 인한 중압감과 스트레스는 자신이 감당할 몫이 된다. 그렇게 폭력적 구조는 강화된다. 그래도 대다수 폭력의 원인 제공자들이 풀기 어렵도록 얽혀있어서 특정 책임자를 지목해 '희생'시키기도 힘들다. 설령 특정인을 희생시킨다 해도 그 희생이 세상을 바꿀 만큼 사회가 단순하지도 않다. 누군가의 희생이 사회적 안정이나 평화로 대번에 이어지지 않는다. 안정의 방식과 평화의 개념마저 다양해지고 있는 중이다. 저마다 '평화'를 이야기하지만 그 다양한 자기중심적 '평화들'이 도리어 충돌한다.[30] 모든 것이 워낙 다양해서 어떤 선택이 옳은지 모호한 방향으로 흘러간다. 정희진의 설득력 있는 표현마따나, "이 시대의 지배방식은 국민을 억압하는 것이 아니라 방치하는 것이고, 주권의 역할은 국민을 보호, 탄압, 통제하는 것이 아니라 국민을 모호한 곳에 있게 하는 것이다."[31]

지난 세기가 "안과 밖, 친구와 적, 나와 남 사이에 뚜렷한 경계선이 그어진 시대"였다면,[32] 오늘날 그 경계선은 사라지거나 옅어지고 있다. 외형적으로는 각종 차이를 존중하되, 실질적으로는 다양한 차이,

---

30 이찬수, 『평화와 평화들: 평화다원주의와 평화인문학』 (서울: 모시는사람들, 2016), 52-74.
31 정희진, "일상과 비일상의 구별?", 『한겨레신문』, 2014.6.2.
32 한병철/김태환 옮김, 『피로사회』 (서울: 문학과 지성사, 2012), 12.

나아가 이질성마저 내면화하도록 요청하는 사회다. 다양성을 긍정하는 다원화한 사회이되, 지젝(Slavoj zizek)이 비판했듯이, 다원화가 도리어 타자를 제외시키는 형태로 나타난다. 형식적으로는 다원화되었지만, 내용적으로는 다양성마저 자기화하려는 욕망의 그물이 촘촘해졌다. 차이가 당연해지면서 차이가 별 의미를 발생시키지 못하고 있는 형국이다. 마루야마 마사오(丸山眞男)가 근대 학문이 저마다의 항아리 속에 박혀있는 문어의 모습과 같다며 비판한 바 있듯이,33 다원화한 개인의 방 안에 들어가는 순간, 더 이상 타자를 묻지 않는다. 인류를 사랑해야 한다는 보편적인 주장도 현실에서는 누구도 형제나 자매가 아닐 수 있다는 역설을 품고 있다. 이웃 사랑이라는 말 속에 이웃이 없을 수 있다는 것이다. 그래서 지젝이 보건대 "이웃은 사물이다."34

지라르도 가령 "다문화주의가 배제의 욕구를 서구의 주된 잘못이라고 비난하고 있으면서도 종종 자기 스스로 이 욕구를 따르고 있다"35며 비판한다. 다양성의 이름으로 사실상 배제하고, 차이를 당연시하는 무한한 모방 경쟁이 서로를 사물화하고 있는 것이다. 그렇게 전체주의 비슷한 사회로 몰려간다.

지라르는 차이를 삭제하는 '도시의 전체성'(totality of the city)이 도리어 양극화를 낳는다고 비판한다.36 그러면서 말한다: "차이의 종말, 그것은 약한 자를 억압하는 힘이며 아버지를 때려죽이는 아들이다. 따라서 이것은 인간 정의의 종말이다."37 정의라는 것은 차이의 질서에

---

33 丸山眞男, 『日本の思想』(東京: 岩波書店,1961), 64.
34 슬라보예 지젝/이현우 옮김, 『폭력이란 무엇인가』(서울: 난장이, 2011), 80.
35 르네 지라르, 『그를 통해 스캔들이 왔다』, 53.
36 René Girard, *Battling to the End: Conversation with Benoît Chantre*, 103-104.

뿌리박고 있기에 차이의 질서가 사라지면 함께 사라지고 만다는 것이다. 차이·없음(in·difference)이 무관심(indifference)이 되고, 다른 폭력의 진원지가 되는 것이다. 지라르도 "사람들 사이에서 일어나는 극단적인 투쟁은 이 차이들 때문이 아니라 이 차이의 소멸 때문에 일어난다"라고 말한다.38

다원화한 사회는 차이를 긍정하는 사회이되, 신자유주의 긍정사회에서는 그 차이마저 수용하면서 차이가 실종된다. 차이가 실종되었기에 '나'만 남는다. 거기서는 사실상 타자를 묻지 않는다. 모든 것을 자신이 감내하는 그곳에서는 폭력의 종류도 달라진다. 그 폭력은 한병철의 말마따나, "면역 저항을 유발하지 않는" 폭력으로서, "부정이 없는 동질적인 것의 공간, 적과 동지, 내부와 외부, 자아와 타자의 양극화가 일어나지 않는 공간"에서 벌어지기에 "직접적으로 지각되지 않는다."39 자기가 자기에게 끝없는 기대와 희망과 자유의 이름으로 가하는 폭력이기 때문이다.

이렇게 폭력도 자기화하면서 폭력의 사회적 책임을 특정하지 못한다. 타자에 의한 강요가 아니라 자기 주도적 자발성의 이름을 내세우다 보니, 저마다 폭력을 기꺼이 감수하는 형태로 나타난다. 신자유주의 시대 폭력은 개인의 자유를 보장하는 가운데 이루어진다는 점에서 가해와 피해라는 이분법적 도식을 넘어선다. 이렇게 폭력이 자발적으로 내면화되어 가해자가 실종되어버린 상태 내지는 가해자와 피해자가

---

37 르네 지라르, 『폭력과 성스러움』, 80.
38 앞의 책, 76-77.
39 한병철, 『피로사회』, 21.

동일해 폭력을 당하면서도 폭력의 책임을 물을 수 없는 상태를 '탈폭력적 폭력'(de-violent violence)이라 명명할 수 있겠다.[40]

자유 경쟁을 추동하고 부추기는 탈폭력적 폭력의 시대는 대다수 개인들에게 스스로 희생하고 그 속에서 성취감을 맛보라며 부추긴다. 구조화된 폭력에 대한 책임을 강력하게 내면화하고 무언가 더 산출해내면 사회적으로 성공했다는 평판으로 이어진다. 종교조차 경쟁을 통한 승리 속에 '신성'이 발현한다고 칭송한다. 경쟁에서의 승리를 하느님의 은혜이고, 부처님의 가피라며 격려하는 것이 오늘날 교단의 현실이기도 하다. 종교가 사회 구조를 정립하고 보존시키면서 그로 인한 폭력을 정당화시키는 역할을 해오고 있는 것이다.

그렇게 오늘날도 폭력을 지속시키는 거짓 신은 여전하지만, 지라르에 의하면, 참 신은 출현하지 않는다.[41] 벤야민의 표현을 빌리면, 종교가 정립된 법의 배후에 어떤 권위가 부여되어 있는 듯 '신비적' 기초를 제공해 온 탓도 크다.[42] 이론적으로는 예수의 십자가 사건이 희생양 시스템, 폭력적 구조를 폭로했다지만, 현실에서는 기독교인도 도리어 그 폭력적 구조를 재강화시키고 있는 것이다.

오늘날 사회적 약자, 소수자는 여러 걸음 양보해 배려의 대상일 수는 있으나, '성스러운' 존재는 못 된다. 이들을 사회적 '구원자'로 격상시키는 시스템도 사실상 없다. 희생물의 성화 장치가 사라진 자리에 내면화한 폭력의 미세하고 촘촘한 그물이 드리워 있다. 이런 문제의식

---

40 이찬수, "탈폭력적 폭력: 신자유주의 시대 폭력의 유형", 이문영 편, 『폭력이란 무엇인가: 기원과 구조』(파주: 아카넷, 2015), 115.
41 René Girard, *Battling to the End: Conversation with Benoît Chantre*, 102 참조.
42 발터 벤야민/최성만 옮김, 『발터 벤야민 선집 5』(서울: 길, 2008), 96; 108; 111-112.

속에서 소수자에게서 중심의 실상을 보아야 한다는 통찰적 목소리도 나오지만, 소수자를 딛고 주류에 편입될수록 하늘에 가까운 존재로 평가하는 흐름이 훨씬 크다. 오늘의 사회는 경쟁에서의 승리에 박수를 보내며 사실상 폭력을 찬양한다. 그러나 그 폭력은 책임을 물을 수 없는 폭력이다. 희생제의도 강력하게 개인화하고 있는 것이다. 종교도 신자유주의적 신성을 긍정하는 방식으로 공동체를 지배하는 가운데, 희생양 시스템은 복잡하게 업그레이드 되어간다.

X. 신적 폭력과 하류지향

이것은 폭력의 목적성과 연결된다. 지라르에게서 본대로, 모방은 매개자의 세계를 자기화하려다가 폭력을 만들어간다. 욕망을 확대시키려는 목적들의 충돌인 셈이다. 폭력이 목적의 성격을 지니고, 폭력의 목적성들이 충돌하면서 폭력이 커지지만, 그 목적 때문에 폭력이 다시 정당화되는 구조다. 그래서 벤야민은 폭력의 목적성으로부터 자유로워져야 폭력이 정당화되는 순환적 구조가 타파된다고 말한다. 지라르에게서는 폭력의 탈목적성과 같은 언술을 찾아보기는 힘들지만, '순화적 폭력'의 신적 고양 정도로 해석하는 것은 가능해보인다. 타자와의 차이의 긍정을 통한 폭력의 극복이라고 할 수 있다. 예수가 차이를 자기화하는 데서 형성되는 폭력의 사이클에서 벗어나면서 희생양 시스템 자체를 폭로했다는 사실, 그럼으로써 폭력 너머의 세계를 제시해주었다는 사실이 지라르에게는 거의 유일한 희망의 모델이다. 벤야민의 언어로 해석하면, 예수의 십자가 죽음은 폭력의 목적성에서 자유로워진 데 따른 희생이다. 벤야민은 이러한 탈목적적 폭력에 대해 이야기하면서 그것을 '신적 폭력'이라고 명명한다. '신적 폭력'은 기존의 폭력에 담긴 목적성이 탈각된 이상주의적인 힘이다. 희생을 요구하지 않고 희생을 받아들이는 순수한 폭력이다.[43] 신학이 강조하는 종말론적 이상의 현재적 선취(先取)와도 상통하는 어떤 상태라고 할 수 있다.

문제는 이러한 이상이 어떻게 성취될 수 있을까 하는 데 있다. 지라르는 외적 매개를 통한 긍정 모방의 가능성을 제시한 바 있지만, 실천적 차원에서는 그다지 간단한 과제가 아니다. 마찬가지로 순수한 폭력, 이상주의적 힘도 과연 현실화할 수 있는 것인지 고민스럽게 만드는 주제다. 벤야민은 법의 테두리 밖에서 완성된 형태의 교육적 폭력에서 신적 폭력을 볼 수 있다며 다소 애매한 예를 들기도 하지만,[44] 유감스럽게도 그 이상의 답은 별로 없다. 법의 테두리 밖에서 완성된 교육적 폭력이라는 것이 무엇인지, 구체적인 사례까지 제시하고 있지는 않다.

이러한 상황에서 우치다 타츠루(內田樹)가 소개하는 일본사회의 『하류지향』(下流志向)적 사례는 다소 급진적 상상의 계기를 제공한다. 그가 상세히 해설하고 있지는 않지만, 폭력과 신자유주의에 대한 비판적 문제의식을 가진 독자의 눈에 "하류지향"의 자세는 성과를 낳기 위한 자유 경쟁 사회가 파국으로 가고 있음을 암시하는 내용으로 읽히기도 한다. 이 책의 요지는 한국어판 부제에 잘 요약되어 있다: "공부하지 않아도 일하지 않아도 자신만만한 신인류 출현"[45]. "배움을 흥정하는 아이들, 일에서 도피하는 청년들, 성장 거부 세대."[46]

---

43 앞의 책, 112.
44 앞의 책, 112.
45 우치다 타츠루/박순분 옮김, 『하류지향』 (서울: 열음사, 2007).

다소 과장된 출판사의 상업적 기술일 수도 있지만, 실제로 오늘날 많은 학생들이 제도화된 교육 시스템을 대단히 부담스러워한다. 일부에게는 제도화한 교육이 고역이다. 기성 교육의 틀을 적극적으로 거부하고, 시험에서 일부러 0점을 받는 데서 성취를 느끼기도 한다. 선택과 책임을 개인의 자유와 역량에 맡기며 폭력적 구조를 강화시켜가는 시대에, 권리와 의무로부터 아예 도피하는 이들이 등장하게 된 것이다. "노동으로부터의 도피"도 같은 추세를 반영하는 현상이라고 우치다는 말한다.47 '할 수 있다'는 강력한 의지를 찬양하다가 '자유로운 강제'라는 모순을 경험하게 된 극단의 시대에, 자기 주도적 의지를 포기하는 '자발적 낙오자들'이 생겨나고 있는 것이다.

한편에서 보면, 자발적 하류 지향의 자세는 신자유주의가 자체 안에 내장하고 있었던 자기 파괴적 가능성의 극단적 사례이자, 다른 한편에는 신자유주의가 극복될 수 있는 가능성을 역설적으로 드러내는 사례일지도 모른다. 사회의 구조적 폭력은 그 폭력에 아예 무관심한, 이른바 자발적 낙오자들을 통해 극복될 수 있다는 상상도 소박한 추측만은 아니다. 신적 폭력이 법의 테두리 밖에서 이루어지는 탈목적적인 것이라면, 교육과 노동이라는 사회적 요청 혹은 의무 자체를 벗어버리려는 자세는 폭력의 탈목적성을 역설적으로 보여준다. '신적 폭력'이라는 이상주의적인 폭력이 이들에 의해 현실화하고 있는 것일 수도 있다. '모방적 욕망'조차 탈각한 탈목적적 삶의 유형, 경쟁을 내세운 자기 착취의 대열에서 아예 자유로운 이들이 크든 적든 폭력적 구조를 폭로하

---

46 우치다 타츠루/김경옥 옮김,『하류지향』(서울: 민들레, 2013).
47 우치다 타츠루,『하류지향』, 138 및 서문.

고 약화시키는 데 일조하고 있는 중인 것이다.

XI. 지라르 이론의 비판적 계승

'신적 폭력'이 '성스러운 폭력'으로 유지되어 온 폭력의 구조를 와해시키기 위한 극단 긍정의 언어라면, '하류지향'은 극단 부정의 자세라 할 수 있다. 탈목적적 신적 폭력이 이론적 기초를 제공하고, 하류지향의 삶이 현실화하면서 폭력이 축소되고 희생양 시스템이 극복되어 갈 가능성이 있다는 것이다. 내적 매개를 통한 모방이 그동안 폭력의 동력으로 작동해왔다면, 그런 모방을 '하지 않을 수 있는 힘'으로 전환할 때 폭력이 축소될 수 있다는 말이다.

모든 '무젤만', 길거리의 무심한 걸인들이 노력 자체가 박탈된 채 일상의 모순적 실상을 증언한다면, 하류지향의 자발적 낙오자들은 역설적이게도 그동안의 사회적 동력이었던 모방 욕망을 긍정적 차원에서 계승하는 자라고 할 수 있다. 넓은 의미에서 자발적 낙향, 나아가 은둔도 그런 행위의 일환일 수 있을 것이다. 이들로 인한 사회경제적 후퇴는 중심 권력에게는 무질서의 근간이겠으나, 주변인에게는 중심의 모순을 폭로해 중심과의 거리를 좁히는 희망의 근거일지도 모른다.

물론 우치다가 거론하는 자발적 낙오자의 사례를 모든 이가 따라 할 수는 없는 노릇이다. 이 글에서 주로 살펴보았던 지라르의 사상을 이런 사례와 직접 연결시키는 데에도 무리가 따른다. 다만 지라르의 '성스러운 폭력' 개념이 오늘날의 소수자 현상 안에서 소수자를 딛고 중심 권력을 형성해가는 현실을 비판적으로 성찰하는데 유의미한 통찰을 제공해주는 것은 분명해 보인다. 그의 여러 저작 안에는 외적 매개를 통한 긍정 모방의 가능성을 현실화시켜야 한다는 요청이 진지하게 함축되어 있다.

가령 그는 그리스도를 "오시는 타자"(the Other who is coming)라고 규정한다.48 여기에는 긍정 모방의 계속성('오시는')과 차이의 회복('타자')을 통해 폭력을 줄여야 한다는 종교적 요청이 들어있다. 부정 모방의 소용돌이로 인한 폭력에 저항할 수 있는 '올바른 거리'를 그리스도에게서 발견해야 한다는 목소리도 담겨있다. 차이를 '자기화'하지 않을 수 있는 '힘'을 발휘하는 '그리스도 모방'(imitation of Christ)의 길을 걸어야 한다는 요구도 있다.49 희생양 시스템을 만드는 차이는 극복하되, 차이(difference)마저 흡수해(in) 타자에 대해 무관심(indifference)해서는 안 된다는 요청이다. 소수자 혹은 희생자는 이러한 시스템의 양극단에서 생겨나기 때문이다.

그러나 현실은 반대로 흘러간다. 많은 이들이 "참혹한 유혈극을 동반하는 우상, 가짜 종교의 신들, 정치와 이데올로기 등의 출현 같은 것" 등을 별 생각 없이 행한다. 그것도 자신이 "무엇을 하는지도 모르고" 그렇게 한다. 지라르는 이러한 그들마저 "마땅히 용서해야 한다"고 말한다.50 그 용서가 폭력적 구조에 숨지 않고 자신을 폭력적 구조에 내맡겨 그 구조를 폭로하는 십자가 사건을 오늘도 지속시킨다는 취지에서다. 행간마다 이러한 요청을 품고 있는 지라르의 사상에서 외적 매개

---

48 René Girard, *Battling to the End: Conversation with Benoît Chantre*, 105.
49 앞의 책, 133-134.
50 르네 지라르/김진식 옮김, 『희생양』 (서울: 민음사, 2007), 344-345.

를 통한 긍정 모방이 하나의 이론에만 머물지 않도록 하고, 소수자를 재생산시키는 희생양 시스템의 극복이 단순히 초역사적 이상이기만 한 것은 아니라는 사실을 읽어내는 것은 어렵지 않다. 다만 그것을 실제로 구체화시켜야 한다는 진지한 과제에 직면해 있을 뿐이다.

참고문헌

|1부| 낙인찍힌 소수자

노숙자의 하나님: 작은 자의 신학   김명희

민중서림 편집국 편.『엣센스 국어사전』. 경기도 파주: 민중서림, 2007.
새 번역 성경. 서울: 대한성서공회, 2006.
정양모 역주.『루가 복음서』. 경북 왜관읍: 분도출판사, 1984.
정양모 역주.『마태오 복음서』. 경북 왜관읍: 분도출판사, 1990.
정양모『마태오 복음 이야기』. 서울: 성서와 함께, 1999.
정은일, "한국의 노숙자 문제 그리고 과제",「월간 복지동향」제31호(2001): 29-31.
Gnilka, Joachim. *Das Matthäusevangelium 1,1-13,58* (Erster Teil). Freiburg im Breisgau: Herder, 1986.
「홈리스니스」,『위키백과』최종수정일: 2017.1.18., 접속일: 2017.3.1.,
　　　https://ko.wikipedia.org/wiki/%EB%85%B8%EC%88%99%EC%9E%90.
「[논쟁] 노숙인 문제 어떻게 해결해야 하나」,『한겨레』2011.8.23., 접속일: 2016. 9.30,
　　　http://www.hani.co.kr/arti/opinion/argument/492983.html.
「깨어라!」-2005, 12/8, 4-8, 워치타워온라인 라이브러리,
　　　http://wol.jw.org/ko/wol/d/r8/lp-ko/102005882.

장애인 신학 이해하기 ─ 온전한 신학을 지향하며   박숭인

대한예수교장로회 총회 사회봉사부 장애인신학준비위원회 편.『장애인 신학』. 서울: 한국장로교출판사. 2015.
박경태.『인권과 소수자이야기. 우리가 되지 못하는 사람들』. 서울: 책세상. 2007.
전영평 외.『한국의 소수자운동과 인권정책』. 서울: 집문당. 2011.
한국사회학회·한국문화인류학회 공동연구.『한국의 소수자, 실태와 전망』. 서울: 도서출판 한울. 2004.

동성애와 신학적 인권— 토마스 아퀴나스의 성(性)의 신학을 중심으로   손호현

손호현. "문화신학의 해석학적 모델을 찾아서: 슐라이어마허, 틸리히, 피오렌자."「문화와 신학」vol. 2 (2008): 139-177.

_____. "지진은 하나님의 심판인가? - 고전적 신정론의 네 가지 대답들."「신학사상」154집 (2011): 179-206.

_____. "음악과 신정론."「신학논단」73집 (2013).

_____.『인문학으로 읽는 기독교 이야기』개정판. 서울: 동연, 2015.

Althaus, Paul. *The Theology of Martin Luther*. Trans. Robert C. Schultz. Philadelphia: Fortress, 1966.

Bagemihl, Bruce. *Biological Exuberance: Animal Homosexuality and Natural Diversity*. New York: St. Martin's Press, 1999.

Boring, M. Eugene. *Matthew, in The New Interpreter's Bible, Volume VIII: Matthew and Mark*. Nashville: Abingdon, 1995.

Boswell, John. *Christianity, Social Tolerance, and Homosexuality: Gay People in Western Europe from the Beginning of the Christian Era to the Fourteenth Century*. Chicago: The University of Chicago Press, 1980.

Calvin, John. *Institutes of the Christian Religion*. Trans. Ford Lewis Battles. Philadelphia: Westminster, 1960.

Gudorf, Christine E. "The Erosion of Sexual Dimorphism." In Marvin M. Ellison and Kelly Brown Douglas eds., *Sexuality and the Sacred*, 2nd ed. Louisville: Westminster John Knox Press, 2010.

Harnack, Adolf von. *What Is Christianity?* Philadelphia: Fortress Press, 1957.

Hastings, Adrian and Alistair Mason and Hugh Pyper eds. *The Oxford Companion to Christian Thought*. Oxford: Oxford University Press, 2000.

Juergensmeyer, Mark. *Terror in the Mind of God: The Global Rise of Religious Violence*. Berkeley: University of California Press, 2003.

Lloyd, Genevieve. *The Man of Reason: "Male" & "Female" in Western Philosophy*. Minneapolis: University of Minnesota Press, 1993.

Lovejoy, Arthur O. *The Great Chain of Being: A Study of the History of an Idea*. Cambridge, MA: Harvard University Press, 1936.

McKinnon, James ed. *Music in early Christian literature*. Cambridge: Cambridge University Press, 1987.

Moore, Gareth. "homosexuality." Adrian Hastings, Alistair Mason, Hugh Pyper eds., *The Oxford Companion to Christian Thought*. Oxford: Oxford University Press, 2000.

Noble, Kerry. *Tabernacle of Hate: Why They Bombed Oklahoma City*. Prescott, Ontario: Voyageur, 1998.

Rogers, Eugene F. ed. *Theology and Sexuality: Classic and Contemporary Readings*. Oxford: Blackwell, 2002.

Sommer, Volker and Paul L. Vasey. *Homosexual Behaviour in Animals: An Evolutionary Perspective*. Cambridge: Cambridge University Press, 2006).

외면당한 소수자, 사랑을 파는 아가씨: 성매매 여성에 대한 신학적 성찰   박일준

꼬르벵, 알렝(Corbin, Alain). 『창부娼婦』(Les Filles de Noce). 이종민 옮김. 서울: 동문선, 1995.

모리스, 로절린드(Morris, Rosalind C.). 『서발턴은 말할 수 있는가?: 서발턴 개념의 역사에 관한 성찰들』(Can the Subaltern Speak?: Reflections on the History of an Idea). 태혜숙 옮김. 2쇄. 서울: 그린비, 2016.

박종성. 『권력과 매춘: 억압의 음모와 도피의 흉계』. 2쇄. 경기, 고양: 인간사랑, 1996.

배리, 캐슬린(Barry, Kathleen). 『섹슈얼리티의 매춘화』(Prostitution of Sexuality). 정금나·김은정 옮김. 초판3쇄. 서울: 도서출판 삼인, 2009.

테일러, 찰스(Taylor, Charles). 『근대의 사회적 상상: 경제·공론장·인민주권』(Modern Social Imaginaries). 이상길 옮김. 2쇄. 서울: 이음, 2011.

포터, 토니(Porter, Tony). 『맨박스: 남자다움에 갇힌 남자들』(Breaking Out of the "Manbox": The Next Generation of Manhood). 김영진 옮김. 서울: 한빛비즈, 2016.

Bruno Latour, Bruno. *Politics of Nature: How to Bring the Sciences into Democracy*. trans. Catherine Porter. Cambridge, MA: Harvard University Press, 2004.

|2부| 세대와 문화의 소수자

소수자로 전락한 노년 세대에 대한 사목적 배려   김혜경

교황청. 『푸에블라 문헌』.

_____. 『아파레시다 문헌』.

김정수. "돌보지 않는 빈곤<상/하> 극빈층보다 못한 삶", 「중앙일보」 2010. 4. 22.

아툴 가완디/김희정 옮김.『어떻게 죽을 것인가』, 부키, 2015.
정경희·오경희 외 11. "보건복지부 정책보고서 2014-16", <2014년 노인 실태 조사>.
조세희. "통계로 본 가족실태 및 태도와 그 사목적 의의",「누리와 말씀」제38호(2015), 인천 가톨릭대학교 복음화연구소
통계청 보도자료. "2015년 가계금융·복지조사 결과", 2015년 12월.
프란치스코 교황/김혜경 옮김.『사랑만이 우리를 구원할 수 있습니다』. 가톨릭출판사, 2014.
한국보건사회연구원. "2014년도 노인 실태조사", <정책보고서 2014-61>, 2014.
홍근표. "노인사목의 실태와 과제",「사목정보」6(8), 미래사목연구소, 2013년 8월.
후지타 다카노리/홍성민 옮김.『2020 하류노인이 온다』. 청림출판, 2016.
http://law-for-you.tistory.com/20.
http://news.chosun.com/site/data/html_dir/2016/09/18/2016091800132.html.
http://www.index.go.kr/potal/main/EachDtlPageDetail.do?idx_cd=2760.
http://biz.chosun.com/site/data/html_dir/2016/07/22/2016072201342.html.

소수자로서의 노년에서 꿈을 꾸는 노년으로 — 노년의 신학적 의미에 대한 연구
이관표

김두리·한은경·김상희. "국내 노인윤리에 대한 통합적 문헌고찰",「한국노년학」Vol.34 (2014). 한국노년학회.
윤병렬. "하이데거와 현대의 철학적 사유에서 초월개념에 관한 해석".「하이데거연구」Vol.18 (2008), 한국하이데거학회.
이관표. "부정성의 극단화로서의 노년: 노년의 철학적 규정에 대한 연구",「현대유럽철학연구」제45집 (2017).
_____. "토마스 렌취의 부정초월과 철학적 신학의 과제".「신학논단」71집 (2013). 연세대학교 연합신학대학원.
_____. "E. 윙엘의 신학적 죽음이해".「한국조직신학논총」24집 (2009). 한국조직신학회.
통계청.『고령자 통계』. 통계청 사회통계과 (2012).
Amery, Jean. *Über das Altern. Revolte und Resignation*. Stuttgart: Klett-Cotta. 2010.
Beauvoir, Simone de / Anjuta Aigner Dünnwald, Ruth Henry (Übers.). *Das Alter*. Georgsmarienhütt: Rororo. 2000.
Heidegger, Martin. *Metaphysische Anfangsgründe der Logik im Ausgang von Leibniz. Gesamtausgabe Bd.26*. Frankfurt(M): Vittorio Klostermann, 1990.
_____. *Sein und Zeit*. Tübingen: Max Niemeyer. 1972
Rentsch, Thomas & Harm-Peer Zimmermann & Andreas Kruse (Herausg.). *Altern in unserer

Zeit: Späte Lebensphasen zwischen Vitalität und Endlichkeit. Frankfurt(M): Campus Verlag. 2013.
_____. Gott. Berlin: Walter de Gruyter. 2005.
_____. Negativität und praktische Vernunft. Frankfurt(M): Suhrkamp. 2000.

문화적 소수자로서의 청년: 홍대 인디문화에 대한 신학적 보고서 윤영훈

고미숙.『돈의 달인, 호모 코뮤니타스』서울: 그린비, 2010.
김중혁, 조윤석.『놀이터 옆 작업실: 홍대 앞 예술벼룩시장의 즐거운 작가들』서울: 월간미술, 2005.
김창남.『대중문화의 이해』서울: 한울아카데미, 2014.
_____.『대중음악과 노래운동, 그리고 청년문화』서울: 한울 아카데미, 2004.
성기완.『홍대앞 새벽 세시』서울: 시문난적, 2009.
신영복.『변방을 찾아서』파주: 돌베게, 2012.
신현준.『얼트문화와 록음악 1』서울: 한나래, 1996.
우석훈, 박권일.『88만원 세대』서울: 레디앙 미디어, 2007.
윤영훈.『문화시대의 창의적 그리스도인』서울: 두란노, 2010.
_____.『윤영훈의 명곡묵상: 길 위에서 자유롭게』서울: IVP, 2016.
_____. "한국의 CCM 운동과 복음주의 청년문화"「대학과 선교」22 (2012): 159-200.
이동준.『홍대앞으로 와』서울: 바이북스, 2005.
이원석.『거대한 사기극: 자기개발서 권하는 사회의 허와 실』서울: 북바이북스, 2012.
이정용.『마지널리티』서울: 포이에마, 2014.
이진경.『문화정치학의 영토들』서울: 그린비, 2007.
조한혜정, 엄기호.『노오력의 배신』서울: 창비, 2016.
한경애.『놀이의 달인, 호모 루덴스』서울: 그린비, 2007.
Beaudoin, Tom. Virtual Faith: The Irreverent Spiritual Quest of Generation X. San Francisco: Jossey-Bass, 1998.
Deleuze, Gilles and Felix Guattari. 김재인 역.『천 개의 고원』서울: 새물결, 2001.
Hebdige, Dana. Subculture: The Meaning of Style. London: Methuen, 1979.
Huizinga, Johan. 김윤수 역.『호모 루덴스』서울: 까치글방, 1982.
Junichi, Ikeda. 서라미 역.『왜 모두 미국에서 탄생했을까』서울: 메디치, 2011.
Longhurst, Brian. 이호준 역.『대중음악과 사회』서울: 예영 커뮤니케이션, 1999.
Moltman, Jurgen. Theology of Play. New York: Harper and Row, 1972.

Saint-Jean-Paulin, Christiane. 성기완 역.『히피와 반문화: 60년대 잃어버린 유토피아의 추억』 서울: 문학과 지성사, 2015.

우리에게 어린이는 누구인가: 아동학대 시대의 어린이신학   박영식

남은경. "포스트모더니즘 시대의 어린이와 경건놀이."『기독교교육 학습공동체』. 서울: 요단, 2014: 241-290.
베리만. 제롬./ 양금희. 김은주 옮김.『가들리 플레이』. 서울: 한국장로교출판사, 2011.
슈바이처, 프리드리히./ 고원석. 손성현 옮김.『어린이와 함께 배우는 신앙의 세계』. 서울: 대한기독교서회, 2013.
슈바이처, 프리드리히./ 손성현 옮김.『어린이의 다섯 가지 중대한 질문』. 서울: 샨티, 2008.
이신건.『어린이 신학』. 서울: 한들, 1998.
이찬수.『인간은 신의 암호』. 왜관: 분도출판사, 2008.
http://www.mohw.go.kr/(보건복지부)
http://www.welfare24.net/ab-3124-120/(2013 전국아동학대현황보고서)
Ritter, Werner H./ Hanisch, Helmut./ Nestler, Erich./Gramzow, Christoph. *Leid und Gott. Aus der Perspektive von Kindern und Jugendlichen*. Göttingen: Vandenhoeck & Ruprecht, 2006.
Bucher, Anton A. "Kindertheologie: Provokation? Romantizismus? Neues Paradigma?" in Bucher Anton A./ Büttner, Gerhard./ Freundenberger-Lötz, Petra./ Schreiner, Martin. (Hrsg.). *Jahrbuch für Kindertheologie. Band 1: Mittendrin ist Gott: Kinder denken nach über Gott, Leben und Tod*. Stuttgart: Calwer Verlag, 2002, 9-27.
_____. "Kinder und die Rechtfertigung Gottes? - Ein Stück Kindertheologie." *Schweizer Schule* 79(1992): 7-12.
Bunge, Marcia J. ed. *The Child in Christian Thought*. Grand Rapids/Cambridge: William B. Eerdmans Publishing Co., 2001.
Diekmann, Ines. *Kindertheologie im Kindergottesdienst. Praxisbezogene Konsequenzen für die Arbeit mit Kindern*. Norderstedt: Grin, 2008.
Dörnemann, Holger. "'Kindertheologie' - Ein religionspädagogisches Resümee nach zwei Jahrzehnten eines theologischen Perspektivenwechsels." *Münchener Theologische Zeitschrift* 63(2012): 84-95.
Grehlein, Christian. *Praktische Theologie*. Berlin/Boston: de Gruyter, 2. Aufl., 2016.

Härle, Wilfried. "Was haben Kinder in der Theologie verloren? Systematisch-theologische Überlegungen zum Projekt einer Kindertheologie." in Bucher Anton A./ Büttner, Gerhard./ Freundenberger-Lötz, Petra./ Schreiner, Martin. (Hrsg.). *Jahrbuch für Kindertheologie Band 3. Zeit ist immer da. Kinder erleben Hoch-Zeiten und Fest-Tage*. Stuttgart: Calwer Verlag, 2003, 11-27.

Müller, Peter. "Da mussten die Leute erst nachdenken... - Kinder als Exegeten - Kinder als Interpreten biblischer Texte." in Bucher Anton A./ Büttner, Gerhard./ Freundenberger-Lötz, Petra./ Schreiner, Martin. (Hrsg.). *Jahrbuch für Kindertheologie. Band 2. Im Himmelreich ist keiner sauer. Kinder als Exegeten*. Stuttgart: Calwer Verlag, 2003, 19-30.

Obertür, Rainer. *Kinder fragen nach Leiden und Gott*. München: Kösel, 7. Aufl., 2011.

Rahner, Karl. "Gedanken zu einer Theologie der Kindheit." *Geist und Leben* 36(1963): 104-114.

_____. "Zur Theologie des Todes." in Jores, Arthur(Hg.). *Über den Tod*. Hamburg: Park-Verl., 1949, 87-112.

|3부| 경계에 선 소수자

교파 밖의 소수자: '교파'와 '교파 밖의 소수자' 형성 기제에 관한 고찰   강응섭

강응섭. "정신분석의 신학적 해석 - '기의 없는 기표'와 성서 읽기."『라캉과 지젝』. 서울: 글항아리, 2014.

게이저. 존 G/김쾌상 옮김.『초대기독교 형성과정연구』. 서울: 대한기독교출판사, 1980.

김의환. "한국교회 신학의 역사적 조명(1900-1945) - 장로교회와 감리교회를 중심으로."「기독교사상연구」5 (1998): 9-34.

김인수.『韓國基督敎會史』(신학연구도서 18). 서울: 한국장로교출판사, 1994.

대한불교조계종 포교원 포교연구실 편.『불교사의 이해』. 서울: 조계종출판사, 2011.

루터, M/이재하·강치원 옮김.『루터: 로마서 강의』(기독교 고전총서 14). 서울: 두란노아카데미, 2011.

박승찬. "유비 개념 발전에 관한 역사적 고찰 - 토마스 아퀴나스 유비이론 입문."「가톨릭 신학과 사상」제26호(1998/겨울): 139-165.

소쉬르, 페르디낭 드/최승언 옮김.『일반언어학 강의』(대우학술총서번역 31). 서울: 민음사, 2006.

신광철. "한국개신교회사 연구사."「종교와 문화」 2 (1996): 175-197.
야콥슨, 로만/권재일 옮김.『일반언어학 이론』. 서울: 민음사, 1989.
알렉산더, 브로우디. "제16장 둔스 스코투스와 윌리엄 오캄-알렉산더 브로우디."『중세신학과 신학자들』. 에번스 G. R. 편. 한성진·오흥명 역. 서울: CLC, 2009.
에번스, G. R.『중세의 그리스도교-천년 동안 지속된 문화의 뿌리』. 이종인 역. 서울: 예경, 2006.
스튜어트, 홀. "초기의 교회개념."『초대교회의 신학자들』. 에번스 G. R. 편, 박영실 역. 서울: 그리심, 2008.
위 디오니시우스/엄성옥 옮김. "신비신학."『위 디오니시우스 전집』. 서울: 은성, 2007.
위 디오니시우스/엄성옥 옮김. "신의 이름들."『위 디오니시우스 전집』. 서울: 은성, 2007.
이덕주. "한국 초대교회의 성립과 교단의 형성."「기독교사상」 322 (1985): 40-51.
이종성.『삼위일체론을 중심한 신학과 철학의 알력사』. 서울: 장로회신학대학교출판부, 2005.
이중표.『불교란 무엇인가?』. 서울: 종이거울, 2014.
조효남. "원효의 和諍思想과 윌버의 統合哲學의 相補的 統合에 관한 硏究."「불교와심리」 창간호 (2006): 225-295.
치쁘리아누스 "가톨릭 교회 일치."『도나뚜스에게, 가톨릭 교회 일치, 주의 기도문』(교부 문헌총서 1). 이형우 옮김. 왜관: 분도출판사, 1987.
코플스톤, F./박영도 옮김.『중세철학사』. 서울: 서광사, 1989.
한목협 글로벌리서치.『한국기독교 분석리포트, 2013 한국인의 종교생활과 의식조사 보고서』. 서울: URD, 2013.
황정욱. "한국교회의 신 정통주의와 진보적 신앙 전통."「기독교사상」 444 (1995): 112-135.
Lacan, Jacques. "L'Etourdit." *Scilicet*, 1972, no. 4. Paris: Seuil, 1973.
Stucki, P.-A. *Herméneutique et dialectique*. Genève: Labor et Fides, 1970.

대한민국 이주 신청 난민에 관한 이해와 기독교적 대응 　　박종현

1. 언론 보도
CGN투데이. 2015년 5월 29일
연합뉴스. 2016년 10월 13일
오마이뉴스. 2015년 9월 11일

2. 논문
성경전서
이용호, "난민의 개념과 그 보호",『국제법학회 논총』, 52권 2집. 2007년 8월
김종철, "난민법 제정의 의미와 향후 과제",『복지동향』, 160호. 2012년 2월. 29
"난민법", [법률 제11298호, 2012.2.10., 제정],[시행 2013.7.1.]

유엔난민기구 한국지부, 한국난민지원네트워크, 대한변호사협회 2016년도 공동보고서,
『한국의 공항, 그 경계에 갇힌 난민들』, 2016
『국내 인도적 체류허가 난민의 실태조사 보고서』, 서울: 피난처, 2015. 7
한국인권재단,『일상의 억압과 소수자의 인권』, 서울: 사람생각, 2000
3. 누리집
http//nancen.org 난민인권센터
www.pnan.org. 피난처

소수자로서의 이주민: 필리핀 노동자와 이주 여성의 고난의 삶과
 한국교회 송용섭

강동관·강병구·성효용. "외국인 근로자 송금요인 분석."「재정정책논집」17, no. 1 (2015). 155-185.
김영란. "다문화사회 한국의 사회통합과 다문화주의 정책."「한국사회」제 14집 1호(2013년). 3-30.
변영인. "한국의 다문화 가정에서의 아동 이해와 교회에서의 기독교 상담에 관한 고찰."「복음과 상담」18 (2012). 160-186.
최영균. "이주 공동체 내 종교문화의 수용과 변형 – 안산 필리핀 이주 공동체를 중심으로."「사회와 역사」94 (2012). 375-408.
Kymlicka, Will/장동진 책임번역.『다문화주의 시민권』. 파주: 東明社, 2010.
Du Bois, WEB. *The Negro Church*. Atlanta: The Atlanta University Press, 1903.
"초코파이 봉지에 500 달러…외화 밀반출 필리핀인들 적발," 연합뉴스TV. 사회면, 2016년 5월 9일. http://www.moj.go.kr/CACNTC001.do?code=108112.

| 4부 | 비인간 소수자

억압된 타자, 소수자로서의 자연
 : 물의 위기 상황에서 지구-행성의 신학을 모색하며 김수연

김은규, "창세기 1장의 생명과 생태사상," <에너지 위기에 대한 생태신학 세미나>, 2014.
김혜숙, 이세돌과 송중기가 보여주는 세상,「이대학보」2016년 3월 28일.
윤순진, "파리협약 이후 신기후체제와 기독교의 역할," <생태세미나>, 한국기독교환경운동

연대. 2016.

Irigaray, Luce. *Marine Lover of Friedrich Nietzsche*, trans., Gillian C. Gill, New York: Columbia University Press, 1991.

Keller, Catherine. "No More Sea: The Lost Chaos of the Eschaton," *Christianity and Ecology*, Dieter Hessel and Rosemary Ruether, eds., Boston: Harvard University Press, 2000.

Mcfague, Sallie. *The Body of God: An Ecological Theology*, Minneapolis: Fortress Press, 1993

Milbank, John. *The Word Became Strange*. Cambridge: Blackwell Publishers, 1997.

Moore, Stephen D. "Situating Spivak," Stephen D. Moore and Mayra Rivera, eds., *Planetary Loves: Spivak, Postcoloniality, and Theology (Transdisciplinary theological Colloquia)*, New York: Fordham University Press, 2011.

동물 소수자의 신학 장윤재

구달, 제인.『생명사랑 십계명』. 서울: 바다출판사, 2003.
김현화.『성서, 미술을 만나다』. 서울 : 한길사, 2008.
나영춘. "고양이가 사람을 보고 도망가는 나라는 한국뿐."「오마이뉴스」2011.11.05.
동물보호시민단체 KARA.「숨」. vol. 01 (2007).
린지, 앤드류. 장윤재 옮김.『(같은 하나님의 피조물) 동물 신학의 탐구』. 대전 : 대장간, 2014.
박상언 엮음.『종교와 동물 그리고 윤리적 성찰』. 서울 : 모시는사람들, 2014.
싱어, 피터. 김성한 옮김.『동물해방』. 서울 : 인간사랑, 1999.
알트, 프란츠. 손성현 옮김.『생태주의자 예수』. 서울 : 나무심는사람, 2013.
장윤재. "무지개의 하나님, 푸줏간의 그리스도, 그리고 동물신학의 탐구."「신학사상」171 (2015.12).
_____.『포스트휴먼 신학 : 아담아 네가 어디 있느냐』. 서울 : 신앙과지성사, 2017.
진중권.『미학 오디세이 3』. 서울 : 휴머니스트, 2014.
최재천.『인간과 동물』. 파주 : 궁리출판사, 2007.
한국교회환경연구소「동물과 육식에 대한 생태신학적 성찰」. 2011년 지구의 날 기념 생태신학 세미나 자료집.

Grant, Catharine. The No-nonsense Guide to Animal Rights. Oxford, UK: New Internationalist Publications Ltd., 2006.

|5부| 악의 재순환과 이중 구속을 넘어서기 위한 소수자의 신학

소수자로서 여성-되기   박일준

베커, 어네스트(Ernest Becker).『죽음의 부정: 프로이트의 인간 이해를 넘어서』. 김재영 옮김. 죽음학 연구2. 경기, 고양: 인간사랑, 2008.

스피박, 가야트리 차크라보티(Gayatri Chakravorty Spivak). "서발턴은 말할 수 있는가?,"『서발턴은 말할 수 있는가?: 서발턴 개념의 역사에 관한 성찰들』. 로절린드 C. 모리스(Rosalind C. Morris) 옮김. 초판2쇄. 서울: 그린비, 2016.

콥젝, 조운(Joan Copjec).『여자가 없다고 상상해봐: 윤리와 승화』(*Imagine There's No Woman: Ethics and Sublimation*). 김소연·박제철·정혁현 옮김. 서울: 도서출판b, 2015.

포터, 토니(Tony Porter).『맨박스: 남자다움에 갇힌 남자들』(*Breaking Out of the "Man Box": The Next Generation of Manhood*). 김영진 옮김. 서울: 한빛비즈, 2016.

braidotti, rosi. *nomadic subjects: embodiment and sexaul difference in contemporary feminist theory*. second edition. New York: Columbia Univeristy Press, 2011.

케노시스 신학과 소수자 신학   전 철

데리다, 자크/남수인 옮김.『환대에 대하여』. 서울: 동문선, 2004.
레비나스, 엠마누엘/강영안 옮김.『시간과 타자』. 서울: 문예출판사, 1996.
레스쿠레, 마리 안느/변광배·김모세 옮김.『레비나스 평전』. 서울: 살림, 2006.
보울스, 새뮤얼 & 허버트 긴티스/최정규 외 옮김.『협력하는 종: 경쟁하는 인간에서 협력하는 인간이 되기까지』. 서울: 한국경제신문, 2016.
아감벤, 조르조/박진우·정문영 옮김.『왕국과 영광: 오이코노미아와 통치의 신학적 계보학을 향하여』. 서울: 새물결출판사. 2016.
_____/김 항 옮김.『예외상태』. 서울: 새물결출판사, 2009.
_____/박진우 옮김.『호모 사케르: 주권 권력과 벌거벗은 생명』. 서울: 새물결출판사, 2008.
전 철. "니클라스 루만의 체계이론의 신학적 연구."「신학연구」66 (2015): 33-58.
_____. "장공 김재준의 사랑의 실재론 연구."「신학논단」76 (2014): 325-348.
_____. "그레고리 베이트슨의 성스러움의 인식론 연구."「신학연구」63 (2013): 155-185.
_____. "생태계는 어디에 자리 잡고 있는가? - 니클라스 루만의 생태학적 커뮤니케이션을 중심으로."「새하늘새땅」16(2009): 56-60.

최정규. 『이타적 인간의 출현』. 서울: 뿌리와이파리, 2009.
케이픽, 켈리 편집. 『현대신학 지형도: 조직신학 각 주제에 대한 현대적 개관』. 박찬호 옮김. 서울: 새물결플러스, 2016.
Bateson, Gregory & Mary Catherine Bateson. *Angels Fear: Towards an Epistemology of the Sacred.* New York: Macmillan, 1987.
_____. *Ökologie des Geistes. Anthropologische, psychologische, biologische und epistemologische Perspektiven.* Frankfurt: Suhrkamp, 1981.
_____. *Mind and Nature: A Necessary Unity.* New York: Dutton, 1979.
Berghaus, Margot. *Luhmann leicht gemacht.* Köln: Böhlau Verlag, 2004.
Charlton, Noel G. *Understanding Gregory Bateson: Mind, Beauty, and the Sacred Earth.* New York: State University of New York Press, 2008.
Chun, Chul. *Kreativität und Relativität der Welt beim frühen Whitehead: Alfred North Whiteheads frühe Naturphilosophie (1915-1922) - eine Rekonstruktion.* Neukirchen-Vluyn: Neukir- chener Verlag, 2010.
Dalferth, Ingolf U. & Philipp Stoellger(Hrsg.). *Vernunft, Kontingenz und Gott - Konstellationen eines offenen Problems.* Tübingen: Mohr Siebeck, 2000.
Ganoczy, Alexandre(Hrsg.). *Schöpfung und Kreativität.* Düsseldorf: Patmos Verlag, 1980.
Jung, Carl Gustav. *Septem Sermones ad Mortuos: Die sieben Belehrungen der Toten.* Zürich, 1916.
Keller, Catherine. *The Face of the Deep: A Theology of Becoming.* London: Routledge, 2003.
Link, Christian. *Schöpfung - Schöpfungstheologie angeshits der Herausforderungen des 20. Jahrhunderts* Bd. 7/2. Gütersloh: Gütersloher Verlaghaus, 1991.
Luhmann, Niklas. *Essays on Self-Reference.* New York: Columbia University Press, 1990.
_____. *Soziale Systeme. Grundriß einer allgemeinen Theorie.* Frankfurt: Suhrkamp, 1984.
Lutterer, Wolfram. *Auf den Spuren ökologischen Bewußtseins: Eine Analyse des Gesamtwerks von Gregory Bateson.* Norderstedt: Libri Books, 2000.
Marsch, Wolf-Dieter(Hrsg.). *Diskussion über die Theologie der Hoffnung.* München: Chr. Kaiser Verlag, 1967.
Maturana, Humberto R. & Francisco J. Varela. *Der Baum der Erkenntnis. Die biologischen Wurzeln des menschlichen Erkennens.* Bern: Scherz, 1987.
Moltmann, Jürgen. *Erfahrungen theologischen Denkens: Wege und Formen christlicher Theologie.* Gütersloch: Chr. Kaiser Verlag, 1999.
_____. *Theologie der Hoffnung.* München: Chr. Kaiser Verlag, 1964.
Pöhlmann, Horst Georg. *Abriss der Dogmatik.* Gütersloh: Gütersloher Verlag, 1985.

Polkinghorne, John(ed.). *The Work of Love: Creation as Kenosis*. Grand Rapids: W.B. Eerdmans, 2001.

Rapp, Friedrich & Reiner Wiehl(Hrsg.). *Whiteheads Metaphysik der Kreativität*. Freiburg: Karl Alber, 1986.

Schneider-Flume, Gunda. "Theologie als Kritik von Sinnsystem und Sinnkonstruktion. Zur Auseinandersetzung mit Niklas Luhmann." *Neue Zeitschrift fuer systematische Theologie und Religionsphilosophie 26* (1984): 286-288.

Scholem, Gershom Gerhard. "*Schöpfung aus Nichts und Selbstverschrängkung Gottes.*" *Eranos Jahrbuch 25* (1956): 87-119.

Thomas, Günter & Andreas Schüle. "Einleitung: Perspektiven der theologischen Rezeption Niklas Luhmanns." Günter Thomas & Andreas Schüle(Hrsg.). *Luhmann und die Theologie*. Darmstadt: Wissenschaftliche Buchgesellschaft, 2006.

Tillich, Paul. *Systematic Theology*. Chicago: University of Chicago, 1967.

Welker, Michael(Hrsg.). *The Theology and Science Dialogue: What can Theology Contribute*. Neukirchen-Vluyn: Neukirchener Verlag, 2012.

_____. *Schöpfung und Wirklichkeit: Biblische contra natürliche Theologie*. Neukirchen Vluyn: Neukichener Verlag, 1995.

_____. *Gottes Geist: Theologie des Heiligen Geistes*. Neukirchen-Vluyn: Neukirchener Verlag, 1993.

_____. "Die neue Aufhebung der Religion in Luhmanns Systemtheorie." *Theologie und funktionale Systemtheorie: Luhmanns Religionssoziologie in theologischer Diskussion*. Frankfurt: Suhrkamp, 1985.

Whitehead, Alfred North. *Process and Reality: An Essay in Cosmology. The Gifford Lectures of the University of Edinburgh*. New York: The Free Press, 1978.

_____. "Immortality." *Harvard Divinity School Bulletin 7* (1941-42) (Harvard University): 5-21.

_____. *The Aims of Education*. New York: The Free Press, 1929.

소수자 재생산의 동력과 그 극복에 대하여   이찬수

가야트리 차크라보르티 스피박 외/로절린드 C. 모리스 엮음/태혜숙 옮김. 『서발턴은 말할 수 있는가: 서발턴 개념의 역사에 관한 성찰들』. 그린비, 2013.

김모세. 『르네 지라르』. 살림, 2008.

김진호 외. 『사회적 영성: 세월호 이후에도 삶은 가능한가』. 현암사, 2014.

르네 지라르/김치수 외 옮김.『낭만적 거짓과 소설적 진실』. 한길사, 2001.
_____/김진식 외 옮김.『폭력과 성스러움. 민음사, 2000.
_____/김진식 옮김.『나는 사탄이 번개처럼 떨어지는 것을 본다』. 문학과 지성사, 2004.
_____/김진식 옮김.『그를 통해 스캔들이 왔다』. 문학과 지성사, 2007.
_____/김진식 옮김.『희생양』. 민음사, 2007.
발터 벤야민/최성만 옮김.『발터 벤야민 선집 5』. 길, 2008.
스티븐 모튼/이운경 옮김.『스피박 넘기』. 앨피, 2005
슬라보예 지젝/이현우 옮김.『폭력이란 무엇인가』. 난장이, 2011.
아우구스티누스/성염 옮김.『신국론』. 분도출판사, 2004.
우치다 타츠루/박순분 옮김.『하류지향』. 열음사, 2007(우치다 타츠루/김경옥 옮김.『하류지 향』. 민들레, 2013.)
울리히 벡/홍성태 옮김.『위험사회』. 새물결, 2006.
이정용/신재식 옮김.『마지널리티』. 포이에마, 2014.
이찬수.『평화와 평화들: 평화다원주의와 평화인문학』. 모시는사람들, 2016.
_____. "탈폭력적 폭력: 신자유주의 시대 폭력의 유형", 이문영 편.『폭력이란 무엇인가: 기 원과 구조』. 아카넷, 2015.
정일권.『붓다와 희생양』. SFC, 2013.
_____.『십자가의 인류학』. 대장간, 2015.
_____. "슬픈 현대: 글로벌 시대의 종교와 평화: 르네 지라르의 최근 저작『클라우제비츠를 완성하다』를 중심으로", 한국조직신학회 편,「한국조직신학논총」제36집(2013.9)
조르조 아감벤/박진우 옮김.『호모 사케르』. 새물결, 2008.
_____/정문영 옮김.『아우슈비츠의 남은 자들』. 새물결, 2012
_____/이경진 옮김.『도래하는 공동체』. 꾸리에, 2014
카알 폰 클라우제비츠/김만수 옮김.『전쟁론(전3권)』. 갈무리, 2009.
한병철/김태환 옮김.『피로사회』. 문학과지성사, 2012.
丸山眞男.『日本の思想』. 東京: 岩波書店,1961.
Girard, René. *Battling to the End: Conversation with Benoît Chantre.* tr. by Mary Baker, Michigan: Michigan State University Press, 2010.
_____. *Things Hidden Since the Foundation of the World.* tr. by Stephen Bann and Michael Metteer, California: Stanford University Press, 1987.
Williams, James G., ed.. *The Girard Reader.* New York: Crossroad, 1996.

지은이 알림

강응섭

총신대학교 신학과(문학사)와 몽펠리에Ⅲ대학교 철학과(정신분석전공 D.E.A.), 몽펠리에개신교신학대학교(Dr en Théo.)를 마쳤다. 현재 예명대학원대학교 교수로 조직신학과 정신분석학을 가르치고 있다.

저서로는 『자크 라캉과 성서 해석-정신분석학으로 성서 읽기』, 『첫사랑은 다시 돌아온다: 프로이트와 라캉의 사랑론』, 『자크 라캉의 『세미나』 읽기』, 『프로이트: 무의식을 통해 마음을 분석하다』, 『다시, 민중신학이다』(공저), 『라캉과 지젝: 정치적, 신학적, 문화적 독법』(공저), 『성령론』(공저) 등이 있으며, 역서로는 엘리아데의 『신화 꿈 신비』, 루디네스코의 『정신분석사전』(공역) 등이 있고, 논문으로 "예수의 직무 연구: 바리사이파 사람 시몬 집에서의 경우", "아우구스티누스의 intentio와 라깡의 pulsion", "종교의 형식과 내용에 대한 라깡적 에세이" 등이 있다.

김명희

서강대학교 종교학과(학사)와 독일 레겐스부르크대학교(종교학 석사), 뮌헨대학교(Th.D)에서 학위를 마쳤다. 서강대학교 연구교수를 거쳐 현재 성공회대학교 연구교수로 있다. 주요 관심분야는 종교 간의 대화와 종교영성이다.

저·역서로는 『영원한 보석. 그리스도교의 세계로 읽는 법화경』(역서: 2010), 『한류로 신학하기』(공저: 2013), 『종교와 정의』(공저: 2015), 『세월호 이후의 신학』(공저: 2015), 『종교는 돈을 어떻게 가르치는가』(공저:2016) 등이 있고, 논문으로는, "예수회의 적응주의와 종교간 대화", "종교간 대화의 모델로서 마태오 리치의 적응주의 - 『천주실의』에 나타난 그리스도교와 유·불·도의 대화 -", "종교 간의 대화를 위한 원효의 화쟁영성 - 마태오 리치의 적응주의 및 에노미야 라쌀의 신비주의와의 비교분석을 통하여 -" 외 다수가 있다.

김수연

이화여대 철학과, 연세대 신학과 그리고 이화여대 대학원에서 신학을 공부한 후, 미국 드류대학교에서 조직신학, 여성신학으로 박사학위를 받았다. 현재 이화여자대학교 여성신학연구소 연구교수 그리고 연세대학교 기독교문화연구소 연구원으로 재직하고 있다. 저서 및 논문으로는 『포스트휴먼시대, 생명 신학 교회를 돌아보다』(공저, 2017), 『한국교회 건축에는 공공성이 있는가』(공저, 2017), 『한국교회 건축과 공공성』(공저, 2015), 『한류로 신학하기: 한류와 K-Christianity』(공저, 2013), 『미디어와 여성신학』(공저, 2012), "A Rereading of the Dis-carnate Incarnational Christology" (2016), "Reactivating Theology in the 'In-between' Spaces: Toward a Korean Women's Postcolonial Theology" (2014), "세월호 참사와 고난-받는 하나님: 하나님의 약함에 대한 여성신학적 고찰"(2015), "교회건축에 대한 여성신학적 읽기"(2015), "성령 하나님의 정의를 향한 율동: 여성신학의 관점에서 본 성령론 이해"(2014), "경계, 그 창조적 공간에 대한 여성신학적 고찰"(2013) 등이 있다.

김혜경

교황청립 로마의 우르바노대학교에서 신학과에서 철학, 신학을 마치고, 같은 대학교 선교학부에서 선교학으로 박사학위(S.T.D. Ph.D)를 받았다. 전임 대구가톨릭대학교 인성교육원 강의전담교수로 선교신학, 선교역사 분야를 연구하고 있다.
저서로는 Sciamanesimo e la Chiesa(국제학술저서), 『세상을 향한 선교』, 『일곱 언덕으로 떠나는 로마 이야기』, 『예수회의 적응주의 선교』, 『한류로 신학하기』(공저), 『인류의 꽃이 된 도시 피렌체』 등이 있으며, 역서로는 『선교학 사전』 외 20여 권이 있고, 수편의 논문이 있다.

박숭인

서울대학교 전자공학과(공학사)와 연세대학교 신학과(신학사), 대학원 신학과(신학석사), 바젤 대학교 신학대학교(신학박사)를 마쳤다. 현재 협성대학교 교양학부 교수로 기독교의 이해, 서양사상의 이해, 진리란 무엇인가 등을 가르치고 있다.
저서로는 『기독교 신학의 첫걸음』, 『한국신학, 이것이다』, 『지동식의 신학과 사상』, 『한류로 신학하기』, 『남겨진 자들의 신학』, 『세월호 이후 신학』, 『곁에 머물다』 등이 있다.

박영식

서울신학대학교와 연세대학교 대학원에서 신학을 공부했고, 독일 베텔신학대학교에서 알프레드 예거 교수의 지도 아래 박사학위(Dr. theol.)를 받았다. 현재 서울신학대학교 교양학부 교수로 있으며, 신론과 신정론, 창조론, 과학과 종교의 대화, 종교신학 등을 주제로 다수의 논문을 집필했다. 저서로는 『그날, 하나님은 어디 계셨는가』(새물결플러스 2015), 『고난과 하나님의 전능』(동연 2012), *Konvivenz der Relgionen* (Frankfurt 2006)이 있고, 공저로는 『교회에서 알려주지 않는 기독교 이야기』(자리, 2012), 『하느님, 당신은 누구십니까』(동연, 2016)가 있으며, 한스 큉의 『유대교』(시와진실 2015)와 『몰트만 자서전』(대한기독교서회 2011)을 공역했다.

박일준

감리교신학대학 종교철학과와 신학대학원을 졸업하고, 미국 보스턴대학교에서 석사를 그리고 드류대학교에서 철학적 신학으로 박사학위를 받았다. 현재 감리교신학대학 종교철학과 강의전담교수이며, 한국문화신학회 총무를 역임하고 있다. 신학과 과학 분야들과의 다중학문적 관심을 가지고 트랜스휴먼과 포스트휴먼의 현상들을 신학적으로 성찰하며, 현대 철학과의 만남을 시도하고 있다.

저서로는 『정의의 신학: 둘의 신학』(동연, 2017)이 있으며, 『종교와 철학 사이』(서울: 늘봄, 2013)와 *A Philosophy of Sacred Nature: Prospects for Ecstatic Naturalism*, ed. by Leon Niemoczynski & Nam T. Nguyen (Lanham: Lexington Books, 2015)를 비롯한 다수의 공저가 있고, "무신론 시대의 종교성: 종교다원주의 이후 믿음의 주체", 「종교연구」, 70집(2013)과 "뇌의 종교적 경험에 대한 신학적 고찰: 둘(the Two)의 탄생", 「종교연구」, 71집(2013) 외 다수의 논문을 출판하였다.

박종현

연세대학교 신학과(신학사)와 연세대학교연합신학신학대학원(Th.M.), 서울신학대학교신학대학원(M.Div.), 연세대학교 대학원(Ph.D.)을 마쳤다. 명지대학교 교목 및 교양학부 겸임교수, 가톨릭관동대학교 교수 역임, 현재 연세대학교에서 기독교 교양을 가르치고 있다.

저서로는 『미국남장로교 여선교사 기도회연구』, 『해방 후 복음주의운동』, 『한국교회사에 묻는 열일곱가지 질문』, 공저는『한류로 신학하기』,『세월호 이후의 신학』,『한국교회 건축의 공공성』,『한국교회 건축에 공공성이 있는가?』 등이 있다.

손호현

연세대학교 신학과(신학사)와 하버드 대학교 신학대학원(M.T.S.), 밴더빌트 대학교 대학원(Ph.D.)을 마쳤다. 연세대학교 학부대학 기독교의 이해 교수, 미국 일리노이 주 Waterman UMC 담임목사를 역임하였으며, 현재 연세대학교 연합신학대학원 교수로 조직신학과 문화신학을 가르치고 있다.
저서로는『인문학으로 읽는 기독교 이야기』,『사도신경: 믿음의 알짬』,『아름다움과 악』(전 4권),『하나님, 왜 세상에 악이 존재합니까?: 화이트헤드의 신정론』,『한류로 신학하기』 등이 있으며, 역서로는 빌라데서의『신학적 미학』, 하지슨의『기독교 구성신학』 등이 있다.

송용섭

연세대학교(학사), 연세대학교 연합신학대학원(신학석사), 에모리대학교(M. Div.), 드루대학교(Ph. D.)을 졸업하였다. 현재 영남신학대학교 신학일반 조교수 및 연세대학교 연합신학대학원 겸임교수로 재직 중이며, 조지아 신학교 뉴욕 분원 강사, 연세대학교, 명지대학교, 이화여자대학교 강사 등을 역임하였다.
저서로는『세월호 이후의 신학: 우는 자들과 함께 울라』(공저, 2015),『길들여진 냉소주의자의 노트』(역서, 2013)등이 있고, "생명윤리와 개신교의 종교교육—개신교 생명윤리학의 관점을 중심으로"(2014), "라인홀드 니버의 죄 개념에 대한 미국윤리학계의 수직적, 수평적 논쟁과 이의 비판적 분석: 한인 이민자 여성들의 경험을 중심으로"(2014), "1992년 LA 폭동속의 제도적 인종차별과 다인종 갈등 예방을 위한 교회의 역할"(2013) 등의 논문이 있다.

윤영훈

성결대학교 신학과(신학사)와 얼라이언스 신학대학원(M.Div), 드루대학교 대학원(Ph.D.)을 마쳤다. 명지대학교 교목을 역임했으며, 현재 성결대학교 신학부 문화선교학과 주임교수로 일하며 문화신학과 문화선교 과목들을 가르치고 있다. 2012년부터 청년문화의 중심지인 '홍대앞'에 동역자들과 〈빅퍼즐문화연구소〉를 설립해 기독교 세계관에 기초한 문화비평과 문화클럽 그리고 다양한 아카데미와 콘텐츠 개발을 통해 즐겁게 활동하고 있다.

저서로는 『문화시대의 창의적 그리스도인』(2010), 『변화하는 한국교회와 복음주의 운동』(2011), 『현대인과 기독교』(2013), 『복음주의와 대중문화: 창의적문화선교의 발자취』(2014), 『윤영훈의 명곡묵상: 길 위에서 자유롭게』(2016) 등이 있으며, 역서로는 글랜 마틴의 『하나님의 10가지 우선순위』(2009), 디아메이드 맥클로흐의 『기독교 3000년사』(2013) 등이 있다.

이관표

연세대학교 신학과(신학사)와 동 대학원 철학과(문학석사)를 졸업했고, 연세대학교 대학원 신학과에서 신학박사(Ph.D. in Theology), 독일 드레스덴대학교(TU-Dresden)에서 철학박사(Dr.Phil.)를 받았다. 연세대학교 연합신학대학원 겸임교수, 협성대학교 교양교직학부 초빙교수, 명지대학교 객원조교수를 역임하였으며, 현재 인천대학교 기초교양원 강의전담교수로 가르치고 있다.

저서로는 『불교와 기독교, 무엇이 같고 무엇이 다른가?』(공저)가 있으며, 논문으로는 "부정성의 극단화로서의 노년: 노년에 대한 철학적 규정에 대한 연구", "현대에 신에 대해 말하기: 하이데거의 마지막 신과 비트겐슈타인의 말할 수 없는 것", "토마스 렌취의 부정초월과 철학적 신학의 과제" 등이 있다.

이찬수

서강대학교 종교학과에서 불교와 기독교를 비교하며 박사학위를 받았고, 강남대 교수, (일본)코세이가쿠린 객원교수, (일본)중앙학술연구소 객원연구원, (일본) 난잔대학 종교문화연구소 단기객원연구원 등을 지냈다. 현재 서울대학교 통일평화연구원 HK연구교수로 있으면서, 종교평화학의 정립을 위한 연구를 하고 있다.

『종교로 세계 읽기』, 『다르지만 조화한다 불교와 기독교의 내통』, 『인간은 신의 암호』, 『평화와 평화들』, 『녹색평화란 무엇인가』(공저), 『폭력이란 무엇인가』(공저), 『근대 한국과 일본의 공공성 구상』(공저), 『아시아 평화 공동체』(편저) 외 다수의 책과 논문을 썼다.

장윤재

연세대학교 사학과(문학사)와 뉴욕 유니온신학대학원(M.Div., M.Phil., Ph.D)을 마쳤다. 현재 이화여자대학교 인문과학대학 기독교학부 교수로 조직신학을 가르치고 있으며, 교목실장 겸 대학교회 담임목사로 학교를 섬기고 있다.
저서로는 『세계화 시대의 기독교 신학』, 『포스트휴먼 신학』, 『창조신앙 생태영성』(공저) 등이 있으며, 역서로는 『적을 위한 윤리』, 『풍성한 생명』, 『켈트 그리스도』, 『동물신학의 탐구』 등이 있고, 논문으로는 "Noah's Ark, Mt. Meru, and the God of the Rainbow"(International Review of Mission), "The Reformation of Jan Hus as Inspiration for Transformative Ecumenism"(Ecumenical Review) 등이 있다.

전 철

한신대학교 신학과와 한신대학교 대학원 신학과를 거쳐 독일 하이델베르크대학교에서 신학박사학위를 받았다. 현재 한신대학교 신학과 교수로 조직신학을 가르치고 있다.
저서로는 *Kreativität und Relativität der Welt beim frühen Whitehead* (Neukirchener Verlag, 2010), 『내 인생의 아름다운 대학 – 한신대학교』(2011, 공저), 『신학생 필독서 100권』(2012, 공저), 『교회에서 알려주지 않는 기독교 이야기』(2012, 공저), 『미디어와 여성신학』(2012, 공저), *Gottes Geist und menschlicher Geist* (2013, 공저), 『한국신학의 선구자들』(2013, 공저), 『곁에 머물다 – 그 봄을 기억하는 사람들의 겨울 편지』(2014, 공저), 『오늘의 신학적 주제에 대한 다각적 성서적 탐구』(2015, 공역), 『오늘의 생명신학』(2015, 공저), 『장공 김재준의 신학세계』(2016, 공저), 『종교개혁 500주년과 한국교회의 개혁과제』(2017, 공저), 『포스트휴먼시대, 생명-신학-교회를 돌아보다』(2017, 공저) 등이 있다.

엮은이 알림

한국문화신학회

한국문화신학회는 1994년 유동식 교수님을 중심으로 민중신학과 토착화 신학을 한국적 신학으로 아우르려는 통 큰 몸짓으로 출범하면서, 한국적 신학의 핵심 소재를 '문화'에서 찾았다.

문화는 그 사회를 살아가는 이들에게 주어진 것이기도 하면서, 그 자신만의 창조성을 갖는다. 한국기독교학회의 일원인 한국문화신학회는 우리의 옛 문화만이 아니라 현대의 문화 안에서도 한국적 신학의 단초들을 찾을 수 있다고 믿으며, 진정으로 한국적인 것만을 추구하는 것이 아니라, 신학적 사유와 성찰로 숙성해 나아가기를 도모한다.

이런 노력들의 일환으로 지금까지 "한국 종교문화와 그리스도," "한국종교문화와 기독교," "한국종교문화와 문화신학," "한국문화신학 방법론에 대한 반성," "한국문화와 예배," "종교와 과학," "종교와 사이버 문화," "종교와 예술," "개신교와 조상 숭배," "한국문화신학의 새로운 모색" 등을 주제로 활발한 학술행사들을 주관해 왔으며, 최근에는 2011년에 〈한류와 정의〉를 주제로 연세대 기독교문화연구소와 함께 "한류, 종교에게 묻다"라는 제목의 일련의 강연들을 주최하기도 하였다.

이러한 활동들을 발판으로 한국문화신학회는 『한국문화와 풍류신학』(2002), 『죽음 삶의 현장에서 이해하기: 그리스도교의 죽음관』(2004), 『한국에 기독교문화는 있는가』(2005), 『한국신학, 이것이다』(2008) 및 『한류로 신학하기: 한류와 K-Christianity』(2013) 그리고 『세월호 이후 신학: 우는 자들과 함께 울라』(2015)를 출판해 왔고, 이번에 『소수자의 신학』을 출판하면서, 소수자(minority) 즉 노숙자, 장애인, 동성애, 성매매 여성, 노인, 청년, 종교적 소수자, 난민, 이주민, 자연, 동물, 여성 등에 대한 신학적 성찰을 시도했다.